KB021642

명대 말기
유종주와
지식인 네트워크

명대 말기
유종주와
지식인 네트워크

초판 인쇄	2020년 10월 23일
초판 발행	2020년 10월 29일
지 은 이	신현승
펴 낸 이	김재광
펴 낸 곳	솔과학
등 록	제10-140호 1997년 2월 22일
주 소	서울특별시 마포구 독막로 295번지 302호(염리동 삼부골든타워)
전 화	02-714-8655
팩 스	02-711-4656
E-mail	solkwahak@hanmail.net

ISBN   979-11-87124-73-3 (93910)

ⓒ 솔과학, 2020

값 37,000원

※ 이 책의 내용 전부 또는 일부를 이용하려면
  반드시 저작권자와 도서출판 솔과학의 서면동의를 받아야 합니다.

명대 말기 유종주와 지식인 네트워크

신현승 지음

明

솔과학

이 책을 펴내며

　동서고금을 막론하고 항상 좌절과 굴절의 역사는 반복되었다. 그 굴절의 역사 속에서 시대의 아픔을 함께하며 온 몸을 불사른 인물들은 수없이 존재한다. 이 책의 주인공 유종주(호 즙산)도 그와 같은 전형적 유교 지식인이자 관료였다. 중국 명대明代 말기라고 하면 우선 굴절과 혼란을 연상시킨다. 바로 유종주는 굴절과 혼란을 거듭하던 명대 말기에 활약한 유학자이다. 17세기 초엽부터 시작된 불안한 정국과 외세(북방민족인 만주족)와의 끊임없는 대결 속에서 명조는 거센 바람 앞의 등불처럼 역사의 뒤안길로 사라져갈 수밖에 없는 운명에 놓여 있었다. 주자학과 양명학을 신봉하고 시대의 지식인을 자처하던 사대부 혹은 향신들은 제각기 시대의 물음에 답하고자 분주한 나날들을 보낸다.

　그 가운데 중국의 강남지역, 특히 절강 지역 출신의 지식인들은 당시 사상계 내부에서의 주역들이었다. 그들은 주자학·양명학으로 상징되는 신유학의 학술적 토대를 기반으로 하여 다양한 문인집단을 형성하고 정치, 경제, 사회, 문화, 학술 등 여러 분야에서 왕성한 활동을 펼친다. 중국 선진시대의 백가쟁명과 가장 유사한 시기를 중국사상사 전체에서 찾는다면 바로 이 시기가 될 것이다. 필자가 즙산蕺山 유종주라는 유학자에 대해 본격적으로 관심을 갖게 된 계기는 일본 유학시절부터이다. 그 이전 한국에서 학부를 다니고 중국에서 대학원 석사과정을 마칠 때까지 파란만장한 시대를 살은 이 매력 넘치는 인물에 대해 전혀 관심을 갖지 않았다. 2000년도부터 시작된 일본 동경대학에서의 유학생활은 이 매력적인 유학자와 접하게 된 결정적 계기를 마련해주었다. 주지하듯이 일본의 중국철학 연구 분야에서 오랜 역사를 가지고 대량으로 연구 성과를 내놓은 분야는 양명학이다. 이에 필자도 자연스럽게 양명학에 관심을 갖게 되었고, 그 가운데 주자학과 양명학의 접점에 위치한 유종주라는 인물에게 매력을 느끼기 시작하였다. 양명학 좌파의 이론을 배격하면서 주자학·양명학 양자를 비판적으로 통합하고 수용한 유종주의 학문적 입장에 매력을 느꼈다고나 할까. 정치적 입장에서는 명대 말기 지역 언론을 주도하던 동림파를 지지하면서도 중용의 도를 흔들림 없이 유지한 그의 정치적 처세가 필자의 마음을 움직였다고나 할까. 여하튼 유종주라는 인물은 그렇게 홀연히 나타나 필자로 하여금 송명대 신유학과 명대 말기 유학에 대한 연구로 이

어지도록 만들었다. 국내의 중국철학 내지 유교철학 연구 분야에서 볼 때, 유종주는 『명유학안』으로 유명한 제자 황종희에 비해 그다지 주목 받지 못하였다. 왜 그랬을까. 아마도 주자학(=성리학)을 얘기할 때는 주희, 양명학을 언급할 때는 왕수인이라는 도식에서 벗어나지 않은 채 오직 두 인물에만 관심이 집중되어 있었기 때문일 것이다. 이와 같은 현상이 국내 학계의 중국철학 연구 분야에서 그 주변 유학자들에 대한 관심의 폭을 좁혀 버리는 결과로 이어졌다. 신유학으로 일컬어지는 주 자학과 양명학의 거대한 학술 체계 속에서 수많은 주변 유학자들의 삶 과 언설은 산더미처럼 쌓여있고, 이에 따라 연구의 편식을 지양하고 보 다 더 다양한 인물과 학술 연구가 필요한 시점이다. 이 책도 그러한 다 양한 동아시아 신유학 연구의 시도이자 초보적 작업의 일환으로 세상 에 내놓는 작은 결과물이다.

　이 책에서는 유종주의 학문적 내용, 즉 그의 유교사상 혹은 철학사 상의 알맹이에 관해서는 그다지 대폭적인 지면을 할애하지 않았다. 이 에 관해서는 별도로 기획된 다른 책에서 논의할 예정이다. 사실 이 책 은 유종주의 가족사에서부터 출발하여 학문적 여정과 그 주변 인물들 과의 관계에 초점을 맞추었다. 예들 들면, 어떤 산 속에 있는 숲의 전 체상을 파악하고자 할 때, 밖에서 바라보는 숲의 모습과 안으로 들어 가 세밀히 들여다보는 숲의 모습은 확연히 다를 수밖에 없다. 다시 말해 외부에서 바라보는 시각과 내부에서 바라보는 시각은 미묘한 차이가 존재한다는 것이다. 결국 이 책은 외부에서 바라보는 시각에 좀 더 초점이 맞추어져 있음을 미리 밝혀둔다. 물론 내부에서 바라보는 시각이 무시될 수는 없다. 그러한 작업은 별도로 출간될 다른 책에서 진행하기로 한다.

중국 명대 말기의 시간적, 공간적 배경을 포함한 외부적 환경이 그 자신만의 독특한 즙산학(=유종주 유학의 별칭)을 형성한 주요한 인자로 작용했음은 두말할 것도 없다. 그 외부적 환경에는 가족과 친족의 영향이 있을 것이며, 더 나아가서는 가족의 역사가 있을 것이다. 또 가족 이외에 수많은 주변 인물들의 영향이 즙산학을 형성하는 데 크게 기여했다는 점도 잊어서는 안 된다. 게다가 외부적 환경에는 인간 대 인간의 관계뿐만 아니라, 자연적 환경, 지리적 환경, 사회문화적 환경 등도 포함된다. 그러한 환경이 복합적으로 작용하여 어떤 지역의 사상문화를 형성하고 개인의 사상마저 좌지우지할 경우도 있다. 그래서인지 최근 주자학을 탄생시킨 복건성, 양명학을 낳은 절강성, 양명학 적통의 깃발을 높이 올려든 강서성에 주목하여 '사상문화의 지역성'을 언급하는 학자들도 부지기수 존재한다. 필자 또한 사상문화의 지역성과 지역 학술 네트워크에 관심을 갖고 있으며, 이 책의 집필의도도 바로 거기에 있다.

유종주와 그 주변에 존재하던 문인들은 위에서 언급한 총체적인 외부적 환경 하에서 문인집단을 형성하고 폭넓게 학문의 교류를 도모하였다. 물론 거기에는 지역 언론을 대변하는 정치적 언설과 사회적 로컬 엘리트로서의 역할이 내포되어 있었다. 또한 '수기치인修己治人'이라는 신유학의 슬로건은 그들에게 삶과 학문의 궁극적 지표를 부여하였다. 끊임없는 자기수양을 바탕으로 하여 지식인이 나아가야 할 방향을 그들은 여기에서 찾았다. 사대부 혹은 향촌 지식인으로서의 그들은 무한한 사회적 책임감을 가슴 속에 품었으며, 유교적 실천의 장소인 지역사회에서 나름대로의 유교적 리더십을 발휘하고 학술 네트워크 내지 휴먼 네트워크를 구축하였다. 끝내는 명조의 멸망과 함께 유종주와 그 문인들의 대다수는 순절을 택함으로써 이민족인 만주족의 지배를 거부한다. 근대적 시각에서 보면 내셔널리즘 혹은 에스노센트리즘과도 연결될 수 있는 원초적 이념이 그들을 지배했다고나 할까. 사실 왕조나 국가를 위해 자신의 소중한 생명을 버린다는 건 예나 지금이나 쉽지 않은 일이다. 하지만 이 책에서 다루는 유종주와 대부분의 문인들은 그러한 길을 택하였다. 무모하고 바보스러운 짓이었을까. 당연히 그러한 일로 인해 만주족이 세운 청나라 지배 하에서는 그들의 삶과 사상이 화려한 조명을 받지 못하고 어둠 속으로 잠복해 버렸다.

이제 이 보잘 것 없는 작은 책으로나마 유종주와 그 주변 유교 지식인들이 걸었던 삶의 올바른 길을 더듬어 보고자 한다. 현대 중국 사회에서 낡고 오래된 지적 유산으로 치부되는 유교이지만, 이 과거의 찬란한 지적 유산은 현대를 사는 중국인들만의 이야기로 끝날 일은 아니다. 더 밀접하게 진행되고 있는 한중 문화교류의 차원에서 보더라도 그렇고, 또한 갈등과 대립의 시대를 산 중국 명대 유교 지식인들의 학문교류와 삶의 형태가 현대를 사는 우리에게 많은 시사점을 줄 것이라 믿어 의심치 않는다. 우리는 이들에 대해 역사적 기억과 기록을 통해 반면교사로 삼아야 될 것이다. 특히 현대사회에서 무책임한 정치가들의 언설과 거짓 위선, 갈등과 대립을 부추기는 소수의 지식인들을 보고 있노라면, 400여 년 전 명나라의 학술문화 중심지 절강 지역에서 치열한 삶을 살았던 그들을 기억하고 싶은 충동이 자연스럽게 일어난다.

아무튼 이 책이 넓게는 중국철학, 좁게는 중국 명말청초 사상에 관심을 두고 있는 독자들에게 작은 도움이 되었으면 하는 바람뿐이다. 사실 이 책이 세상에 나올 수 있게 된 것은 모두 솔과학 김재광 대표님의 도움이 있었기 때문이다. 지면으로나마 감사의 말을 전한다. 덧붙여 항상 좋은 책을 만들고자 하는 솔과학의 모든 식구들에게도 고마움을 표하고 싶다.

이 책의 출판에 영감을 주신 것은 물론이고, 지금까지 필자는 두 스승의 두터운 학은을 입었다. 우선 필자에게 학문의 도상에서 어떻게 나아가야 할 것인지를 처음으로 알려 주고, 지행합일을 몸소 실천하여 보여주신 석사과정 때의 중국 천진사범대학 쉬따퉁徐大同 교수님께는 무한한 감사의 말씀을 드리고 싶다. 비록 지금은 고인이 되셨지만, 언젠가 제2의 고향 천진에 돌아가 스승님의 묘비 앞에 이 책을 바칠 것을 마음속으로나마 다짐해 본다. 또 일본 동경대학에 유학을 간 이후, 외국인연구생 과정부터 석사과정을 거쳐 다시 박사과정까지 6년여의 긴 시간 동안, 줄곧 필자를 채찍질하고 지도해 주신 고지마 쓰요시小島毅 교수님께는 말로 형언할 수 없을 정도의 학은을 입었다. 학문의 기초부터 연구 방법론에 이르기까지 고지마 선생님의 은혜를 입지 않은 것이 없다. 그분이 쌓아놓은 학문적 명성에 미력한 필자가 누가 되지 않을까 걱정이 앞선다.

끝으로 현재 재직하고 있는 중국 정강산대학 외국어학부의 여러 선생님들께도 감사의 말씀을 전한다. 이 책을 접하게 될 독자제현이 중국 사상사 내지 중국 유교사에서 유교 지식인 학술 네트워크라는 한 단면을 새롭게 인식하는 계기가 되었으면 하는 작은 소망을 피력해 본다.

2020년 8월 역병이 돌던 어느 여름날
지은이 신현승

들어가는 말

　중국 명대 말기에 활약한 유학자 유종주劉宗周(1578-1645)라고 하면, 일반적으로 명대 말기 환관 일파의 세력에 대항하여 활약하고, 명조明朝의 부흥에 노력하지만 끝내는 그 염원을 이루지 못하고 식음을 끊고 순절한 충의忠義의 유학자로 알려져 있다. 또 저명한 명말청초의 학자인 황종희黃宗羲(1610-1695)의 스승으로서 양명학 우파의 계통을 이어 기氣를 중심으로 하는 독자적 철학체계를 세운 인물로서도 묘사되고 있다. 그 밖에도 유교 수양법의 근본으로서 신독愼獨과 성의誠意을 주장하고 명교와 절의를 중시한 학자로서 평가받고 있기도 하다. 확실히 그의 명성은 중국철학사에서 지금까지 널리 알려져 있고, 중국 송명유학사를 언급할 때 반드시 빼놓을 수 없는 인물이다. 하지만 그의 사상사적 위치와 평가 및 의의에 관해서는 아직도 검토해야 할 부분이 많이 남아있다.

주지하듯이 유종주는 왕수인(왕양명)과 나란히 명대 최고의 유학자로서 황종희의 극찬을 받는 인물이다. 일본 현대의 유명한 양명학 연구자 오카다 다케히코岡田武彦는 그의 저서 속에서 동림파東林派의 학문과 유종주의 학문을 평하여 "고경양顧涇陽(고헌성)·고반룡高攀龍을 중심으로 하는 동림학은 왕학王學(양명학)을 통과한 신주자학新朱子學이었지만, 유즙산劉·山(유종주)의 학문은 주자학을 통과한 신왕학新王學이었다"[1]고 기술하고 있다. 과연 이러한 유종주상 혹은 이미지는 올바른 것일까. 또한 유종주는 어떻게 명대 말기 최고의 대유大儒로서 높은 평가를 받았던 것일까.

명대 전체의 유교사상계를 대표하는 인물은 왕수인이겠지만, 명대 말기가 되면 주자학과 양명학의 접경 지역에서 유종주라는 인물이 등장한다. 명대 말기 유교사상계를 이야기할 때, 양명학 좌파(혹은 왕학 좌파라고도 한다) 및 양명학 정통의 후계자를 자임한 황종희의 존재가 상대적으로 크고 유명했던 것에 비하여 유종주의 존재는 그다지 크지 않고 미미하였다. 하지만 유종주의 존재를 간과해서는 명대 유교 학술 문화의 전체상을 파악하고자 하는 경우에는 결코 충분하지 않다. 유종주의 몰후에 등장한 중국 최초의 체계적 유교학술사로 칭해지는 황종희의 『명유학안明儒學案』(1676)의 평가 속에서 유종주는 변함없이

---

1   岡田武彦, 「東林學と劉蕺山」, 『王陽明と明末の儒學』, 明德出版社, 1970, 404쪽.

양명학자라는 레테르(딱지)가 붙여졌다. 잘 알려져 있다시피 『명유학안』의 초점은 심성론心性論에 있다. 바로 그 점에 의해 후세가 되어 유종주에 대한 평가는 '양명학자'로서 고정화되는 경향이 강해지게 된 것이다.

그럼 유종주는 과연 제자 황종희가 말하는 바와 같이 '진정한 양명학자'였던 것일까. 어떤 연구자는 자신의 전저[2] 속에서 개개의 사상 자체와 그것이 사상사로서 기억된 상태와의 괴리를 지적한다. 즉 "개개의 사상은 그 시대의 상황에 근거한 문제의식으로부터 표출되고 그 시대 속에서 유효한 논법과 표현을 취하려고 한다. 하지만 그러한 사상이 후세가 되어 사람들에게 기억될 때 그 형태는 기억하는 자의 문제의식에 의해 변용되는 것이다. 그리고 사상가들은 대개의 경우 자기 사상의 사상사적 필연성을 선명히 드러냄으로써 자기 사상의 설득력을 강화하려고 한다. 사상은 그 사상의 역사적 필연성을 입증하는 사상사에 동반하여 기술되며 그것은 사상사의 객관적인 기술을 결과적으로 희생시키는 것이 되었다"고 서술하고 있다. 이러한 사상사에 대한 견해를 생각해 보면, 황종희의 경우도 스승의 학설이라고 명명한 「사설師說」의 기술에서 자기 자신의 문제의식과 필요성에 의해 스승 유종주 본래의

---

2   쓰치다 겐지로土田健次郎는 그 자신이 쓴 전저의 「서장」 속에서 사상 자체와 사상사 기술과의 괴리 관계를 지적하고 있다. 쓰치다 겐지로, 『도학의 형성道學の形成)』(創文社, 2002)의 「서장」을 참조.

사상을 변용하여 자기의 사상을 구축하고 정당화시킨 것은 아닐까. 확실히 황종희의『명유학안』에는 그 자신만의 독특한 사상의 강렬한 정당성의 주장이 내포되어 있다. 결국 그 주장에 의해 유종주의 양명학자 이미지는 정착되기 시작한 것이다. 더불어 일본 학계에서 중국철학의 대표라 할 만한 고지마 쓰요시의 지적에 의하면, 먼저 "양명학은 주자학과는 달리 어떤 일정의 정태적·사변적인 체계적 교설이라는 것이아니라, 인간과 사회를 어떻게 파악하고 어떻게 행동해 가야 할 것인가라는 동태적·실천적인 성격을 강하게 띠고 있었기 때문에 사설의 계승이라는 것의 의미가 주자학과는 서로 다를 수밖에 없었다. 그러한 점도 있었기에 양명학을 신봉하고 있으면서 한편으로는 주자학적인 교설을 주창한다고 하는 사례도 그다지 드문 일은 아니었다."고 역설한다. 또 그는 명대 후반이 되면 "누구를 주자학자라고 말하고, 누구를 양명학자의 틀에 집어넣을 것인가 라는 구분에는 아직 통일적인 견해가 없다"라고 지적한다. 계속해서 그는 '이학전군理學殿軍', 즉 주자학·양명학 전체의 역사에서 맨 마지막을 장식하는 인물이라고 평가받는 유종주에 대해서도 단순하게 주자학자인가 양명학자인가 라는 구분법으로는 결코 말할 수 없으며, 호교적인 의도를 가지고 그렇게 한 경우는 어찌 되었든 간에, 안이하게 주자학파와 양명학파로 나누고 사상사를 이야기 하는 방식에는 그다지 학술적인 의미가 없다고 역설하고 있다.[3] 필자는 이상과 같은 두 학자의 견해에 일정 정도 이상으로 동의한다. 그리고 이 책의 문제의식도 바로 이러한 시각에 입각해 있음을 미리 밝혀두는 바이다.

이 책에서는 유종주의 사상 혹은 학문 형성의 배경으로서의 가족사 및 그 주변 인물들의 검토를 통하여 중국 명말청초 강남지역 지식인들의 학술·교유 및 그 성격의 일단을 살펴보고자 한다. 그런데 동서고금을 막론하고 대개 학자 혹은 사상가의 학문이나 사상은 그 사람이 생존한 시대·환경이나, 그 사람의 개성·교양·사람됨, 일상생활·인맥 등의 상관관계 속에서 자연스럽게 형성된 입장에 근거하여 전개된다. 그래서 이제야말로 유종주의 사상체계를 이해하고자 함에 있어서는 이들 제 조건의 전체상을 고려하지 않으면 안 된다. 따라서 이 책은 명말청초기라는 중국 근세사회의 일대 전환기에 초점을 맞추고, 이 동란기에 유종주와 그 주변 인물들이 그 학술 및 인적 교류를 통하여 어떠한 작용을 발휘했던가에 관하여 고찰하기로 한다. 또 이 시기의 유교사상계를 종합적으로 파악할 때 관통하는 유교 이념의 주요한 요소의 추출을 시도하면서 그 분석으로부터 유종주 철학의 본질에도 접근

---

3 小島毅, 『朱子學と陽明學』, 日本放送大學敎育振興會, 2004, 59-60쪽. 덧붙이면 이 책은 필자에 의해 한국에서도 번역·출판되었는데, 한국어 번역본의 제목은 『사대부의 시대』(동아시아출판사, 2004)이다.

하여 재검토를 진행하기로 한다. 관점 및 방법상 이 책은 유종주의 생애와 사상 형성의 배경으로서의 가족사 및 그 주변 인물들에 관한 사회문화사적 의의의 분석을 통하여 명대 말기 사상계의 한 단면을 사상문화사적 관점으로부터 해명하는 것을 목적으로 한다. 이에 따라 이 책의 과제는 다음의 두 가지 점에 초점을 맞추고 있다. 첫 번째 과제는 유종주의 사상 형성의 배경(=가족사)을 중심으로 하여 유종주 개인과 그 주변 인물들과의 제 관계를 본질적으로 이해하는 것이다. 본론에서 다룰 유종주의 가족사와 지식 및 인적 네트워크는 한 마디로 말하면 그의 개인사에서 고립해서 존재했던 것이 아니라, 동시대를 살은 그 주변 인물들과의 인맥관계 속에서 형성된 것이었다. 기본적으로는 유종주의 학문세계가 인맥관계를 통하여 절강浙江·강소江蘇지역에서 전개되고 발전했다고 하는 점이다. 특히 절강지역에서 형성된 여러 형태의 인맥관계는 그의 사상 혹은 학문세계를 지탱하고 있는 주춧돌이었다. 한 사람의 인생에서는 가장 기본적 관계라 할 수 있는 가족관계를 출발점으로 하여 그의 학문세계는 사우師友관계 및 문인門人관계를 통하여 점차적으로 자기 사상의 구축이라는 길로 향해 나아간 것이다. 이 책에서는 이와 같은 유종주의 학문세계가 어떻게 형성되고 전개되어 나갔는지를 살펴 볼 것이다. 즉 사상을 낳은 배경에 초점을 맞추어 그 사상의 형성사적 관점에 입각해 있다는 것이다. 두 번째 과제로서는 기존의 '주자학파' 대 '양명학파'라는 대립 구도에서 조금 벗어나 파란만장하게 한 시대를 살은 역사적 인물로서의 유종주와 그 문인들의 면면을 더듬어 보기로 한다. 그것은 인간의 사상이 결코 역사적 현실로부터 분리될 수 없다는 것을 분명히 밝히는 작업이 될 것이다.

주지하다시피 유종주는 조선시대와 근대 이후 한국의 경우와는 달리 일본의 막말기幕末期 사상가들에게 있어서는 매우 익숙하고 친숙한 유자였다. 이렇게 말하는 이유도 당시에 있어서는 그를 포함한 명대의 양명학이 소위 무사도武士道와 관련성을 가진 사상으로서 혹은 실천·행동의 철학으로서 간주되었기 때문이다. 이러한 관심 때문에 지금까지 대만과 일본의 경우는 유종주 사상에 관하여 여러 학자들이 주목을 하였고, 그 결과 많은 선행연구가 진행되어 왔다. 그렇지만 명대혹은 명대 말기청초의 다른 인물들, 예를 들면 왕수인王守仁·황종희黃宗羲·왕부지王夫之·고염무顧炎武 등의 학자에 비교해 보면 매우 적었다고 말할 수 있겠다. 특히 유종주 개인을 취급한 논저를 살펴보면유종주 학술의 배경이나 문인집단의 형성[4]에 관해서는 완전히 등한시해 왔다는 것이 사실이다. 또한 유종주 사상의 사회·경세적인 측면의문제에 대해서도 거의 언급하고 있지 않다.

---

4 즙산학파蕺山學派의 양상 및 그 문인들에 관한 연구로서 충이거衷爾鋸의『즙산학파 철학사상』(山東敎育出版社, 1993)이 있지만, 이것은 유물론적 관점에 근거하여 유종주의 사상과 그 문인들의 양상을 파악하고 있을 뿐이다.

사실 종래의 유종주 사상에 관한 연구는 그의 철학 이론적 측면을 강조하고, 주자학과 양명학이라는 두 항목의 이분법적 분류의 범주를 시야에 넣으면서 진행되어 왔다고 할 수 있을 것이다. 즉 종래의 연구에서는 대부분이 그의 신독·성의 개념에 관심이 집중되었다고 하는 점이다. 그래서 연구의 양상은 대체적으로 유학자로서의 유종주 개인의 관념론적 사상에 초점을 맞추고 철학적 개념 분석에 관한 연구에 집중되어 왔다고 볼 수 있다. 그 결과 기존의 유종주 연구에서는 문인집단, 지식인 네트워크(혹은 인적 네트워크), 가족, 종족 등의 학문 외적 요소에 대해서는 그만큼 관심이 덜하였다. 여기에서 필자가 말하는 지식인 네트워크는 본문에서 학술 네트워크, 인적 네트워크, 학술공동체, 문인집단, 학파 등등의 포괄적 관계망을 가리킨다. 가령 중국 근세의 유교사상사를 연구하는 학자들이 어떤 유학자와 그를 둘러싸고 있던 외부의 사회적 환경을 나누어서 생각한다면 그 연구는 당시의 일상생활을 좌우한 역사적 상황에 접근해 갈 수 없게 될 것임은 자명하다. 필자가 이 책에서 자주 '사상문화'라는 다소 생소한 용어를 사용하는 이유도 거기에 있다. 이 용어는 최근 일본의 중국학 연구 분야에서 유행이 되고 있는데, 이것은 주관적인 사유로서의 철학개념의 틀 안에 머물지 않고 그 철학개념을 낳은 정치·경제·사회 등의 역사적 배경으로까지 파고 들어가고자 하는 의도를 담고 있는 용어이다. 따라서 이 책이

의도하는 바도 주관적 관념론으로서의 철학을 논의하고자 하는 것이 아니라, 명대 말기청초기 '사상문화'의 한 단면을 유종주라는 유학자와 그 문인들에게서 찾고자 한 것이다.

목차

명말 유교사상계와 지역

Contents

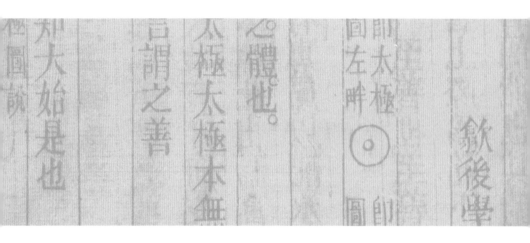

유종주와 그 문인들과의 교유관계를 둘러싼 개별적 문제를
고찰하기 전에 우선 인물과 가족사라는 소제목으로 하여 그의 초기
생애를 가족사 · 사승관계師承關係라는 시점으로부터 더듬어 본다.
이 작업은 이하에서 전개하는 개별적 문제에서 빠뜨릴 가능성이 있는
유종주 생애의 한 단락을 메우는 작업이 될 것이며, 무엇보다도
그 생애의 시작을 제시함으로써 그와 관련된 갖가지 학술적 문제의
이해에 있어서도 커다란 도움을 받을 것이다.

제 1 부

인물과 가족사

출생과 성장과정

유종주의 출생이나 성장 과정에 관해서는 『유종주연보劉宗周年譜』[5](이하 『연보』로 약칭)의 기록이 있고, 그의 학문 형성에 관련해서는 이미 제 선학에 의해 소개되어 있기도 하다. 여기에서는 유종주 학문 형성 이전의 전제로서 출생과 성장과정을 검토하기로 한다.

1. 출생과 시대 및 지역적 배경

유종주(1578-1645)가 태어난 시기는 명 왕조 신종神宗 만력萬曆 6년의 정월 26일이다. 태양력으로 환산하면 서력 1578년 3월 4일이 된다.

---

5 『유종주전집劉宗周全集』(戴璉璋·吳光主編, 台湾中央研究院, 1997) 제5책 수록의 「자유자행장子劉子行狀」과 「유종주연보劉宗周年譜」를 참조. 또한 유종주의 생애와 사상에 관한 우수한 연구서로서 오카다 다케히코岡田武彦의 『유염대문집劉念臺文集』(明德出版社, 1990)과 동방삭東方朔의 『유종주평전劉宗周評傳』(南京大学出版社, 1998).이 있다. 이하의 본문이나 주에서는 상황에 따라 『劉宗周全集』은 『全集』 혹은 한글로 『전집』, 『劉念臺文集』은 『文集』 혹은 한글로 『문집』이라고 약칭한다.

『연보』에 의하면 그는 태어나면서부터 세속의 때가 묻지 않고, 또한 맑고 속되지 않은 용모를 지녔으며 향리의 사람들은 모두 그를 '한옥寒玉(맑고 아름다운 옥 즉, 아름다운 구슬이란 뜻이지만 훌륭한 용모와 인품을 일컬음)'이라 불렀다고 한다. 그리고 유종주가 태어난 것은 송대 주돈이의 사후 506년, 주희가 사망하고 난 지 378년 뒤이고, 왕수인이 사망하고 난 지 51년 후의 일이다.

이 무렵 양명학(왕학) 좌파의 거두 왕기王畿는 81세, 후에 스승이 되는 허부원許孚遠은 44세, 동림파[6]의 고헌성顧憲成은 29세, 고반룡高攀龍은 17세였다. 게다가 유종주와 동년의 진사進士이고 친우이기도 한 유영징劉永澄은 3세, 동림파의 위대중魏大中과 양명학 좌파의 심국모沈國模는 4세, 정원천丁元薦은 16세, 손신행孫愼行은 14세였으며 동년에 태어난 명대 말기의 인물로서 서석기徐石麒·관종성管宗聖이 유명하다.[7] 부친 유파劉坡(호는 진대秦臺)는 한 사람의 인생을 세속적 가치에 놓고 본다면 매우 불운하여 짧은 생애에 그치고 말았다. 그는 유종주가 태어나기 5개월 전인 만력 5년(1577) 8월 23일에 이미 사망하였고, 모친은 유파와 동향의 장씨章氏로 당시 서른도 채 안 된 28세였다. 유종주가 태어난 곳은 절강浙江 소흥부 산음현 수징리水澄里이다. 그의 초명은 헌장憲章, 이름은 종주宗周이며 자는 기동起東 혹은 계동啓東, 호는 염대念臺이다. 후에 주거를 산음현 성북에 위치한 즙

6　이 책에서는 유교 학술사적 측면의 학술 용어인 동림파 혹은 동림학파, 정치사적 측면의 용어인 동림당을 상황에 맞게 적절히 병용하기로 한다.

7　『전집』 제5책, 「연보·요보姚譜」 명 신종 만력 6년의 조.

산즙山 아래로 옮기고 그곳에서 강학활동을 전개하였다. 그 때문에 스스로 즙산장蕺山長, 즙산장자蕺山長者, 즙산장병부종주蕺山長病夫宗周라고 칭했기 때문에 문인들은 그를 존숭하여 산음선생山陰先生, 즙산부자蕺山夫子라고 불렀다. 후세의 학자들은 더욱 존경의 마음을 담아 즙산유자蕺山劉子 혹은 자유자子劉子라고 존칭하였다. 또한 일찍이 스스로를 진망망중산인秦望望中山人, 환산주인還山主人, 독역소자讀易小子, 산음폐사山陰廢士라 칭하였고, 만년에는 극염자克念子라는 호를 사용하면서 학문과 실천에만 매진하였다. 이상이 명말 유교사상사의 주역 중 한 명이라 할 수 있는 유종주의 출생에 대한 기술이다. 그에 관해서는 『연보』 등과 같은 전기 자료가 갖추어져 있지만 출생에 관해서는 모두 간단한 내용뿐이다. 그 내용을 보아도 별다른 특징은 보이지 않는다. 다시 말해 유명한 위인에게 종종 보이는 출생에 얽힌 기담이나 에피소드는 그의 경우에는 전혀 기록되어 있지 않다. 극히 평범한 남아의 탄생이었던 것이다. 이 아이가 후에 명대 말기 최고의 대유로서 칭송받을 줄은 가족 중 누구 한 사람도 예상하지 못한 일이었다.

그런데 유종주 출생의 해, 즉 1578년이라고 하면 그 유명한 명대의 개혁가 장거정張居正이 정권의 내부에서 실권을 잡고 나이 어린 신종神宗 만력제萬曆帝를 보좌하면서 개혁을 추진하던 시기이다. 대외적으로는 북로北虜·남왜南倭의 침입에 시달렸으며 명 조정 내부에서는 황제의 실정과 재상의 전횡 등으로 인해 쇠퇴를 향해 치닫고 있었다. 그 반면에 장거정은 이러한 국내외적 혼란 상황 속에서 국가의 위세를 회복하고자 마음껏 정치적 식견을 발휘하고 있던 시대이기도 하였다. 그 전년 만력 5년(1577)의 가을에는 조정 내부에서 한 차례 중대한 사건이 발생한다. 당시 대학사 장거정의 부친이 호광湖廣의 강릉江陵에서 세상을 떠난 것이다. 규정에 의하면 장거정은 관직에서 물러나 곧장 고향에 돌아가 복상해야 되었고, 『사서四書』에서 주장하는 부모 3년상喪이라는 원칙에 합치하지 않으면 안 되었다. 바로 이 때 어떤 관료가 국사 다난의 때에 정부의 중심인물인 장거정에게 복상을 인정해서는 안 된다고 건의하였고, 이 일로부터 '탈정奪情' 소동[8]이 시작된다. 본래 복상하는 것이 인지상정임에도 불구하고 황제의 명령으로 특별히 복상을 허가하지 않는 것을 탈정이라고 한다. 이 탈정 문제를 둘러싸고 조정 내부에서는 탄핵과 반격이 되풀이 되었는데, 결국 탈정 반대파는 엄벌에 처해진다. 이러한 긴박하고 곤란한 정국 상황 속에서 수도 북경에서 멀리 떨어진 남방의 절강성 소흥 산음현이라는 곳에서 유종주는 태어난 것이다. 사실 유종주 자신이 학문적 여정을 통해 자기의 유교사상을 형성한 역사적 시공간은 명조의 쇠락기인 만력, 천계天啓, 숭정崇禎 연간이었고 시대 상황은 동란의 연속이었다. 빈발하는 민변民變·항조抗租·노변奴變, 이민족의 침략과 방비에 의한 재정 위기, 물가 폭등과 천재지변, 게다가 그 대책 본부의 역할을 맡던 중앙 관계는 황제의 대

---

8 탈정에 관해서는 국내에서도 이미 필자에 의해 번역·출판된 고지마 쓰요시의 『송학의 형성과 전개』(논형, 2004)를 참조. 이 단행본의 제1장 제5절에서는 '천견론天譴論'이라는 시점으로부터 장거정의 탈정 문제를 다루고 있다.

권을 전횡한 위충현魏忠賢 등의 환관 일파에 의해 정치가 소수의 이익 집단에 의해 좌지우지되고 있었다. 그들을 규탄하는 동림당 등의 반대파 관료는 도리어 탄핵을 받아 배척되기에 이른다. 이와 함께 당시의 유교사상계는 왕학(=양명학) 좌파[9]가 왕성하게 활동하였고, 그 반대 측에서는 동림파 및 담약수湛若水 계통의 풍종오馮從吾 등이 정주학을 설파하면서 양명학 좌파와 격렬한 학술 논쟁을 전개한 시기이다.

주지하듯이 명조의 가정嘉靖, 만력기는 문화적 성숙기라고 형용되었지만, 한편에서는 조세의 징수 체계를 시작으로 하여 한 시대의 획을 그을만한 사회구조의 변화가 극명하게 현저해진 일대 전환기이기도 하였다. 이에 동반하여 지식인층 내부에서도 지식인의 의식을 지탱하는 유교(유학)가 그 변용의 모습을 확연히 드러낸다. 그것은 주자학에 대한 비판과 그 극복으로서 전개된 양명학의 양지설良知說이 현성양지現成良知(양명학 좌파의 주장)로 인식됨으로써 새로운 변용을 이루어 가는 과정이었다. 거기에서는 금욕적 자기수양으로부터 해방된 왕성한 자기긍정과 다소 느슨해진 경의經義 해석의 학풍을 불러일으켰

---

9 왕학 좌파라고 할 때 통상은 절동 왕기王畿 학파 및 왕간王艮(1484-1540) 학파, 즉 태주학파泰州學派에 중점을 둔다. 태주학파의 인물로는 왕간 문하의 서파석徐波石, 조대주趙大洲, 안산농顏山農, 나여방羅汝芳, 등활거鄧豁渠, 하심은何心隱 그리고 좌파 최후의 인물로서 이탁오李卓吾를 언급한다. 이 좌파의 특색은 그들이 모두 불교(혹은 선禪) 내지는 노장사상에 깊은 관심을 가지고 세속의 비난과 공격에 굴하지 않고 용감하게 자기주장을 펼쳤다는 점에 있다. 황종희는 『명유학안』에서 양명의 학은 왕기와 태주학파에 의해 선종화禪宗化되었다고 기술하고 있고, 안산농과 하심은 일파에 이르러서는 정통 유교에 완전히 배치되는 방향으로 전개되었다고 서술하고 있다. 야마시타 류지, 『양명학 연구(陽明學の硏究)』(現代情報社, 1971)를 참조

고 최종적으로는 유·불·도 삼교합일의 풍조가 출현한다.[10] 물론 그 일면의 뒤편에서는 대척점으로서 동림학파(혹은 동림파)와 유종주의 존재가 있었다. 이러한 시대를 배경으로 하여 유종주는 출생하고 성장한 것이다.

그런데 유종주에게는 이름과 호에 관련된 재미있는 일화가 있다. 원래 종주라는 이름은 그의 자字이고 이름은 헌장憲章이었다. 청소년기(18세)에 그는 동자시童子試에 응시했는데, 시험관이 그의 이름을 잘못 표기하여 자를 그대로 이름으로 기입한 일로부터 그 후 '종주'라는 자가 이름이 되어버린 것이다. 또 하나의 일화는 그의 호와 관련된 것이다. '염대念臺'가 그의 호이지만 이것은 그가 어머니의 배속에 있을 때 이미 세상을 떠난 망부 유파(호는 진대)에 대한 상념을 자신의 호에 담아 부친에 대한 사무친 정을 표현한 것이다.[11] 그럼 유종주의 출생지 절강의 소흥은 어떠한 지역이었을까. 중국의 기나긴 역사 속에서 서로 인접하는 오吳와 월越 사이에는 그 옛날의 춘추시대부터 끊임없는 증오와 멸시 및 경시의 태도가 복잡하게 뒤얽혀 있었다. 오는 지금의 강소江蘇 남부, 월은 지금의 절강 북부의 옛 명칭이지만 이 월(특히 절동浙東)은 현재에 이르기까지 특히 오에 대한 대항 의식이 강한 지역이라고 알려져 있다. 그런데 그의 출생지인 절강 소흥부 산음현이 고래로부

---

10 모리 노리코森紀子, 「전환기에 있어서의 중국 유교운동轉換期における中国儒教運動」(京都大学学術研究会, 2005) 참조.

11 여기에서의 유종주 출생과 이름에 관련한 기술은 『전집』 제1책의 「유종주전집편교설명劉宗周全集編校說明」과 『전집』 제5책의 「부록·연보·전편」 및 『문집』 등을 참조하여 서술하였다.

터 절동에 속하던 지역이다.[12] 지금의 절강성 소흥시에 위치해 있고 그 옛날부터 절동의 영파寧波, 소흥 일대는 비옥한 토지와 풍부한 물자로 인하여 '어미지향魚米之鄕'이라 불렸다. 또 영파는 명주明州라 불린 당唐나라 시대부터 일본을 시작으로 하는 해외 교역의 주요 항만도시로서 경제적 번영을 자랑하였다. 이러한 경제적 번영을 배경으로 하여 절동 8부 가운데 소흥을 포함하여 금화, 영파, 온주의 영가永嘉 등지에서는 활발한 학술활동이 이루어졌다.[13] 특히 그 가운데 소흥이라고 하면 중국 현대사의 정치 지도자인 주은래周恩來와 위대한 문학가 노신魯迅의 고향이며, 명주로 이름난 소흥주紹興酒의 고향으로도 유명하다. 지금은 중간 규모의 도시이지만 아직도 상당한 문화적 향기를 내뿜고 있는 지역이기도 하다. 이 소흥은 춘추시대 월越의 수도였다고 하는 빛나는 역사를 가지고 있지만, 그것은 아주 먼 옛날이야기(약 2200년 전의 일)이기 때문에 당시의 역사적 흔적은 지금은 거의 남아있지 않은 상태이다. 사상문화사의 시점으로부터 보면 유종주의 출생지 소흥은 왕수인의 여요余姚나 송렴宋濂으로 대표되는 금화 및 방효유方孝孺의

---

12 청淸 건륭乾隆 원년 판각·간행된 『절강통사浙江通史』 권1에 의하면 "절강 등지에 행중서성을 설치하고 양절兩浙(절동·절서)이 성의 명칭으로 사용되기 시작하여 9부府를 관할하였다. 명 홍무洪武 9년에는 절강승선포정사사浙江承宣布政使司로 개칭되어 설치되었다. 홍무 15년에는 가흥嘉興·호주湖州 이부二府의 속지屬地를 나누어 11부로 정하였다. 국조(명조)는 이에 따라 성도를 항주杭州로 정하고, 다음으로 가흥과 호주가 포함되어 3부가 되었는데, 이상의 대강大江의 우측은 절서浙西이다. 다음으로 영파寧波, 소흥紹興, 태주台州, 금화金華, 구주衢州, 엄주嚴州, 온주溫州, 처주處州 등 8부는 모두 대강의 좌측에 있고 이곳을 절동浙東이라 한다."라고 기록되어 있다. 여기에서의 '대강大江'이란 절강의 하류 전당강錢塘江을 가리킨다. 따라서 전당강을 끼고 좌측(동쪽)의 땅이 절동, 우측(서쪽)의 땅이 절서가 된다. 유종주는 바로 절동의 소흥부 출신인 것이다.

13 山口久和, 『章学誠の知識論』, 創文社, 1998, 37-38쪽.

영해寧海와 마찬가지로 같은 절강성에 속하였다. 특히 소흥부는 그 옛날 회계會稽·월주越州 및 보다 광역적인 의미에서는 절동이라 불리던 곳으로 전당강錢塘江[14]의 동쪽에 위치하여 남쪽으로는 높은 산이 우뚝 솟아 있고, 북쪽으로는 항주만杭州灣에 접해 있는 땅이 비옥하고 물산이 풍부한 지역이었다. 진晉나라 때부터 문물이 번성하여 송나라가 도읍을 임안臨安(지금의 항주)으로 옮기자 각지의 명유名儒 학사들이 차례차례로 절동으로 피난해 왔고, 이 때문에 절동의 학문이 크게 번성하기 시작한다.[15] 확실히 절동은 경제적 선진지역이었으며 송원宋元시대에는 예술과 학문 등 각종 문화가 번성한 문화중심지이기도 하였다. 또 이 곳 출신의 많은 지식인이 주원장을 도와 명조明朝의 창건에 커다란 역할을 담당했다는 것은 이미 잘 알려진 사실이다.

그런데 명 중기 이후, 절동지역에서의 양명학 유행에 주목하고 '사상문화의 지역성'[16]이라는 관점에서 생각해보면, 이러한 양명학적 사상풍토에서 성장한 유종주가 그 학문적 파장과 사상적 영향을 전혀 받지 않았다는 사실은 매우 흥미진진한 일이다. 당시 절동지역의 주류사상은 말할 것도 없이 좌파 계열의 양명학이었다. 그의 고향 소흥부 산음은 절동 양명학의 대표인 왕기王畿의 출신지이고, 청소년기 그의 주

---

14 전당강은 절강성에 있는 강의 이름이다. 전당은 절강의 하류로서 지금은 절강성 항주시 부근의 지방이고, 당唐 이후 전당이라고 쓰이게 되었다.
15 岡田武彦,「유염대의 생애와 사상」,『문집』, 明德出版社, 1990, 13쪽.
16 小島毅,『중국 근세에서의 예의 언설(中国近世における礼の言説)』, 東京大学出版会, 1996, 183쪽. 저자는 이 책의 종장「명학明學의 재검토」에서 절동 지역의 양명학 유행에 대하여 복건 지역에서의 주자학 옹호 및 양명학 비판에 주목하고 사상문화의 지역성이라는 문제를 지적하고 있다.

변에는 수많은 양명학자의 존재도 있었다. 이러한 학술적 환경 속에서 출생하고 성장한 유종주가 양명학을 몰랐을 리는 없을 것이다. 하지만 그의 사상 변천에 대한 『연보』의 기록을 보는 한, 초기의 유종주는 그 주변의 양명학 유행에도 불구하고 양명학 자체에는 전혀 관심이 없었다고 하는 점이다. 그것은 역으로 말하면 그의 학문의 출발점이 육왕학陸王學이 아니라 정주학程朱學이었다고 할 수 있을 것이다.

이제 본격적으로 유종주의 학문세계와 주변 인물들에 관하여 검토해 보자. 그전에 먼저 전제 작업으로서 유종주의 생애 및 시대적 배경을 개관해 볼 필요가 있다. 아래의 표는 생애의 대강을 약년표로 정리하여 작성한 것이다.

표1) 약년표(유종주의 생애 및 명대 말기 내외의 사상·정치계의 동향에 관한 연표[17])

서력(연호)	연령	유종주의 생애 관계사항	학술계 주요 인사 및 내외의 정치·사회계의 동향
1578 (만력 6년)	1세	절강 소흥부 산음현 수징리에서 탄생. 부친 유파는 유종주가 태어나기 5개월 전에 사망.	이시진 『본초강목』 완성. 1573년 (만력 원년), 만력제(주익균, 신종)가 즉위. 장거정의 개혁 시작됨.
1579 (만력 7년)	2세		하심은 옥중에서 사망. 장거정 서원과 강학을 탄압.
1582 (만력 10년)	5세	어머니 장씨가 어린 유종주를 데리고 회계현 도허道墟에 있는 친정(장영의 집)에 몸을 의탁한다.	전겸익·사효함 태어나다. 마테오 리치 내항하여 중국에서의 포교를 시작. 장거정 사망.

17 이 약년표는 전기 자료와 『연보』에 근거하여 유종주 생애의 대강과 그 전후를 전망할 수 있도록 작성한 것이다.

1584 (만력 12년)	7세	처음으로 사숙에서 조씨 趙氏에게 배움.	호거인·진헌장·왕수인 세 명을 문묘에 종사. 손기봉·황존소 태어 나다.
1588 (만력 16년)	11세	숙부 유진병劉秦屏 사망.	누루하치 건주부建州部를 통일.
1592 (만력 20년)	15세	모계의 장우현章又玄 가 택에서 독서. 노염빈魯念 彬에게 배우기 시작하다.	허부원과 주여등 남경에서 무선무악 에 관하여 논쟁하다. 스승 허부원은 이 해 12월부터 만력 22년 12월 남 경대리시경南京大理寺卿으로 전 출하기까지의 2년간 복건순무로서 재직. 도요토미 히데요시豊臣秀吉 조선에 출병(임진왜란).
1594, 95 (만력 22, 23 년)	17, 8 세	노염빈에게 사사하여 작문 의 기법과 팔고문八股文 을 배움. 동자시童子試를 수험.	
1596 (만력 24년)	19세	모계의 장씨章氏와 결혼. 후가 되어 유종주 부처 사이에서 1남 3녀가 태어 난다.	
1597 (만력 25년)	20세	2월, 소흥부 학생이 된다. 8월, 절강향시에 합격하여 거인擧人이 된다.	히데요시 제2차 조선출병(정유재 란).
1598 (만력 26년)	21세	예부회시禮部會試에 낙 제.	관지도管志道와 고헌성이 무선무 악에 관하여 논쟁하다. 도요토미 히데요시 사망.
1600 (만력 28년)	23세	겨울 11월, 과거수험을 위 해 북경에 도착.	서광계, 마테오 리치를 만남.
1601 (만력 29년)	24세	진사 급제(동진사출신同 進士出身). 어머니 장씨의 사망으로 복상.	마테오 리치, 북경에 정착. 직용織 傭의 난이 일어남. 누루하치 팔기 제八旗制를 실시.

1602 (만력 30년)	25세	고향집에서 머무름.	이지(이탁오) 옥중에서 자살함. 기표가祁彪佳 태어나다.
1603 (만력 31년)	26세	처음으로 스승 허부원과 만남. 스승의 가르침에 따라서 극기克己를 종지로 삼고 육왕학 등의 본심론本心論을 배척.	일본에서는 에도막부江戶幕府가 성립.
1604 (만력 32년)	27세	3월, 다시 한 번 스승 허부원을 방문. 북경에 가서 초임의 행인사행인行人司行人에 취임하고, 막역한 친구 유영징劉永澄과 처음으로 만나게 됨.	스승 허부원 사망. 고헌성 등이 무석無錫에서 동림서원을 부흥시킴(동림파 강학활동의 시작).
1605 (만력 33년)	28세	귀향. 6월, 외조부 장영章穎 세상을 떠나다. 8월에는 조부 유돈劉燉이 사망하여 복상함.	
1607 (만력 35년)	30세	고향의 대선사大善寺에서 학생들을 가르침. 이 때 주응중周應中, 왕반王泮, 도망령陶望齡 세 사람과 교유.	
1611 (만력 39년)	34세	처음으로 산음현 즙산의 기슭에 거주. 6월, 항주의 서호에서 유영징과 회합을 가짐.	전년(1610)에 황종희가 태어나고, 이 해에 방이지方以智와 장리상張履祥이 태어나다.
1612 (만력 40년)	35세	무석에서 고반룡과 만남. 그 때 세 개의 문학서問學書를 제시. 북경에 가서 행인사행인에 복직함.	동림파의 지도자 고헌성이 세상을 떠남. 절친한 친구 유영징도 이 해에 짧은 생애를 마감함.
1613 (만력 41년)	36세	동림파 변호의 상주문을 조정에 제출. 아들 유작劉汋이 태어남.	동림당 사건(이삼재李三才 사건)

1615 (만력 43년)	38세	주씨朱氏의 해음헌解吟軒에서 문해생 진요년陳堯年 등을 가르침.	
1616 (만력 44년)	39세	진씨陳氏의 석가지石家池에서 가르침.	누르하치, 후금국(청)을 건국
1617 (만력 45년)	40세	한산초당韓山草堂에서 가르치다. 논어학안 완성.	4월, 친구 위학렴魏學濂이 방문. 동문의 선배 풍소허馮少墟와의 서신 문답.
1619 (만력 47년)	42세	증자장구 완성.	왕부지 태어나다. 후금국의 군대가 사르후산山의 전투에서 명조와 조선의 연합군을 격파.
1620 (만력 48년, 태창 원년)	43세	가을, 오흥吳興과 장흥長興을 주유하고 시詩를 씀.	초횡焦竑 사망. 신종 만력제 붕어하고 광종光宗 태창제泰昌帝(주상락)가 즉위하지만 급사함. 희종熹宗 천계제天啓帝(주유교)가 15세의 나이로 즉위.
1621 (천계 원년)	44세	예부의제사주사(禮部儀制司主事에 임명되어 북경에 올라감. 환관 위충현魏忠賢을 규탄.	
1622 (천계 2년)	45세	광록시시승光祿寺寺丞에 임명되다. 북경 수선서원首善書院의 강학에 참가.	풍소허, 추원표 등이 중심이 되어 수선서원을 창건하고 강학을 시작.
1623 (천계 3년)	46세	여름 5월에 상보사소경尙寶司少卿에 임명되고, 이어서 동년 9월에는 정4품의 태복사소경太僕司少卿에 승진되지만 그 취임을 고사.	모기령毛奇齡 태어나다. 환관 위충현이 정국의 실권을 장악.

1624 (천계 4년)	47세	9월 초4일, 통정사사우통정通政使司右通政에 기용되지만 고사하고 그 다음 해가 되어 관직이 삭탈된다. 이 해에 중각윤화정선생문집서와 방손지선생정학록을 저술함.	추원표 사망. 위충현 일파의 동림파에 대한 공격이 격렬해짐.
1625 (천계 5년)	48세	곤란한 정국의 상황 하에서 고향 즙산의 해음헌에서 동지를 모아 회강한다.	왕문언汪文言의 옥 발생. 동림파 인사의 대탄압이 행해짐. 이 때문에 수선서원과 동림서원이 폐쇄됨.
1626 (천계 6년)	49세	동림파 인사의 탄압을 목격함.	동림파 7인에 대한 체포령이 내려지고 고반룡은 자살한다. 황존소 사망. 후금국의 군대가 영원寧遠에서 패퇴. 누르하치가 사망하고 태종 홍타이지(재위 1626–1643)가 즉위.
1627 (천계 7년)	50세	황명도통록 7권(유실)을 완성. 처음으로 양명문집을 읽고 양명학에 긍정적 입장을 취함.	풍소허와 조남성이 세상을 떠남. 환관 위충현 주살됨. 후금국 조선에 침공(정묘호란). 탕빈湯斌 태어나다. 8월, 천계제가 붕어하고 명조 최후의 황제 숭정제(주유검)가 즉위.
1628 (숭정 원년)	51세	동림당적의 제 군자를 추모하기 위해 강소성 일대를 돎. 겨울 11월, 순천부부윤順天府府尹으로 승진됨.	
1629 (숭정 2년)	52세	순천부 부윤에 취임하여 청군의 침입에 대처. 그 대보갑제를 실시하고 민심의 안정에 노력. 대학고기약의 완고.	주여등 사망. 복사復社가 성립하다. 이자성 반란에 가담.

1631 (숭정 4년)	54세	도석령陶奭齡 등과 함께 증인사證人社 강학 시작. 그 의도는 강학활동에 의해 시국의 혼란함을 구하고자 하는 것이었음.	이자성李自成 반란을 일으킴.
1632 (숭정 5년)	55세	윤돈尹焞을 제사 지내기 위한 시설인 '고소학古小學'을 중수. 제일의설, 구방심설, 정좌설 등을 저술함.	
1633 (숭정 6년)	56세	향약소상편 저술.	서광계 세상을 떠나다.
1634 (숭정 7년)	57세	성학종요, 유씨종약, 증인소보(인보)등을 저술하다.	절동의 소흥부 일대에 대홍수가 발생.
1635 (숭정 8년)	58세	향리에서 구제활동을 폄.	
1636 (숭정 9년)	59세	공부좌시랑에 기용되자 곧바로 온체인 내각을 탄핵하고 면직처분을 받음. 「송유오자합각서」 저술.	숭정제, 정치쇄신을 위해 유종주·임한林釬·손신행孫愼行 3인을 기용. 홍타이지가 '대청大靑'이라고 국호를 정함. 청군이 조선에 침공(병자호란). 절강 소흥에 역병이 유행.
1637 (숭정 10년)	60세	봄 3월, 소흥부 승현嵊縣이 전년의 큰 가뭄으로 인해 기근 발생. 유종주는 제생과 협력하여 그 구제활동에 전념.	문인 진용정陳龍正 등의 북경 재주의 관료에 의해 북경에서 선회善會의 일종인 '엄격회掩骼會'가 결성됨.
1638 (숭정 11년)	61세	유씨종보, 양명선생전신록을 완성.	청군이 장자령牆子嶺, 청구산靑□山으로부터 장성長城을 돌파하고 남하. 수도 북경에는 계엄령이 선포되고 장군 노상승盧象昇은 전사.

1639 (숭정 12년)	62세	독대학讀大學을 저술.	진자룡陳子龍에 의해 서광계의 농정전서가 간행됨. 양사창楊嗣昌이 향촌 방위조직(연총제練總制)을 편성하여 시행함.
1640 (숭정 13년)	63세	고소학약, 중수고소학기, 고소학집기를 저술함. 봄, 소흥부에 홍수의 피해가 발생하여 문인 기표가 등과 함께 그 구제활동에 분주히 뛰어다님.	도석령이 세상을 떠남.
1641 (숭정 14년)	64세	황제의 특명에 의해 이부좌시랑吏部左侍郎에 기용됨. 과로로 인하여 방광염에 걸림.	주연유周延儒 내각 성립. 복사의 지도자 장부張溥 세상을 떠남.
1642 (숭정 15년)	65세	도찰원좌도어사에 기용되었지만 겨우 4개월 남짓으로 면직됨.	이자성 군대가 양양襄陽(양성襄城)을 점령. 강웅姜熊의 옥 발생.
1643 (숭정 16년)	66세	독역도설, 역연易衍, 고역초의古易鈔義, 대학성의 장장구, 증학잡해, 양지설 등을 저술하고 저작활동에 전념. 소흥 지구의 수리개혁에 대한 제안.	홍타이지 사망하고 순치제順治帝가 즉위.
1644 (숭정 17년)	67세	중흥금감록을 저술. 북경의 변을 알게 되다. 재차 (남경) 도찰원 좌도어사에 기용됨.	이자성이 북경을 점령하자 숭정제는 자금성 북쪽에 있는 경산景山에 올라 나무에 목을 매고 자살함. 청군, 북경에 입성하자 수도를 이곳으로 옮김. 복왕 홍광제의 등장.
1645(복왕 홍광 원년)	68세	식음을 끊고 순사殉死.	청군의 본토 정복. 조선에서는 인조의 장자 소현세자가 의문을 남기고 죽음.

2. 성장과정과 어머니의 죽음

명조는 말기에 이르러 안으로는 정치와 사회가 크게 동요하기 시작한다. 특히 신종 만력제의 신임을 얻고 있던 장거정이 정치개혁을 단행하고 난 뒤 명의 정계는 급격한 변화를 겪는다. 장거정의 강력한 정치적 수완에 의해 일시적으로는 그때까지의 정치적 혼란을 수습하면서 체제의 상대적 안정을 달성한 듯이 보였다. 하지만 개혁의 최선봉에 서 있던 장거정이 세상을 떠나자 국내 정국은 다시금 일변한다. 만력제에 의한 국정 운영의 실패, 위충현과 환관파 일당의 전횡, 동림당 인사의 투쟁 등등이 그것이다. 밖으로는 북로남왜北虜南倭라고 통칭되는 바와 같이 동북 만주족과 섬나라 왜구의 등장에 의해 명조는 밖으로부터의 거대한 위협에 직면해 있었다. 이상이 명대 말기 격렬히 요동치게 된 중국의 내외적 사회정세의 대강이다. 하지만 이러한 혼란한 사회정세 속에서 장래 재능 있는 인물들이 소위 시대의 희생자로서 혹은 젊은 나이에 생명을 잃게 되고, 또한 이 시대에 다행히 살아남은 자라 하더라도 대망의 뜻을 펼치지 못하고 불우한 운명을 안은 채 그 생애를 마감했을 것이라는 것은 상상하기 어렵지 않다.

『연보』의 기록을 통해 그 성장과정을 보는 한, 소년기의 유종주는 반드시 머리에서 발끝까지 한 치의 빈틈도 없이 보이는 발군의 수재라고까지는 말할 수 없다. 그도 또한 당시의 수많은 범인들과 마찬가지로 유교 교육을 받으면서 성장한 일개 보통사람에 지나지 않았던 것이다.

우선 그의 청년시절 에피소드부터 이야기를 시작해 보자. 사람의 인생관이나 학문관을 추측해 보기 위해서는 그 출생 배경과 성장과정을 주의 깊게 관찰해 볼 필요가 있다. 그와 같은 관찰을 통해서 보면 의외로 어떤 한 인물의 일생을 관통하는 뚜렷한 특징과 같은 것을 찾아낼 수 있다. 이는 단지 유종주에 국한된 것만은 아니며, 역사 속의 수많은 인물들의 경우에도 이러한 법칙이 정확히 들어맞고 있음은 말할 것도 없다. 특히 성장과정 중 소년시절 그의 교육에 커다란 영향을 끼친 인물은 그의 어머니와 외할아버지 장영章穎(호는 남주南洲) 및 외삼촌이었다고 하는 점은 『연보』의 기록으로부터도 확인할 수 있다.

그는 20세 때인 만력 25년(1597) 봄 3월에 소흥부학의 학생이 되고 다음으로 절강 향시에 합격하여 거인擧人이 된다.[18] 그러던 어느 날인가 어머니 장씨가 빈궁의 생활에 시달리며 애써 일함에 몸이 급격히 쇠약해졌다. 이 광경을 본 아들 종주는 차마 눈뜨고 두고 볼 수가 없어, 다른 이와 함께 권세 있는 사람을 알현하고 스스로 허둥지둥하는 모습을 보인 적이 있었다. 후에 이 사실을 알게 된 어머니 장씨는 그 권세 있는 사람에게 아첨하여 복리를 구걸하려고 한 아들 종주의 생각과 행

---

18 『전집』제5책, 「부록·전기자료」, 「즙산역임시말蕺山歷任始末」의 기록에 의하면 이 해(만력 25년) 가을 8월에 유종주는 과거시험 향시鄕試에 응시하여 합격하였다. 이 때 유종주의 석차는 '제46명(第四十六名)'이라고 기록되어 있다. 그러나 요명달姚名達의 『연보』, 『유자전서劉子全書』 권22의 「능산조묘유장菱山祖墓類狀」「현고비행장顯考妣行狀」, 권23의 「남주선생전南洲先生傳」과 『유편遺編』 권7의 「현고비행장록유顯考妣行狀錄遺」 및 황종희의 「자유자행장」에는 '제42명(第四十二名)'이라고 기록되어 있다. 결국 이러한 자료를 총괄해서 보면 유사림劉士林의 「즙산역임시말」의 '제46명(第四十六名)'이라고 하는 기록은 '제42명(第四十二名)'의 오기인 것으로 판단된다.

동을 강하게 꾸짖는다. 이에 종주도 스스로 황송해하며 어머니의 면전에서 자신의 우둔한 처세와 잘못을 깊이 반성하였다고 한다. 그의 어린 시절 성격은 수다스러울 정도로 말이 많고 좀처럼 가만히 앉아 있지 못하는 성격을 가졌던 듯싶다. 다시 『연보』의 기록을 보면, 어느 날 그의 어머니는 자식의 기질이 경솔하고 가볍다는 것을 느끼고 이를 훈계하면서 "경계하고 또 경계하거라! 말이 많은 것을 없애거라! 말이 많아지면 덕德을 잃는다. 많이 행동하는 것을 없애거라! 행동이 많아지면 일을 그르치기 쉽구나!"[19]라고 말했다고 한다. 경솔하게 행동하는 자식의 단점을 꾸짖고 있는 것이다. 또한 어머니 장씨는 사람은 강한 기개가 있어야지만 자립할 수 있고, 연약하면 남에게 우롱을 당한다고 말하면서 일상생활에서의 아들의 생활태도를 항상 훈계하였다. 조금이라도 아들 종주의 행동거지가 예에 어긋남이 있으면 엄하게 그것을 질책하였다.

그 때문에 종주는 어릴 적부터 성실히 예를 실천하고 단정하고 정숙하게 그 자신의 언동에 조심하게 되었다. 어머니는 자기 자식의 장래 교육에 대해 깊은 생각을 하고 그 일을 친정아버지 장영과 그의 아들 장위한章爲漢(호는 췌대萃臺)에게 맡겨 아들의 교육을 부탁했다고 한다.[20] 아들 종주가 힘들어 하는 것을 보고도 어머니는 조금도 관용을 베풀지 않았고 애정을 나타내 보이지도 않았다. 확실히 이러한 실례로

---

19 『전집』 제5책, 「연보」 만력 29년의 조. "戒之, 戒之, 無多言, 多言敗德. 無多動, 多動敗事."
20 『전집』 제5책, 「연보」 만력 29년의 조와 『문집』 13-14쪽.

보면 청소년기의 자식 교육에 있어서 어머니 장씨의 가정교육 방침이 매우 엄격했다는 것을 알 수 있다. 그것은 아마도 아버지의 부재로 인한 가정환경 탓에 어머니가 아버지의 역할까지 떠맡지 않으면 안 되는 현실적 상황이 어머니의 엄격한 교육으로 이어졌을 것이다.

그럼 어머니의 존재는 유종주의 인생에서 어떠한 의미를 지니고 있었던 것일까. 후가 되어 어떤 일에도 사리에 맞게 의견을 정확히 제시한 유종주의 기질은 충의忠義와 효제孝悌를 중시한 성격과 함께 실은 상당히 이른 시기에 이미 형성되었던 것 같다. 거기에는 어머니 장씨의 근엄한 가정교육 방침도 크게 작용하고 있었다. 또한 어릴 적부터 어머니의 친정에서 성장한 그가 외조부 장영의 엄격한 가르침 하에서 오로지 학문에만 매진할 수 있었던 것도 그 배경에는 어머니의 존재가 있었기 때문이다. 당연한 일이지만 누구라도 어머니의 태내로부터 출생하고 어머니에 의해 양육되는 것이 보편적이라는 생물학적 사실과, 혼인에 의한 가족의 형성이라는 사회제도에 근거하여 인간에게 있어서 최초의 타인과의 관계는 가족이라는 장에서 먼저 어머니로부터 시작된다.

하지만 그렇다고 해서 그것이 아버지와 어머니가 언제나 똑같은 역할을 담당하는 것을 의미하지 않는다. 그의 어머니 장씨의 경우를 보면, 종주의 아버지이자 장씨의 남편인 유파劉坡가 아들 종주가 태어나기 5개월 전에 이른 나이로 세상을 떠났기 때문에 어린 아들의 가정교육에서만큼은 아버지의 역할을 전혀 기대할 수 없는 상황이었다. 그러한 이유로 어머니 장씨는 젊은 미망인의 몸으로서 생계를 세우고 어린

종주를 키울 수밖에 없었던 것이다.

유파의 처, 즉 유종주의 어머니는 성이 장씨章氏(1551-1601)로 장영의 딸이었다. 이름은 위숙爲淑이며 절강성 회계현 도허道墟 사람이다. 좀 과장되기는 하지만 『연보』에 의하면 장씨는 태어나면서부터 훌륭한 성품과 덕성을 지니고 있었으며, 어릴 때부터 한정閑靜하고 결코 마음 내키는 대로 함부로 담소하지 않았다고 한다. 또한 종주의 아버지 유파에게 시집가고 나서는 시댁의 조부와 증조부를 극진히 모셨는데, 이 일로 향리의 사람들이 모두 자자하게 그녀의 부덕婦德을 칭찬했다고 한다. 남편을 젊은 나이에 잃고 미망인이 된 장씨는 결국 외아들 종주를 데리고 친정아버지 장영의 집에 어쩔 수 없이 몸을 의탁한다. 친정인 장씨 집안은 소흥부 회계會稽의 명문가로 명대 초기 이래로 많은 정신지사貞臣志士를 배출했으며, 가문의 남녀 모두 덕망과 지조志操로 평판이 높았다. 하지만 당시의 사회환경 하에서 남자가 과거시험을 통과하여 관료가 되지 않는 한, 이름을 날리고 부를 얻는다는 것은 극히 어려운 일이었다. 실은 관료가 되는 일이야말로 가장 확실하고 가장 정확한 혹은 유일한 하나의 성공의 지름길이었던 것이다. 그런 의미에서 친정아버지 장영도 당시의 사회상황으로부터 보면 결코 성공한 인물은 아니었다.

그는 과거에 낙제하여 진사가 되지 못한 지방의 한 지식인에 불과했고, 경제적으로도 크게 여유롭지 않았다. 그래서 딸 가족의 살림을 충분히 돌봐줄 수는 없었던 것 같다. 유종주 모자는 어쩔 수 없이 가난한 생활을 할 수 밖에 없었고, 어머니 장씨는 밤낮으로 베틀을 짜고 일을 하면서 생계를 유지하면서 어린 아들 종주를 키워낸 것이다. 게다가 장씨는 용모가 수척해져서 죽은 남편의 학덕學德을 얘기할 때는 눈물을 흘리면서 아들 종주를 격려하곤 하였다. 그녀는 항상 의로움에 독실篤實하고 엄격했으며 자기 자식의 잘못된 언동에 대해서는 조금도 용서치 않았고, 혹여 잘못이 있으면 따끔하게 질책했다고 한다.

유종주에게 있어서 어머니로부터의 교육이란 무엇보다도 교훈과 훈계였으며 그 실질은 혹독한 내용뿐이었다. 하지만 가령 그렇다고 해도 당시에는 가장 올바르다고 생각되는 원리원칙을 믿으면서 매사에 충실했던 이와 같은 어머니의 모습은 어린 종주에게 강한 인상을 남기기에 충분했을 것이다. 그의 소년시절에 일정의 영향을 끼친 인물로서 어머니와 외조부 장영 이외에 외숙부인 장위한의 존재도 있다. 『연보』의 만력 17년(1589)의 조에 의하면 유종주 12세 때, 외숙부 장위한(?-1598)이 절강 회계에 인접한 수창현壽昌縣에서 교유敎諭를 맡았던 적이 있다. 장위한은 자는 자청子淸, 별호는 췌대萃臺, 장영의 아들이다. 그 무렵 유종주는 천리의 험한 길을 마다하지 않고 각질을 앓는 몸을 무릎 쓰고 그 곳에 왕래하면서 열심히 외숙부의 가르침을 받는다.

그런데 만력 29년(1601) 2월 28일, 유종주 24세 때에 정신적 스승이던 어머니 장씨가 세상을 떠나게 된다. 이것은 불행히도 그의 과거 진사합격이 공표된 다음 날이었다.[21] 27세의 나이로 남편 유파와 사별하

고 난 뒤, 홀로 정절을 지키면서 외아들 종주의 성장과 입신출세에 대한 기대만을 유일한 낙으로 삼았던 어머니였다. 가난한 삶을 견디면서 아들의 학업 정진에만 몰두하여 눈물을 흘리면서까지 자식을 격려하던 장씨도 51세라는 짧은 나이로 발병하여 끝내는 병마를 떨치고 일어나지 못한 것이다. 물론 유종주의 과거급제에 의해 생전에 남편 유파가 이룰 수 없었던 꿈을 그 자식이 실현하였기 때문에 유씨와 장씨 양가가 대단히 기뻐했었다는 것은 당연한 일일 것이다. 게다가 유종주 자신도 이 과거합격에 의해 어머니와 외조부의 노고에 조금이나마 은혜를 갚을 수 있게 되었다고 생각했음에는 틀림이 없다.

한편 진사급제가 공표된 다음 날을 즈음하여 『연보』의 기록에 의하면, 유종주는 어머니의 부음 소식을 듣자 이내 통곡하면서 기절할 정도였는데, 그 즉시 경사京師(북경)를 출발하여 남쪽으로 길을 재촉하고 밤낮으로 걸어서 귀향한다. 고향에 도착하자 그는 예제禮制에 따라서 엄숙하게 복상服喪을 하였다고 한다. 복상에 임하여 그는 매일같이 오로지 피눈물이 날 정도로 슬피 울었고, 이 때문에 신체는 더욱 쇠약해지고 몸은 심할 정도로 말라버렸다. 그 때 조문을 위해 종주의 집에 들른 도망령陶望齡이 이 광경을 보고 "가르침이 쇠퇴하고 예禮(상례喪禮)가 제대로 시행되지 못하고 무너진 지 오래 되었건만, 나는 아직까지 유군劉君(유종주)처럼 저렇게 충실하게 복상하는 자를 본 적이 없다."라고 칭찬하면서 그의 성실한 복상 자세에 감탄을 금치 못했다고 한다.[22] 이 도망령(석궤石簀, 과거시험인 회시會試에서 1등, 전시殿試는 3등)은 외조부 장영의 문인으로 이 무렵 종주의 어머니 장씨의 죽음을 맞이하여 그녀를 위해 묘지명墓誌銘을 쓴 인물이기도 하였다. 도망령이라는 사람은 남경 예부상서를 지낸 도승학陶承學의 아들로 만력 17년(1589)에 진사가 되어 한림원편수와 시강侍講을 지냈다. 또 도석령陶奭齡의 형으로 양명학 좌파계에 속하는 유학자였으며 사상적으로는 유종주와는 완전히 대척점에 서 있었던 인물이다. 그러나 유종주의 외조부 장영을 높이 평가하면서 「장남주상찬(章南洲像贊)」이라는 문장을 쓴 적도 있다. 이러한 인간관계를 생각해 보면, 도망령과 유종주와의 관계가 어떠했는지를 쉽게 이해할 수 있을 것이다. 다행스러운 일이지만 유종주는 어머니 장씨가 세상을 뜨기 전에 인생 최대의 행사라 할 수 있는 결혼식을 올리게 된다. 그것은 만력 24년(1596), 유종주의 나이 19세 때의 일이었다. 처 장씨는 모계의 친척으로 이 결혼식도 어머니의 재촉과 권유에 의한 것이었다. 후가 되어 유종주 부처 사이에서는 1남 3녀가 태어난다.

---

22 『전집』제5책, 「연보」 만력 29년의 조를 참조. "教衰礼壊久矣. 吾未見善喪若劉君者也."

2

일상공간으로서의 가계

유종주는 중국 유교사상사를 뒤돌아 볼 때 상당히 저명한 학자이었음에도 불구하고, 그 생애 특히 부계와 모계의 환경에 관한 상세한 분석과 검토는 종래의 연구 상황을 보는 한 그다지 많이 이루어지지 않았다. 여기에서는 이러한 점을 염두에 두면서 의론을 진행하기로 한다.

1. 부계의 환경

유종주 부계의 상황은 대체로 어떠했을까. 또 유씨 일족은 어떻게 해서 절강 소흥에 정착하기 시작했던 것일까. 유종주 자신이 기록한『수징유씨가보水澄劉氏家譜』와 유작劉汋과 요명달姚名達이 쓴『연보』및 황종희의『자유자행장子劉子行狀』에는 부계의 기록이 있는데, 한대漢代부터 유종주 생존 시대까지 유씨 일족의 유래 및 종족사가 간결하게 정리되어 있다.[23] 이들 『가보』와 『연보』 및 『행장』 등을 살펴보면 유종주는 한대漢代 장사정왕長沙定王 유발劉發의 후손이다.[24] 다음으로 남송 말기의 유례劉禮(자는 필달必達, 호는 퇴옹退翁)의 때에 처음으로 강서 여릉廬陵(지금의 길안시)으로 이주하였고, 이 유례가 여릉 유씨의 시조가 된다. 그 때부터 4세손 원대元代의 유정옥劉廷玉은 유양維揚(양주)의 별가別駕로 이주한다. 이 유정옥이 수징 유씨의 시조인 유문질劉文質의 부친이다. 그리고 『가보』 등의 자료를 검토해 보면 수징 유씨의 일족이 절강 소흥에 정주하게 된 계기는 원대 때 유문질이 소흥 산음현의 막관幕官(지방관리)이 되었는데, 이때부터 최초로 수징리에 거주했기 때문이다. 『수징유씨가보』의 「세표世表」에 의하면 다음과 같이 기록되어 있다.

  (우리 종족이 소흥부 산음현) 수징에 거주하게 된 것은 산음의 읍막
  공邑幕公(유문질)에서 시작된다. (중략) 우리 『유씨보劉氏譜』는 읍막(유
  문질)으로부터 시작되고 있지만, 이것은 '별자別子를 조祖로 삼는다'고
  하는 뜻에 따른 것이다.[25]

이는 유문질이 처음으로 산음현 수징리의 사람이 되었다고 하는 기록이다.

---

23 『전집』 제4책 수록의 「수징유씨가보」나 제5책 수록의 「연보」와 「자유자행장」 등에 유씨 일족의 내력이 상세히 기록되어 있다.

24 『전집』 제4책, 「수징유씨가보·연원고淵源考」「수족受族·남양족南陽族」. "一曰南陽族, 景帝子長沙定王発後也."

25 『전집』 제4책, 「수징유씨가보(一)·서序」「유씨가보劉氏家譜小序·세표世表」. "而家水澄者, 則自山陰邑幕公始. (中略) 吾劉氏譜始自邑幕, 尤得古別子為祖之義云."

도표1) 유씨선세계보(劉氏先世系譜)[26]

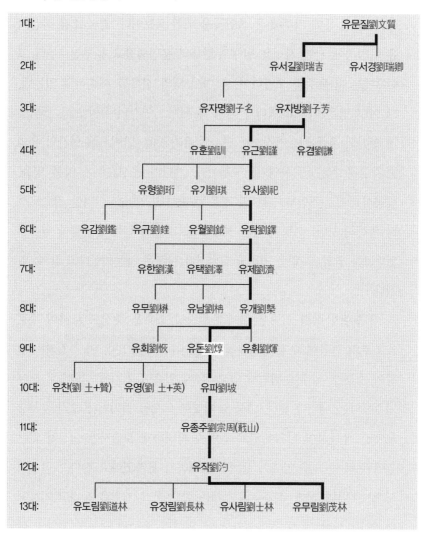

1대:				유문질劉文質
2대:			유서길劉瑞吉	유서경劉瑞卿
3대:		유자명劉子名	유자방劉子芳	
4대:		유훈劉訓	유근劉謹	유겸劉謙
5대:	유형劉珩	유기劉琪	유사劉祀	
6대:	유감劉鑑 유규劉鐶	유월劉鉞	유탁劉鐸	
7대:		유한劉漢 유택劉澤	유제劉濟	
8대:		유무劉楙 유남劉枏	유개劉槩	
9대:		유회劉恢 유돈劉焞	유휘劉輝	
10대:	유찬(劉 土+贊) 유영(劉 土+英)	유파劉坡		
11대:		유종주劉宗周(蕺山)		
12대:		유작劉汋		
13대:	유도림劉道林 유장림劉長林	유사림劉士林	유무림劉茂林	

---

26 「유종주선세계보」는 『전집』 제5책, 「연보·전편前編」의 「선세先世」 도표를 참조하여 작성한 것
이다.

『수징유씨가보』는 이 유문질의 자손을 중심으로 하여 절강성 소흥부의 각 현 등에 거주해 온 족인들을 위한 족보이다. 결국 소흥 산음의 유씨 일족에 관한 사적은 원대 무렵부터 분명해졌고 유문질로부터 그 이후에는 유종주를 포함하여 총 여섯 명의 진사를 배출하고 있는데, 그 여섯 명은 이윽고 명대가 되어 홍무洪武 연간의 유악劉諤, 정덕正德 연간의 유동劉棟, 가정嘉靖 연간의 유가劉櫃, 만력萬曆 연간의 유의劉毅·유종주劉宗周·유영기劉永基이다. 게다가 공생貢生은 아홉 명을, 향공사鄕貢士(거인擧人)는 열 명을 배출하고 있다.[27] 이러한 점으로부터 생각해 보면, 수징 유씨는 절강 소흥 지방에서 특히 돌출한 일족이었다고는 말할 수 없을 지라도 그럭저럭 괜찮은 가문이었다고 할 수 있겠다.

유종주가 속한 일족은 현재의 절강성 소흥을 중심으로 하여 주로 소흥부의 산음현 수징리 일대에 정착하여 거주하였다. 이 수징리는 절강의 소흥부 성내에 위치해 있고, 유씨 일족이 거기에 집단으로 모여 거주했다는 얘기가 된다. 그들은 대대로 독서를 즐기거나 오직 문사文事에만 골몰하여 나약하였고 외면은 화려하게 보였지만 실질이 없는 일에만 빠져 그로 인하여 생계도 넉넉하지 못하였다고 한다.[28] 앞에서도 말한 바와 같이 유종주의 가계는 한대에 그 기원을 둔다고 기록되어 있고, 또한 그『수징유씨가보』에 의하면 중국의 전설적 제왕의 한

---

27 『전집』제4책,「수징유씨가보(三)·선거표選擧表」를 참조.
28 『문집』11쪽을 참조.

사람인 '제요帝堯'로부터 시작되는 가계로 명대와 청대의 왕조에 이르기까지 면면히 이어져 내려오고 있다. 하지만 중국에서도 한국·일본과 마찬가지로 역사상 수많은 사회적 혼란과 분열 과정이 있었고 이러한 가계는 신빙성이 있다고는 믿기 어렵다.

그런데 유종주의 선조에 관하여 신빙성이 높은 전기 자료로서는 유종주의 손자 유사림劉士林이 작성한 『즙산선생세보(蕺山先生世譜)』가 있다. 우선 위의 도표를 다시금 자세히 살펴보도록 하자. 이 도표는 『연보』에 실려있는 「선세계보표先世系譜表」이다(위의 도표1을 참조). 이 도표와 유종주의 손자 유사림의 『즙산선생세보』의 「세보世譜」에 의하면 처음으로 절강 산음의 수징리로 이주해 와 그곳의 막관이 된 인물은 원대 때의 유문질이다. 이 유문질이 절강성 산음 수징리 출신의 유씨의 제1세대에 해당하는 인물이며 시조始祖라 불리고 있다.[29] 유문질의 6세의 손 유탁劉鐸(호는 이헌怡軒)의 때에 이르러 마침내 중앙정부의 관료인 병부시랑에 임명되었는데 그 손자인 유개劉槩가 유종주의 증조부였다.

유문질로부터 계산하여 8대 조상 유개는 자가 원평元平 호는 모산茅山이다. 사후에 도찰원좌도어사에 추증되었다. 기록에 의하면 그 품성이 엄격하고 강직했다고 한다. 사람들의 과실에 대해서는 현자와 우자를 불문하고 질책하였기 때문에 사람들은 모두 경외하였다. 세상 물정에 어두워 생계를 돌보는 데에는 그다지 신경을 쓰지 않아 만년에는

---

29 『전집』제5책, 「부록·전기자료·세보」「즙산선생세보蕺山先生世譜」를 참조.

가계家計도 쇠락하여 자기 집의 정원을 이웃집에 매각하지 않으면 안 되는 상태가 되기도 하였다. 하지만 언제나 명쾌하게 자득하여 "자손들 중에서 성공하는 자가 있다면, 이 토지를 다시 사들여 올 것이다"라고 말했다고 한다. 그는 만력 4년(1576) 79세의 나이로 생을 마친다. 유종주가 태어난 것은 그로부터 2년 후의 일이다. 유개(호 모산茅山)는 세 명의 아들을 두었는데 그 장남이 유휘劉輝, 차남은 유돈劉燉, 3남은 유회劉恢였다. 그 가운데 장남 유휘는 일찍이 어린 나이로 요절하였고 유종주의 조부가 바로 그 차남인 유돈이었다.

유돈, 자字는 중후仲厚 호號는 겸봉兼峰이다. 그도 또한 자기 자신의 부친과 마찬가지로 세상을 떠난 후 도찰원좌도어사에 추증되었다. 그에게는 세 명의 자식이 있었는데, 차남과 3남은 일찍이 요절하였고 장남인 유파劉坡만이 생존하였다. 『연보』의 기록에 의하면 유돈은 어릴 때부터 허약한 체질로 인하여 이른 시기에 학문(과거수험)을 포기했다고 한다. 그 후 오직 자신의 아들인 유파를 통하여 그 자신이 이루지 못한 과거합격에 대한 염원을 이룰 수 있기만을 기대하였다. 그는 빈궁한 살림에도 불구하고 유능한 스승을 초빙하여 자식을 교육시켰기 때문에 가산은 점점 기울어졌고 그나마 조금 남아있던 전답도 모두 잃게 되었다고 한다.

그러나 항상 마음을 비우고 평온하게 자신이 믿는 도리와 신념에 따라서 성실하고 충실한 생활을 하였다. 중년의 나이가 되어 그는 처를 여의고 이어서 마지막 남은 유일한 자식인 유파마저 저 세상으로 떠나보내게 된다. 그 때문에 가난한 살림은 더욱 빈곤하게 되었고, 마침 내 소흥부 내의 마계麻溪로 거처를 옮긴다. 그곳에서 그는 땔나무도 하며 고기도 잡으면서 전답을 경작하고 작물을 수확하면서 생활을 유 지하였다. 또 그러한 가난하고 괴로운 생활에도 불구하고, 척박한 땅 에 수수를 파종하고 술을 빚거나 하였고 집 옆에는 과수와 향나무를 심어 그 열매가 익고 꽃이 피면 이웃사람들을 모아서 함께 술을 마시 고 거나하게 취하곤 했다고 한다. 그야말로 안빈낙도의 생활이 따로 없 는 셈이었다. 때로는 자기 집의 아궁이에서 연기가 피어오르지 않는 날 도 있었고, 추위에 견딜만한 의복조차 변변치 못했기 때문에 고생은 말도 아니었다. 하지만 여유로운 마음을 잃지 않은 채 항상 안빈낙도 의 삶을 견지했다고 한다. 이미 앞에서도 언급한 바와 같이 그에게는 세 명의 자식이 있었는데, 그 장남이었던 유파가 종주의 아버지였던 것 이다.

유파는 자가 여준汝峻, 호는 진대秦臺이다. 그는 가정 27년(1548) 에 태어나 18세 때에 소흥부 회계현會稽縣의 유학생儒學生이 된다. 융 경隆慶 2년(1568)에 같은 고향의 장씨章氏를 아내로 맞이하여 아들 종 주 하나를 얻었지만, 유종주가 태어나기 5개월 전에 세상을 떠나고 만 다. 인류사회에서 아이를 낳아 기르는 일이 양친의 공동 책임이라고 한 다면 그 아이를 한 사람분의 인간이 되도록 사회화시켜 가는 과정에서 부친과 모친은 부모로서 공통의 역할을 담당하는 것이 마땅하다. 하지 만 유파의 경우는 그러한 부친으로서의 역할을 제대로 수행할 수 없었다. 너무도 이른 죽음이 그를 그렇게 만든 것이다. 유파는 외관상 용모가 수려하였으나 매우 마른 체격의 사람으로 어릴 적부터 영민하고 학문에 능력이 있었다고 한다. 하지만 세 번에 걸쳐서 과거수험에 응시하였지만 신체가 허약했기 때문에 매 번 시험장에 들어갈 때 마다 피로를 느끼고 현기증이 일어나 결국은 목표를 달성하지 못한 채 실패하고 만다. 그는 성격이 다소 급하고 엄격했는데, 자주 유교적 예교의 가르침에 따라 스스로의 격한 감정을 다스렸기에 그 후에는 덕을 겸비하여 온화한 사람으로 바뀌었다고 한다. 그 때문에 가풍 또한 일변하게 된다. 그는 세상에 아직 살아있을 적에 공경스러운 태도와 근엄한 자세로 작은 일에도 조심하였고 항상 집안 문을 걸어 닫고 독서에 매진했기 때문에 지역 향리의 어른들로부터 존경과 사랑을 받았다. 게다가 서예에도 재주가 있었는데, 특히 소해小楷(가는 혹은 작은 글자의 해서楷書)에 능하였다고 한다. 재능이 많은 이가 단명하다는 말이 이 경우에 해당할 것이다. 그가 세상을 떠난 것은 만력 5년(1577), 그의 나이 30세 때의 일이었다. 그 때 아내 장씨는 젊디젊은 27세의 한창 나이였기에 비탄에 잠긴 나머지 남편을 따라 순절하려고 시도했으나 친정아버지 장영의 만류와 훈계에 의해 순절의 뜻을 거두게 되었다고 한다.[30] 이상 유종주 부계의 환경은 일단 이것으로 끝내고 이하의 소절에서는 유종주 유소년 시절의 교육에 커다란 영향을 끼친 외조부 장영과 그 모계의 환경에 관하여 살펴보자.

---

30 『全集』 제5책, 「연보」 만력 6년(1578)의 조.

2. 모계의 환경과 장영의 가르침

사람은 세상에 막 태어날 때부터 처음으로 하나의 생활 영역을 제공받는다. 그것이 바로 가정 혹은 가족이다. 예로부터 중국 전통사회 지식인층의 내부에서는 소년교육과 가정교육의 중요성이 매우 강조되었다. 특히 어떤 사람의 인격 형성에 있어서 가장 중요한 역할을 담당하는 것은 가정과 가족 구성원이었다. 가정교육에서 삶에 필요한 힘의 기초가 되는 기본적인 윤리관 등을 배양해야만 되는 것은 유교사회뿐만 아니라 서양사회의 내부에서도 매우 중요시되었다. 가정교육이란 말 그대로 부모 또는 이것에 준하는 자가 가정 내에서 행하는 교육이다. 그것은 기본적인 자질이나 능력을 육성하는 일이며 모든 교육의 출발점이기도 하다. 이 책의 주인공 유종주에게도 가정교육은 그 사상을 형성시키는 원동력이 되었다. 앞의 절에서 살펴 본 바와 같이 유종주 개인의 가족사, 특히 부계의 가정환경은 교육과 경제적인 측면에서 보았을 때 그다지 풍요롭지는 못하였다고 할 수 있다. 그것은 아버지 유파가 유종주의 출생 이전에 이미 세상을 떠났기 때문이었다. 하지만 다행스럽게도 모계의 가정환경은 그렇지 않았다. 유종주의 유소년 시절은 때마침 외조부 장영이 지역사회 지식인층의 유학자로서, 또한 사설 서당의 선생으로서 활약하고 있던 무렵으로 교육적인 환경에 있어서는 나무랄 데 없이 풍부한 혜택을 받고 있었으며 그 외조부 장영은 유종주에 대해서 유소년 시절부터 유교의 과거수험 교육을 착실히 받게 했던 것이다.

이러한 교육적 환경에 대해서 후년이 되어 유종주는 「남주선생전(南洲先生傳)」 속에서 외조부의 존재에 관하여 다음과 같이 술회하고 있다. "불초한 종주는(나는) 약관(20세)의 나이가 되어 진사에 합격하였다. 이것은 모두 선생(장영)이 손수 지도하여 이루어 낸 성과이다."[31] 즉 유종주의 과거합격은 장영의 열정어린 가르침이 있었기 때문에 비로소 가능하게 되었다고 하는 고백이다. 이러한 점으로 볼 때도 유종주의 성장과정에 있어서 장영의 존재가 얼마만큼 컸는지를 예측할 수가 있다. 의심의 여지없이 유종주의 생애는 향학向學의 불타는 의지와 근면이라는 말로 설명할 수 있겠지만, 그러한 학문을 향한 진지한 태도는 유소년 시절부터 몸에 익힌 외조부 장영의 교육의 영향이었다. 그럼 이와 같이 유소년 시절의 유종주에게 학문적으로 크나큰 영향을 끼친 모친 이외의 또 한 사람의 스승 장영이라는 사람은 도대체 어떠한 인물이었을까. 장영章穎, 자는 숙로叔魯이고 별호는 남주南洲이다. 소흥부 회계현의 망족望族으로 회계 도허道墟 사람이다. 그는 4, 5세 무렵에 절강 상우上虞 사람 사견재謝狷齋에게서 『역易』을 배우고, 또한 일찍이 서구리徐九里라는 인물에게서 배웠다고 한다. 양씨楊氏와 결혼하여 슬하에 2남 1녀를 두었는데, 장남은 위운爲雲, 차남은 위한爲漢이었으며 1녀가 종주의 어머니로 위숙爲淑이었다.[32]

「남주선생전」과 『연보』에 의하면 그는 어릴 적부터 역학易學을 배

---

31 『전집』 제3책(하), 「문편文編·남주선생전(南洲先生傳)」. "不肖宗周弱冠擧進士, 則先生所手植之成者也."
32 『전집』 제5책, 「연보·요보(姚譜)」 만력 33년의 조.

우고 그 역학에 정통했다고 한다. 즉 장영은 유교 경전 속에서도 특히 『역』에 대해서는 보편적 진리를 체득하기 위한 입문서로서 중시했던 것이다. 만년 유종주가 집필한 저작 가운데 『역』에 관한 것이 많았다는 것을 생각해 보면 매우 시사적이다. 그는 또한 절강 회계의 유학자로서 당시의 유명한 인사들은 모두 그와 교제하기를 희망했다고 한다. 다시 말하면 지역의 명망 있는 지식인으로서 어느 정도의 지명도가 있었다는 이야기이다. 과거수험에 떨어진 후는 사방 도처에서 강학講學을 행하였고, 그때마다 사람들 각각의 재능과 기량에 따라 강의를 하였기 때문에 문인의 수는 1천 여 명에 달했다고 『연보』는 전하고 있다. 특히 매우 흥미로운 일은 당시 회계의 현자라고 높이 칭송받던 주응중周應中과 도망령 등도 그의 문하에서 배운 인물들이었다. 먼저 주응중(1540-1630)이라는 인물은 『연보』의 기록 등을 살펴보면, 융경隆慶 신미辛未의 진사로 유종주가 평생 동안 존경했던 인물 중의 한 사람이었다고 한다. 유종주에게는 삼촌뻘 되는 고향의 선배이기도 하다. 게다가 만력 40년(1612)의 『연보』의 기록에 보이는 바와 같이 유종주의 '평생 도교道交의 사士'로서 교유한 사람 중의 하나이다. 즉 『연보』는 유종주의 '평생 도교道交의 사士'로서 교유한 인물에 관하여 주응중 이외에 고반룡, 정원천, 유영징, 위대중 등 네 명에 관해서도 언급하고 있다.

　이러한 기록을 보면 유종주가 외조부 장영을 통하여 지역 지식인 층의 한 사람인 주응중과 친교를 맺게 되었다는 것은 틀림없는 사실이다. 그의 자는 정보正甫 호는 영우寧宇이다. 유종주의 외조부 장영과는 동향으로 절강 회계 사람이며 또한 장영의 문하생이기도 하였다. 관직은 진정眞定 지현知縣, 중앙정부의 정5품 벼슬인 광록시소경 등을 역임하였고 그의 사후에 유종주는 「광록시소경주영우선생행장光祿寺少卿周寧宇先生行狀」이나 그를 위해서 시를 쓴 적도 있다. 또한 『연보』의 만력 35년(1605)의 기록에서는 유종주가 30세 무렵에 향리의 대선사大善寺에서 강학하였는데 이 당시 교유한 인물은 단지 주응중과 왕반王泮 그리고 도망령 등 세 사람뿐이었다고 한다.

그런데 장영의 문하생 속에서 우리들의 관심을 끄는 인물이 한 사람 있다. 그가 바로 도망령이다. 도망령(1563-1609)은 자가 주망周望, 호는 석궤石簣로 장영·주응중과 마찬가지로 절강 회계 사람이다. 만력 17년의 진사이며 한림원편수, 국자감제주, 시강 등을 역임하였다. 주지하다시피 그는 불교의 선에 관심을 가지고 있었고 당시 양명학 좌파의 대표자인 주여등周汝登(1547-1629, 자는 繼元, 호는 해문海門, 절강 승현嵊縣 사람)과 친교를 맺어 그에게 사사했던 인물이다. 따라서 사상사적으로는 '왕기(왕용계)―주여등―도망령·도석령 형제'라는 도식으로 계승되어 가는 양명학 좌파의 중심인물이기도 하였다. 특히 명대 말기 유교사상사에서 '허부원―유종주―황종희'라인과 '주여등―도망령·도석령 형제'라인과의 '무선무악無善無惡'을 둘러싸고 전개된 논쟁은 아주 유명하다. 하지만 이러한 사상적 대립에도 불구하고 도망령은 유종주에게 있어서도 존경해야만 할 지역의 선배 유학자 중의 한 사람이었다. 이것은 결국 당시에 있어서의 지연관계는 사상적인 차이보다는 지역사회에서의 인간적 유대관계가 우선시되었다는 사실을 우리에게 증명해 주고 있는 것이다.

　이야기는 다시 앞으로 돌아가는데, 장영은 몇 번이나 과거에 응시하지만 결국 낙제하고 과거합격이라는 목적을 달성할 수 없었다. 그 후 평생에 걸쳐서 사설 서당을 열고 후진 양성에 전력을 쏟는다. 그는 과거수험의 실패에도 불구하고 후진 양성에 있어서는 일정의 성과를 거두게 된다. 『연보』의 기록에 의하면 그의 문하에서 과거에 합격한 사람은 열 댓 명이나 나왔다. 그의 품성은 의지가 굳고 도리에 어긋나는 일에는 굴복하지 않았으며, 또한 그 성격이 호방하고 씩씩했으며, 자주 음주를 즐겼고 그때마다 당대의 인물들에 관하여 평가하였다. 특히 퇴폐한 세상의 풍속 혹은 유속에 대해서는 강하게 비난했다고 한다. 하지만 그는 자기 자신을 규율함에는 엄격하였고 마음속에는 분명하게 그 어떤 것도 숨기는 바가 없었다. 게다가 외손자인 종주의 재능과 기량을 유심히 살피고 칭찬하여 장차 대성할 재목으로 기대하였다. 매일 매일의 저녁식사 때에는 낭랑하게 옛 선인들의 충효와 절의에 관하여 담론하면서 차근차근히 외손자 종주에게 들려주었는데, 그 때문에 종주는 어릴 적부터 여타의 소년들과는 구별될 정도로 눈에 띄었고, 성현의 높은 뜻을 가슴 속에 품게 되었다. 이와 같은 교육으로 인해 유종주는 적어도 입신출세나 녹봉을 위해서 학문하는 것을 창피하게 여기게 되었다고 한다.[33] 여하튼 간에 외조부

---

33 岡田武彦 「劉念臺の生涯と思想」(『文集』 수록, 明德出版社, 1990년)을 참조.

장영의 가르침은 외손자 종주에게 커다란 영향을 주었다는 것은 부정할 수 없는 사실이다.

한편 유종주가 행인사행인行人司行人의 관직에서 퇴임한 후, 만력 32년(1604)과 만력 33년(1605)의 2년 동안은 그 자신에게 있어서 가장 괴로운 해이기도 하였다. 그것은 만력 32년 7월에 스승 허부원이 세상을 떠나고 그 다음 해에 외조부 장영이 사망했기 때문이다. 외조부 장영이 만력 33년 6월 92세의 나이로 세상을 떠난 것이다. 가장 존경했던 스승 두 사람을 연이어 잃은 것이다. 이 무렵 그는 28세의 혈기왕성한 젊은이였다. 게다가 그 해(만력 33년) 8월에는 부계의 조부 유돈劉燉(호는 겸봉)마저 세상을 떠나게 된다. 이렇게 해서 유종주는 가장 아끼던 가족을 거의 때를 같이하며 두 사람이나 잃게 되었다고, 그가 곧장 스승의 예로서 복상에 임했다는 것은 말할 필요도 없을 것이다. 하지만 이러한 슬픈 상황 속에서도 틈만 나면 향리에 있던 불교 사찰 대선사大善寺에서 강학활동을 전개하였다. 『연보』에 기록되어 있는 유종주의 품성에 관한 기록을 살펴보면, 그는 본성이 정직하고 엄숙했으며 어릴 때부터 취미 생활이 담백하고 쓸데없는 말과 우스운 농담조차 삼갔다. 그래서 일찍부터 유덕자의 풍모가 있었다고 한다. 이러한 유종주의 풍모는 어머니의 가정교육과 외조부 장영 및 외숙부 장위한 등의 애정 어린 교화에 의한 것으로 그 재능과 식견도 날로 견고히 굳어지게 되었던 것이다. 이 때문에 유종주의 학술과 그 생애에서 보여준 절개와 굳은 지조志操는 가정교육에 의해 기본적 근간이 형성되었다고 해도 좋을 것이다. 특히 그 세 명 중에서도 유종주의 인생과 학문에 있어서 커다란 영향력을 끼친 외숙부 장영의 존재는 인생 최대의 지원자였던 것이다.

사승관계와 초기의 인적 교류

그는 어떠한 학문상의 전승관계에 놓여있던 것일까. 더불어 그 주변에는 어떠한 우인들이 있었는가를 이 장에서 검토해 보기로 한다.

1. 사승관계에서 본 사상사적 위상

유종주는 그 사상 형성의 배경에 있어서 주자학과 양명학을 어떻게 수용하고 있었던 것일까. 이 소절에서는 그 사승관계師承關係 등을 통하여 그의 사상사적 위상을 살펴보도록 하자. 그러한 경우에 특히 중요시되어 왔던 것은 장영과 허부원許孚遠의 존재이다. 이들에 관해서는 유작과 요명달이 기록한 『연보』에 상세한 기술이 있다. 앞에서도 지적한 바와 같이 그는 학문을 막 시작할 무렵에는 외조부 장영에게서 유교사상의 기본을 배운다. 그 후 장년이 되고나서는 스승 허부원에게 사사하였다. 허부원은 원래 당추唐樞(자는 유중惟中, 호는 일암一菴, 1497-1578)의 문인이다. 당추는 명대 중기 담약수湛若水(1466-1560)에게 배웠는데, 그 후 양명학의 학문을 흠모하게 된다. 결국은 왕수인과의 만남이 이루어지지는 않았지만 담약수의 "가는 곳마다 천리를 체인한다(隨處體認天理)"라는 유명한 사상적 명제와 왕수인의 '치량지致良知'를 모두 인정하고 그 두 명제를 정밀하게 탐구하는 입장에 서 있었다.[34] 따라서 허부원은 담약수의 재전再傳 제자라는 학문 전승상의 위치가 된다. 황종희는 자신의 저서『명유학안』의 「감천학안甘泉學案」 속에서 스승의 스승 허부원에 대해 양명학의 '양지설良知說'은 어느 정도 신봉했지만, 양명학 좌파의 '무선무악설無善無惡說'을 주장하는 자에 대해서만큼은 극히 비판적이었다고 평가한다. 또 남도南都(지금의 남경)에서 강학을 진행할 적에 양명학 좌파 나여방羅汝芳의 문인 양복소楊復所(양기원), 주여등周汝登과 함께 강회를 주도적으로 개최했는데, 이 때 그는(허부원은) '구체九諦'를 지어 양기원과 주여등의 '무선무악설'을 비난했다고 서술하고 있다.[35] 즉 황종희는 양명학 좌파와의 대결을 강하게 의식하고 그 자신의 학적 계승을 정당화하기 위해 스승의 학적 전승의 특징으로서 '무선무악설' 반대를 높이 드러내면서 이러한 측면만을 강조하고 있는 것이다. 그런데 이상의 기술에 근거하여 유종주의 학적學的 전승관계를 표로 나타내보면 다음과 같은 학

---

34 黃宗羲,『明儒學案』권40,「甘泉學案四」,「主政唐一菴先生樞」, 略傳.
35 황종희,『명유학안』권40,「甘泉學案五」「侍郎許敬菴先生孚遠」略傳. 또한 福田殖,「『明儒学案』成立に関する一考察」(『中国哲学論集』二十一, 九州大学中国哲学研究会, 1995) 참조.

적 전승의 흐름이 될 것이다.

표2) 유종주의 학적 전승관계(담약수와 유종주는 사상적으로는 진헌장을 불인정)

········이정二程→주희朱熹→오여필吳與弼→(진헌장陳獻章)→담약수湛若水
→당추唐樞→허부원→유종주→········

우선 진헌장 이전의 인물은 잠시 제쳐두고 담약수라는 인물부터 검토해 보자. 담약수는 명 헌종 성화 2년(1466)에 광동성 감천군甘泉郡 증성增城에서 태어나 세종 가정 39년(1560)년 95세의 나이로 세상을 떠났다. 왕수인보다는 여섯 살 연상이다. 그야말로 장수한 셈이다. 일반적으로 담약수는 진헌장에게 배우고 스승의 학설을 발전시켜 천리天理를 체인하는 것의 중요성을 설파한 유학자로서 널리 알려져 있다. 또한 양명학의 창시자 왕수인과는 친밀한 관계에 있었고, 강남 지역에서 양명학과 나란히 하는 사상 유파(감천학파라고도 함)를 확립했다고도 평가받는다. 그럼 담약수의 경우는 어떠한 학문상의 전승 혹은 사승관계[36]에 속해 있었던가를 살펴보도록 하자. 주지하듯이 일반적으로 담약수의 스승은 진헌장이다. 또한 진헌장陳獻章의 스승은 오여필吳與弼이고 오여필의 스승은 주희朱熹이지만, 오히려 정자程子에게서 영향

---

36 담약수의 학설 전반에 관한 단행본으로서는 志賀一朗,『담감천의 학설(湛甘泉の学説)』(風間書房, 1983)이 있다. 이 단행본에서는 담약수의 학설, 담약수의 경력과 인물, 그리고 담약수의 학적 전승 문제 등이 잘 정리되어 있다.

을 받은 것이 많았다. 그의 학설로는 '수처체인천리隨處體認天理'라는 유명한 구절로 요약된다. 이 명제는 선사 진헌장의 설이지만, 진헌장은 이에 관하여 해석을 가하지 않고 단지 '자득自得'만을 추구했다고 한다.[37] 이 진헌장(1428-1500)은 자는 공보公甫이고 통상 백사白沙 선생이라 불린다. 광주부廣州府 신회현新會縣 사람으로 진사 합격을 단념하고 고향에서 평생 동안 강학에 종사했던 유자이다.

오늘날까지 명대 사상사의 선구자로서 인구에 회자되어 온 것은 이 진헌장이며 그것은 거의 통설로 굳어졌다고 할 수 있다. 다만 그의 사상사적 위상과 유학적 가치에 대한 의론에 관해서는 두 가지의 견해로 나뉜다. 그 하나는 그의 스승이자 주자학을 신봉한 오여필과의 사상적 연속성을 지적하는 방식에 의해 진헌장의 사상을 양명학의 선구라고는 인정하지 않고 사상사적으로는 낮은 평가를 내리는 경우이다. 또 다른 하나는 진헌장의 경우 오여필의 주자학으로부터 사상적으로는 많이 이탈해 있다고 하여 양명학의 선구로서 사상적으로 높은 평가를 받고 있다는 사실이다.[38] 특히 후자의 경우는 황종희의 평가에 기인하는 바가 크다. 즉 황종희는 『명유학안』 속에서 진헌장을 '명조明朝 학술의 개단開端'이라고 평가하고 있는데, 사실 이러한 황종희의 평가는 스승 유종주의 견해와는 완전히 입장을 달리하고 있다. 유종주의 경우는 정주학의 입장에 서서 명대의 유학자들 가운데 설선薛瑄, 진헌장, 나정

---

37 앞의 책, 1~2쪽.
38 森宏之, 「陳白沙と明初の思想界」(『中国哲学論集』二十七, 九州大学中国哲学研究会, 2001) 참조.

암羅整庵, 왕기 등의 인물에 대해서는 격렬히 비판하고 있으며, 거기에 더해 경시와 폄하의 태도까지 취하고 있다.

그런데 담약수 자신도 "명도明道(정호)는 공맹과 염계(주돈이)의 학문을 얻은 자이다. 그래서 (내가) 바라는 바는 명도에게 배우는 것이다."(『감천문집甘泉文集』 권7, 「서書」 11)라고 고백한다. 게다가 "이윤伊尹·백이伯夷·맹자는 모두 성인이지만 내가 바라는 바는 공자에게 배우는 것이다. 제군은 모두 현명하기 때문에 내가 바라는 바는 염계·명도·이천(정이)·횡거(장재)·연평(이동李侗) 등의 선생을 따라 배우는 것이다."(같은 책), "배우는 자가 상산(육구연)을 배우고 싶어 하는 것은 명도의 학을 배우는 것에는 미치지 못한다. 이 때문에 그 무렵 「준도록遵道錄」(정호를 존숭하여 만든 문서)을 만든 것이다"(권7, 「서書」 46)라고까지 말하고 있다. 이렇게 담약수 본인의 언설을 살펴보면, 그가 직접 사사하고 모신 스승은 진헌장이지만, 그 자신이 마음속으로 존경했던 인물은 정호이며 그 정호의 학문을 높이 평가하고 또한 사숙했다는 사실을 알 수 있다. 따라서 담약수의 학문적 전승관계에 있어서 정호로부터의 학문적 영향이 극히 컸다는 점은 의심의 여지가 없다. 결국 담약수와 허부원, 두 사람의 공통점은 정주학 계열에 속하는 학자였다는 것이다.

유종주는 허부원에게 사사한 이후, 정주학의 거경居敬과 극기克己의 중요성을 인식하고, 또한 왕문王門의 전덕홍錢德洪(1496-1574, 자는 홍보洪甫, 호는 서산緖山, 절강 여요 사람)의 유선설有善說, 즉 사유설四有說에 동조하면서 왕기의 무선설(사무설)에 대해서는 강한 비판적 태도와 주정主靜보다는 경敬을 중시하는 입장에 선다. 또한 송대 이정(二程) 문하의 윤돈尹焞(1071-1142)을 정자程子의 종지를 계승한 자로서 높게 현창하기도 하는데, 이는 담약수와 허부원의 사상적 입장에 따랐기 때문일 것이다. 즉 이 두 인물은 주경主敬을 강조한 유종주 초기의 사상 형성에 다대한 영향을 끼친 것이다. 그 후 유종주가 자신의 독자적인 신독설愼獨說이나 성의설誠意說을 주창하기에 이르렀다 하더라도, 그는 시종일관 엄격한 정주학의 극기와 거경의 요점만큼은 평생토록 중시하였다. 이렇게 보면 그는 평생에 걸쳐서 허부원의 충실한 제자였다고 해도 과언이 아닐 것이다. 한편 17, 18세 무렵 외조부 장영의 소개에 의해 지역의 유학자 노염빈魯念彬과 만나게 된 유종주는 본격적으로 거업擧業(과거수험을 위한 공부)을 목표로 삼는다. 노염빈은 유종주와 같은 동향의 지식인으로서 유종주에게 작문의 기법이나 팔고문八股文 등을 가르치고 과거(절강 향시) 합격에 큰 영향을 끼친 인물이다. 다시 만력 31년(1603)이 되면 절강 인화仁和 사람 진식괴陳植塊가 유종주를 허부원에게 소개해 준다. 이 때가 정확히는 만력 31년 3월이고 유종주는 처음으로 스승 허부원과 만남을 가지게 된다. 그가 출생하고 나서 스승 허부원과 만나기까지 그 사승관계를 정리해 보면 다음과 같이 될 것이다. 이 유종주의 사승관계표는 『연보』의 내용에 근거하여 작성한 것이다.

표3) 유종주의 사승관계표

이름	생몰년, 과거 경력	자, 호 및 출신지	주요 사항
허부원	1535–1604 가정 41년의 진사	자는 맹중孟仲, 호는 경암敬菴, 시호는 공간恭簡. 절강 덕청德淸 사람. 향년 70세.	담약수의 제자 당추(일암)에게 배웠다. 진식괴陳植塊의 소개에 의해 유종주의 스승이 된다. 주자학의 극기 강조. 왕기의 사무설에 대하여 구체九諦를 저술하고 주여등과 논쟁을 행하였다. 유종주의 사상 형성에 다대한 영향을 끼침.
장영 (章穎)	?–1605 과거 합격에 실패. 지역 지식인으로서 활약.	자는 숙로叔魯, 호는 남주南洲, 절강 회계 사람. 14, 5세 무렵에 절강 상우上虞 사람 사견재謝狷齋에게 역을 배우고, 일찍이 서구리徐九里라는 사람에게 배웠다.	양씨楊氏와 결혼하여 2남 1녀를 두었는데, 장남은 위운爲雲, 차남은 위한爲漢이었으며 1녀가 종주의 어머니로 위숙爲淑이었다. 즉 유종주의 외조부이고 『역』에 정통하였다. 소년 시절의 유종주의 학습에 영향을 준다. 주용중, 도망령 등 그 문하생은 천 여명에 달했다. 만력 33년 92세의 나이로 사망. 『회계현지』에 전傳이 있고, 저서에 『역해易解』, 『시대아해詩大雅解』가 있는데, 전하지는 않는다.
노염빈 (魯念彬)	?–? 지역 유학자.	절강 회계 사람.	유종주 나이 17, 8세 무렵의 스승이며, 유종주에게 작문의 기법을 가르치고 또한 팔고문을 가르쳤다. 유종주의 과거(절강 향시) 합격에 영향을 준다.
진식괴 (陳植塊)	?–? 지역 유학자.	절강 인화 사람.	만력 31년(1603), 유종주를 덕청 허부원에게 소개.

2. 초기의 우인과 인맥

유종주는 그 생애에 있어서 몇 명인가의 막역한 친구가 있었다. 만력 40년(1612)의 『연보』에 의하면, 유종주 '평생의 도교道交의 사士'로서 교유한 인물은 단지 주응중, 고반룡, 정원천, 유영징, 위대중 등 다섯 사람뿐이었다고 한다.[39] 이 가운데 정원천과 주응중, 위대중은 유종주와 동향의 절강 출신이고 그 외의 두 사람은 절강성과 인접한 강소성 출신이다. 유종주는 과거에 합격하여 진사가 된 후, 고반룡을 포함한 동림파 인사와 본격적으로 접촉하게 되는데, 그들 사이의 인연을 맺게 한 중간 매개로서의 역할을 담당한 이가 유영징이었다. 여기에서는 우선 유종주가 그 생애에 걸쳐 가장 존경했던 이 다섯 명의 우인들에 관한 개략을 소개해 둔다. 아래의 유종주의 주요한 우인들은 『연보』에 근거하여 작성한 것이다.

▶ 유영징劉永澄(1576-1612), 자는 정지靜之, 또 하나의 자는 연강(練江, 강소 양주揚州의 보응寶應 사람이다. 만력 29년의 진사이며 유종주와는 동년에 과거시험에 합격한 동기생이다. 만력 32년 북경에서 유종주와 처음 만나게 되고, 곧바로 의기투합하여 막역지교莫逆之交의 친구 관계가 된다. 관직은 순천부학順天府學 교수, 국자학정國子學正, 병부주사를 역임하였고 동림파 인사와 깊은 우정을 쌓은 인물이다. 학문적

---

39 『전집』제5책, 「연보」, 만력 40년(1612)의 조.

성향은 주자학을 독실하게 신봉하고 유종주에게 동림파 인사를 소개시
켜 주기도 하였다. 관직을 사퇴한 후 효양孝養을 위해 향리인 강소 양주
에 돌아와 문을 걸어 잠그고 독서에 전념한다. 문인들에게 '정수貞修 선
생'이라 불리었다. 37세의 젊은 나이로 세상을 떠난다. 그의 사후 유종
주는 그를 위해 「제연형유정지문祭年兄劉靜之文」을 써서 그 죽음을 애
도하였다. 저서에 『유연강집劉練江集』이 있다.

▶ 주응중周應中(1540-1630), 자는 정보正甫, 호는 영우寧宇이다.
유종주의 외조부 장영과 동향으로 절강 회계의 사람이다. 융경隆慶 신
미辛未의 진사이다. 유종주가 평생 존경해 마지않던 지역의 선배이자 지
역 엘리트였다고 한다. 유종주의 외조부 장영의 문하생이기도 하다. 관
직은 진정眞定 지현, 광록시소경 등을 역임하였고 그의 사후에 유종주
는 그를 위해 「광록시소경주영우선생행장」과 시를 지어 그 죽음을 애도
하였다.

▶ 고반룡高攀龍(1562-1626), 처음에는 자를 운종雲從이라 하였다
가 후에 존지存之라고 고쳤다. 호는 경일景逸, 시호는 충헌忠憲이며 강
소 무석無錫 사람이다. 만력 17년에 과거에 합격하여 진사가 된다. 유종
주 '평생의 도교道交의 사士'가운데 한 사람이며 동림학파의 중요 인물
이다. 고헌성과 함께 고향인 무석에서 동림서원을 열고 강의하였다. 유
종주는 유영징과 정원천의 소개에 의해 만력 40년(1612) 봄 정월, 그의

나이 35세 때에 동림서원을 방문하고 처음으로 고반룡과 만남을 이루게 된다. 상세한 것은 뒤에서 서술.

▶ 정원천丁元薦(1563-1628), 자는 장유長孺이고 호는 신소慎所이며 호주湖州 장흥長興(지금의 절강성, 절서浙西 지역의 땅) 사람이다. 만력 14세에 과거에 합격하여 진사가 된다. 허부원에게 사사하여 유종주와는 동문의 관계이며 유종주 '평생의 도교道交의 사士'가운데 한 사람이다. 일찍이 고헌성과 뜻을 같이하여 동림서원에서 강학하였다. 또한 『유자전서』 속에 「제정신소선생祭丁慎所先生」과 「정학명신정장유正學名臣丁長孺」라는 문장이 있다. 이것은 정원천의 학술과 지조를 높이 산 유종주의 현창의 글이다.

▶ 위대중魏大中(1575-1625), 자는 공시孔時이고 호는 곽원廓園이며 절강 가선嘉善 사람이다. 만력 44년 과거에 급제하여 진사가 된다. 관직은 행인사행인 등을 역임하였다. 고반룡을 따라서 배웠다. 천계 5년, 위충현 일파의 동림당 탄압 때에 고문을 받아 옥중에서 죽음을 맞이한다. 양련楊漣, 주조서周朝瑞, 고대장顧大章 등의 인물과 함께 '동림東林 육군자六君子'로 불린다. 유종주는 위대중의 사후에 그를 위해 「제위곽원급간祭魏廓園給諫」이라는 문장을 지어 그 죽음을 애도하였고, 또한 동림파 인사 여섯 명의 죽음을 애도하면서 부賦를 지어 그들의 영혼을 달랬다고 한다.

이상 다섯 명의 인물 가운데 학술과 인간관계상 유종주와 가장 밀접한 관계를 맺었던 인물은 유영징과 고반룡이었다. 특히 유영징과의 관계는 동년의 진사라는 이유도 있어 가장 친밀하였다. 여기에서는 먼저 유영징이라는 인물에 주목해 보자. 확실히 유종주와 동림파 인사와의 교유과정을 살펴보면 사회적 지위, 학술 경향, 사람 됨됨이, 지연이라고 하는 갖가지의 요인이 중첩되고 있으며, 그 사람들 사이의 관계를 연결시키는 중요한 존재가 되었던 이는 강소 양주에 거주하던 유영징이었다. 그는 유종주보다도 두 살 연상이었지만, 유종주와는 막역한 친구 사이로서 서로가 매우 존경하고 있던 관계이다. 그는 자가 정지靜之이며 또 하나의 자는 연강練江이고 북방 지역에서는 사람들이 그를 '회남부자淮南夫子'라 불렀다고 한다. 강소성의 양주 보응寶應 사람이다.[40]

그는 명 신종 만력 29년(1601), 26세의 때에 과거에 합격하여 진사가 되었는데, 즉 유종주와는 동년의 진사이다. 그 후 순천부학의 교수가 되었고 관력은 병부주사兵部主事에 이르렀지만, 만력 40년(1612) 37세의 젊은 나이로 세상을 하직하였다. 게다가 이 해 5월에는 고헌성이 63세의 나이로 세상을 떠났기 때문에 유종주에게 있어서 만력 40년이라는 해는 슬픔이 많았던 해이기도 하였다. 유종주는 유영징이 숨을 거두었다는 소식을 접하자 다음 해인 만력 41년(1613) 3월이 되어 강소성 양주 보응을 방문하여 친구의 죽음을 애도하고 삼가 조의를 표하였다.[41] 한편 유종주와 유영징이 처음으로 대면하게 되었던 시기는 만력

---

40 『전집』 제5책, 「연보」 만력 40년의 조.
41 『전집』 제5책, 「연보」 만력 40, 41년의 조.

32년(1604)의 때였다. 그 때 유종주는 중앙정부의 행인사행인이라는 관직에 취임해 있었는데, 당시 국자감 학정學正이었던 동년의 진사 유영징과 만나고 처음보자마자 의기투합하여 마침내 막역한 친구 사이가 되었다고 한다.[42] 이 유영징을 통하여 동림파의 학술적 경향을 듣게 되고, 또한 고반룡과 친분을 맺고 있던 그를 매개로 하여 유종주는 동림파 인사와의 친교를 심화시키게 된다.

그 후 만력 39년(1611), 유영징이 세상을 떠나기 1년 전에 이 두 사람은 다시 한 번 절강성 항주의 서호西湖에서 회합을 가지게 된다. 이것은 유종주가 원래의 관직인 행인사행인에 재기용되기 전년의 여름 6월의 일이었다.[43] 항주는 일찍이 오대五代 때 오월국의 수도였던 대도시였다. 그 도시의 서쪽에 있는 서호는 삼면이 아름다운 산으로 둘러싸여 있었고 주변에는 당대唐代부터 오대에 걸쳐서 세워진 많은 사원과 명승고적이 있었으며 행락지로서 매우 번성한 곳이었다. 두 사람에게 있어서는 그 이상 좋을 게 없는 학문 토론의 장소이기도 하였다. 그 때 유영징은 당시 빈발하던 당론에 관하여 논평하고 문란한 시국과 정세를 통렬히 비난하였는데, 유종주는 이에 대하여 이러한 의론은 당국의 책임자들이 거론해야 할 문제이며, 우리들과 같이 산림에 파묻혀 있는 자들이 거론할 문제는 아니라고 하면서 오로지 학술에 관한 토론만을 행하였다고 한다.[44] 이 에피소드는 아직 현실 정치에 적극적으로 발을

---

42 『전집』 제5책, 「연보」 만력 32년의 조.
43 『전집』 제5책, 「연보」 만력 39년의 조.
44 岡田武彦, 「劉念臺の生涯と思想」(『문집』 수록, 明德出版社, 1990년) 참조.

들여놓지 않은 유종주의 모습이 그대로 엿보이는 대목이다. 또한 유종주의 출처진퇴에 대한 견식을 이 에피소드로부터 조금이나마 엿볼 수 있는 것이다.

만력 41년(1613), 유종주는 「수정학소修正學疏」라는 상주문을 작성하여 정부의 인재채용 문제를 지적하고 작금의 문란한 사대부의 풍속에 대하여 논한 적이 있는데, 그 문장 속에서 그는 동림서원 설립의 정당성과 강회 참가자의 절의에 관하여 의론을 전개하고 동림파의 현자로서 고헌성과 유영징의 이름을 언급한다. 또 유종주 자신과 동림파 인사와의 관계 및 시국 상황 등에 관해서도 논하고 있다.

국가에 현인·군자가 있다고 하는 것은 마치 사람에게 원기元氣가 있다고 하는 것과 동일합니다. 사람에게 원기가 없어지게 되면 몸과 마음이 그 즉시 쇠약해져 버리는 것과 마찬가지로 국가에 현인·군자가 없어지게 되면 국가는 쇠약해져 버립니다. 폐하가 즉위하신지 40년 가까이 되었지만, 수수방관하시며 아무것도 행하시지 않았는데도, 천하는 평안하였습니다. 이것은 즉위의 초에 행하신 올바른 치정治政과 교화敎化를 손상시키지 않았기 때문입니다. 그러나 국운은 이미 성시盛時를 지났습니다. 최근, 폐하는 인재의 등용과 상주문의 시비에 관해서는 모두 방치해 놓고 계시기에 모든 조정 신하들도 점점 쟁투를 벌이고 당동벌이黨同伐異의 풍조가 행해지고 있습니다. 그 때문에 인심은 퇴폐의 나락으로 빠져들었고, 사인士人(사대부)의 풍속은 험악해져서 상주문을 올리고 동림東林은 '권세를 말하는 자들'이라고 하여 모함하는 자들이 생겨나게 되었습니다. 이것은 정말로 한심스러울 따름입니다. 무릇 동림이라고 하는 것은 지난날에 이미 세상을 떠난 고헌성顧憲成이 자기의 고향인 무석無錫에서 처음으로 제창한 것으로, 천하의 학술을 좋은 방향으로 이끄는 것을 목적으로 한 것입니다. 그(고헌성)를 따르고 배운 사람들 중에는 기개와 절개를 가지고 절조를 굳건히 지킨 자들이 많이 있습니다. 그 중에서도 고반룡과 유영징은 성실한 학자이며 현자로서 으뜸가는 사람들입니다.[45]

이렇게 유종주에게 높게 평가 받고 있던 유영징은 동림파의 고헌성과 교유하였고, 또한 짧은 생애를 살았지만 동림파 계열의 제유諸儒와 '성명性命의 교유'를 주고받았던 인물이다. 학술 및 학문적 경향상 그는 주희(주자)의 학문을 독실하게 신봉했기 때문에 주희의 위패를 모시고 아침저녁으로 제사지내면서 주자학적 가르침을 시종일관 견지하였다. 특히 주희의 '지경持敬'을 자기 학문의 종지로 삼았는데, 천리天理와 인욕人欲의 변별을 명확히 하고 주자학의 실천 방법에 의해 '조존操存'을 증명하는 일에 전력을 기울였다. 게다가 심성心性의 현묘함을 설파

---

45 『전집』 제3책(상), 「문편文編·주소奏疏」 「修正学以淑人心以培国家元気疏」. "国家之有賢人君子, 猶人之有元気也. 元気削, 而其人未有不立槁者. 我皇上臨御四十余年, 高拱無為, 而天下晏如, 不悉正統初服, 然国運日已中葉矣. 迩者皇上於人才進退, 章疏是非, 一概置之不理, 遂使廷臣分趨爭競, 党同伐異之風行, 而人心日下, 士習日険, 公車之章, 至有以東林為語柄者, 臣窃痛之. 夫東林云者, 先臣顧憲成, 倡道於其郷以淑四方之学者也. 從之遊者, 多不乏氣節耿介之士, 而眞切学問如高攀龍·劉永澄, 其最賢者."

하는 것에 대해서는 모두 구두선口頭禪이라 하여 강하게 배척하고, 교우交友의 도에 있어서도 "군자와 교제하는 자는 군자이고, 소인과 교제하는 자는 소인이다."라고 하여 군자와 소인의 분별을 엄격히 규정하였다. 그리고 그의 질악疾惡에 대해 엄격히 대하는 태도는 마치 예리한 칼로 부패하고 썩은 부분을 도려내는 것과 같았다.[46] 유종주는 친구 유영징이 세상을 떠난 후, 그를 추도하기 위해 「제연형유정지문(祭年兄劉靜之文)」이라는 제문을 쓰기도 하였다. 그 문장 속에서 그는 다음과 같이 말한다.

> 나는 언제나 보아 왔다. 형(유영징)은 일신의 진퇴(나아가는 일과 물러서는 일)에 의해 세상 이치의 소장消長(쇠퇴하고 흥성하는 일)을 판단하여 정하고, 또한 그 일념一念의 근심·걱정에 의해 군자와 소인의 진퇴를 판단하여 정하였다. 형은 자기 자신의 죽음도 슬퍼하지 않고, 온 천하의 후세 사람들이 형의 희망하는 바에 따라올 수 없는 일을 슬퍼하였다. 일찍이 나는 형과 함께 처세의 도를 논한 적이 있는데, "굶어 죽은 일은 작은 일이고, 절조를 잃는 일은 매우 크나큰 일이다."라고 하였으며, 출처의 도를 논할 때에는 '조정에 들어갔는데 도가 행해지지 않는 것은 부끄러워해야 할 일이다."라고 하였다.[47]

46　岡田武彦의 앞의 논문(『文集』 수록) 참조.
47　『전집』 제3책(상), 「文編·祭文」 「祭年兄劉靜之文」. 또 『전서』 권23과 『문집』 20쪽.

유종주는 가장 절친한 친구의 죽음을 맞이하여 그 슬픔과 애통함의 감정을 제문이라는 형식을 빌려 이렇게 표현하고 있는 것이다. 확실히 우리는 이 제문에 의해 유영징의 지조와 절개 및 그 학술상의 특색을 추측할 수 있을 것이다. 동림파의 주요한 지도자였던 고반룡 또한 유영징의 죽음을 애석해 하면서 "정지(유영징)는 관품이 7품에 지나지 않은 신분이면서도 천하의 일을 자기 자신의 일처럼 대하고, 어떻게 하면 군주와 재상·백관을 성현의 경지로 이끌 수 있는가에 대해서만 생각하였다. 40세도 넘기지 못한 짧은 생애였으면서도 천고千古의 일을 자신의 임무라 여기고 그러한 뜻을 마음속에 굳게 지니고 있었다."[48]고 말하고 있다. 즉 유영징의 사람 됨됨이와 유학자로서의 삶의 방식을 높게 칭송하고 있는 것이다.

한편 이상 열거한 다섯 명의 친구 이외에 청장년 시절, 즉 초기의 유종주는 특히 만력 연간 과거에 합격한 후, 활발하게 인맥관계를 쌓아간다. 이하에 열거하는 두 사람은 유종주·유영징과는 동년의 과거에 합격한 진사로 과거수험의 동기생이라는 인연에 의해 학술 토론을 전개한다. 이 무렵 유종주는 허부원에게 사사하고 극기와 거경을 종지로 삼으면서 주자학적 입장을 취하고 있던 시기이다.

▶ 육전陸典(생몰년 미상, 이건以建), 만력 29년의 진사로 유종주와는 동년의 진사이다. 그는 양명학 좌파 계열의 학자인 듯하며 상세한 사

---

48 『명유학안』 권60, 「東林學案三」·「劉靜之傳·劉靜之緒言」.

항은 불명. 초기의 유종주 서간문 중에 육전에게 보낸 서간이 몇 통 있다. 유종주는 그에게 보낸 편지 속에서 주로 육학陸學·양명학에 대한 비판의 의론을 전개하고 양명학 좌파의 폐해를 날카롭게 지적하고 있다. 편지의 내용에 관해서는 뒤에서 다시 서술.

▶ 왕응건王應乾(생몰년 미상), 만력 29년의 진사로 유종주와는 같은 해에 과거에 합격하여 진사가 된 인물이다. 학문적 경향은 육전과 마찬가지로 양명학 좌파 계열인 것 같다. 유종주가 그에게 보낸 서간이 몇 통 있다. 육전에게 보낸 편지와 마찬가지로 유종주가 그에게 보낸 편지를 검토해 보면 주로 양명학과 『대학大學』의 본지에 관한 의론을 전개하고 양명학 좌파, 특히 왕기의 주장을 강하게 비판하고 있다. 편지의 내용에 관해서는 뒤에서 다시 서술.

끝으로 초기의 유종주와 교유한 그 밖의 인물들, 즉 유종주와 관련성이 매우 깊은 인물들에 관하여 살펴보도록 하자. 이하에서는 유종주와의 관련성을 중심으로 하여 그 개략을 정리해 보기로 한다.

▶ 풍종오馮從吾(1556-1627), 자는 중호仲好이며 호는 소허少墟, 시호는 공정恭定이며 장안長安 사람이다. 만력 17년에 과거에 급제하여 진사가 된다. 일찍이 허부원에게 종학하였으며 그 때문에 유종주의 동문의 선배가 되고 정주학을 신봉했다고 한다. 흥미로운 것은 황종희의

「동림학안」에는 그의 이름이 배제되어 있다는 일이다. 명 천계 2년, 추원표와 함께 북경에서 수선서원을 건립하고 동지를 모아 강학하였는데, 유종주도 이 강회에 참가하게 된다. 주자학의 실천·궁행을 강조했기 때문에 유종주도 이에 적극적으로 동의한다. 스승인 허부원과 마찬가지로 '천리·인욕'의 분별을 강조하였다.

▶ 추원표鄒元標(1551-1624), 자는 이첨爾瞻이고 호는 남고南皐이며 시호는 충개忠介이다. 길수吉水(지금의 강서성 길안시) 사람이다. 만력 5년에 과거에 급제하여 진사가 된다. 양명학 좌파 주여등과의 관계가 밀접하였고 학파적으로 분류할 경우 양명학 좌파에 속한다. 풍종오와 함께 수선서원을 열고 이 무렵 유종주와 교유한다. 그가 세상을 떠난 후, 유종주는 「제추남고선생문祭鄒南皐先生文」을 지어 그 죽음을 애도하였다.

▶ 황존소黃尊素(1584-1626), 자는 진장眞長이며 호는 백안白安이다. 절강 여요 사람으로 명대 말기의 동림파 인사이자 황종희의 아버지로 유명하다. 만력 44년에 과거에 합격하여 진사가 된다. 명 천계 6년, 황존소는 위충현 일파의 동림당 탄압과 함께 그 죽음을 맞이하여 아들 황종희를 친구인 유종주에게 거두어 줄 것을 부탁하고 자식의 교육을 위탁한다.

▶ 주국정朱国楨(?-1632), 자는 문영文寧이며 절강 오정烏程 사람이

다. 만력 17년에 과거에 급제하여 진사가 된다. 일찍이 허부원에게 사사하여 유종주와는 동문의 관계이다. 주국정은 2천 2백 무畝의 대토지를 소유했던 향신 지주로 알려져 있다. 하지만 대지주였음에도 불구하고 균전均田과 균역均役을 주장한 인물이다.

▶ 황도주黃道周(1585-1646), 자는 유현幼玄이고 호는 석재石齋이며 주자학의 땅 복건福建 진해鎭海(지금의 장포漳浦 동산銅山) 사람이다. 유종주보다는 두 살 연상이다. 황종희의 『명유학안』 분류법에 의하면, 「제유학안諸儒學案」에 속해 있다. 만력 13년(1585)에 태어나 28세 때에 드디어 군郡의 제자원弟子員이 되고, 34세 때 향시에 제7위의 성적으로 합격하여 거인擧人이 된다. 하지만 집안의 빈궁은 날로 심해졌고, 그 자신은 노모에게 매일 끼니 걱정을 시키는 것은 사람에게 있을 수 없는 일이라고 탄식할 정도였다고 한다. 그 4년 후, 천계 2년(1622)에 마침내 진사에 합격하였다. 이 때 성적은 이갑二甲 제칠십명第七十名으로 그의 나이는 이미 38세에 달해 있었다.[49] 흥미로운 일은 황도주와 동년의 진사에는 유종주와 관계 깊은 인사가 몇 명인가 있었다는 것이다. 장원으로 급제한 문진맹文震孟을 비롯하여 진인석陳仁錫, 예원로倪元璐, 정만鄭鄤, 노상승盧象昇, 서석기徐石麒, 왕탁王鐸 등이 그들이다. 후에 황도주는 복주福州에 거점을 둔 당왕唐王 남명정권南明政權의 수반을 담당하고 청군에 체포되어 처형되었다. 황종희는 황도주에 대해 그 정치

---

49 황도주의 생애와 사상에 관해서는 福本雅一, 『明末淸初(二集)』(同朋舍出版, 1973) 참조

활동을 높게 평가하고 상세히 기술하고 있다.

▶ 도망령陶望齡(1562-1609), 자는 주망周望이고 호는 석궤石簣이
며 절강 회계 사람이다. 남경 예부상서를 지낸 도승학陶承學의 아들로
만력 17년에 진사에 합격하는데 성적은 제삼명第三名이었다. 관력은 한
림원편수翰林院編修, 국자감좨주国子監祭酒, 시강侍講 등을 역임하였
고, 명 말기에 주여등 이후 양명학 좌파의 대표자로 알려져 있다. 저서로
『헐암집歇庵集』과 『천수각집天水閣集』 등이 있고, 『명사』 권 216, 『명유학
안』 권 36, 『명신언행록』 권 73 등에 전기가 보인다. 명대 말의 대표적 양
명학 좌파의 한 사람인 이지李贄(이탁오)와는 초횡의 소개로 알게 되었다
고 한다. 또 일찍이 유종주의 외조부 장영에게도 배운 적이 있다.

▶ 도석령陶奭齡(1571-1640), 자는 군석君奭이고 호는 석량石梁이
며 절강 회계 사람이다. 때문에 종주의 외가와는 동향이다. 만력 31년,
절강 향시에 합격하여 거인이 된다. 도망령의 동생으로 주여등에게 사
사하였고, 절동 양명학 좌파의 대표인물이다. 증인서원證人書院에서
유종주와 함께 강학활동을 전개한다. 하지만 후에 증인사와 결별하고
백마산방별회白馬山房別会를 주관하면서 양명학 좌파의 주장을 설파한
다. 그의 사후, 유종주는 그 죽음을 애도하면서 「제도석량선생문祭陶
石梁先生文」이라는 제문을 쓰고 있다.

▶ 관종성管宗聖(1578-1641), 자는 하표霞標이고 절강 여요 사람이다. 유종주와 동년에 출생한 동갑내기이다. 도석령과 함께 증인강회에 참가. 일찍이 기표가祁彪佳가 그를 조정에 추거한 일도 있지만, 결코 출사하지 않았다. 후에 청淸 순치順治 16년(1659), 사효함史孝咸 등이 왕수인의 고향인 여요余姚 반림半霖에서 요강서원姚江書院을 세웠을 때, 심국모沈国謨, 사효복史孝復 등의 양명학 좌파 인물들과 함께 강학을 개최하고 적극적으로 참가한다. 유종주가 그에게 보낸 편지는 『유자전서劉子全書』에 한 통 수록되어 있다.

▶ 왕반王泮(생몰년 미상), 자는 적재積齋이며 만력 35년(1607)『연보』의 기록을 보면, 유종주는 나이 30세 때 향리에 있던 대선사大善寺에서 강학했는데, 그 때 유종주와 교유한 인물은 오로지 왕반을 포함하여 주응중과 도망령 세 사람뿐이었다고 한다. 상세한 사항은 불명.

이상 소개한 사람들이 유종주의 초기 교유와 관련된 인물들이며, 또한 그 인물에 대한 대강의 요약이다. 다만 이상의 것은 인물 선택의 자의성을 배제하기 위해 현존하는 유종주 전기 자료를 세밀한 시점으로부터 분석하여 추출해 낸 인물들이다. 그들의 면면은 동년의 진사, 주자학 계열의 학자, 동림파 인사, 양명학 좌파의 학자, 지역의 지식인들 등등으로 가지각색이다. 이러한 점으로부터 보면 유종주의 초기 교유의 양상이 다양한 인물들과의 접촉에 의해 학파를 불문하고 빈번히 이루어졌음을 확인할 수 있다.

스승 허부원과의 만남

1. 스승-허부원이라는 인물

유종주의 학문세계 및 그 관료생활에 있어서 가장 좋은 모범으로
서 결정적인 영향을 끼치게 되는 명대 말기의 유학자에 허부원許孚遠
이라는 인물이 있다. 유종주는 청년기에 이 허부원으로부터 극기克己
를 종지로 하는 주자학적 가르침을 통하여 유학의 많은 것을 배우게
된다. 다시 말해 젊은 시절 그와의 만남은 유종주의 학문적 경향을 결
정해주고 주자학의 진면목을 깨닫게 하는 데 결정적 역할을 하였다는
것이다. 그럼 유종주와 허부원은 언제, 어디에서, 어떻게 해서 만나게
되었던 것일까.

확실히 인간의 만남은 한 사람의 일생을 좌우하는 경우가 있다. 젊
은 시절의 유종주가 허부원과 만나게 된 것도 바로 그러한 것이었다.
유종주는 26세 때 처음으로 허부원과 절강의 덕청德淸에서 만난다.

이 때 허부원은 69세의 고령의 몸이었다. 따라서 유종주보다 43세 연상이었다는 것이 된다. 이 만남은 유종주가 희대의 유교 사상가로서 대성해 나가는 과정에서 실로 귀중한 인연의 만남이었다고 할 수 있다. 유종주는 그 2년 전(만력 29년)에 세상을 떠난 어머니의 정절을 기리기 위해 군郡의 관청에 나아가 개인적으로 조정에 상주문을 제출하고 그 표창을 신청하였는데, 만력 31년(1603) 3월 마침내 그렇게 갈망하던 소원이 이루어지게 되었다. 그리고 이 일로 인하여 절강 항주부 인화현 仁和縣에 거주하던 지역의 유학자인 진식괴陳植塊가 유종주의 도리와 의리에 감격하여 그를 덕청德淸의 대유大儒 허부원에게 소개한다. 이에 유종주는 덕청으로 곧장 달려가 제자의 예를 취하고 허부원에게 사사하게 되었다.[50] 이 때 허부원은 처음으로 대면하게 된 제자 유종주를 향하여 어머니의 고난과 역경의 삶을 영원히 잊지 말라는 당부와 함께 일상생활에서는 근신할 것, 그리고 욕망을 절제할 것 등에 관하여 설교했다고 한다.

앞에서도 살펴본 바와 같이 이 허부원은 유종주가 명대 말기의 대유로서 대성하는 데에 결정적 영향을 끼치게 되는 중요한 인물이다. 사실 유종주의 경우 과거합격 이전에는 양명학과 양명학 좌파의 영향을 강하게 받는 지역적 환경에 둘러싸여 있었다. 그것은 외조부 장영의 문하에 도망령이라는 양명학 좌파의 대표적 학자가 있었고, 종주의 출생지인 절강 소흥의 산음현은 양명학 좌파의 대유 왕기의 고향이기

50 『전집』 제5책, 「연보」 만력 31년의 조.

도 했기 때문이다. 그 때문에 허부원과의 만남은 유종주의 학문 여정에서 본격적으로 주자학에 눈을 뜨게 되는 계기가 되었다고 할 수 있을 것이다. 이렇게 해서 유종주는 허부원으로부터 학문적으로 많은 조언을 듣는다. 이제 만력 29년에 진사가 된 유종주는 곧바로 관직에 취임할 수 없었다. 그것은 어머니의 죽음으로 인하여 복상에 임하지 않으면 안 되었기 때문이다. 드디어 만력 32년(1604)이 되어 유종주의 복상은 끝이 난다. 이 해 유종주는 초임으로 중앙정부의 하급 관직인 '행인사행인'에 임명되었다.

일반적으로 송대 이후의 관료 제도를 살펴보면, 관직에 임명되었다고 해서 곧장 부임하게 되는 것은 아니었다. 대부분의 경우 전임자의 임기가 만료될 때까지 기다려야만 한다. 하지만 유종주의 경우에는 어머니의 죽음에 복상했다고 하는 사정에 의해 3년간의 시간을 기다리지 않으면 안 되었던 것이다. 그래서 유종주가 실제로 북경 중앙정부의 행인사행인의 관직에 부임한 것은 만력 32년, 즉 종주의 나이 27세 때인 그 해 6월의 일이었다. 이보다 앞서 만력 32년(1604) 3월, 유종주는 취임 길(북경행) 도중에 스승에게 이별을 고하기 위해 허부원이 머물던 덕청에 잠깐 들리게 되는데, 이것이 두 번째의 방문이었다. 그 때 허부원은 학문을 함에 있어서는 '허지虛知'(헛된 지식)를 배척하여 실천에 귀착하지 않으면 안 된다고 가르치고, 또 평생을 주색과 재화의 탐욕에 빠지지 말도록 자기 자신을 철저히 성찰하여 공력功力의 진보가 있는지 어떤지를 살피도록 훈계했다고 한다.[51] 후에 유종주는 스승 허부원의 가르침에 따라서 착실히 성현의 학문에 매진한다. 즉 그는 정제整齊와 엄숙嚴肅을 취지로 하는 극기와 거경을 중시하고 천리와 인욕의 변별을 명확히 하여 "존천리存天理, 멸인욕滅人欲(천리를 보존하고 인욕을 없앤다)"이라는 주자학의 슬로건을 내걸고 자기수양에 정진하게 된다. 더불어 그는 사소한 말과 표정에서부터 밖으로 드러나는 행동과 세밀한 사념에 이르기까지 수시로 가는 곳마다 엄격히 삼가고, 극치克治의 공공功功을 잘 가다듬어 사의私意(사적인 의도)가 일어날 때마다 반드시 반성하여 극복하는 일에 온 힘을 쏟게 되었다. 이러한 유종주의 학문적 원칙은 바로 허부원의 가르침에서 비롯되었다고 할 수 있을 것이다.

한편 허부원은 이 해 7월에 세상을 떠난다. 이로 인해 유종주가 허부원에게 사사한 것은 겨우 한 달 남짓한 시간에 지나지 않지만, 허부원과의 만남에 의해 그는 비로소 자기 학문의 기초를 확립할 수 있게 되었던 것이다. 그리고 후가 되어 유종주의 관료로서의 행동 원칙도 『연보』에 기재된 내용에 의해 확인해 보는 한, 기본적으로는 허부원의 행동과 태도를 답습하고 있다.

그럼 이와 같이 청년시절 유종주에게 삶의 태도와 학문적으로 다대한 영향을 끼친 허부원이라는 인물은 과연 어떠한 인물이었을까. 좀 더 상세히 살펴보도록 하자. 허부원(1535-1604), 자는 맹중孟仲이며 경

---

51 『전집』 제5책, 「연보」 만력 32년의 조

암敬菴은 그의 호이다. 그는 절강성 덕청현 사람으로 가정嘉靖 41년(1562)의 진사이며 관력은 공부주사, 광동첨사, 복건순무 등을 역임한다. 통설에 의하면 그는 주자학을 신봉하고 담약수(왕수인의 강우) 학파에 속하는 유자이며, '양지현성파良知現成派'인 왕기가 주장하는 '사무설四無說'에 강한 이의를 제기하였다. 또 양지의 현성을 주장하는 주여등과 논쟁하여 당시의 유교사상계에 그 이름을 날리게 되었다고 알려져 있다. 사실 허부원은 나여방의 문인 양복소楊復所(양기원)나 주여등을 중심으로 한 양명학 좌파(혹은 왕학 좌파라고도 함)의 인물들과도 밀접하게 교제하고 있던 주자학 경향의 학자이다. 하지만 "초인楚人 하심은何心隱은 무리를 모아 학증學證(학문의 증명)에 힘을 쏟고 있다. 부원(허부원)도 함께 참가한 적이 있었지만, 학문을 사고파는 자들이라고 하여 두 번 다시 그들과 왕래하며 교제하지 않았다."[52]고 하는 바와 같이 양명학 말류에 대해서는 극히 비판적 입장을 취하고 있었다.

사상사적으로 볼 때 허부원은 남도(남경)의 강회에서 왕기를 신봉하는 주여등과 무선무악설에 관하여 격렬한 논쟁을 행했던 유자이다. 이 때 허부원은 「구체九諦」를 지었는데, 아홉 개의 조항으로 나누어 그들의 무선무악설을 논박하였다. 이에 대하여 주여등은 「구해九解」를 지어 각 조항마다 허부원의 주장을 반박하고 스승 왕기의 설을 옹호하

---

52 查繼佐, 『罪惟錄』傳十, 許孚遠, 楊時喬. 허부원에 관해서 말하면, 황종희의 『명유학안』에서는 권41의 「甘泉學案」에 그 이름이 열기되어 있다.

여 사설의 우위를 실증하는 데에 전력을 기울인다. 이러한 양자의 논쟁은 주여등의『동월증학록東越證學錄』권1의 「남도회어南都會語」에 상세히 기록되어 있다. 허부원은 당시 유교사상계의 흐름이나 왕수인 이후의 학술 변동에 대하여 어떻게 인식하고 있었던 것일까. 허부원이 기술한 다음의 발언을 인용해 보자.

> 요강姚江(왕수인) 학파는 다시 나누어져 세 개가 되었다. 길주吉州(추수익鄒守益)는 조금 그 정전을 지켰을 뿐이다. 회남淮南(왕간王艮)은 '항진亢進'하여 사설을 높게 받들었고[항고亢高], 산음山陰(왕기)은 사설을 '원통圓通'시켰다. 그런데도 항亢과 원圓은 각각 그 유폐가 있었다. 안산농顔山農·양여원梁汝元의 무리는 '항'에 근거하여 방자함으로 흘렀다. 우강盱江(나여방)의 학문은 '항'에서 나와 '원'으로 들어갔다. 그 후 요안姚安(이탁오)이라는 자가 나왔는데, '원'과 '사肆'를 합하여 종횡縱橫하였다.[53]

아라키 겐고荒木見悟의 이 문장에 대한 해석에 의하면 최후의 문장 "항에서 나와 원으로 들어갔다."라는 것은 '항'으로부터 탈출하여 '원'으로 전입했다고 하는 뜻이 아니라, '항'으로부터 출발하여 '원'으로 융합해 들어갔다는 것을 의미한다. 여기에서 허부원이 발언하는 내용

---

53 許孚遠,『敬和堂集』권5, 「答周海門封諦解」와『昭代紀略』권5. 이 인용문의 역문은 荒木見悟,『明代思想研究』(創文社, 1972년)에 의한 것이다.

을 살펴보면 왕간과 왕기는 '항고亢高'와 '원통圓通'으로 상징되고, 나여방은 양자의 절충적 입장에 서 있었다고 하는 논리가 된다.

'항고'의 '항'은 『주역』 건괘乾卦의 항룡亢龍에서 유래한 것인데, 그것은 경문 자체의 뜻을 취하면 역사와 운명에 반발하고 진퇴존망의 절도를 분별하지 않는 '주아主我'적 충동에 몸을 맡기는 자의 정신구조를 상징하는 것이다. 이러한 주아적 충동은 특정의 사건을 계기로 하는 자기 방어의 본능으로서 발현하는 것도 있을 것이며, 또한 외적인 압력과 구속에 대한 부득이한 저항으로서 나타나는 경우도 있을 것이다. 그리고 허부원은 왕기 사상의 특징을 '원통圓通'으로 표현했는데, 이 '원통'의 '원'은 '방方'또는 '구矩'와 대칭 개념을 이룬다. '방'이란 전요典要이며 격식이고 객관적으로 정립된 행동 준칙인 것이다.[54] 이처럼 허부원은 당시 유교사상계를 풍미하고 있던 양명학 좌파에 대하여 『주역』의 말을 빌려 그 폐해를 지적하고 있다. 즉 주자학의 입장으로부터 양명학의 분파 과정을 냉철한 눈으로 주시하고 있었던 것이다.

2. 허부원의 지방관 활동

허부원의 경우 이와 같은 활발한 학문 활동이외에도 관료, 특히 지방관으로서의 수완이 매우 탁월했다는 것은 우리가 주목해야 할 점이다. 이야기는 서력 14세기 무렵으로 조금 거슬러 올라가는데, 당시 섬

---

54 명대 사상사 전반에 관한 우수한 단행본으로서 荒木見悟의 『明代思想硏究』(創文社, 1972년)가 있다.

나라 왜구倭寇의 출몰로 골머리를 앓고 있던 명조는 조공 형식의 무역 이외에 중국인의 외국과의 무역 및 도항을 제한하는 해금海禁 정책을 취하고 있었다. 주지하듯이 중국에서는 민간인이 해외에 도항하여 무역하는 행위를 금지한 정책을 '해금'이라고 불렀다. 명대 초기의 대외 관계는 중국 황제에 대해 제국諸國의 왕이 신하로서의 예를 갖춘 사절단을 정기적으로 파견하는 조공제도, 그것에 부수적으로 따르는 조공무역, 그리고 민간인에 의한 해외 무역을 전면적으로 금지한 '해금'으로 구성되어 있었다. 해금이란 '하해통번지금下海通蕃之禁(바다로 나아가 외국과 통교하는 것을 금지한다는 뜻)'의 약칭이다. 이 해금의 역사적 특질을 정리해 보면 연해부의 치안 유지, 밀무역의 방지, 조공 시스템의 보완적 역할 등등 다면적인 기능이 있다. 이것들은 독립적으로 작용하는 것이 아니라, 상호 중첩하면서 서로 관련되어 있다. 명대 중기까지 해금은 조법祖法(선조가 정한 법)으로서 유지되었다.

그러나 16세기 이후는 해금 정책을 어기고 해외로 도항하는 자가 늘어나 새로운 문제가 발생하기 시작한다. 연해지방의 군사경찰권을 가진 위소衛所의 관군조차도 해금을 위반하여 때로는 상선을 외국으로 왕래시키기도 하였다. 이처럼 관헌의 기강이 무너지자 중국의 동남부 연해지역은 일종의 무정부상태가 되었다. 이로 인해 주산군도舟山群島의 쌍서항雙嶼港이나 역항瀝港 등은 밀무역의 근거지가 되어 왜구들이 활발히 활동하였다. 바로 가정嘉靖의 대해구大海寇라고도 불린 시대였다. 융경隆慶 원년(1567), 복건순무 도택민塗澤民의 건의로 대략 2세기에 걸친 해금, 즉 하해통번의 금령은 마침내 해제된다. 신종실록神宗實錄의 만력 25년 11월 경술년 조의 기록을 보면, "복건의 장주漳州, 천주泉州의 해안 근접에 거주하는 사람들은 판양販洋(해외에서 들여온 물품을 파는 일)에 의지하여 생계를 꾸리고 있다. 전무前撫 도택민이 건의하여 번강番舡(외국 배)을 개방하고 그 문인文引(통행 허가증)을 발급하여 동서 제번諸番과 무역하는 것을 허가하였다. 단지 일본에 대해서만은 사적으로 드나드는 것을 허가하지 않았다."고 되어 있는데, 여기에서 전무 도택민이 융경 초년 복건에 재임했던 순무 도택민을 말하는 것이다. 이렇게 해서 해금이 일부 완화되자 동남아시아 방면으로의 도항 및 무역은 공인되었지만, 일본으로의 도항은 명의 멸망까지 허가되는 일이 없었다.[55] 그리고 그러한 복잡한 동아시아의 국제정세 속에서 1592년 4월 13일 도요토미 히데요시豊臣秀吉의 조선 침략이 시작되었다.

한편 스승 허부원이 복건순무에 취임한 것은 바로 이 무렵으로 조선반도에서의 전쟁이 격렬하게 진행되고 있을 때였다. 즉 그는 만력 20년 12월부터 동 22년 12월 (남경)대리시경大理寺卿으로 전출하기까지의 2년간 복건순무로서 재직한 것이다. 우선 부임 초기 순무로서의 허부원과 관련한 흥미진진한 에피소드부터 이야기를 시작해 보자. 명대 말기 절강의 유명한 산문가이자 장서가인 모곤茅坤(1512-1601)은 일찍이

---

55 명대의 해금 정책이나 명대 후기 복건의 해외 무역 및 복건순무 도택민에 관해서는 歷史敎育者協議會編, 『東アジア世界と日本』(靑木書店, 2004년 9월)과 佐久間重男, 「明代後期における漳州の海外貿易-蕭基の恤商策について」(『日明関係史の硏究』吉川弘文館, 1992) 참조.

자식들의 가정교사이던 동향 사람 허부원이 복건에 순무로 부임할 때 도요토미 히데요시 및 해안 경비에 대한 방안을 제시하면서 다음과 같이 조언하고 있다.

간파쿠關白(도요토미 히데요시)의 노림수가 어디에 있는가를 잘 살피고, 그 부장들에 관한 정보를 모으며 샴(지금의 태국)의 움직임을 예의주시해야 할 것입니다. 2, 3천료料(石)급의 복창선福艙船을 수 백 척 준비하여 복건과 절강 해상에서 요격 태세를 갖추어야 합니다. 더불어 선박에는 부랑키[佛郞機부랑키]][56]·법공法貢·동장군銅將軍·자모포子母狍 등 각종의 화포를 배치해야만 합니다. 왜구의 침입 경로를 상세히 기록한 「상일본침경上日本針經」이 있는데 이것을 보셨습니까. 복창선을 중군中軍에 배치하고 유격대로서 팔장선八漿船(팔라오八喇烏라고도 함. 말레이어로서 배를 의미하는 프라우에서 전이된 말)을 수 백 척 배치하고 적시荻柴나 화약火藥을 실어 각 섬에 배치하고 대비해야 합니다.[57]

이것이 바로 모곤이 허부원에게 신신당부한 내용이었다. 중국 동남부 연해의 위기를 충분히 인지하고 있던 허부원도 그 긴박감에 사로잡힌 복건에 부임하자 나름대로의 조치를 취하게 된다. 그것은 적정 시

---

56 부랑키란 원래 서아시아의 사람들이 유럽인을 가리켜서 부르던 명칭으로 명대의 중국에서는 주로 포르투갈을 가리켜서 사용되었다. 岸本美緒, 『東アジアの「近世」』(山川出版社, 1998) 참조.

57 『茅鹿門先生文集』 권9, 「與許敬菴中丞商権海上事」. 역문은 中砂明德, 『江南─中国文雅の源流』(講談社, 2002)에 의한다.

찰과 무역권익의 보호라는 두 가지였다. 당시 병부상서 석성石星(1537-1599)이 첩보원으로 복건에 파견한 군관 두 명 가운데 허부원은 별 도움이 되지 않을 거라고 본 한 사람을 제외하고 그때까지 왜구에 대한 정세와 정찰의 경험이 풍부한 사세용史世用[58]에게 수행 두 사람을 붙여 일본과 조선에 파견하기로 결정한다.[59] 이러한 그의 조치는 일본의 군사적 행동을 정탐하기 위한 것이었다. 또 허부원은 일본의 군사적 움직임에 대한 정보를 수집한 상태에서 복건의 무역권익 보호를 위해 일련의 조치를 취한다. 무역을 생명선으로 알고 거기에 의지하던 복건의 장주漳州 해징海澄의 상인들로부터 연명으로 '해금海禁'반대의 진정서를 받아낸 것이 그것이다. 그 의견을 대변하여 허부원은 아래의 내용과 같이 주장하였다.

금령禁令이 실시되면 여송呂宋(지금의 필리핀 마닐라)에서 압동壓冬(한 해를 보냄)하고 다음 해에 돌아올 예정의 수 천 명이 돌아올 수 없게 되는데, 이것은 기민棄民(백성을 버리는 일)에 다름 아니다. 화약 유출의 문제에 관해서는 유황은 일본에서 많이 채취되고, 초석硝石은 품질은 좋지 않지만 생산량은 상당히 많다. 가장 수요가 많은 것은 흑연인데, 이것을 가지고 들어오는 것은 주로 마카오의 포르투갈 상인이다. 게다가 캄보디아·샴(태국) 생산의 납이 코치시나[60]와 여송(필리핀

---

58 임진왜란 당시 한중일을 넘나들며 정보전을 이끌던 첩보원으로, 일본의 기밀정보를 제공해 선조 임금의 환대를 받았던 인물이기도 하다.

59 中砂明德, 『江南—中国文雅の源流』(講談社, 2002)참조.

60 코치시나(交趾支那)는 지금의 베트남 남부지방을 말한다. 메콩강 하류의 저습지로 주요 쌀 생산지이다. 이곳이 일찍이 1867년부터 1953년까지 프랑스의 식민지이기도 하였다. 중심 도시는 호치민(구 명칭은 사이공)이다.

마닐라)에서 구입할 수 있는 경우도 있기 때문에 복건의 입구를 봉쇄하는 것만으로는 문제가 해결되지 않는다. 따라서 금지 물품만을 엄중히 단속할 수단을 강구해야만 된다는 것이 허부원의 의견이자 결론이었다. 결국 이 주장은 북경의 중앙정부로부터 승인을 얻는다.

확실히 허부원은 전형적인 유학자였을 뿐만 아니라, 지방관으로서의 공적도 상당히 많이 남긴 인물이기도 하였다. 이미 앞에서도 언급한 도택민의 건의가 클로즈업되었던 것도 당시 복건순무를 역임한 허부원의 발언에 의한 것이었다. 그의 문집인『경화당집敬和堂集』의 「소통해금소疏通海禁疏」에 인용된 내용으로부터 그 자신의 해금 반대의 입장이나 도택민의 건의 내용을 확인해 볼 수 있다.

융경隆慶 초년에 이르러, 전임 순무 도택민이 이전의 잘못된 것(해금 정책)을 전철로 삼아 그 정세의 변화에 따라 이익을 끌어내고자 하여 시박市舶(장사하는 배)을 열고 사판私販(사적 매매)에서 공판公販(공적 매매)으로 바꾸었다. 통상무역은 동서東西 이양二洋만으로 통하게 하고, 왜구가 있는 일본에 왕래하는 것은 금지하며, 또한 초황硝黃·동철銅鉄과 같은 금지위반 물품을 가지고 바다에 나아가는 것을 금지한다.(도택민은) 이와 같은 의견을 조정에 건의하고 마침내 승인을 얻어 실행하였다.[61]

---

61 許孚遠,『敬和堂集』,「疏通海禁疏」. 인용문은 佐久間重男, 「明代後期における漳州の海外貿易—蕭基の恤商策について—」(『日明関係史の研究』, 吉川弘文館, 1992)에 의거함.

이 문장에서 먼저 주의해야 할 점은 "전철로 삼아 그 정세의 변화에 따라 이익을 끌어내고자 하여"라는 문장이다. 특히 '전철前轍'이라고 하는 것은 명 가정 후기에 시행된 주환朱紈(1494-1550)의 해금海禁의 엄명과 해상의 숙정이 도리어 왜구나 해구海寇의 침공을 초래하여 더욱 격화시킨 일을 뜻한다. 또 이로 인해 왜구들에게 무력을 사용해야 하는 번거로움과 재력을 소모한 원인이 되었고, 이를 답습하지 말아야 한다는 의미이다. 그래서 이러한 전철을 거울로 삼아 복건의 지리적 자연 조건에 맞게 이익을 도입하는 계책으로서는 해금을 해제하고 시박市舶을 여는 것뿐이라고 건의했던 것이다. 그 때의 해금 해제에 관해서는 그 내용으로서, ①동서 이양의 통상에 한정할 것, ②일본과의 통상은 구래와 마찬가지로 금지할 것, ③초황(초석과 유황, 화약 원료)과 동철 등의 금지위반 물품의 휴대를 금지할 것 등의 제 조건이 규정되었다.

그런데 만력 20년 4월에 시작된 도요토미 히데요시의 조선침략 전쟁에 즈음하여 명나라 조정은 종주국으로서 조선에 원군을 파견하는 일과 함께 왜구의 침공에 대비하여 중국 동남부 연해에서의 해금을 재강화하는 방침을 세운다. 이에 따라 복건 장주에서의 중국 해상海商의 해외 출항을 다시금 금지시키는 조치를 취하고자 하였다. 이것에 대해 당시의 복건순무 허부원은 중앙 병부의 해금 강화책에 반대 의견을 진상하고, 이 진상서 속에서 전임 순무 도택민의 개양開洋 방침을 언급하고 있다. 따라서 도택민의 건의라고 하는 것은 허부원에게 계승되어 전개된 것이었다고 할 수 있을 것이다. 사실 지방관으로서의 허부원은 열성적으로 각종의 지방행정 사업을 시행한 행동하는 실천적 행정가였다.

지금까지 서술한 바와 같이 적정 시찰의 일환으로 일본의 군사적 행동을 정탐하여 무역권익의 보호에 진력한 일, 그 이외에도 향약보갑제를 실시하여 도적과 해적의 침입에 대비하여 경비 태세를 강화한 일 등이 그것이다. 후에 『연보』의 기록이나 유종주 자신의 발언으로부터 유종주와 허부원의 사승관계를 종합적으로 검토해 보면, 이러한 허부원의 학자 및 지방관으로서의 공무 태도는 제자 유종주에게 일정의 영향을 끼쳤다고 판단된다. 결국 유종주의 관료로서의 행동지침 원칙이나 정주학적 사상의 기초는 이러한 스승과의 만남과 가르침으로부터 형성되었다고 할 수 있다. 또한 유종주는 스승과의 만남을 통하여 처음으로 자기학문의 목표를 설정할 수 있게 된 것이다.

3. 스승과의 만남 이후

실제로 유종주가 허부원에게 직접 사사한 기간은 1년도 채 미치지 못하는 극히 짧은 시간이었지만, 그는 허부원의 유교사상의 정수를 명확히 파악하고 그 핵심 사상을 계승하여 허부원 사망 뒤의 한 시기에 걸쳐서 무선무악설에 대항하고 정주학 신봉의 유학자로서 활약하게 된다. 덧붙여 허부원이 복건순무에 재임하고 있을 때, 향촌질서 유지책으로서 구상한 향약보갑제는 후에 유종주가 시행한 향약보갑제에 일정의 영향을 끼치기도 한다. 유종주의 향촌질서 이념은 총체적으로는 명 태조 주원장의 육유六論, 명대 초기 절동의 대표 학자 방효유方孝孺의 향촌론鄕村論, 왕수인의 향촌질서 이념 및 그 당시에 유행한 향약보갑제의 실시상황 등으로부터 많은 영향을 받았다. 하지만 젊은 시절의 스승이던 허부원의 향약보갑제 실시에 그 영향을 받은 바가 크다는 점은 부정할 수 없는 사실이다. 특히 스승 허부원은 학문의 실천정신을 유종주에게 가르쳐준 인물로서 명대 말기의 혼란한 시대에 향촌질서의 안정을 도모하였던 인물이다. 또한 유종주와의 학술적인 사승관계라는 측면에서 보면 허부원은 왕기(왕용계)의 '사무설'을 둘러싸고 주여등과 격렬한 논쟁을 벌였던 것으로도 유명하다. 그래서 유종주의 '사무설' 비판도 이러한 스승의 입장을 계승한 것이었다.[62] 이러한 허부원 자신도 사회질서 회복의 문제에 관심을 가지고 만력 20년 복건순무에 임명되었을 때, 향약보갑제를 실시한 적이 있다.[63] 그가 복건순무라는 지방관으로서 향약보갑제를 실시한 것은 그 사회적 배경에 당시의 복건 지역에 항조抗租·노변奴変이라고 하는 농민투쟁의 광범한 전개와 혼란의 사회상황이 놓여 있었다.

---

62 中純夫,「劉宗周の陽明学觀について―書牘を中心として」(『陽明学』第十四号, 二松学舍大学陽明学研究所, 2002) 참조.
63 宋正洙,『中國近世鄕村社會史研究―明淸時代鄕約.保甲制의 形成과 展開―』, 도서출판혜안, 1997, 182, 184, 187쪽.

이로 인해 향약보갑제의 시행은 농민투쟁의 상황을 타파하기 위해서라도 또한 사회의 치안과 질서를 유지하는 제도로서 반드시 필요했던 것이다. 여하튼 스승 허부원의 향촌질서 이념과 시대적 상황은 한창 젊은 때의 유종주에게 직접적으로 감화작용을 불러일으켰을 것이다. 명대 향촌질서 이념에 관해서는 강서 남부지역에서 남감향약南贛鄕約의 시행으로 유명한 왕수인의 향촌질서 이념도 있는데, 이것은 명대 말기의 유교 지식인층에게 상당한 영향을 끼친다. 유종주의 경우도 일관되게 지방 향촌질서의 안정에 관심을 가지고 있었다. 그러한 측면에서 그가 주자학·양명학을 불문하고 후에 양명학에 관심을 가지면서 자연스럽게 왕수인의 향촌질서 이념으로부터 영향을 받았다는 것도 쉽게 추측해 볼 수 있을 것이다.

그런데 명대 중기 이후 이렇게 강남 지역을 중심으로 한 지식인·관료층의 향촌질서에 대한 적극적인 관심은 주자학자이든 양명학자이든지 간에 상관없이 당시의 절동, 복건 지역에서 주류적 경향을 형성하였다. 명대 중기 이후 향약보갑제의 실시에 있어서 강남이라는 지역성(특히 복건성 지역)에 주목하고 보갑제의 실시상황 및 그 배경에 관하여 상세히 분석한 연구결과물도 다수 존재한다. 그와 같은 연구결과에 따르면 복건 지역에서는 특히 만력 연간의 순무巡撫에 의해 보갑제(향약보갑제)가 복건 전역에서 실시되었다고 하는 점과 그러한 명대 말기의 보갑제는 국가권력 및 향신의 일체화에 의한 향촌 지배를 지향한 제도

였다고 지적하고 있기도 하다.[64]

이야기는 다시 허부원의 사상으로 돌아가지만, 앞에서도 언급한 바와 같이 양명학 좌파 주여등의 『동월증학록東越證學錄』권1의 「남도회어南都會語」에 의하면 유종주의 스승 허부원은 무선무악설을 비판하고 「구체」를 지었을 때, 주여등은 이것에 반론을 제기하여 「구해」를 지었다고 한다. 즉 허부원은 만력 20년(1592)을 전후로 하여 '유선유악설有善有惡說'을 지지하는 입장으로부터 주여등과 무선무악설을 둘러싸고 학술 논쟁을 전개한 것이다. 그럼 무선무악설을 강하게 비판한 허부원의 발언의 논점을 요약해 보자. 허부원은 유명한 '천천교문답天泉橋問答'이 왕기의 '사족蛇足'[65]이며 왕수인의 진정한 의도를 올바르게 전한 것이 아니라고 하는 입장으로부터 "그 사무설四無說을 비판하고(「체구諦九」), 무선무악은 성선性善을 설한 경전의 가르침에 위배되며(「체일諦一」), 무선무악은 '위선거악爲善去惡'의 가르침을 부정한 것이며(「체이諦二」), '사무설'에서는 '격치성정格致誠正'의 수양공부修養工夫에 착수할 곳이 없고(「체사諦四」), 수위修爲의 필요성을 부정하여 무선無善 종지의 돈오頓悟를 설한 것은 조략粗略에 지나지 않는 것(「체육諦六」)"이라고 말하고 있다.

이것들 중에서 「체이」와 「체사」 및 「체육」 은 어느 것이나 모두 수

---

64 명청시대 복건 지역에서의 향약보갑제 시행에 관해서는 三木聰,『明清福建農村社会の研究』(北海道大学図書刊行会, 2002年) 참조.

65 사족이란, 뱀을 그리고, 더 잘 그린다고 있지도 않은 발을 그리다가 현상懸賞의 술을 놓쳤다는 고사에서, 소용 없는 일, 군더더기 등을 비유하여 이르는 말. 화사첨족畵蛇添足의 준 말이다.

양공부의 불필요성을 설한 것에 대한 문제와 폐해를 지적한 것이다.[66] 확실히 허부원은 '유선유악'을 지지하는 입장으로부터 맹자의 성선설을 열거하고 그 위에서 무선무악설을 비판하고 있다. 물론 이 때 이것에 대하여 주여등도 사설(왕기의 무선무악설)을 강하게 옹호하고 있음은 말할 필요도 없다.[67] 주여등은 세상의 도덕규범을 유지하기 위해 "선을 이루고 악을 없애는(위선거악)"일은 필요하지만, 무선무악 그 자체야말로 궁극적인 깨달음의 경지라고 하는 견해에서 출발하여 사설을 강력히 지지한다.

그렇다면 유종주는 남도강회에서 전개된 '허부원 대 주여등'의 논쟁을 어떻게 이해하고 있었을까. 만년의 유종주 학술을 이해하는데 좋은 자료를 제공하는 「회록會錄」(『유자전서』 권13)을 살펴보면 유종주는 다음과 같이 말하고 있다.

우리 스승 허간공許簡公(허부원)은 주해문(주해등)과 남도(남경)에서 구체·구해의 논쟁을 전개하고 '유有'를 변별하거나 '무無'를 변별하거나 하여 상세히 의론하는데 전력을 쏟았다고 할 수 있다. 스승의 논점은 그 말하는 바가 엄정하였고 조리가 올바른 것이었으며, 꿋꿋하고 의젓해서 마치 해와 달이 밝게 비추는 듯하였다.[68]

---

66 왕기의 무선무악설에 관해서는 中純夫, 「王畿の四無説について」(『富山大学人文学部紀要』 第二十五号, 富山大学人文学部, 1996) 참조.

67 주여등의 무선무악설 옹호에 관해서는 今井宇三郎 외二人著, 「(解説) 周海門」(『陽明門下 (下)』 수록, 陽明学大系第七巻, (明) 銭德洪等著, 荒木見悟等編, 明德出版社, 1974) 참조.

68 『全集』 第二冊, 「語類十五·会録」. "吾師許恭簡公, 與周海門在南都有九諦九解, 辨有辨無, 可謂詳尽. 而師論辞厳而理直, 凜乎日月為昭."

이처럼 유종주의 이 발언은 역사적 사실로서의 남도강회에 관하여 그 양상을 말하고 양자의 의견이 일치하는 바가 없었다고 하는 것으로부터 스승 허부원의 설을 옹호하고 있다. 말하자면 허부원과 주여등과의 사이에서 격렬히 전개된 유선유악과 무선무악의 구별을 둘러싼 유명한 논쟁도 이 문맥으로 재확인할 수 있을 지도 모르겠다. 한편 유종주 나이 57세 때의 집필로 되어있는 사위 진홍우秦弘祐(이사履思)에게 보낸 편지 속에서도 다음과 같이 말한다.

나는 평생 동안 허사(허부원)를 마음속으로부터 존경해 온 자이다. 주사(주여등)의 말하는 바에 있어서는 그 문을 바라볼지언정 감히 들어가지는 않는다.[69]

이 편지는 유종주가 55세가 된 시점에서 사위 진홍우에게 허부원의 무선무악 비판을 계승한 자신의 입장을 밝힌 내용이다. 말할 것도 없이 이 발언은 유종주 자신은 허부원의 충실한 계승자라는 것을 자인하고 짧은 문장으로 '무선무악설'에 대한 반감을 강하게 표현하고 있다. 유종주는 이렇게 스승 허부원과 마찬가지로 왕기의 '무선무악론'에 대해서는 일말의 의심도 없이 회의적 태도를 취하고 스승의 뒤를 이어서 그 무선무악론의 변난에 전력을 기울인다. 이러한 '안티 무선무악설'이

---

69 『全集』第三冊(上), 「文編七·書(論学)」, 「與履思十」. "僕平生服膺許師也, 於周師之言, 望門而不敢入焉."

외에도 허부원의 극기克己 주장은 초기의 유종주 사상 형성에 커다란 영향을 끼친다. 일반적으로 극기라는 말은 욕망, 정념을 이성적 의지에 의거해 제압하고 이상적 목적의 실현에 전심하는 것을 의미한다.

이 말은 『논어』에도 보인다. 유종주의 많은 서간문 가운데 만력 41년, 즉 유종주가 36세 때에 동년의 진사 육전陸田[70]에게 보낸 편지가 있다. 바로 이 무렵은 스승 허부원에게서 주자학적 학풍의 영향을 강하게 받고 있던 시기이며, 이미 앞에서도 언급한 바와 같이 유종주가 담약수 계열의 학자 허부원에게 사사하기 시작한 것은 만력 31년(1603) 3월, 그의 나이 26세 때의 일이었다. 『연보』 등의 유종주 전기 자료에 의하면, 당시 허부원은 극기를 그 학문의 요체로 삼고 있었다. 아래 인용하는 유종주의 편지 속에서도 스승의 영향을 받은 유종주의 극기 중시 태도가 엿보인다.

성학聖學의 요지는 극기에 의해 그것을 우리 몸에 섭취할 수 있습니다. 『대학』과 『중용』에서도 그 요지는 신독에 의해 그것을 우리 몸에 섭취할 수 있습니다. 때문에 새삼스럽게 지知를 설하고 행行을 설하고 있는 게 아닙니다. 주자周子(주돈이)의 "성聖을 배우는 데에 중요한 것이 있다"고 하는 한 단락은 확실히 가장 간명하고 올바른 것이며, 극기·신독의 설과 일치하는 것입니다. 이것이야말로 먼 옛날부터 끊임없이 이어

---

70 육전은 당시 양명학 계열의 학자였던 듯싶다. 상세는 불명. 이 육전의 편지는 『유편遺編』 권4에서는 「여육이건연우與陸以建年友」라고 되어있다. 그런데 연우年友란 연형年兄과 같은 의미이고, 연형이란 동년에 과거수험에 합격한 자를 의미한다.

져 전해진 심법心法입니다. 문성文成(왕수인)은 언제나 '박학博學이란 이것을 배우는 것'이라고 말하고 있습니다만, 아마도 이 주지主旨를 얘기하고 있는 게 아닐까요. 그렇지만 상산象山(육구연)이나 양명陽明(왕수인)의 학문은 곧장 본심本心을 믿는 것에 의해 성聖을 분명히 밝힐 수가 있다고 생각하여 '극기'의 공부를 논하는 것을 좋아하지 않았습니다. 그 때문에 박학·심문審問·신사愼思·명변明辯의 공부를 좀처럼 하지 않은 것입니다. 이로 인하여 양명이 박학에 관하여 말한 것은 단지 경전의 해석일 뿐이며 양명 스스로의 본 뜻을 말한 것이 아닙니다. 요컨대 상산·양명으로 전수된 심학은 결국 상달上達이 있을 뿐, 하학下學은 없으며 그 설은 대단히 높아 완전히 사람에게서 떨어져 있고, 왕문王門 왕기의 사무설과 닮아 있습니다. 만일 이 설에 집착하고 또 그것이 일전하고 재전하면 반드시 폐해를 낳을 것입니다. 이러한 일은 육문의 양간楊簡(호는 자호慈湖, 1141-1226)이나 왕문의 왕기(호는 용계, 1498-1583)를 보아도 알 수 있습니다. 하물며 후인들은 더더욱 어떠하겠습니까.[71]

극기를 주장하는 언설은 특별히 내세울 만큼 그리 눈에 띌 정도의 새로운 것은 아니다. 하지만 여기에서 방금 전의 허부원의 극기 강조로

---

71 『全集』第三冊(上), 「文編七·書(論学)」, 「與陸以建二」. "聖学要旨, 攝入在克己. 即大·中之旨, 攝入在愼独. 更不説知説行. 周子学聖有要, 一段亦最簡截, 與克己愼独説相印証. 此千古相傳心法也. 文成毎言, 博学者, 学此者也. 庶幾此意. 然象山陽明之学, 皆直信本心以証聖, 不喜談克己功夫, 則更不用学·問·思·辨之事矣. 其所言博学等語, 乃為経傳解釈, 非陽明本旨. 要之, 象山·陽明授受, 終是有上截. 其旨険痛絶人, 與龍渓四無之説相似. 苟執其説而一再傳, 終必弊矣. 観於慈湖·龍渓可見. 何況後之人乎." 앞의 주에서 언급했듯이 이 편지는 『유편遺編』권4에서는 「여육이건연우與陸以建年友」라고 되어있다.

다시 돌아가 보면, 유종주의 이 극기에 대한 주장이 '신독愼獨'과 절묘하게 조화를 이루고 있다는 사실을 이해할 수 있을 것이다. 그것은 스승의 학설에 근거하여 새롭게 신독의 사상을 도입한 결과였을 지도 모르겠다. 다만 여기에서 주의하고 싶은 바는 송대 주돈이의 사상을 강하게 긍정하고 육구연·왕수인 및 그 말류의 사상에 대해서는 엄격한 눈으로 비판하고 있다는 점이다.

한편 유종주는 스승 허부원의 몰후, 동림파 인사와의 교류를 적극적으로 진행하면서 고헌성과 고반룡의 정치적 식견 및 그들의 주자학적 학풍에도 일정 정도의 동의를 표하게 된다. 따라서 유종주가 양명학 좌파나 육문 양간의 학문에 대해 비판적이었다는 것은 당연한 일일 것이다. 유종주는 육구연의 문인 양간에 대해서는 스승 육구연의 종지를 위배하여 심학을 정허靜虛의 상태로 빠뜨렸다고 판단하였다. 또 왕수인의 문인 왕기에 대해서는 '양지현성설'을 내세워 스승 왕수인의 심학을 창광猖狂의 상태로 빠뜨리는 근원을 제공했다고 인식하였다.[72] 앞에서 이미 인용한 바 있는 서간문에 의하면 당시 유종주는 극기와 신독을 학문의 종지로 삼아 양명학 좌파의 왕기와 육문의 양간에 대해서는 기탄없는 비판을 가하고 있음을 알 수 있다. 또한 육왕의 심학에 대해서도 유교를 통하여 불교로 향해 나아가는 단서를 제공한 사상으로서 인식하고 이러한 불교 색채의 육왕심학에 대해 강렬하게 비판했다는 점을 확인해 볼 수 있다. 결국 극기의 중시와 무선무악 비판이

---

72 岡田武彦, 「陸王學批判─陸以建への書簡」(『文集』 수록) 참조.

라는 허부원의 학설과 주장은 제자 유종주에게 그대로 이어진 것이다. 이러한 학술적 계승은 만남의 그 순간뿐만 아니라 삶의 황혼기인 만년 에까지 이어진다. 이렇게 보면 유종주 학문세계의 정신은 스승 허부원 과의 만남 이후부터 인생 최후의 순간까지 기본적으로는 일관되었던 것은 아닐까.

과거와 관료생활

1. 과거합격의 길

중국에서는 송대 이후, 독서할 수 있는 청년이라면 누구나 할 것 없이 갈망했던 일은 과거시험에 합격하여 관리가 되고 중앙 정계에 발을 내딛어 관계에서 출세의 가도를 달리는 것이었다. 명대에 이르면 주희의 주석을 기본으로 한 『사서대전四書大全』, 『오경대전五經大全』, 『성리대전性理大全』 등 유교의 서물이 황제의 명령에 의해 편찬되고 주자학의 관학으로서의 지위는 한층 강화된다. 과거시험 자체는 송대 이래의 경의經義, 시부詩賦, 논책論策 3과목제를 계승하고 있고 정단례程端禮(1271-1345)가 제정한 주자학을 기본으로 한 학습 방법이 답습되어 간다.[73] 이 책의 주인공 유종주도 예외는 아니었다. 특히 명대 때 유

---

73 平田茂樹, 『科擧と官僚制』, 山川出版社, 1997, 120쪽.

종주의 고향 절강의 소흥부는 과거수험이 활발히 이루어지던 곳이다. 당시 소흥을 포함한 절강 지역은 많은 과거급제자를 배출하고 있었다. 이렇게 대량으로 과거급제자를 배출한 지역에서 성장한 그는 자연스럽게 과거수험을 청소년 시절 인생 최대의 목표로 삼는다. 그러한 의미에서 유종주가 어린 시절부터 배운 것은 다름 아닌 주자학의 텍스트였다고 할 수 있다.

우선 명대의 문관文官과 과거제도에 관하여 간단하게 살펴보도록 하자.[74] 명대의 문관은 절대 다수가 과거제도를 통해 등용된 사람들이다. 뒤에서 다시 언급하겠지만 최하급의 시험 합격자를 생원生員이라고 한다. 생원은 3년에 한 번 시행되는 향시鄕試에 응시할 수 있는데, 그 합격자를 거인擧人이라고 한다. 거인은 북경에서의 회시會試 및 전시殿試에 응시할 수 있고 그 합격자를 진사라고 하였다. 거인은 9품의 관직을 진사는 7품의 관직을 수여받는다. 그 밖에 감생監生, 공생貢生 등의 명칭도 있는데, 이것들은 모두 일정의 경로를 통해 관직을 얻을 수 있었다. 요컨대 과거제도는 각종의 시험 방법으로 인재를 선발하는 등용제도이며 시험에 반복적으로 응시하는 과정 동안 전국의 독서인들이 한 곳에 모이고 차례차례로 추려내져 끝까지 남는 수험자 총수는 100만 이상에 달하였다. 그 가운데 문장의 질이 좋아 통과된 자만이 이 과거제도에 의해 출사하게 되었던 것이다.

---

74 명청시대 과거제도의 상세한 내용에 관해서는 平田茂樹, 『科擧と官僚制』(山川出版社, 1997)와 宮崎市定, 『科擧－中国の試驗地獄』(中公文庫, 中央公論新社, 2003) 참조.

게다가 과거제도의 중요성은 사회 풍조에도 반영된다. 한 사람의 독서인이 만일 출사의 길에 들어가지 못하면 그의 장점을 드러내어 창의력을 발휘할 기회조차 없을 뿐더러, 한 가족 혹은 한 종족의 명예를 드높일 기회조차 주어지지 않았다. 그런데 송대에 본격적으로 확립된 과거제도는 원대의 일시적인 중단을 거쳐 명청시대에는 과거시科擧試 앞에 학교시學校試를 설치하여 편입시키는 제도의 변화가 이루어진다. 하지만 기본적으로는 청대 말기에 이르러 폐지될 때까지 거의 일관되게 그 특징이 계승되어진다.

그럼 명청시대가 되어 새롭게 시행된 학교시는 어떠한 형태였을까. 명청시대에는 과거시를 수험하는 예비시험으로서 학교시가 설치되었다. 과거 합격을 목표로 한 수험생은 과거의 수험 자격을 얻기 위해서 먼저 지방에 설치된 부府·주州·현학縣學에 학적을 둘 필요가 있었고, 3단계의 학교시(현시縣試→ 부시府試→ 원시院試)를 통과해야지만 비로소 생원(학교의 생도)의 직함을 획득하여 과거시에 수험할 수 있었다. 다음은 명청시대의 과거제도를 표로 나타내어 본 것이다(표4 참조). 이 표에 근거하여 유종주가 수험한 각 단계의 과거시험을 예로 들어 당시의 합격까지의 과정을 더듬어 보자.

표4) 명청시대의 과거제도[75]

과 거 시 합 격			
학교시(현시→부사→원시)⇒ 향시鄕試 → 회시會試 → 전시殿試 → 관료			
(성도省都의 공원貢院)　(북경의 예부공원)　(황제의 면전)			
시험과목: 경의經義, 시부試賦, 논책論策			

　유종주는 어떻게 그토록 어려운 과거수험의 난관을 헤치고 나와 합격의 영예를 획득했을까. 이미 언급한 바와 같이 외조부 장영은 유종주의 소년시절에 있어서 학문적으로 커다란 영향력을 끼친 인물이다. 유종주의 경우를 보면, 만력 22년(1594) 17세가 되던 무렵 외조부 장영은 처음으로 손자 종주에게 거업擧業, 즉 고등문관 시험을 위한 수험공부를 시키고 있다.[76] 그것은 장영 자신이 평생 동안 이룰 수 없었던 꿈을 외손자인 종주에게 의탁하고자 한 마음이 더욱 강했을지도 모르겠다. 주지하는 바와 같이 명대에도 송대나 원대와 마찬가지로 과거제도라는 관료 채용시험은 중요한 국정의 일환이자 국가적인 일대 행사였다. 중국 역사에서 볼 때 송대 이후 과거제도는 고급문관 채용시험이었고, 이 시험은 누구라도 수험할 수 있었으며 능력만 있으면 누구라도 합격할 수 있었다. 말하자면 관료가 되기 위한 공정한 과정이었기 때문에 유종주도 이 길을 선택하고 수험공부에 극진히 임했던 것이다.

75　이 표는 平田茂樹, 『科擧と官僚制』(山川出版社, 1997)의 도표를 참조하여 작성한 것이다.
76　『전집』 제5책, 「연보」 만력 22년(1594)의 조.

『연보』의 기록에 따르면 그 다음 해(만력 23년) 18세가 되었을 때, 유종주는 과거수험을 목표로 하게 되는데, 그 자신도 충분한 독서를 하고 절차탁마에 힘써 실력 향상에 있어서는 조금도 게을리 하지 않았다. 그리고 그는 향리의 지식인 노염빈魯念彬의 가르침에 따라서 작문의 기법을 배우고 또한 '팔고문八股文'의 작성을 배움으로써 과거수험 공부도 나날이 진보해 갔다고 한다.[77] 이 팔고문이란 명청시대 관리등용시험에 사용된 문체이다. 즉 명청시대에 경의經義의 시험 답안을 작성하는 데에 사용되던 문체이다. 이것은 논문의 구성, 구법句法, 자수 등에 엄격한 규정이 적용되어 있는 상태에서 본론은 기고起股·허고虛股·중고中股·후고後股 등 4개의 절에 대구對句를 사용하여 작성해야 된다고 정해져 있었다. 대구 형식이 극도로 중시되었다고 할 수 있다.

하지만 이 팔고문은 본래 원대 희곡의 형식에서 도입된 것이라 하며 격조가 엄격한 문장이었기 때문에 마침내는 형식에 얽매여 내용이 공허하게 되는 경향을 조장하게 되었다. 명말청초의 사상가 고염무顧炎武(1613-1682)는 『일지록日知錄』 속에서 팔고의 폐해를 되풀이해서 지적하고 있기도 하다.[78] 확실히 팔고문이라는 것은 과거시험 때 요구된 극히 형식적인 문장이었으며 당시의 수험 공부와 마찬가지로 그 유행이 당시의 지식인을 '무사상화無思想化'시켰다는 점에서 그 폐해가 매우 심각한 것이었다. 결국 유종주도 이러한 형식적 문체의 습득에

---

77 『전집』 제5책, 「연보」 만력 23년(1595)의 조.
78 林友春, 『書院教育史』, 学芸図書株式会社, 1989, 191쪽.

다대한 시간을 허비하게 된다.

유종주는 드디어 이 해(만력 23년, 1595) 절강성 회계현 동시童試 (혹은 동자시童子試라고도 함)에 수험하여 회계 제자원弟子員이 된다. 그 후 만력 25년(1597) 봄 2월이 되면 그는 소흥 부시府試에 수험하여 소흥부 학생이 된다.[79] 이 부시는 부府의 장관인 지부知府가 총 책임자 이고 현시에 합격한 자를 모아서 행하는 시험이었는데, 그 약 과반수가 추려내져 탈락했다고 한다. 그리고 명청시대에 학교시의 다음 단계인 과거시에는 대략 3단계가 있었다. 먼저 향시鄕試란 그 과거시의 최초의 단계이다. 향시에 합격하면 '거인擧人'의 칭호를 수여받고 역법役法과 형 법상의 우면특권이 주어졌다. 유종주는 만력 25년의 가을 8월, 마침내 3년마다 각 성의 주도에서 행하는 지방시험의 향시(절강 향시, 시험장 소는 항주부의 공원貢院)에 수험하여 합격하였다. 그 성적은 '사십이명 四十二名'(42등)이었다. 이 향시는 과거의 제1단계에 해당되는 시험이었 고, 이 시험에 합격한 유종주는 약관 20세에 불과하였다. 그렇게 늦지 도 이르지도 않은 딱 알맞은 시기에 향시를 통과한 것이다.

덧붙여 말하면 명청시대의 향시는 각 성의 수부首府 성내城內에서 거자擧子—합격후에는 거인의 칭호를 받음—들을 모아 실시하는 시험 이다. 시험장은 공원이라 하는데 각 성의 수부에 그 상설 건물이 있다. 또한 그 시험관은 임시로 중앙정부에서 선발하여 각 성에 따로따로 파 견한다. 그 숫자는 성마다 정고관正考官 1명, 부고관副考官 1명이다.

---

79 『全集』第五冊, 「劉宗周年譜」, 万曆二十三年(1595), 万曆二十五年(1597)의 조를 참조.

대단히 중요한 임무를 맡고 가는 것이므로 조정에서는 미리 파견 가능한 관리를 모아 시험을 치른 다음에 임명한다. 누구를 어느 곳에 파견하는지는 막바지까지 결정하지 않는다. 부정한 청탁이 있을 것을 막기 위해서였다. 유종주의 경우 그가 절강 향시를 수험할 때에는 한림원편수翰林院編修 양도빈楊道賓(1541~1609)과 이과급사吏科給事 대사형戴士衡(?—1617)이 고관이 되었다.

한편 이 무렵 강서江西 용천龍泉의 교유 서사등徐仕登(강서 풍성豊城 사람)은 유종주의 문장을 보고 '도기道器'[80]라고 평가하면서 그 문장의 끝에 품평을 달았는데 "그 문장을 읽으면 드높은 하늘에서 한 마리의 학이 울부짖는 것과 같이, (그것은) 세속의 규범과 단절해 있는 듯하다. 후일에 단지 명예와 지위만을 추구하여 성망을 얻고자 하는 자가 되지 않을 것임을 알 수 있다."고 적었다고 한다.[81] 그 후 진사에 급제한 것은 그의 나이 24세 때의 일이다. 잠시 유종주의 과거수험 공부 시절과 관련한 역사적 사실을 덧붙여 설명해 두면, 만력 20년(임진년, 1592) 이후라고 하면 동아시아의 역사상 크나큰 사건이 발생한 해이기도 하다. 서력 1592년 4월 13일에 일본의 도요토미 히데요시가 조선 침략을 개시한 것이다(이 해의 간지에 따라 임진왜란이라고 함).

또 만력 25년(1597)이 되면 임진왜란의 강화조건에 강한 불만을 품은 히데요시가 재차 침략군을 파견하였는데, 특히 한반도 남부지방을

---

80 수미首尾가 완벽하게 갖추어진 글 혹은 그러한 재능이 있는 글.
81 『전집』 제5책, 「연보」, 만력 25년의 조. "読其文, 如鶴唳九霄, 逈絶塵表, 知他日非徒以名位顯也."

중심으로 침략하였다(이 해의 간지에 따라 정유재란이라고 함). 이 두 번의 전쟁에 의해 조선·일본·명조는 모두 동아시아 세계를 둘러싼 국제관계의 변화에 따르면서 새롭게 자국 내의 체제 재편을 진행하고, 또한 그것에 대응하는 동아시아 세계의 국제관계를 구축해가지 않으면 안 되었다.[82] 결국 히데요시의 조선침략 전쟁은 조선·일본·명조에 심각한 영향을 끼쳤다고 볼 수 있다. 확실히 히데요시의 조선침략은 사건 당사자인 일본과 조선은 물론이고, 조선에 원군을 파견한 명조에도 막대한 전비에 의해 경제적 재정적자를 불러일으켰으며, 동시에 조선 북방에 생긴 군사적 공백이라는 기회를 이용하여 만주족의 누르하치가 흥기하는 계기를 만들어 주었던 것이다. 이러한 점에서도 동아시아 역사에 새로운 국면을 열은 대사건이었다고 할 수 있다. 이 책의 주인공 유종주는 이러한 일련의 국제관계 속에서 과거시의 첫 걸음을 내딛게 된 것이다. 게다가 후에 스승이 되는 허부원은 바로 이 무렵, 즉 만력 20년 12월부터 동 22년 12월 남경대리시경으로 전출하기까지의 2년간 복건순무로서 재직하고 일본의 군사적 움직임에 촉각을 기울이고 있었다.

이야기는 다시 과거시험에 관한 문제로 돌아가지만, 다음 단계의 회시는 명청시대 과거시의 제2단계이다. 보통 이 회시는 향시가 실시된 다음 해 봄 3월에 전국의 거인을 모아 치르는 대규모 시험이다. 그 시

---

82 歷史教育者協議會編, 『東アジア世界と日本』(青木書店, 2004년 9월), 75~78쪽. 한국어 번역서로는 송완범·신현승·윤한용 옮김 『동아시아 역사와 일본』(동아시아, 2005년) 참조.

험 장소는 북경의 공원인데, 여기에는 전년의 신거인新擧人뿐만 아니라 그 이전의 거인도 운집하여 1만여 명에 달했기 때문에 전원이 모두 시험장에 들어갈 수 없는 경우도 있었다고 한다. 만력 25년(1597)에 거인의 자격을 얻은 유종주도 이러한 과거시험의 순서에 따라서 그 다음 해인 만력 26년(1598), 즉 그의 나이 21세 때에 신거인으로서 예부 회시에 응시하게 되지만 아쉽게도 낙제하고 만다.[83] 그리고 3년 후의 24세 때가 되어 마침내 그는 만력 29년에 행해진 회시에 재도전하여 합격한다. 그 석차는 '일백 이십 구명(一百二十九名)'(229등)이라고 기록되어 있다. 이렇게 해서 유종주는 과거시의 최종시험인 전시殿試의 수험을 치르게 된다.

주지하듯이 도읍(북경)에서 실시되는 회시에 합격하면 최종적으로는 황제의 면전에서 시행하는 전시를 수험할 수 있다. 전시에서는 불합격자를 내지 않는 관행이 있었고, 사실상 회시의 합격 여부가 커다란 의미를 지니고 있었다. 황제가 문제를 출제하고 황제의 면전에서 수험생을 시험하는 과거시 최종단계의 전시는 황제 스스로 시험관이 되어 모든 책임을 지면서 실시하는 시험이기 때문에 그 문제의 책策은 이제까지와는 완전히 다른 칙어勅語의 형식을 취하고 있다. 이 전시에 합격하는 것은 화려한 정치활동의 첫걸음을 시작하는 중요한 조건이었으며, 또한 그 활동을 약속하는 보증수표였다. 하지만 대다수의 관료들에게 있어서 실제로 직무에 임하여 활동하는 정치생활은 관료생활 중

---

83 『전집』 제5책, 「연보·유보劉譜」, 만력 26년의조.

의 매우 짧은 시간을 점하는 것에 지나지 않았고, 대부분의 시간을 직위만 가진 채 예비역으로서 보내는 경우도 많았다. 이제 유종주는 만력 29년 24세 때에 이르러 과거시의 최종단계인 전시에도 합격하게 된다. 그의 성적 순위는 여러 전기 자료에 '제3갑 5명(第三甲五名)'이라고 기록되어 있다.[84] 유종주의 이러한 석차는 과연 몇 번째의 성적을 거둔 것일까.

명대에도 최종단계의 과거시험, 즉 전시의 합격자에 대해서는 성적의 좋고 나쁨에 따라 다섯 개의 석차군이 설치되었고 각각의 석차군 가운데 개인 성적의 순위가 결정되었다. 가장 우수한 성적을 거둔 자는 당연히 최우수의 석차군에 들어간다. 이 석차군을 '제1갑(第一甲)'이라고 한다. 제1갑 중에서도 최고의 성적을 거둔 수석은 장원狀元 혹은 장두狀頭, 2등은 방안榜眼, 3등은 탐화探花라 하였고 곧바로 고관에 임명하였다. 제1갑에 이어서 성적이 조금 떨어짐에 따라 제2갑, 제3갑, 제4갑으로 내려가고 제5갑은 가장 성적이 떨어지는 합격자군이었다. 제1갑의 합격자군에게는 3명 모두에게 진사급제進士及第, 제2갑의 몇 명에게는 진사출신進士出身, 제3갑에게는 동진사출신同進士出身이라는 학위가 주어지고 평생토록 직함에 기록하여 명예로 삼도록 하였다. 서양에서는 보통 진사를 박사(doctor)라고 번역한다. 이러한 과거시험의 성적 체계 속에서 유종주는 '제3갑 제5명'이라는 성적 순위를 기록하였는데, 이것으로 유종주의 성적을 어느 정도 가늠해 볼 수 있을 것이다.

---

84 『전집』제5책, 「연보·유보劉譜」, 만력 29년의조.

즉 이 전시에 합격한 유종주에게는 '동진사출신'이라는 학위가 수여된 것이다. 매우 우수했다고도 말할 수 없을 뿐더러 그렇다고 매우 저조했다고도 말할 수 없는 성적이었다. 그럭저럭한 성적으로 진사의 자격을 얻은 것이다.

이것은 성적 순위의 저조가 '진사출신'과 동격이라는 의미에서 '동同'의 문자가 첨가된 자격의 학위였다. 그런데 통상적으로는 이 회시와 전시의 급제자를 합하여 진사라고 불렀다. 또 같은 해의 과거에 급제한 자들을 합하여 '동년同年'이라 하였고, 이들 동년의 진사들은 관계에 들어간 뒤에도 친분관계를 두터이 하면서 지속적으로 교제를 나누는 경우가 많았다. 유종주의 경우에도 바로 이러한 '동년'에는 유영징과 육전 그리고 왕응건의 존재가 있었다. 이 유영징과는 평생의 막역한 친구로서 교제를 맺는다. 이 해 만력 29년의 과거시험에서 장원의 영예를 얻은 사람은 강소성 청포靑浦(지금의 상해 송강松江) 출신의 장이성張以誠(1568-1615)이라는 인물이었다.

여하튼 간에 이 과거합격으로 인하여 젊은 날에 일찍 숨을 거둔 망부 유파가 그토록 이루지 못했던 꿈은 마침내 아들 종주에 의해 실현되었다. 당연한 일이지만 중국 전통사회에서 과거시험은 남자의 출세를 보증하는 등용문이었다. 한 번만 이 최종시험에 합격하기만 하면 빈천한 신분이 일약 고관의 지위에까지 올라갈 수 있었기 때문이다. 따라서 천하의 남자라는 남자는 과거합격을 목표로 하고 또한 동경하면서 자신의 생애를 걸고 도전했던 것이다. 유종주도 이렇게 당시를 치열하게 산 한 남자로서 전형적인 성공의 길을 선택하고 마침내 그 목표를 달성한 것이다. 이제 그의 앞날에는 천지가 진동할 정도의 혼란한 명대 말기의 정국 상황이 기다리고 있었다. 유종주의 경우에 어쩌면 비극의 파국으로 가는 등용문이 진사 합격이었을지도 모르겠다.

2. 관료로서의 유종주

그의 생애는 당시 사대부의 대부분이 그러했듯이 관료로서의 생활도 경험하였다. 이 절에서는 그의 관력을 중심으로 살펴보기로 한다. 앞에서도 기술한 바와 같이 만력 29년(1601) 과거에 합격한 유종주는 곧바로 관직에 취임할 수 없었다. 그것은 어머니 장씨의 죽음으로 인하여 복상에 임해야만 했기 때문이다. 마침내 그는 만력 32년(1604)이 되어 복상을 끝내게 된다. 따라서 그의 경우 관력의 첫걸음은 만력 32년(1604) 6월의 일로, 이 때 처음으로 중앙정부의 행인사행인이라는 관직에 임명되었다. 본래 행인이라는 명칭은 『주례周禮』의 주관周官에 보이는 관명으로 사방에서 내방하는 사자나 빈객을 접대하는 업무를 담당하였다. 이 행인사의 조직은 정7품의 사정司正이 1명, 종7품의 좌·우 사부司副가 각각 2명이 있고 그들의 지휘 아래 실질적인 업무를 담당한 사람들이 행인이었다. 명대에 이 행인은 17명으로 구성되어 있었다. 이 관직은 한대를 거쳐 청대에 이르기까지 줄곧 설치되어 있었다.

게다가 명조의 행인사는 예부에 속하였지만, 실상은 그다지 업무가 많지 않은 한직이었다. 이 때문에 유종주는 항상 관청에 소장되어 있는 서적을 읽고 동료들과 함께 학문적인 문제에 관하여 토론하는 기회를 많이 가질 수 있었다. 이것은 진사에 합격한 후의 3년이라는 기간이 지난 유종주 27세 때의 일이다.[85] 이 때부터 그의 관료생활은 본격적으로 시작된다. 그의 주요한 관직 경력은 다음의 표와 같다(표5 참조). 이하에서는 이 표의 시간적 순서에 따라 그의 관력을 상세히 검토해 보도록 하자.

표5) 유종주의 관력표[86]

임용 회수	연호, 서력 연대	관직명	품급
과거합격	만력萬曆 29년(1601)	진사 자격취득	동진사출신
초임初任	만력 32년(1604)	행인사행인行人司行人	종8품
2임二任	만력 40년(1612)	행인사행인行人司行人 (원관으로의 복직)	종8품
3임三任	천계天啓 원년(1621)	예부의제사주사禮部儀制司主事	정6품
4임四任	천계 2년(1622)	광록시승光禄寺寺丞	종6품
5임五任	천계 3년(1623)	상보사소경尙寶司少卿	종5품
6임六任	천계 3년(1623)	태복시소경太僕寺少卿	정4품
7임七任	천계 4년(1624)	통정사사우통정通政使司右通政	정4품
8임八任	숭정崇禎 원년(1628)	순천부부윤順天府府尹	정3품
9임九任	숭정 9년(1636)	공부좌시랑工部左侍郎	정3품
10任	숭정 14년(1641)	이부좌시랑吏部左侍郎	정3품
11임十一任	숭정 15년(1642)	도찰원좌도어사都察院左都御史	정2품
12임十二任	숭정 17년(1644) 남경복왕감국 南京福王監国	(남경) 도찰원좌도어사都察院左都御史	정2품

85 『전집』 제5책, 「연보」 만력 32년의 조를 참조.
86 이 표는 유종주의 손자 유사림劉士林이 쓴 「즙산역임시말」(『전집』 제5책 수록, 「전기자료·즙산역임시말」)의 기술을 참조하여 작성하였다.

이 표에서 보는 바와 같이 유종주가 일생 동안 역임한 관직은 이러하다. 그 후 그의 관료생활은 『연보』에 기록되어 있는 바와 같이 "처음 관직에 나아간 뒤 45년 동안 조정에 출사한 것은 겨우 6년 남짓한 기간이며, 실제로 조정에 입각한 것은 겨우 4년뿐이고 면직당하여 민초가 된 적도 세 번이었다."[87]라고 하는 상황이었다. 그의 관료로서의 사적을 살펴보면 정1품의 최고 관직에 오른 적도 없고 정2품 이하의 관직에 몸 담은 기간도 겨우 6년 남짓한 정도에 지나지 않는다. 또 재임 기간에 대량으로 조정에 건의한 상주문은 매번 어떤 실효도 거두지 못한 채 좌절하고 만다. 이처럼 그의 짧은 관료생활의 대부분은 중앙 관직 및 1회의 지방관(순천부부윤)만을 역임한 것뿐이었다.

그가 역임한 관직을 살펴보면 중앙정부의 관직[88]으로서는 육부의 이부, 공부, 예부 및 도찰원 등 다양한 관직을 역임하였고, 그 관직의 품계도 정2품에까지 이르렀다. 지방의 관직은 순천부부윤에 임명된 적도 있다. 하지만 순천부부윤(지금의 북경시장에 해당)이라는 지방관이었다고는 하나, 이것은 중앙정부의 장관에 상당하는 관직이었고 품급도 정3품이었기 때문에 실제로는 지방관이라고 간주할 수는 없다. 이렇게 보면 그 짧은 관료생활에도 불구하고 그 만큼 유종주의 관력은 당시로서는 상당한 수준의 엘리트 코스를 밟았다고 할 수 있다. 또 순천부부윤 재직 시절에는 상당한 치적을 올리기도 한다. 이러한 유종

---

87 姚名達,『劉宗周年譜』, 商務印書館, 1934, 324쪽. "通籍四十五年, 在仕版者六年有半, 實際立朝僅四年, 而被革職為民三次."
88 명대의 중앙 관제에 관해서는 俞鹿年編著,『中国官制大辞典』(上·下卷, 黑龍江人民出版社, 1998)과 孔令紀等主編,『中国歴代官制』(斉魯書社, 2003) 참조

주의 관료 경력을 통해서 보면 그가 경세가·행정가로서의 능력이 중앙 정부에 의해 인정받았다는 것을 알 수 있다.[89] 그럼 명대의 중앙관제를 염두에 두면서 유종주가 역임한 관직이 어떠한 성격을 지니고 있었는지를 확인해 보도록 하자.

우선 만력·천계 연간의 관력을 살펴보기로 한다. 두 번째의 임명으로서 만력 40년(1612) 3월, 그의 나이 35세 때 유종주는 7년만에 다시금 절강 향리에서의 일상생활에서 벗어나 국도 북경에 들어가 중앙관료로서의 업무를 새롭게 시작한다. 즉 원래 초임으로서 임명된 관직(행인사행인)에 재기용되었던 것이다. 이 사이의 정국 사정은 전년에 재상 섭향고葉向高(1559-1627), 이부상서 손비양孫丕楊(1531-1614)이 각 지역의 명류를 기용한다는 소식을 접하고 유종주를 추천하는 사람들이 있었다. 즉 유종주의 학식과 재능을 높이 평가하고 있던 사람들의 추천[90]에 의해 두 번째의 임명으로 이어진 것이다. 하지만 유종주가 실제로 행인사행인으로서 다시 북경에 올라간 것은 그 다음 해인 만력 41년(1613) 여름 4월 36세 때의 일이었다. 다음으로 천계 연간의 관직 경력을 살펴보자. 유종주는 희종熹宗 천계제의 즉위(천계 원년, 1621)와 동시에 마침내 정6품의 예부의제사주사에 기용되는데, 당시 정권을 잡고 있던 위충현의 전횡에 대항하고 그것에 관하여 황제에게 진언을 올리

---

89 졸고, 「明末社会における劉宗周思想の歴史的位相―彼の社会秩序観を中心として―」(東大修士論文, 2003) 참조.
90 『전집』제5책, 「부록附録·전기자료伝記資料」, 「즙산역임시말蕺山歴任始末」에 의하면 당시 섭향고, 손비양의 추천도 있었지만 그것과 함께 순무巡撫 고거高舉와 순안巡按 왕홍기王弘基의 추천이 있었다고 한다.

지만 결국 벌봉 처분을 받고 뒤이어 면직 처분을 받는다.

천계 연간 유종주가 역임한 관직과 그 일련의 정황은 다음과 같다. 즉 세 번째의 임명으로서 유종주가 또 다시 북경의 조정에 올라간 것은 천계 원년(1621) 3월, 그의 나이 44세 때의 일로 그 때 정6품의 예부의제사주사로 승진하였다. 이것은 이전 관직을 떠나 절강의 향리로 퇴거하고 난 지 약 7년 후의 일이었다. 사실 현대적 관점에서 보면 의제사儀制司는 각종 예문禮文·종봉宗封·공거貢擧·학교와 관련된 업무를 담당하지만, 직무상의 예부는 국가의 제도·제사·학교·과거·외교를 관할하는 관청이고 본래 문식文飾의 한직에 지나지 않는다. 그렇지만 당시에는 매우 중요한 임무를 담당하는 관직의 하나이기도 했다.

『연보』의 기록에서 네 번째의 관직은 천계 2년(1622) 6월 종6품의 광록시시승에 임명된 일이다. 다섯 번째는 다음 해인 천계 3년(1623) 여름 5월의 일로 종5품 품계인 상보사소경에 임명되는데, 이 상보사尚寶司는 황제의 옥쇄와 부패符牌 및 인장 등을 관리하던 관청이다. 이어서 여섯 번째의 임용은 동년 9월 정4품의 태복사소경으로 승진하는데, 이 태복사太僕司는 거마車馬나 그것을 끄는 말, 목축 등을 관리하는 관청으로 태복사의 소경少卿이라고 하면 지금의 차관에 상당한다.[91] 하지만 이 무렵 유종주는 빈번하게 위충현 일파에 대한 탄핵의 상주문을 조정에 제출하고 그 취임을 고사하면서 고향인 절강 소흥으로 돌아왔다고 한다. 그럼 왜 유종주는 조정 출사를 포기하고 계속해서 고사

---

91 『明史』, 「志·職官三」.

했던 것일까. 그 이유는 1년이라는 기간 동안에 세 번씩이나 관직의 변동이 있었고, 이 때문에 도저히 도의적으로 볼 때 그 임명에 동의할 수 없었다는 것이고, 또한 당시 위충현 일파의 전횡이 나날이 심해지고 그로 인해 당화薰禍가 일어날 가능성이 예상되었기 때문이다.

그의 예상대로 다음 해인 천계 4년(1624)이 되면 동림파에 대한 대대적 탄압과 공격이 격렬해진다. 동림파 인사는 모두 위충현 일당으로부터 탄핵을 받고 관직을 사직하지 않으면 안 되는 상황이 발생한 것이다. 그리고 그 당화는 천하에 만연하여 다음 해 동 5년(1625)에는 동림파라고 간주된 자는 지휘 고하를 막론하고 체포·투옥되었으며, 동림서원은 물론이고 북경의 수선서원도 파괴되기에 이른다. 그 사이 일곱 번째 임용은 천계 4년(1624) 9월 초 4일의 일이다. 유종주는 이부상서 조남성趙南星(1550-1627)의 권유와 간청에 의해 정4품의 통정사사우통정에 기용되지만, 많은 정치 인사들이 조정에서 쫓겨날 때 출사하는 것은 모양새가 좋지 않다고 하여 동년 11월이 되어 상주문을 제출하고 다시 한 번 단호히 고사하였다. 이 때문에 다음 해 천계 5년의 봄 2월에는 이를 구실로 관직이 삭탈되고 일개 평민의 신분으로 떨어진다. 즉 "유종주는 조정을 멸시하고 교정矯情(자기 감정과는 다른 태도를 일부러 꾸미는 일)으로써 세상을 혐오하고 자기 생명만을 소중히 하여 방자하기 이를 데 없다."고 하는 조정의 판단이 그 이유였다고 한다.[92] 바로 이러한 환관 일파의 인신공격성 발언과 판단에 의해 유종주는 다

---

92 『전집』 제5책, 「연보·유보劉譜」 천계 4년·5년의 조를 참조. 원문은 "劉宗周藐視朝廷, 矯情厭世, 好生恣放."

시금 면직 처분을 당한 것이다. 여기에는 고급관료로서의 품성과 인격
이 문제시되었고, 당시 국정농단을 일삼던 환관 일파가 유종주의 인간
성과 도의성에 대해 부정적 판단을 내리고 있었음을 알 수 있다. 도의
에 어긋나는 행동을 일삼고 전횡을 저지르며 사리사욕에 광분하던 명
대 말기 환관 일파의 시각으로부터 보면 유학자의 입장에서 문교文敎
정책에 힘을 쏟고 충효와 절의의 고취, 인재양성과 그 기용을 직언하는
유종주의 고매한 품격과 절의에 찬 모습이 몹시 탐탁지 않았을 터이
다. 또 자질과 실상을 직접적으로 파헤치는 유종주의 직언이 환관 일
파에게는 신경을 곤두서게 하는 문제였을 것이다. 북경 조정에서의 유
종주, 그는 확실히 환관파의 가장 증오해야만 할 존재였다. 유종주 파
면의 이유도 이러한 사정을 고려하면, 환관 일파에게는 가장 좋은 공
격 재료로서의 작문이었을 것이다.

3. 숭정 초·중기의 관력

다음으로 숭정 연간의 관력을 『연보』의 기록으로부터 확인해 보
자. 공식적으로는 명조 최후의 황제가 되는 숭정제崇禎帝의 즉위(서력
1628년)와 함께 유종주는 정3품의 순천부부윤順天府府尹으로 다시 한
번 승진한다. 이 무렵 그는 숭정 연간 동림파의 지도적인 인물들인 황
도주黃道周, 문진맹文震孟 등과 교유하면서 정국의 정중앙에 서서 실
천하는 정치가 혹은 관료로서 활약한다. 유종주의 관력 가운데 특별
히 주목해야 할 점은 사회질서 회복에 관한 그의 열정이다. 그것은 그

의 관료생활의 궤적으로부터 더듬어 보면 숭정 2년(52세)의 기록에 잘 드러나 있다.[93] 그의 관력에서 여덟 번째 임용은 위에서 언급했듯이 처음으로 임명된 지방관직으로서 순천부부윤의 직이었다. 이보다 먼저 숭정 원년(1628) 겨울 11월, 나이로는 51세 때 그는 지금의 북경시장이라고도 할 수 있는 정3품의 '순천부부윤'의 자리로 승진되었다. 이 때도 물론 다음 해인 숭정 2년의 봄 정월이 되어 상주문을 조정에 제출하고 그 취임을 고사하였지만, 정부로부터는 일체 허가되지 않았다. 결국 이해 여름 6월 고향인 소흥에서 출발하여 가을인 9월이 되어 명조의 수도 경사京師(북경)에 도착한다.

그는 순천부부윤에 부임하자마자, 종래의 부윤府尹이 단지 여유롭고 한가하게 자기의 높은 권위만을 유지하기에 급급하였다는 점을 지적한다. 그는 이러한 부윤들의 근무 태도가 올바르지 못한 것이라고 하면서 그 자신은 한대漢代의 경조윤京兆尹(수도의 행정장관, 즉 서울시장에 상당)과 같은 막중한 책임과 권한이 있기에 착실히 임무를 완수해야만 된다는 결의를 다진다. 그리고 이러한 의사를 밝힌 상주문을 조정에 제출하고 성심성의껏 그 직무에 임하여 그가 관할하는 지역에 살고 있는 지역민의 교화에 전력을 기울이는 활동을 전개한다. 또이와 함께 경사京師(수도 북경 주변)에 살고 있는 호족들의 횡포를 억압하고 진정시킨다. 바로 이 해 10월 청조淸朝(만주족)의 군대가 북경 근처의 대안석大安石으로 침입해 들어왔는데, 이윽고 준화遵和(지금의

---

93 『전집』 제5책, 「연보」, 숭정 2년과 3년의 조.

북경 근처)도 침략을 당한다. 이 사건에 의해 피난길에 오른 난민들이 북경으로 몰려들었기 때문에 북경에는 계엄령이 선포되었다. 게다가 난민들의 무분별한 잡거로 인하여 북경 주변은 물가가 상승하고 사회의 치안도 더욱 급박함을 다툴 지경에 이르렀다. 이에 부윤 유종주는 이러한 난국을 타개하기 위해 정부 원조금의 지출을 조정에 요청하고 창고에 비축해 둔 쌀을 방출하여 난민의 구제에 전력을 다하는 활동을 전개한다. 또 그와 동시에 보갑법保甲法을 제정하고 사회의 치안 유지에 만전을 기한다. 이 때 유종주는 명 태조 주원장의 「육유六諭」를 지역의 연로자와 젊은이들에게 적극 고하고 설득시키면서 백성들에게 우애와 상호부조의 필요성을 주창한다. 성城을 지키는 군사들에 대해서도 이 「육유」를 가지고 위무하면서 격려하였다.

다른 한편으로 그는 수성守成(성을 지키는 일)을 위해서는 민심의 안정이 가장 중요한 일이며 민심의 안정을 도모하기 위해서는 사심士心(사대부의 의식)의 안정을 도모하는 것이 급선무라고 생각하였다. 이를 위해 자주 유생들을 학교에 모아놓고 충의와 보향保鄕의 요점을 역설하였다. 그는 또한 기부금을 모집하면서 난민의 식량 보충에 힘씀과 동시에 일반 민중을 모아 놓고 단결과 의용義勇을 고취시키면서 병비兵備를 게을리 하지 않도록 훈계하는 노력도 펼친다. 그리고 조정을 향해서는 민심의 안정 여부가 국세國勢의 강약으로 연결된다고 주장하면서 이에 대한 시책을 하루속히 마련해 줄 것을 상주하였다. 상주문의 제목이 바로 「재신인심국세지론이찬묘모소(再申人心國勢之論以贊廟謨疏)」

이다. 그는 이 상주문을 조정에 헌상하고 민심 안정을 위한 다섯 개의 시책을 제기한다.

그 첫 번째는 민심의 안정. 지금 무뢰한과 얼어서 굶어죽는 민중이 수만 명에 이르고 있는데 이들을 고용하여 정예 병력으로 삼고 우리의 복심腹心(신뢰할 수 있는 신하)으로 삼을 것. 두 번째는 군인들의 정신적 동요의 안정. 세 번째는 천자 스스로 사망자를 조문하고 부상자들을 위문하며 곤궁하고 피폐해진 군병들을 위무할 것. 세 번째는 사인(향신·사대부 계층)들의 마음의 안정. 보갑법과 궤를 같이 하는 것이 향약이다. 그런데 이 향약을 실행하는 주역들은 사인들이고, 이 사인들의 마음을 안정시키고 보갑법의 원활한 실시를 도모할 것. 네 번째는 고급관료와 하급관리 각각의 마음의 안정. 양자는 유사시에 공동으로 협력하여 적과 싸워야 하기 때문에 저마다 마음을 합쳐 생사를 같이 할 수 있도록 단결시키는 것. 다섯 번째는 신분의 상하, 소재지의 멀고 가까움의 차별 없이 제각기 한 마음 한 몸으로 단결할 것. 전투의 때에 치명적인 것은 우리 백성이 분열하고 적 앞에서 도망자가 나오는 일이다. 그래서 사람들이 차별 없이 서로 신뢰하여 적에 당당히 맞설 것.[94]

이상의 내용이 유종주가 순천부부윤 재직시 인심을 안정시키고 국

---

94 『전집』제5책, 「연보」 숭정 2년의 조와 『전집』제3책(상), 「文編二·奏疏(崇禎)」, 「再申人心國勢之論以贊廟謨疏」.

세를 확장하기 위해 건의한 구체적인 시책이다. 그는 여기에서 국세의 운명은 인심의 안정 여하에 달려있는 것이며 물량이나 병기는 그 다음의 부차적인 것이라고 주장한다. 따라서 황제(천자)는 먼저 자기 마음을 안정시키기 위해 주정主靜과 신독의 자기수양에 힘쓸 것을 요청하고 있다. 즉 유종주는 위태로운 상태에 빠진 국가를 재건하는 데에는 황제의 올바른 정치—그에 의하면 '요순의 치'—가 가장 필요하고 그것이 당금의 정사에서 빠질 수 없다는 점을 분명히 밝히면서 황제에게 강력히 시정해 줄 것을 요구하고 있는 것이다. 하지만 과감하게 이러한 상주문을 제출했음에도 불구하고 그 의론이 너무 이상적으로 치우친 탓인지 그의 소망과는 달리 배척당하고 만다. 그는 이 상주문을 또 다시 조정에 올리지만, 끝내는 찰나적이고 공리적인 시책을 요구하는 세상의 풍조 속에서 이러한 논책은 현실과는 동떨어진 것이며 번거롭고 '진부한 논책'이라고 간주되어 채택되지 못하였다. 그 후 내정 외교에 관하여 몇 번이고 상주문을 올리고 황제의 단호한 결의를 촉구하지만 받아들여지지 않는다. 그 때문에 다음 해인 숭정 3년 11월이 되어 조용하게 고향 소흥으로 돌아온다. 하지만 숭정 2년의 '순천부부윤'이라는 관직 경험은 그에게 향촌질서 유지를 위한 향약보갑제의 필요성을 실감시키는 강한 자극제가 되었다.

향약보갑제를 상세히 살피기 위해 다시금 명 숭정 3년(1630) 정월의 상황으로 돌아가 보자. 이 무렵 마침내 청조 만주족의 군대가 퇴각한다. 그로 인해 유종주는 이 사태에 대한 전후의 대책에 관하여 조정에 상주하는데, 한편으로는 그 자신도 청조 군대의 침입 사건과 관련하여 자신에 대한 문책과 사직을 청하지만 조정에서는 그의 사직을 허락하지 않았다. 이 때 발생한 청조 군대의 침입에 의해 보갑保甲 시행의 필요성을 통감한 그는 거듭 이 사건에 대해 언급하면서 그 대책으로서 보갑제의 시행을 상주하였고 결국 조정의 명령을 받아 보갑제를 시행하기에 이른다.

이와 함께 그는 7조목으로 나누어 보갑제를 상세히 풀이한 「보민훈요保民訓要」를 저술하고 그것을 조정에 헌상한다. 이와 같이 보면 유종주의 경우에는 당시의 심각한 사회 현실을 의식한 다음에 중앙정부와의 긴밀한 협조 관계를 취하고 향촌질서의 유지 방안으로서 향약보갑을 구상했다고 추측해 볼 수 있다. 물론 그 의식의 뒤편에는 송명시대 유교 지식인들 모두가 공유하고 있던 『대학』 팔조목八條目의 천하관天下觀, 즉 수기치인修己治人의 정신이 그 배경에 존재하고 있었다는 것은 어쩌면 당연한 일일지도 모르겠다. 더불어 그의 향약보갑제 시행은 스승 허부원의 그것을 귀감으로 삼고 있었다고 해도 과언은 아닐 것이다.

한편 숭정제 즉위 후의 정국 상황을 살펴보면, 숭정제가 즉위하고 위충현과 객씨客氏가 주살된 사건에 의해 위충현 일파는 거의 타파된다. 하지만 그것만으로 환관파 대 관료, 비동림 계열 대 동림 계열의 정치적 대립이 완전히 해소된 것은 아니었다. 당시 환관파의 유력한 조정 대신으로 분류되던 주연유周延儒(1593-1643)와 온체인溫體仁(1573-

1638)이 건재해 있었고, 둘은 서로 번갈아가며 대학사大學士의 자리에 앉아 주연유는 숭정 3년(1630)부터 동 6년까지, 온체인은 그 뒤를 이어 숭정 10년까지 조정 수보首輔의 직에 있었다. 그 사이 동림·비동림 계열의 인사들 사이에서는 때때로 의견 충돌이 발생한다. 유종주도 결국은 순천부부윤에 재직하던 당시에 주연유·온체인의 증세增稅 정책에 반대의 입장을 표명하고 사직한다.

그 후 유종주는 아홉 번째의 임용으로서 숭정 9년(1636)이 되어 정3품의 공부좌시랑에 기용되지만, 이 때도 온체인 내각을 탄핵하고 관료 신분을 박탈당하게 된다. 이 공부는 수륙의 공사를 관할하는 관청이었고 지금의 관점에서 보면 교통부나 건설부와 같은 것이다. 이보다 앞서 당시 내각 수상이던 온체인은 숭정 8년(1635)에 어떤 급사어사給事御史로부터 탄핵을 당하고 일시적으로 문을 닫고 출사하지 않게 되었다. 그 것은 유적의 토벌 문제, 청군과의 교전에 의한 군비 문제, 재정위기 문제 등등의 이유로 조정 내부에서 온체인에 대한 비난이 격렬해졌기 때문이다. 이 때문에 숭정제는 조정에 인재의 부족을 우려하여 유능한 각원閣員의 기용을 도모한다. 그 때 절강의 고향에 머물고 있던 유종주도 각원의 한 사람으로서 조정의 부름을 받는다. 유종주와 함께 부름을 받았던 사람은 손신행孫愼行(1565-1636)과 임한林釬(1578-1636)이었다.

『연보』의 숭정 9년의 기록을 살펴보면, 이 때 유종주는 임한과 함께 북경 문화전文華殿에서 숭정 황제와 대면하는데, 황제로부터 인재의 부족, 식량의 부족, 유적의 토벌 문제 등에 관한 대책과 의견을 요구받고 먼저 그것에 대한 자신의 견해를 제시한다. 이어서 변사邊事(청군의 침입에 관한 일)에 대한 방어책에 관하여 황제의 하문이 있자, 그것에 대답하여 "밖[外]을 막으려면 먼저 안[內]을 다스리는 것이 근본입니다."라고 말하고, 또한 "요순堯舜의 마음을 가지고 요순의 정치를 행하면 곧바로 천하는 태평하게 됩니다."라고 대답했다고 한다.[95] 이와 같은 대답에서 알 수 있듯이 유종주는 국가 혹은 그 중심적 존재로서의 군주에 대하여 근본적이고 근원적인 도덕·윤리상의 책임을 강조한다. 적어도 그러한 시각으로부터 황제의 하문에 대답한 경향이 엿보인다고 할 수 있다. 이에 대해 숭정 황제는 유종주의 대답을 시대의 요구에 부응하지 못한 것이며, 또한 현실과는 거리가 있는 의견이라고 말하면서 임한林鈇만을 내각에 기용한다. 유종주에 대해서는 한직인 공부좌시랑工部左侍郎에 임명하였다. 그 밖에도 이 무렵 유종주가 조정에 올린 상주문을 검토해 보면, 대체로 황제에게 법치의 폐해를 버릴 것과 그 옛날 요순의 왕도정치를 추구할 것 등을 요청하고 있다.

하지만 실제로 유종주가 공부좌시랑에 기용된 것은 온체인이 유종주를 멀리하기 위해 취한 모략에 의한 것이었다. 유종주는 이 해 6월, 황제가 변함없이 온체인을 신임하고 인재 기용의 과실로 정치가 크게 혼란해진 광경을 보고 또 다시 사직의 상주문을 제출한다. 이윽고 사

---

95 『전집』 제5책, 「연보」 숭정 9년의 조. "上又問, 邊事如何處置. 先生対曰, 臣聞禦外以内治為本. (중략) 臣願皇上堯, 舜之心行堯, 舜之政, 則天下太平."

직 상주문이 받아들여져 북경의 도문을 뒤로 하고 퇴임하게 된다. 그는 도읍 북경을 떠날 때 쯤 온체인에게 서간을 보내는데, 그 편지 속에서 온체인이 친구를 팔고 동료에게 억울한 죄명을 뒤집어씌우고 국정 혼란을 불러일으킨 책임에 대하여 그 죄를 신랄하게 공격하였다.[96] 바로 그 무렵 유종주가 북경을 뒤로 하고 천진天津에 이르렀을 때, 만주족 청군이 침략하여 창평昌平(지금의 북경시 창평구)을 격파했다는 소식이 들려온다. 위급 사태라고 느낀 병부주사 송학현宋學顯과 병부시랑 왕업호王業浩(?-1643, 절강 여요 출신)는 상주문을 올리고 유종주의 재소환을 요구하지만 이 일도 온체인의 방해 공작에 의해 실현되지 못한다. 하지만 곧이어 청군이 퇴각함에 따라 유종주도 가벼운 마음으로 고향땅 남쪽으로 발걸음을 돌린다.

귀향 도중에도 그 자신의 정국 상황에 대한 의견을 적은 상주문을 조정에 보내는데, 그 속에서 그는 충忠과 닮은 대간大奸(큰 간신), 신信과 닮은 대영大佞(큰 아첨꾼)을 신임하여 현인과 간신의 구별이 전도되었음을 역설한다. 이로 인해 잘못된 임용은 반드시 큰 화를 불러일으킬 것이라고 말하면서 온체인을 재차 탄핵한다. 이것이 다시 한 번 숭정제의 격노를 사고, 마침내 그 해 10월 유종주는 파면되어 평민의 신분이 된다. 이것은 그가 59세 때의 일이었다.

---

96 『전집』 제5책, 「연보」 숭정 9년의 조.

4. 숭정 말기의 관력

『연보』의 기록에 의하면 숭정 14년(1641) 열 번째의 임명으로서 유
종주는 황제의 특명에 의해 정3품의 이부좌시랑에 기용된다. 이것은
숭정 황제가 평소 유종주의 청렴결백하고 직언을 아끼지 않는 자세에
감복하여 그에게 기대하는 바가 있기 때문이었다. 명대 중앙관제의 기
능상 이 이부吏部는 문관의 선임과 징계 등을 관할하는 관청이었고,
문선文選(문관의 선발과 채용)·험봉驗封(조서詔書와 상주문 등의 관
리)·계훈稽勳(공훈과 위계의 심사)·고공考功(관리들의 공과의 조사) 등
사사四司(4개 관청)가 설치되어 있었다. 하지만 그는 죄를 지은 자로
서 고향 시골에서 조용히 자숙하는 것이 도리라는 이유를 들어 사퇴
의 뜻을 밝히지만 허락되지 않는다. 마침 그 무렵 유종주는 평소의 피
로와 과로가 원인인 탓인지 방광염膀胱炎에 걸리고 만다. 그래서 다음
해인 숭정 15년 다시 한 번 사직을 청하지만 이번에도 또한 허가받지
못한다.[97] 사실 현대의 의학적 상식으로 이 방광염은 여성이라면 생애
에 한 번쯤은 걸린다고 할 정도의 유행성 병명이고 어릴 적에는 남자
들에게 많고 2, 3세를 지나면 여자 아이들에게도 자주 발병하는 병명
이다. 특히 이 병명은 여성에게 많은데 연령적으로는 사춘기의 10대 후
반부터 노년기에 걸쳐서 폭넓게 발병한다. 발병의 원인은 여러 가지 있
지만 과로도 그 원인의 하나이다.

---

97 『전집』 제5책, 「연보」 숭정 14·15년의 조와 岡田武彦, 「劉念臺の生涯と思想」(『文集』 수록) 참조.

유종주가 노년기에 접어들어 이러한 병에 걸린 것은 그만큼 자신의 임무에 열중했었다는 것을 증명해 주는 예일 것이다. 즉 그러한 열정적인 삶의 태도에 의해 과로를 거듭하여 방광염에 걸린 것이다. 그래서 다음 해가 되어 다시 한 번 방광염을 이유로 사직의 청원서를 제출하지만 이 때 올린 사직의 청도 수리되지 않는다. 그는 한층 더 심해진 방광염에 시달리면서도 국정의 중추가 되어 자신에게 주어진 임무에 분주히 뛰어다니지 않으면 안 되었다. 결국 중앙 조정으로부터 누차 재촉을 받고 드디어 숭정 15년 5월, 병이 다 낫지 않은 채로 아들 유작을 데리고 고향 소흥을 출발하여 상경하기에 이른다. 이 시기는 만주족 청군의 공격이 더욱 거세지고 있던 때이기도 하다. 유종주는 청군이 송행松杏, 영원寧遠, 금주錦州를 공략하고, 이자성李自成(1606-1645)이 귀덕歸德(지금의 하남성 상구시商丘市)을 함락시킨 뒤 진격하여 개봉開封을 포위하고 있다는 소식을 듣게 된다. 국내적으로 어려운 시기에 이부좌시랑에 임명된 것이다.

이어서 열한 번째의 임명으로서 그의 나이 65세 때, 즉 숭정 15년(1642) 8월에 정2품 고관인 도찰원좌도어사에 기용되지만 겨우 4개월 만에 면직되어 다시금 고향 소흥으로 돌아온다. 그 이유는 당시의 정치 상황을 비판한 강채姜埰와 수보 주연유를 탄핵한 웅개원熊開元을 비호했던 탓으로 숭정제의 격노를 사고 관료의 신분을 박탈당하면서 고향으로 되돌아 온 것이다. 그 때 유종주를 변호한 정4품의 첨도어사 김광진金光辰(숭정 원년 진사, 생몰년 미상) 또한 면직처분을 받는다.

당시 유종주를 구출하기 위해 지은 구제 청원의 상주문이 몇 십 통이나 조정에 제출되었다고 한다. 그런데 『연보』에 의하면 이 해 11월 5일, 도찰원좌도어사의 직에 취임하고 난지 3개월째가 되었을 무렵 만주족 청군이 대거 계령界嶺·황애黃崖로 침입해 온다. 드디어 경사(북경)는 계엄 체제로 들어가게 되는데, 이 때문에 도찰원좌도어사에 재임하고 있던 유종주는 11월 12일 정부의 명령에 응하여 변경 방비의 대략을 진상한다. 그는 진정서에서 시국 타개책의 첫 번째는 "숭정 황제가 스스로 한결같은 마음으로 천지·신인神人의 주인이 되어 이 혼란한 내외 정국을 진정시킬 것, 근본을 바로세우고 그것으로 사변에 대처할 것"을 제안한다. 구체적 방책으로는 먼저 "혈전으로 맞서다가 전사한 노상승盧象昇(1600-1639)을 표창하여 천하에 충의의 기풍을 진작시키고, 나라를 잘못된 방향으로 이끈 간신 양사창楊嗣昌(1588-1641)[98]을 추살하여 조정의 혼령에 사죄하고, 정계에서는 제멋대로 방자하게 구는 한장悍將(난폭한 장군) 좌량옥左良玉(1599-1645)을 신속히 체포하여 군대의 기강을 숙정하지 않으면 안 된다"고 주장하였다.[99] 결국 이 상주문의 주요한 의미는 무엇보다도 민심을 안정시키는 일이 가장 근본이라고 하여 황제의 선처를 구하고 있다는 데 있다.

---

98 「연보」의 숭정 15년(1642) 조의 상주문에서 양사창을 추살해야 한다고 청원하지만, 사실 양사창은 그 전 해인 숭정 14년(1641) 이자성이 낙양을 함락시켰을 무렵 병사하였다. 따라서 이 숭정 15년 요명달姚名達이 기록한 「연보」의 상주문은 편집 오류이며, 이 상주문은 그 이전에 쓰였을 것이다. 왜냐하면 유작劉汋이 기록한 숭정 15년의 「연보」에는 이 상주문이 보이지 않기 때문이다.
99 『전집』제5책, 「연보」숭정 15년의 조와 岡田武彦의 앞의 논문(『문집』수록) 참조.

136

여기에서 양사창이라고 하면 만주족과의 강화 문제를 시작으로 하여 황도주 등 그 밖의 동림파 인사와 격렬하게 논쟁을 벌이던 인물이다. 더구나 강력한 논적의 한 사람에 노상승이 있었고, 유종주는 양사창을 비난하면서 이 노상승을 높이 칭찬하고 있는 것이다. 그가 상주문 속에서 언급한 이 노상승은 동림파의 땅 강소성 상주부常州府 의흥宜興 출신으로 '정만의 옥獄'[100]으로 유명한 정만鄭鄤(1594-1639)과는 동향이었다. 노상승은 천계 2년(1622)의 진사이며 그와 동년에 진사가 된 인물로서 문진맹, 황도주, 예원로倪元璐, 정만 등이 유명하다. 이들은 모두 명대 말기의 정국과 크게 관련이 있는 사람들이며 유종주와도 일련의 관계를 맺고 있던 인물들이다.

이야기는 다시 숭정 11년 9월로 거슬러 올라가지만, 바로 그 무렵 장자령牆子嶺과 청구산靑口山으로부터 장성을 돌파한 만주족 청군은 곧바로 남하하고 있었다. 이에 수도 북경은 계엄령이 선포되었고 깜짝 놀란 조정은 동남의 군무를 담당하고 있던 노상승을 소환하여 방어책에 관하여 협의한다. 이 때 양사창과 고기잠高起潛(생몰년 미상)은 화의·강화를 주장하였고, 숭정제도 비밀리에 그러한 화의를 기대하고 있었다. 하지만 이에 대해 노상승은 황제와 소대召對하고 방략에 관한 하문이 내려졌을 때 단호하게 항전을 주장한다. 결국 그 해 11월 노상승은 거록鉅鹿에서 청군과 맞서 싸우지만 중과부적을 느끼고 장렬하게 전사한다. 유종주는 바로 이러한 노상승의 죽음을 언급하면서 양사

---

100 '정만의 옥獄'의 상세한 내용에 관해서는 福本雅一, 『明末淸初(二集)』(同朋舍出版, 1993) 참조.

창을 비난한 것이다. 그리고 숭정제는 이러한 유종주의 의론이 청군의 격퇴 문제에는 직접적으로 도움이 되지 않는다고 하여 그의 의견을 배척하였다.

마지막 열두 번째의 임용으로서 원관原官(남경 도찰원좌도어사)으로의 복직이 있다. 즉 숭정 17년(1644) 5월 10일, 남경 복왕의 감국監國(황제 대행)으로부터 유종주를 정2품의 도찰원좌도어사로 기용한다는 명령이 내린다. 그는 이 때도 건강상의 이유를 들어 사퇴의 뜻을 표명하지만 끝내 허락되지 않았다. 그래서 다음 달(6월) 8일이 되어 그는 좌도어사 관직에 부임하기 위해 고향 소흥을 출발하여 복왕 체제의 임시 수도 남경南京으로 향하였다. 그는 부임하는 도중에도 몇 번이고 상주문을 썼는데, 거기에서는 토적討賊의 대의를 천명하거나 혹은 군 기강의 해이를 지적하는 내용이 주를 이루었다. 즉 군대에서의 풍기·규율·기강 등을 엄격히 해야 한다는 요지를 설한 것이다. 또 상주문에서는 자신의 직무에 충실하지 않는 제 신하를 주벌하라고 진언하거나 혹은 정국의 폐해를 몇 개조로 나누어 상세히 서술하고 있다. 결국 이것은 남명 정권의 복왕福王에게 정계의 쇄신과 만주족에 대한 복수의 대의에 관하여 간언한 것이라 할 수 있다. 이 상주문 속에서 그는 자기 자신을 초망지신草莽之臣, 즉 벼슬하지 않고 초야에 묻혀 지내는 민초로 칭하고 있는데, 이 시기 남경의 복왕 정권은 혼란의 극치에 있었다. 이러한 혼란의 사태를 목도한 유종주는 누차 그 취임을 사퇴하지만, 정부로부터는 끝내 허가를 받지 못한다. 그 때문에 8월 6일이 되어 어쩔 수 없이 원관原官으로의 복직 요청을 수락하였다. 하지만 유종주는 이 때도 변함없이 조정의 혼란과 풍기의 문란 등에 관하여 진언을 마다하지 않았다.

마침 그 무렵 완대성阮大鋮(1587-1646)이 병부우시랑에 임명되자 유종주는 곧장 완대성을 비판하고 규탄의 상주문을 제출한다. 결국 이 일로 인하여 그는 사직을 결의하고 관직을 떠나게 된다.[101] 이 때의 관직 사퇴는 유종주에게 있어서 세 번째의 사직이며, 남경의 새로운 황제(복왕)에게 출사한 기간은 고작 24일에 지나지 않았다. 그것은 그가 조정 내부의 부조리를 거침없이 비판한 것에 기인한 것이기도 하였다. 그만큼 그의 관직 생활이 소신 있고 강직했다고도 볼 수 있는 것이다.

이상 그의 관력을 시간적 흐름에 따라 살펴보았는데, 유종주의 경우는 항상 옛 성인이 설파하는 도리를 척도로 삼아 현실 정치의 시비에 대해 의론하는 것을 중요시 여겼다는 점이 주요한 특징이었다. 또 그와 같은 인식 위에서 철저한 원칙주의자의 길을 걸었다고 할 수 있다. 확실히 유종주의 관료생활은 앞에서도 언급했듯이 "조정 출사는 겨우 6년 남짓한 기간이며, 실제로 조정에 입각한 것은 겨우 4년이었다."고 하는 매우 짧은 시간이다. 즉 조정의 임용은 열 번 이상이었지만, 실제적인 관료생활의 기간은 너무나 짧았다는 것이다. 그럼 그 나머지의 시간은 어떻게 보낸 것일까. 결론적으로 말하면 유종주는 관직에 재직하지 않을 때에는 항상 고향 소흥으로 돌아와 강학활동과 문

---

101 『전집』 제5책, 「연보」 숭정 15년의 조와 岡田武彦의 앞의 논문(『문집』 수록) 참조.

인들과의 학술교류 및 향촌사회의 안정 등에 관심을 갖고 전력을 다하였다. 이러한 점에 주목해 본다면 그의 일생의 주요한 생활 무대가 자신의 고향인 절강성 소흥이었다는 것을 알 수 있다. 이제 지역사회에서 펼친 그의 강학활동을 중심으로 하여 다양한 문인들과의 관계 및 교유의 양상에 관하여 살펴보도록 하자.

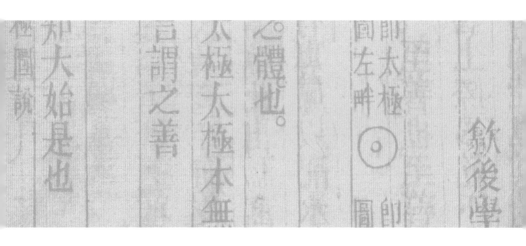

유종주는 그 대부분의 생애를 고향인 절강성 소흥 지역에서 보냈다.
그는 중앙정부의 고급관료 출신이면서도 지역에 머물 때는 전형적인
지역 지식인의 모습으로 강학講學과 지역사회 활동에 참가하였다.
그리고 이러한 활동을 통해 그의 주변에는 수많은 유교 소양(신유학으로서
주자학과 양명학)을 갖춘 지역 지식들이 모여들었고, 자연스럽게
문인집단을 형성하였다. 후대에 이들 문인집단을 '즙산학파蕺山學派'라
부르기도 한다. 그런데 이 문인집단은 주로 서원을 중심으로 한 강학 활동의
결과물이었으며, '강학 네트워크'에 의한 학술공동체의 성격을 갖고 있었다.
여기에서는 유종주의 강학활동과 주변 인물들의 면면, 서원과 결사,
문인집단의 성격과 지역사회 활동, 유종주와 후학과의 관계 및
몇 개의 유종주상像 등에 초점을 맞추어 논의해 보기로 한다.

제 **2** 부

유종주와 주변 인물들

1

명대 말기의 강학과 유종주

주지하다시피 유종주가 활동한 시기는 역사적으로 청대淸代로 전환되기 직전의 명대 말기에 해당하고 명조 최후의 시기이며, 유교사상사적인 측면에서는 명대 중기부터 말기까지 강학 혹은 강회講會의 활동이 제도적 형식을 갖추면서 전국적으로 확대 보편화된 시기이다. 명대 중기 이후 서원 강회 제도의 활성화 등에 관해서는 제 선학이 지적하는 바[102]와 같이 담약수(1466-1560)와 왕수인(1472-1529) 등 심학 계열 학자들의 공헌이 지대하였다. 그 가운데 주자학 경향의 담약수의 노력도 일정의 평가를 내려야 하겠지만, 명대 중기 이후 서원 강회의 제도화에 가장 크게 공헌한 것은 역시 양명학파, 즉 왕양명과 그의 제

---

102 명대 중기 이후 서원 강회의 활성화와 보편화 및 강남 지역과 양명학파의 강회 활동 등에 관한 선행 연구로 이하의 논고를 참조. 鄧洪波, 「明代書院講會研究」, (中國)湖南大學博士學位論文, 2007. 李國鈞主編, 『中國書院史』, 湖南教育出版社, 1998. 林友春, 『書院教育史』, 学芸図書株式会社, 1989. 박종배, 「명청시기 서원 강회의 발전 과정에 관한 일 고찰」, 『한국교육사학』 35-3, 2013.

자들의 강학 활동에 의해서였다. 그렇게 강회은 명대 중기 이후부터 명대 말기까지 중국 강남 지역을 광풍처럼 휩쓴 학술교류와 학문 연마의 교육연구 공간이었다.

따라서 이 장에서는 중국 명대 말기 강학의 다양한 양상을 시야에 넣으면서 유종주의 유교 강학 활동에 관해 그 자신의 학문 발전단계를 초기와 중후기로 나누고 단계별로 검토해보고자 한다. 이를 통해 유종주가 양명학 좌파를 배제하면서 '주자학+양명학 절충론'이라는 학문세계를 어떻게 구축하게 되었는지, 또 그 자신의 그와 같은 학문세계 구축의 토양을 강학 활동 참가 및 지역의 학술교류라는 시점으로부터도 생각해 보기로 한다. 강학 시기에 있어서 유종주의 활동 양상과 인적 네트워크 내지 지식인 네트워크는 후대 즙산학파를 형성케 해준 하나의 계기가 된 것만은 확실하다. 또 명말청초기 강남 절동학파浙東學派의 연원 및 계보의 정통성을 확보할 수 있는 문제의식을 양성한 토양으로서 유종주의 강학 활동을 파악할 수도 있을 것이다. 따라서 그러한 강학 시기의 유종주에 관하여 검토해 보는 것은 즙산학蕺山學(유종주의 학술)의 체계가 형성되고 전개해 나간 기반을 중국 명말 유교사상사의 한 양상으로서 파악해 보는 것과도 많은 연관성을 지닐 것이다.

1. 초·중기의 강학—동림서원과 수선서원

1) 동림서원과 초기의 강학 활동

명대 말기에 활약한 유종주도 당시의 동림학파東林學派(혹은 동림파) 및 양명학 좌파의 학자들과 마찬가지로 그 생애의 대부분에 걸쳐 끊임없이 강학 활동에 종사했던 인물이다. 그는 언제나 관직에서 물러난 후에는 고향인 절강 소흥에 머물면서 오로지 독서와 강학에 전념하였다. 그런데 명대 말기의 강학 혹은 강회라는 문제를 생각해 볼 때 우선 머릿속에서 떠오르는 것은 서원의 존재이다. 주지하다시피 강학이 명대 서원의 특징이 된 것은 이를테면 당연한 일이었다. 중국 유교사, 좁게는 서원사에서 '신 발전기'로 불리는 명대의 서원이 이룩한 가장 중요한 역사적 성과의 하나는 강회라는 새로운 형식의 집단적 강학 활동이었다. 명대의 서원 강회는 대체로 "일정한 시기에 미리 선임된 인사들의 주관 아래, 서책에 대한 강론을 중심으로 일정한 의식 절차에 따라 진행하는 집단적 강학 활동"[103]으로 정의할 수 있을 것이다.

사대부만의 도덕으로는 사회 전체를 만족시킬 수 없게 된 상황 하에서 각 학파(예를 들면 당시의 동림학파, 양명학 좌파, 유종주계의 즙산학파 문인들)는 만인의 유교 도덕학을 설파했지만, 만인에게 유교 도덕을 제공하고 그들을 구원하기 위해서는 강당 속에서 단지 문제門弟

---

103 박종배, 「회규를 통해서 본 명대의 서원 강회 제도」, 『교육사학연구』 21-2, 교육사학회, 2011, 81쪽.

를 대상으로 유교적 가르침을 제공하는 것만으로는 부족하였다. 서원은 이제 시대적 요구에 따라 굳게 닫혀져 있어서는 안 되었으며, 지역 사회에 어느 정도로 공헌하지 않으면 안 되었다. 명대 말기라는 시대는 중국 유교 교육사의 시점에서 보면 바로 그러하였다.

실제로 중국 명대 말기의 양명학 좌파는 서원이라는 장소에만 한정시키지 않고 각처에서 강학 활동을 전개했으며, 동림학파(정치적 의미로는 동림당)는 '정치·학술집단'으로서 지역의 각종 문제 해결에 전력을 다하였다. 동림학파와 긴밀한 관계를 맺고 있던 류종주의 경우도 서원을 중심으로 하여 문인들과 함께 지역 현안 해결에 열을 올린 것은 당연한 귀결이었다. 이러한 강학 활동은 이제 '유교적 학술담론'으로서의 단순한 문제만이 아니라, 일종의 사회 문제로 인식되기 시작하였다. 이와 같은 시대적 조류에 맞춰 유종주가 관여한 강회의 주요한 소재지는 강소江蘇, 북경, 절강의 세 지역이다. 또 대략 그의 강학 활동은 세 개의 시기로 나누어 볼 수 있다. 이렇게 나누어 볼 경우, 그 세 개의 시기는 동림서원 시기(강소), 수선서원首善書院 시기(북경), 증인서원證人書院 시기(절강)이다. 다음의 표는 유종주의 강학 활동과 관련하여 시간적 순서에 따라 정리해 본 것이다.

표6 유종주의 서원강학 관련표[104]

서원명칭	성립시기	주요한 인물 및 사항
동림서원	만력 32년(1604)	고헌성, 고윤성, 고반룡, 전일본 등. 주요한 구성원은 대개 강소성 출신. 천계 5년(1625), 위충현 등의 환관 일파의 탄압으로 폐쇄된다. 정치의 득실 문제에 집중.
수선서원	천계 2년(1622)	추원표, 풍종오, 고반룡, 유종주 등. 수도인 북경에서 개설되었다. 정치의 득실이나 학술문제에 집중.
증인서원 (석궤서원,증인사, 증인회라고도 함)	숭정 4년(1631) 봄 3월	도석령, 유종주, 기표가 등. 학파를 불문하고 지역 강학그룹으로서 기능. 지역 현안문제의 핵결에 집중. 후에 도석령이 주관한 '백마산방별회'로 나누어진다. 문인들은 그 대부분이 절강성 출신.

첫 번째 동림서원 시기는 만력 32년(1604)부터 천계 5년(1625)까지의 기간으로 이 시기에는 주로 동림학파 인사와 밀접한 관계를 맺으면서 학문적 교류를 행한 시기이다. 학문적으로는 양명학보다는 정주학적 입장에 서 있었다. 그가 동림서원의 인사들과 관계를 맺기 시작한 것은 만력 40년(1612) 봄 정월의 일로, 이 무렵 유종주의 나이는 35세였다. 그 관계를 맺는 계기로서는 동년의 진사이자 절친한 친구이기도 하며 동림학파 인사들과 깊은 교류가 있던 유영징劉永澄(1576-1612, 정주학 경향의 유자)의 소개와 중개에 의한 것이다. 두 번째 수선서원 시

---

104 이 유종주의 서원강학 관련표는 「연보」(『전집』제5책 소수)의 기재에 근거하여 작성한 것이다.

기는 천계 2년(1622)부터 숭정 3년(1630)의 증인사證人社 성립 이전까지의 기간이다. (수선서원의 폐쇄는 천계 5년의 일이다). 이 시기는 주로 추원표鄒元標(1551-1624), 풍종오馮從吾(1556-1627) 등의 인물들과 교류하면서 자신만의 독특한 학설인 신독설愼獨說을 주장한 후의 기간이라고 할 수 있다. 즉 유종주 중년의 시기이며 연령으로 환산하면 45세부터 53세까지의 기간이 이 시기에 해당한다. 이 시기에 교류한 추원표는 양명학 좌파 주여등과의 관계가 밀접하였고, 학파적으로 분류할 경우 양명학 좌파에 속한다. 끝으로 세 번째는 증인서원 시기이다. 숭정 4년(1631), 유종주가 고향인 소흥에서 증인서원 강학회를 창립한 시점으로부터 명조에 순사하기 직전까지의 기간이 이 시기에 해당한다.[105] 덧붙여 말하면 당시 절강 소흥은 문화적, 학술적 중심부의 위상을 갖고 있었다. 이 시기에는 이미 청년시절의 유종주와 함께 학문적 교류를 나눈 동림학파 계열의 고반룡, 추원표, 동문의 풍종오 등은 세상을 떠난 뒤였다.

따라서 여기에서는 수선서원 시기(1622)까지의 강학 참가기간을 편의상, 초기라고 규정하여 논의해 보기로 한다. 후에 서간문을 주고받는 상대나 『연보年譜』의 기록 등으로부터 확인해 보면, 이 시기의 유종주가 재지의 사인들과 폭넓은 교제를 나누고 있었다는 사실을 알 수 있다. 이하에서는 시간적 순서의 경과에 따라 유종주가 관여한 강학 활동의 양상을 탐색하고 그 검토를 진행하기로 한다. 희종 천계 연간

---

105 衷爾鋸, 『蕺山学派哲学思想』, 山東教育出版社, 1993, 65-70쪽.

(1621-1627), 북경(=경사)에 수선서원이 세워지고 난 뒤부터 강소성 무석無錫의 동림서원은 당시에 있어서 이 수선서원과 나란히 병칭될 정도로 그 명성이 자자하였다. 주지하다시피 이 동림서원은 송대의 양시楊時(1053-1135)가 창건한 것이며, 일명 '구산서원龜山書院'혹은 무석에 있다는 연유로 하여 '무석서원'이라고 불렸다. 양시는 송 휘종徽宗 정화政和 원년(1111) 3월 4일, 처음으로 강소 비릉毘陵의 구소항龜巢巷에 임시 거처를 마련하였고, 이어서 정화 4년의 11월에는 비릉에 거처를 정하였다. 송 건염建炎 3년, 양시는 76세가 되어 비릉에서 남검南劒의 장락將樂으로 돌아오지만 그 사이를 전후로 하여 약 8년간 비릉에 머무른다. 서원의 강사講舍는 이 무석성의 동쪽 모퉁이, 즉 궁하弓河의 위쪽으로 동림이라고 불리는 곳에 있었기 때문에 그 지명에 의해 동림서원이라고 불렸다. 그런데 원대에 이르면 순제順帝 지정至正 연간(1341-1367)에 일시 폐쇄되고, 그 후 잠시 동안 불교의 사찰로서 사용되었다.

명대에 들어와서는 성화成化 20년(1484)의 진사이자 저명한 장서가인 소보邵寶(1460-1527)가 서원을 부흥시키고자 노력하지만 끝내는 실패하고 만다.[106] 그리고 마침내 명대 말기에 이르러 고헌성(1550-1612) 등에 의해 재건된 것이다. 서원 중건과 함께 고헌성顧憲成은 「동림회약東林會約」을 제정하여 강학의 목적과 내용, 방향을 명확히 제시하였다. 예컨대 「회약」에서는 동림서원이 양시의 정신을 계승하여

---

106 林友春,『書院教育史』, 学芸図書株式会社, 1989, 222쪽.

정주학을 선양하고 왕양명의 심학을 배척할 것임을 천명하고 있다.[107]
고헌성의 몰후는 고반룡과 섭무재葉茂才(자는 참지參之, 강소 무석 출
신으로 만력 17년 진사)가 그 뒤를 이어 주맹主盟의 지위에 앉게 된다.
일반적으로 동림서원에서는 고헌성 형제와 고반룡高攀龍(1562-1626)
이후, 천하에 뜻을 펼치지 못한 학자들이 모여 활발하게 중앙정부의
폐단에 대하여 비판의 목소리를 높이고 있었다.

여기에 추원표, 조남성趙南星(1550-1627) 등의 인사도 적극적으로
지원하였고, 마침내는 동림서원 출신자와 교유하면서 동림당이라고 불
리는 정치집단을 형성하기에 이르렀다. 그들은 제위 계승을 둘러싸고
벌어진 정격挺擊, 홍환紅丸, 이궁移宮의 삼안[108]에 관하여 자신들의
의견을 제시하여 논쟁을 일으키고 논리적 정치 공세를 활발히 전개하
였다. 그 때문에 북경 조정에는 동림당에 대하여 '비非 동림당'이라고
칭할 수 있는 자들이 생겨났는데, 한편으로는 광종光宗 태창제泰昌帝
로부터 희종 천계제 초년에 걸쳐서 동림당은 조정에서 막강한 힘을 발

---

107 박종배, 「명청시기 서원 강회의 발전 과정에 관한 일 고찰」, 『한국교육사학』 35-3, 2013, 58쪽.
108 명말 3안 사건의 주요한 내용은 이러하다. 만력제는 1610년 마지못해 주상락朱常洛(뒤의 태창
제泰昌帝)을 황태자로 지명하지만, 1615년에 정정(곤봉)을 들고 황태자의 거처에 침입한 남자
(장차張差)가 체포되는 사건이 발생하였다. 이에 동림당(학술적으로는 동림학파) 인사들은 이
것을 정귀비鄭貴妃의 음모라고 공격하였다(정격안挺擊案). 만력제의 사후, 주상락이 즉위하
여 태창제가 되었는데, 곧이어 갑자기 병상에 눕게 되고 홍려시鴻臚寺((외국사절의 접대를 담
당하는 관청)의 관리인 이가작李可灼이 헌상한 붉은 환약을 먹은 뒤, 급속히 쇠약해지면서 사
망하였다. 태창제가 즉위한 지 불과 1개월 후의 일이었다. 동림당 인사들은 이것을 정귀비의 음
모에 의한 독살사건이라 하여 또한 격렬하게 공격하였다(홍환안紅丸案). 끝으로 이궁안移宮案
은 이선시李選侍가 어린 나이로 후계를 이어받은 주유교朱由校(뒤의 천계제)를 옹호하고 정치
에 개입하고자 건청궁乾淸宮에 거처하게 됨으로써 사건은 시작된다. 대혼란 끝에 각신들은 이
선시를 강제로 인수전仁壽殿으로 이주시키고 정식으로 천계제를 즉위시켰다. 동림당 인사들은
각신들을 지지했지만, 반대파는 태창제의 후비에게 무례하다고 하여 각신들을 비난하였다.

휘하였다. 이와 같은 사항이 당시 동림서원, 동림학파 혹은 동림당과 관련된 명대 말기의 정치적 상황이었다. 그럼 유종주는 실제로 동림서원의 강회에 참가하고 있었던 것일까. 사실 『연보年譜』를 읽어보는 한, 그가 직접적으로 강회에 참가했다고 하는 기록은 발견되지 않는다. 단지 이 시기에 동림학파 인사와 학술 토론을 행했다고 하는 기록만이 남아있다. 한 번은 유영징(1576-1612)과의 회합, 또 다른 한 번은 동림학파의 영수 고반룡과의 회합이다. 물론 기록에 의하면 유종주는 북경의 수선서원에서도 이들과 만난 적이 있는데, 그 당시 수선서원 강학에 함께 참가하기도 하였다. 하지만 이 두 사람과의 회합의 목적은 주로 학술교류와 토론에 있었다.

첫 번째, 유영징과의 회합은 만력 39년(1611), 유영징이 세상을 뜨기 1년 전에 절강 항주 서호에서 만나 학술 토론을 전개한 회합이다. 이것은 유종주가 재차 중앙정부의 관직인 '행인사행인'에 기용되기 전년의 여름 6월의 일이었다. 그 때 유영징은 현실 정치에 관심을 두고 당시 빈번히 발생하던 '당론黨論'에 관하여 논평하고 시정을 통렬히 비판했는데, 유종주는 이에 대하여 전혀 관심을 표명하지 않았다고 한다. 다시 말해 그는 이러한 의론은 어느 정도 권력의 위치에 있는 자들이 행해야 할 일이며, 우리들 산림에 퇴거해 있는 자들이 행해야 할 문제가 아니라고 말하면서 오로지 학술에 관한 토론만을 행했다고 전해진다.[109] 이것은 유종주의 출처진퇴에 대한 견식을 엿볼 수 있는 에피소드라 할

---

109 『전집』 제5책, 「연보」, 만력 39년의 조.

수 있으며, 청년기 유종주의 정치적 관심이 매우 희박했음을 말해주는 좋은 증거이다. 덧붙이면 동림학파 계열에 속하는 유영징은 동년의 진사 출신으로 유종주가 평생토록 가장 아끼던 친구였다.

두 번째, 고반룡과의 회합은 『연보』에 의하면 만력 40년(1612) 봄 정월, 유종주의 나이 35세 때의 일이다. 이 때 그는 고헌성을 만나기 위해 강소 무석을 방문하였다. 그 방문의 계기는 동림학파 인사와 친밀한 관계를 유지하고 있던 유영징과 정원천(1563-1628)으로부터 일찍이 고헌성의 학문적 경향이 어떠한 것인지를 익히 들어 알고 있었던 바에 기인한다. 이 무렵은 유영징과 항주 서호에서 회합을 가진 1년 뒤의 일이었고, 재차 행인사행인에 임명되어 고향 소흥을 출발하여 수도 북경으로 향하는 도중이었다. 유종주의 의도는 본래 고헌성을 방문하여 학문에 관한 토론을 행할 예정이었지만, 그가 막 무석에 도착했을 때 이미 고헌성은 이 세상 사람이 아니었다. 그 대신 고반룡과 대면하여 학문을 논했다고 기록은 전한다.[110] 이때 그는 「문학삼서問學三書」를 지어 고반룡에게 전하면서 진실한 학문이 무엇인가에 관하여 서로 의론했는데, 그 토론에 있어서의 쟁점은 주로 유교에서의 '마음[心]'과 '궁리窮理'의 문제, '유교와 불교[유석儒釋]'의 같은 점과 다른 점[동이同異], 정주학에서 중시하는 주경主敬의 수양공부에 관한 의론이었다고 한다. 확실히 이상 두 번의 회합에 의해 그가 동림학파 인사의 학술적 성향

---

110 『전집』 제5책, 「연보」, 만력 40년의 조. 「유보劉譜」와 「요보姚譜」 모두 이 무렵 동림학파의 지도자 고반룡과의 만남을 상세히 기술하고 있다.

에 대해 그 이해의 폭을 심화시키는 계기로 삼았음은 틀림없는 사실일 것이다. 후에 황종희에게 배우고 유종주의 재전 제자라고도 할 수 있는 청대 초기의 학자 소정채邵廷采는 「명유유자즙산선생전明儒劉子蕺山先生傳」이라는 문장 속에서 유종주 학설의 형성 과정에 관하여 다음과 같이 말하고 있다.

(유종주는) 동림서원과 수선서원에 들어가 폭넓게 견식을 취하고, 정밀하게 연구하여[박취정연博取精研] 드디어 자득하게 되었다.[111]

물론 여기에서의 '박취정연博取精研'이라는 말은 동림서원과 수선서원에서 그와 학문적 교류를 나눈 동림학파의 고반룡, 추원표 및 동문의 풍종오 등의 학설을 취하고, 더불어 옛 선인들의 학설도 추려 내어 취하면서 그 자신이 비판·검토를 가한 후에 자신만의 언설을 정밀하게 탐구했다고 하는 의미일 것이다. 즉 그러한 과정을 통하여 마침내 '자득自得'의 경지에 도달했다고 하는 소정채의 증언이다. 이는 별도로 하더라도 유종주가 초기 학문의 도상에서 동림서원 강학이 끼친 영향은 쉽게 짐작이 간다. 또 말년에 고향 소흥에서 펼친 증인서원 강학 활동도 동림서원 강학이 하나의 힌트를 제공해 준 것이었고, 지역의 유교 지식인 네트워크라는 구상도 동림학파 인사들에게서 아이디어를 얻은 것이었다.

---

111 邵廷采, 「明儒劉子蕺山先生傳」, 『思復堂全集』. "入東林·首善書院, 博取精研, 帰於自得."

2) 수선서원과 동림당 그리고 유종주

여기에서는 수선서원 시기 유종주와 수선서원 건립의 두 주역 풍종 오 및 추원표와의 관계 양상, 그리고 동림당 인사들과의 관계 양상을 살펴보기로 한다. 명 천계 2년(1622), 유종주의 나이 45세 때 명대 말기 의 대외적 상황을 시야에 넣으면, 당시 만주족 군대가 드디어 동북지 방으로부터 침입하여 명조의 군대는 크게 패퇴하였다. 그 때문에 전국 적으로 인심이 동요했다는 것은 말할 것도 없다. 이러한 상황을 지켜본 추원표와 풍종오는 학술을 선명하게 드높이고 인심을 수습하는 일을 선결과제라 생각하여 제 동지를 규합하여 수선서원에서 강학을 개시 한다. 『연보年譜』에 의하면 그 무렵 유종주와 동림학파의 고반룡도 잠 시 참가하게 되었다.

수선서원 주역 중의 한 사람인 추원표(1551-1627)는 자가 이첨爾瞻 이고 남고南皐라는 호를 사용했으며, 시호는 충개忠介이다. 강서 길수 吉水(지금의 강서성 길안시) 사람이다. 그에 관련된 유명한 일화는 만 력제 통치 시기(구체적 연도는 1577)에 발생한 장거정의 '탈정奪情'사건 을 둘러싼 일일 것이다. 추원표는 명 신종 만력 5년(1577) 26세의 젊은 나이로 과거시험에 합격하여 진사가 된다. 당시 그는 아직 어떤 관직에 도 취임하지 않은 상태였는데, 성현의 가르침에 근거하여 장거정의 복 상 문제를 거론하고, 장거정 자신이 하루빨리 퇴직하여 복상服喪에 임 하지 않는 것은 수치심을 모르는 행위라고 지적하면서 그것에 항의하 는 상주문을 조정에 제출하였다. 이 한 통의 상주문 때문에 그는 오문

午門 밖에서 장형杖刑을 받고, 진사의 직함도 삭탈되고 사병의 신분으로 강등된다. 그리고는 귀주貴州의 후미진 시골로 유배당하는 몸이 된다. 추원표는 그로부터 5년이 지난 뒤인 1583년이 되어서야 오명을 벗고 간신히 북경으로 귀환하여 곧장 급사중給事中에 임명되었고, 감찰관리로서 해치獬豸를 자수로 놓은 포복袍服을 입을 수 있었다.

부임 후 그는 곧장 상주문을 조정에 제출하는데, 신종 만력제에 대해 마음을 깨끗이 하지도 않고 욕심을 버리지도 못한다고 하면서 직접적으로 비판하였다. 이에 황제는 상주문에 붉은 글씨로 '알았다[知道了]'라는 세 문자를 적어 결재하고, 그의 체면을 보아 그와 같은 무례한 문구를 추궁하지 않은 채 마무리 지었다. 하지만 추원표는 특별히 눈감아주었음을 고려치 않고, 곧 두 번째의 상주문을 제출하였다. 서면에 사용된 언사는 전보다도 한층 거리낌이 없어서 만력제가 거짓말을 일삼으며 과오가 있어도 뉘우치지 않는다고 강하게 비판하였다. 그 뿐만 아니라 그는 "남의 입에 오르내리고 싶지 않으면 나쁜 짓 하지 말라(欲人勿聞, 莫若勿爲)."라는 속담을 인용하여 황제가 겉만 번지르르하고 군주다운 풍격이 없다고 질책하였다. 그러자 신종 만력제는 매우 격노했다고 한다.[112] 이렇게 원칙주의자이기도 했던 추원표는 장거정 집정 시기에 조남성 등과 함께 '반反 장거정 그룹'을 형성했던 인물이기도 하다. 보통 그는 사상유파상 양명학계의 학자로서 먼저 '마음의 본체[心

---

112 黃仁宇著, 稻畑耕一郎等譯, 『万曆十五年, 一五八七「文明」の悲劇』, 東方書店, 1990, 84-85쪽. 이 책의 주에서는 『명사』의 기재에 근거하여 추원표鄒元標 사직의 직접적 계기는 당시의 수보 신시행申時行의 비위를 건드렸기 때문이라고 말하고 있다. 『명사』 卷二四三의 2764쪽 참조.

體]'에 대한 인식을 그 학문의 종지로 삼고, 또한 불교의 '선禪'도 기피하지 않았다고 평가받고 있다. 그런데 풍종오의 경우에는 유종주의 스승 허부원(1535-1604)의 문하생으로 주자학의 '천리天理'를 명확히 밝히는 것을 학문의 요지로 삼고, '공부工夫(=수양)'를 중시하여 유교와 불교의 확실한 변별에 전력을 다했던 인물이다.

이와 같이 볼 때 추원표의 학문 경향은 양명학의 '해오解悟'를 종지로 삼은 것이며, 풍종오의 학문 경향은 주자학의 '궁행躬行'을 중시한 것으로 학술적인 면에서 두 사람은 서로 논란을 거듭했는데, 유종주는 풍종오의 학문을 지당하다고 평가하여 풍종오의 교설에 서문序文을 써서 전해주기도 하였다.[113] 이 무렵 유종주는 45세의 지긋한 중년의 나이에 들어서고 있었다. 당시 정주학적 '극기와 신독'을 주요한 학문 종지로 삼고 있던 유종주가 풍종오의 학문을 올바르다고 평가한 것은 당연한 일일 것이다. 이와 함께 유종주와 풍종오의 관계는 일찍이 정주학 계열의 허부원에게 사사한 적이 있는 동문이라는 점도 있었기 때문에 풍종오의 사상을 지지한 것은 매우 시사적이다.

이 수선서원 주역의 또 다른 한 인물 풍종오(1556-1627)는 자가 중호仲好이며 호는 소허少墟이고, 시호는 공정恭定이다. 그는 장안長安 출신으로 신종 만력 17년에 과거에 합격하여 진사가 되었다. 천계 2년, 그는 명대 직관의 서열로 말하면 정4품에 해당하는 도찰원의 좌첨도어사左僉都御史에 발탁되었고, 다음으로 정3품의 좌부도어사左副都御史

---

113 『전집』 제5책, 「연보」, 천계 2년의 조. 岡田武彦, 『劉念台文集』, 明德出版社, 1990, 115쪽.

로 승진한다. 하지만 그 때 정치적 현안에 관하여 강하게 그 자신의 의견을 피력한 일 때문에 여러 정치집단에게 미움을 사게 된다. 그 후 학문적 성향을 달리하던 추원표와 함께 수선서원에서 강학을 개최하고 올바른 학문[正學]의 기치를 내세운다. 한편 육과六科의 급사중이었던 주동몽朱童蒙(1573-1637)이라는 인물이 상주문을 제출하여 이 강학활동에 강하게 반대한다. 풍종오도 이에 대응하여 상주문을 올리고, 그것에 반론하여 역사적으로 송조宋朝의 국력이 크게 부흥하지 못한 요인을 '강학의 금지'에서 찾으면서 강학의 필요성과 중요성을 역설하였다.

그러나 결국 '금학禁學의 난'을 당하여 추원표와 함께 사직하지 않을 수 없게 되었다. 광종 태창제의 즉위 후, 정2품의 공부상서工部尙書에 임명되지만 다시 관직을 내려놓고 물러난다. 만년에는 역당逆党의 원한을 사게 되어 수선서원도 마침내 혼란의 와중에 폐쇄된다. 그 때문에 풍종오는 분개할 힘조차 없을 정도로 비통한 심정을 마음속에 품은 채 세상을 하직하고 만다. 원래 풍종오는 유종주의 스승 허부원에게 종학한 인물이고, 유종주와는 동문이자 그것도 유종주보다 22살이나 연상인 동문의 대선배였다. 그는 일찍이 동림학파의 영수 고헌성의 학풍을 흠모하였고, 함께 양명학 말류의 무선무악설을 비판하고 그 창광猖狂의 폐해를 수정하는 데 전력을 쏟은 인물이다. 그래서 맹자의 '성선설'을 역설하였고, '천리와 인욕'의 변별에 관하여 끊임없이 의론했으며 이학異學과 이단異端의 분별에 관해서도 강하게 문제를 제기했던 정주학 성향의 유자이다.

　풍종오의 견해에 의하면 근세의 학술은 여러 갈래로 나누어졌는데, 그로 인해 대저 학문의 의론에 공통점이 사라지게 되었고, 또한 양명학 좌파의 무선무악설이 세상에 유행하여 학술이 불명하게 되었다. 이렇게 된 요인은 본체本體와 공부工夫의 분별·분석에 정밀함과 조잡함을 결여한 탓이고, 그 결과 본체·공부 일체의 진실이 불명하게 되었다는 것이다. 이에 풍종오는 본체와 공부의 본질 및 양자의 관계를 명확히 해명하여 두 개념의 상호 융합과 일체인 바를 제시하고, 또한 본체를 주로 하는 입장과 공부를 주로 하는 입장의 장단점을 논하였다. 하지만 풍종오는 결론적으로 양명학 좌파의 폐해를 반면교사로 삼아 '공부'로부터 착수하여 '본체'에 집중하는 것이 나을 것이라고 주장한다. 그리고 그는 동림학파 고반룡에게 보낸 편지 속에서도 학문의 근본은 완전히 "성性[본성]을 깨닫는 일에 있지만, '계신공구戒愼恐懼'가[114] 성체性體의 진정한 정신이며, '규구준승規矩準繩'이 성체의 진정한 조리이다. 여기에 출입이 있으면 마침내 투철한 깨달음에 도달하지 못한다. 오늘날 강학의 요체는 안으로는 '계신공구'를 보존하고, 밖으로는 '규구준승'을 지키는 일에 있다. 그래야지만 비로소 '진오진수眞悟眞修'(진

---

114 '계신공구'는 『중용中庸』에 보이는 말로 "군자는 그 보지 않는 바에도 계신戒愼하며 그 듣지 않는 바에도 공구恐懼하는 것이다(君子, 戒愼乎其所不睹, 恐懼乎其所不聞)"라고 되어 있다. 주희는 『중용장구中庸章句』에서 이 구절을 해석하여 군자의 마음은 항상 공경함과 두려워함을 두어, 비록 보고 듣지 않을 때라도 감히 소홀히 하지 않는 것이라고 말하고 있다. 즉 군자는 홀로 있을 때도 항상 삼가는 신독愼獨의 경지를 표현한 것이다.

정한 깨달음과 진정한 수양)를 얻을 수 있다."고 말하고 있다.[115] 풍종오
가 수선서원의 강학 활동에 있어서 추원표의 '해오설解悟說'에 반대하
여 주자학적 '궁행설躬行說'을 주창한 이유는 바로 여기에 있었다. 이와
같은 풍종오의 강학 담론은 정주학 계열의 스승 허부원과 동문의 후배
유종주의 그것과 일치하고 있으며, 또한 동림학파의 고반룡과도 완전
히 일치하는 견해이다. 그런데 흥미로운 사실은 황종희의 경우 자신의
저작 『명유학안』의 「동림학안」 서문 속에서 "경사(=북경)의 수선회首
善會(수선서원 강회)는 주재자가 남고南皐(추원표)·소허少墟(풍종오)였
는데, 동림서원과는 관계가 없었다."[116]고 하면서 고의적인지 아닌지는
모르겠지만, 스승 유종주와 동문인 풍종오를 「동림학안」으로부터 배
제하고 있다는 것이다. 그것은 양명학 적통의 계보 정립이라는 입장에서
서술한 『명유학안』의 의도와 맞지 않았기 때문일 것이고, 아니면 황종희
의 시야에 풍종오의 학술 담론이 눈에 띄지 않았기 때문일 것이다.

　한편 환관 위충현魏忠賢(1568-1627) 일파의 탄압에 의해 동림서원
과 수선서원이 폐쇄된 이후, 유종주는 두 서원에서의 강학 경험을 살
려 천계 5년(1625)에 이르러 고향인 소흥부 산음현에서 강학 활동을 전
개한다. 그가 산음현에 위치한 즙산蕺山의 해음헌解吟軒에서 강학을
연 것은 바로 명조의 혼란한 내외 상황, 이민족 청군의 위협이라는 '천
붕지해天崩地解'의 위기가 고조된 와중에서이다. 그 강학의 목적은 위

115 岡田武彦, 『王陽明と明末の儒學』 제7장 제2절. 岡田武彦, 『劉念台文集』, 明德出版社, 1990,
　　참조.
116 黃宗羲著·沈芝盈點校, 「東林學案」, 『明儒学案』(上·下) 二冊, 北京中華書局, 1985, 참조.

기를 타개할 수 있는 인재의 육성이었다. 구체적으로는 그 자신이 36세부터 제창하기 시작한 신독설愼獨說의 전파와 그것을 시대적 의무로 삼아 실천하는 일에 있었다. 그렇다면 이 강학이 행해지기 시작한 전후의 유종주 주변의 정치·사회적 동향은 어떠했을까. 통상 명 천계 원년(1621)에서 천계 6년(1626)까지의 시기에 조정과 중앙 관계는 희종 천계제의 유모 객씨와 결탁한 환관 위충현 일파의 전횡이 극에 달했다. 이 환관 일파의 독단적 전횡과 부패·타락을 규탄하면서 정면으로부터 대결한 정치학술 집단이 동림학파(혹은 동림당)였다. 양자의 충돌은 이윽고 과열되었고, 동림학파와 관련된 인물들은 차례차례 희생되었다.[117] 당시 유종주는 중앙정부의 관직에 기용되었는데, 어지러운 정국 상황을 보고 출사할 마음마저 접은 채 그 취임을 고사한다.

이것은 천계 4년 11월의 일로서 다음 해인 천계 5년의 봄이 되어 고향인 소흥부 산음현 즙산으로 되돌아온다. 그리고 당화黨禍가 만연해 있는 상황을 직접 목격한 그는 천계 5년 5월, 즙산에 위치한 주씨朱氏 소유의 해음헌에서 그 지역의 제 동지를 모아 강학 활동을 전개한다. 하지만 이보다 먼저 유종주가 처음으로 산음현 즙산 기슭에 거주하기 시작한 것은 만력 39년(1611), 즉 그의 나이 34세 때부터이다. 또한 해음헌에서의 강학은 그의 나이 38세 때인 만력 43년(1615)부터 시작되었다고 『연보』는 기록하고 있다.[118] 이 당시 유종주는 주씨의 해음헌에서

---

117 難波征男, 「劉宗周の愼獨改過説」, 『陽明学』 11, 二松学舎大学陽明学研究所, 1999, 112-114쪽.
118 『전집』 제5책, 「연보」, 만력 43년의 조.

진요년陳堯年(생몰년 미상), 주창조朱昌祚(생몰년 미상) 등의 초기 문하생들을 가르쳤다고 한다. 『연보』의 기록에 의하면, 이 무렵 그는 세상의 도의로 볼 때 모든 재앙은 인심人心에 기인하고, 인심의 나쁨은 '불학不學'(학문하지 않음)에 기인한 것이기 때문에 학문을 배우고 인심 본연의 '선善'을 분명히 드러내기만 하면 재앙과 해악이 가정과 국가에 미치지 못할 것이라고 통론하고 있다. 또 '존심存心'의 요점을 설하여 그 공부의 과정으로서 신독설을 제기하였다.[119] 그런데 아쉽게도 유종주의 해음헌에서의 구체적인 강학 활동의 양상은 『연보』 이외의 다른 기록에서는 찾아보기가 쉽지 않으며 강학의 내용 및 방식 등에 관해서도 확인할 길이 없다. 한편 유종주의 친우이며 황종희의 부친이기도 한 황존소黃尊素(1584-1626)는 당시 동림당의 중심인물이었기 때문에 당연히 격렬한 당쟁의 소용돌이 속에 서 있었고, 양련楊漣(1572-1625), 좌광두左光斗(1575-1625), 위대중魏大中(1575-1625) 등 동림당 주요 인물들이 자주 그의 집에 모여 시국을 논하였다. 바로 이 무렵 위충현 일파의 동림당 탄압이 본격적으로 시작된다. 먼저 천계 4년 무렵부터는 권력의 역학관계가 비동림·환관 위충현 일파 쪽으로 기울고 있었다. 마침내 동림파의 이부상서(인사담당 장관) 조남성과 도찰원좌도어사 고반룡이 면직처분을 받고, 앞에서 언급한 양련과 좌광두는 관리의 신분을 박탈당한다. 천계 5년이 되면 위충현 일파의 동림파에 대한 탄압이 한층 격렬해진다.

---

119 『전집』제5책, 「연보」, 천계 5년의 조.

유종주가 소흥의 즙산 해음헌에서 문인들과 강학을 행할 때는 친구인 황존소도 위충현 및 위충현과 결탁한 천계제의 유모 객씨를 탄핵했다는 이유로 처벌을 받고 관직을 박탈당한 채 고향인 절강 소흥에 돌아와 있었다. 그리고 이 무렵은 양련, 좌광두, 위대중, 원화중袁化中(?-1625), 주조서周朝瑞(?-1625), 고대장顧大章(1567-1625) 등 '동림육군자東林六君子'라 불리는 6명의 동림당 주요 인물들이 체포되어 고문을 받고, 옥중에서 비극적으로 생을 마감할 때였다.[120] 『연보』의 기록에 의하면 이 때 유종주는 위대중을 위해 문장을 짓고 그의 죽음을 애도했으며, 또한 동림당 인사 6명의 죽음에 조의를 표하고, 부賦를 지어 그들의 영혼을 달랬다고 전한다. 유종주는 그 부賦 속에서 6명의 성실함과 정직함을 극찬하면서 위충현 일파의 '불충不忠'을 강하게 비판하였다. 동림 군자 6명의 죽음을 비통하게 여기고 사회의 불의와 부정에 분개하고 탄식한 것이다. 결국 위충현 일파의 탄압에 의해 천계 5년 8월에는 동림서원이 폐쇄되고 재상 손신행이 해직되었으며 웅정필熊廷弼(1569-1625)이 죽임을 당하게 된다. 이해 12월에는 동림당인의 명단이 전국에 퍼지고 지명수배 명령이 내렸다. 천계 6년에 들어서면 위충현은 이실李實이라는 인물의 상주문을 구실로 삼아, 전 응천순무 주기원周起元(1571-1626), 이부주사 주순창朱順昌, 좌도어사 고반룡, 유덕諭德 무창기繆昌期(1562-1626), 어사 이응승李應昇(1593-1626), 주종건周宗建(1582-1627), 황존소 등 동림인사 7명의 체포에 적극적으

---

120 山井湧, 『黃宗羲』(人類の知的遺産三十三), 講談社, 1983, 88-89쪽.

로 착수한다. 이 때 체포자 명단 속에 유종주도 포함되어 있다는 오보가 흘러나오기도 하였다.[121] 그 뒤 사실은 이것이 황종희의 부친 황존소였다는 사실이 판명되지만, 유종주는 그 때의 체험으로부터 목전에 닥친 죽음에 대해 그 감회를 어떤 문인에게 술회하고 있기도 하다. 확실히 유종주 개인에게 있어서 천계 4년부터 천계 6년까지의 기간은 인생에서 가장 괴롭고 고통스러운 시기였다.

이상 살펴본 바와 같이 유종주는 '강학'혹은 '강회'에 깊은 관심을 가지고 있었으며, 동림서원 시기에는 유영징, 고반룡 등과 함께 진지한 학술 토론을 행하였고, 수선서원 시기에는 풍종오, 추원표 등과 인맥 관계를 맺으면서 강학 활동에 큰 관심을 두게 되었다. 더불어 동림당의 정치적 사건과 위충현 일파의 탄압이라는 정치적 상황도 포함하여 두 번의 강학 경험이 유종주에게 그 후의 지역 강학회 창립에 영향을 끼쳤음은 말할 필요도 없을 것이다. 다시 말해 이와 같은 경험이 고향인 소흥 해음헌에서 강학을 열기 시작하는 원동력이 되었다는 것이다.

2. 후기의 강학과 증인서원

1) 증인서원 시기와 강학의 양상

유종주는 동림서원·수선서원에서의 강학 경험을 통하여 그것을 사회운동, 또는 학술운동의 일환으로 인식하고 그 후가 되어서도 향리에

---

121 『전집』 제5책, 「연보」, 천계 5년·6년의 조.

서의 교학활동에 진력하였다. 그는 현대적으로 해석하면 유교라는 학문의 대중화와 활성화를 목표로 하여 적극적인 강학 활동을 전개하게 된다. 그것은 유교 소양을 갖춘 사대부의 강학 활동이 사회 전반의 인심을 안정시킬 수 있다고 강하게 믿었기 때문이다. 여기에서는 숭정 4년(1631) 그의 나이 54세 때에 증인서원 강학회(증인사 혹은 증인회證人會라고도 함)를 창립한 시점으로부터 명조에 순사하기(1645) 직전까지의 기간을 편의상 '증인서원 시기'라 규정하고, 그 자신의 '후기 강학 활동'으로 파악하기로 한다. 증인서원은 절강 소흥부에 세워진 서원으로 명 가정 연간에는 고소학古小學으로 운영되면서 송대 이정二程의 문인 윤돈尹焞(1071-1142)을 봉사하던 곳이었다.[122] 그와 같던 '고소학'이 유종주에 의해 재발견되었고, 증인사證人社 창립 이후인 숭정 5년(1632) 『연보』의 기록[123]에 의하면 당시 주여등, 도망령陶望齡 형제 등의 양명학 일파(좌파)의 문인들이 '본체 중시'의 경향에 기울어져 있는 것을 본 그는 증인사가 시작된 도문간사陶文簡祠(도망령 사당)를 떠나 송대 이정二程의 문인인 윤돈을 표창하고 양명학 좌파의 폐해를 시정하고자 하였다.

이에 그 해 5월 송대 유학자 윤돈을 제사지내기 위한 시설인 '고소학'을 중수했는데, 이것은 그 자신이 존경하던 정주학자 윤돈의 학문을 세상에 널리 알리고 양명학 좌파의 폐해를 극복하기 위한 목표의

---

122 박종배, 「중국서원학규집성(中國書院學規集成)의 주요 학규 및 강규」, 『한국교육사학』 34-4, 한국교육사학회, 2012, 186쪽.
123 『전집』 제5책, 「연보」, 숭정 5년 조의 「유보劉譜」와 「요보姚譜」의 기록을 참조.

일환이었다. 거기에 화정 선생(윤돈)의 신위를 모셔놓고, 석전釋奠의 예를 행하고 제 유생을 모아 윤돈이 제창한 정주학에서 중시하는 '주경 主敬'의 학문을 강론했다고 한다. 그리고 마침내 그와 같은 그의 염원 이 이루어져 숭정 13년(1640) 정월, 그의 나이 63세 때에 이르러 고소학 이 완전히 재건되었다. 이 고소학의 재건과 동시에 그는 「고소학약古小 學約」을 지어 '현묘玄妙'의 담론을 하지 말 것이며, 오로지 '주색재기酒 色財氣'라는 네 가지 금기 조항만큼은 철저히 경계할 것을 강조하였다. 또 윤돈의 정주학적 입장 및 사당 등과 관련 있는 「중수고소학기重修 古小學記」, 「고소학집기古小學集記」 등도 집필하기도 하였다.

그럼 다시 앞으로 돌아가 증인사 강회, 즉 증인서원의 강학회는 언 제부터 시작된 것일까. 『연보』의 기록에 의하면 숭정 4년(1631) 음 3월 3 일, 2백여 명의 동지가 도망령(호는 석궤石簣)의 사당(석궤서원이라고 도 함)에 모여 유종주, 도석령(호는 석량石梁)을 공동 주사로 하여 강 학회를 개최했다고 한다.[124] 다시 말해 증인사라는 별칭의 증인서원 강 학회는 명대 말기 당쟁이라는 특수한 시대배경 아래 유종주와 도석령 을 정신적인 지주로 삼고 당시 소흥부의 일부 사신士紳도 함께 참여한 강학 조직이다. 이들이 활약한 지역은 절강의 소흥부 산음현을 중심으 로 인근 지역인 회계會稽 지역과 여요餘姚 지역, 더 나아가 승현嵊縣 과 항주, 영파寧波 등지까지 이르렀다.[125] 유종주는 증인사의 성립과정 에 대해 다음과 같이 말하고 있다.

124 『전집』 제5책, 「연보」, 숭정 4년(54세)의 조.
125 임홍태, 「陶奭齡과 劉宗周의 4차 有無論爭」, 『溫知論叢』 35, 溫知學會, 2013, 312-313쪽.

우리 고향은 양명 선생이 용산龍山에서 창도할 때부터 전덕홍과 왕용계 등 제군들이 함께 일어나 보좌하였다. 이러한 유풍을 이어서 끊어지지 않은 것이 백년이다. 해문과 석궤 두 선생에 이르러 다시 그 서론緖論을 따라 학자의 사표가 되었다. 두 선생이 돌아가시기에 이르러 모임을 주관하는 자가 없게 되자, 이 도는 거의 끊어질 듯하였다. 도석궤 선생에게는 석량이라는 동생이 있었으니 그 당시에 '이난二難'이라 칭해졌으며, 선비들이 희망을 건지가 오래되었다. 최근 제양의 벼슬을 그만두고 시골로 돌아가 쉬게 되었다. 나는 이따금 방문하여 이 도를 축수할 것을 꾀하였으나, 석량은 이러한 나를 비천하다 여기지 않고 기꺼이 허락하였다. 이에 석궤 선생의 사당에 나아가 전에 들은 말을 상의하여 결정하니 두 세 사람이 따랐다. 이에 3월 3일의 강회가 있게 된 것이다. 얼마 지나지 않아 석량은 '성인·비인'론을 처음 발표하여 많은 인재들을 깨우쳐 주었다. 한 동안 그것을 듣고 부끄러워하지 않는 이가 없었다. 나는 문인 아무개에게 명하여 의식 순서에 따라 오랫동인 알리도록 하고 마침내 그 단체를 표제하여 '증인證人'이라 하였으며, 들은 바를 약간 서술하여 요약하고 석량의 뜻을 따랐다.[126]

---

126 『全集』第二冊,「語類十五證人會約」,「會約書後」. "吾鄉自陽明先生倡道龍山時, 則有錢·王諸君子竝起爲之羽翼, 嗣此流風不絶者百年. 至海門石簣兩先生, 復沿其緒論, 爲學者師. 迨二先生沒, 主盟無人, 此道不絶如線, 而陶先生有弟石梁子, 於時稱二難, 士心屬望之久矣. 頃者, 辭濟陽之檄, 息機林下, 余偶過之, 謀所以壽斯道者, 石梁子不鄙余, 而然許諾, 因進余於先生之祠, 商訂舊聞, 二子從焉, 於是有上巳之會. 既退, 石梁子首發聖人非人之論, 爲多士告, 一時聞之, 無不汗下者. 余因命門人某, 次第其儀節, 以示可久, 遂題其社, 曰證人, 而稍述所聞以約之, 從石梁子志也."

이 문장에 의하면 당시 절동 소흥 지역의 유교사상사적인 전승 관계(통상 절동 양명학 좌파의 계보라고도 함)는 왕양명에서 왕용계, 주해문, 도망령(1563-1609)으로, 다시 도석령으로 이어지고 있으며, 도석령은 당시 학자들의 기대를 온 몸에 받고 있었음을 알 수 있다. 이러한 배경 하에 유종주는 도석령의 제안을 받아들여 함께 석궤石簣 선생(도망령)의 사당[도문간사陶文簡祠]에서 증인사의 성립을 선포하기에 이른다.[127] 여기에서 주목할 것은 도석령과 유종주가 비록 학문적 성향을 달리했지만, 이 문장에서 보는 한 유종주는 당시 절동 강학을 대표하고 양명학 좌파의 계보를 잇는 도석령에 대해 매우 존경하고 따랐음을 알 수 있다.

그런데 제1회 강학회에서 유종주는 왕수인이 '양지良知'두 글자를 제시한 것은 자포자기하고 있는 세상 사람들의 '병근病根'을 뽑아내기 위한 일이라는 것, 우리들 한 사람 한 사람 각자가 인격체를 지닌 한 개인이라는 점, 사람이란 곧 성인이라는 점, 또한 한 사람 한 사람이 모두 성인이 될 수 있다는 점, 그리고 그것을 굳건히 믿는 것이야말로 '양지'의 안목이라는 점 등등을 설파하고 왕수인의 학문적 공적을 서술하고 있다.

> 강학이 끊어진지 이미 오래되었다. 왕양명(왕수인)은 '양지'두 글자를 내세워 후인의 자포자기의 병근病根을 뽑아내고자 하였다. 오늘날

---

127 임홍태, 「陶奭齡과 劉宗周의 4차 有無論爭」, 『溫知論叢』 35, 溫知學會, 2013, 314쪽.

제일의第一義로서 말해야 할 것은 우리들은 모두 사람이고 사람이란 모두 성인으로서의 사람이며 누구라도 성인이 될 수 있다고 하는 것을 잘 믿을 것이며, 여기에 조금의 의심도 갖지 않도록 하지 않으면 안 된다. 이것의 양지의 견식이다.[128]

이것은 요컨대 사람은 본래 '성인'이며 누구라도 자기수양을 통하여 성인이 될 수 있다는 점을 증명하도록 요구한 것이라 할 수 있다. 그래서 이 결사結社를 '증인'이라 이름붙이고 결사의 규정집으로서 「증인사약證人社約」(「증인회약證人會約」이라고도 함)까지 제정하였다. 「증인사약」은 숭정 4년(1631) 3월, 즉 증인사(=증인서원 강학회, 증인강회)가 결성되었을 때 유종주 자신이 저술한 것으로 그 강회의 회약이다. 이것은 「학격學檄」, 「회의會儀」, 「약언約言」, 「약계約誡」 총 4편으로 구성되어 있는데, 「회의」에 의하면 매월 3일을 회기로 정하고 각 회에서의 강학은 각자가 분담하여 그 내용을 기록했다고 한다. 당시 증인회의 개최와 그 기록 등에 관해서는 「증인사어록證人社語錄」으로서 현존의 『전서유편全書遺編』(『전집』은 제2책, 「어류16語類十六」에 수록)에 수록되어 있는데, 그 자신도 제1, 4, 5회 강학회 때의 기록을 남기고 있다. 이 「증인회약」 가운데 「회의」에는 회기, 회례會禮, 회강會講, 회비, 회록會錄, 회계 등의 순서로 강회의 의식 절차에 관해 체계적으로 규정

---

128 『전집』 제5책, 「연보」, 숭정 4년(54세)의 조와 『전집』 제2책, 「語類十五·会録」. "此学不講久矣. 文成指出, 直良知二字為後人拔去自暴自棄病根. 今日開口第一義, 須信我輩人人是箇人. 人便是聖人之人, 聖人卻人人可做. 於此信得及, 方是良知眼孔."

하고 있다.[129] 이 「회의」의 내용을 보면 유종주가 어떠한 방향으로 강학했는지를 짐작할 수 있고, 배움을 갈망하는 모든 이들에게도 문호가 개방되어 있었음을 알 수 있다.

『전서유편』에도 「증인사어록」이라는 제목으로 「회록」이 수록되어 있는데, 이 「회록」에 의해 유종주, 도석령 두 사람 사이의 학문적 견해차를 상세히 확인할 수 있다. 한편 위 문장 속에서 유종주가 생각하고 있는 '聖人'이란 일상의 사회생활 속에서 유교의 건전한 정신과 사고방식을 가지고 도덕적으로 완성된 사람을 가리키며, 사회적 책무를 강하게 의식하고 있는 사람을 의미한다. 또한 그러한 강학 활동에 있어서 자기수양과 사회활동에 대한 강조는 그 증명의 장으로서 향촌사회라는 무대가 그들의 앞에 놓여 있었다. 증인사에서 증인이라는 말은 결코 일반적으로 말하는 개인 내부의 '자기 증명'과 같은 자아에 대한 반성만을 의미하는 것이 아니라, 오히려 자기 자신을 포함한 자신과 주변 사람이 함께 향상하고자 하는 학문적인 수양 태도를 의미하는 것이었다.

그리고 그것을 위해서는 강학회를 결성하는 일이 가장 적합한 방법의 하나라고 생각하고 있었던 것이다. 우리가 주의할 것은 강회가 소흥과 그 주변 지역의 학술적 동지를 결집하는 매개체로서의 역할을 담당하고 있었다는 사실이다. 이 증인회는 절강 소흥부의 각 현으로부터 유사한 학술적 성향을 지닌(혹은 양명학 좌파 경향이 아닌) 동지들이

---

129 『전집』 제2책, 「語類十五·證人會約」, 「語類十六·證人社語錄」 참조.

참가함으로써 개최될 수 있었던 것이다.

이와 같은 증인서원 강학회는 유종주 몰후에도 그 후계자들에 의해 지속되었다. 『연보』의 「후편後編」에 의하면 유종주의 증인서원 강회는 황종희 등의 문인들에 의해 淸朝의 치하에서 부활하였다.[130] 즉 강희康熙 6년(1667) 황종희의 나이 58세 때 소흥의 고소학 터에서 증인서원의 강회가 재흥된 것이다. 이 무렵 황종희는 동문인 강희철姜希轍, 장응오張應鰲, 동창董瑒, 조우공趙禹功, 서택온徐澤蘊 등과 함께 그 강회를 재개하면서 스승 유종주의 학설을 온 천하에 밝히고 그 현창에 노력했다고 한다. 게다가 명말청초의 대표적 유교 지식인이었던 소정채(1648-1711)와 모기령毛奇齡(1623-1713)도 이 증인서원 강회에 참가하고 있다. 그와 관련된 기록 가운데 소정채는 강희 13년(1674) 27세 때 소흥으로 직접 가서 유종주의 제자 동창과 회합을 가졌던 일이 있다.

이 때 동창은 "이미 즙산(유종주)의 종파를 자임하는 사람은 즙산의 학문을 알지 않으면 안 된다."[131]고 하면서 소정채에게 즙산학의 계승을 말하고 있다. 이러한 동창의 권고를 들은 후, 소정채는 수 년 간에 걸쳐 기쁘고 즐겁게 『즙산전서蕺山全書』(여기에서 언급하는 『즙산전서』는 유종주의 유문遺文일 것이다)를 읽게 되었다고 한다. 이 동창(생몰년 미상)은 유종주 어머니의 친정인 절강 회계 출신이었는데, 처음에는 예원로倪元璐에게 배웠고, 그 뒤에 유종주에게 사사한 인물

---

130 『전집』 제5책, 「劉宗周年譜(後編)·姚譜遺響」, 강희 6년의 조.
131 『전집』 제5책, 「劉宗周年譜(後編)·姚譜遺響」, 강희 13년의 조. "旣宗蕺山之人, 不可不知蕺山之学."

이다. 즙산학파(유종주 학파) 문인들 가운데 그는 스승 유종주의 유문을 정리하여 『유자전서劉子全書』를 편집·간행한 인물로서 유명하다. 사설의 선양에 있어서 최대의 공헌자 중의 한 사람이라고 할 수 있을 것이다. 이처럼 유종주에 의해 시작된 증인서원 강회는 청대에 들어와서도 즙산학(유종주의 학문)을 계승하는 많은 후계자들에 의해 면면히 이어지게 되었다.

2) 증인서원에서의 유종주와 도석령

학문적, 인격적으로 상호 존중하던 유종주와 도석령은 증인사를 공동 창립했음에도 결별의 수순을 밟게 된다. 그럼 유종주는 공동 주사主事로서 강회에 참가한 도석령의 사상과 학문에 대해 어떻게 평가하고 있었을까. 도석령陶奭齡(1571-1640), 자는 군석君奭이고 호는 석량石梁이며 유종주 외가인 절강 회계 출신이다. 만력 31년 향시에 합격하여 '거인'의 자격을 취득하는데 과거시의 최종 단계인 진사 합격의 꿈은 이루지 못하였다. 특히 유교사상사적인 측면에서는 도망령의 동생으로 유명하며 주여등에게 사사하였고, 당시 절동 지역에서는 양명학 좌파의 대표 인물로서 명망이 높았다. 그는 후에 증인사와 결별하고 '백마산방별회白馬山房別會'를 주관하기에 이른다. 유종주보다 5년 일찍 세상을 떠나는데, 그의 사후에는 유종주조차 「제도석량문祭陶石梁文」을 지어 그 죽음을 애도하고 있다. 사실 도석령은 유종주 모친의 친정인 소흥 인접 회계현 출신의 사람이고, 일찍이 유종주의 외조부 장영章穎(?-1605)에게 배운 형 도망령의 존재도 있어, 비교적 이른 시기부터 유종주와 친교를 맺은 강우講友이기도 하였다. 이 두 사람은 비록 사상적 견해가 크게 달랐다 하더라도, 생애에 걸쳐서는 친밀한 교류와 우정을 지속하였다.

그리고 이와 같은 교류와 우정은 이 둘이 주역이 되어 증인강회를 개최하기에 이른 요인이 되기도 하였다. 다시 말해 이 두 주역이 증인강회를 주도하게 된 것은 이들 사이의 밀접한 인간관계를 배경으로 하고 있다. 첫째, 도망령의 스승 장영은 유종주의 외조부로서 유종주는 유년 시절 아버지를 여의고 장영 부자에게 의지하였다. 도망령도 일찍이 「장남주상찬章南洲像讚」을 짓기도 한다. 둘째, 『연보』의 기록에 의하면, 진사 급제가 공표된 다음 날 유종주는 어머니의 죽음을 맞이한다. 이 때 도망령이 조문을 위해 그의 집에 들려 복상하는 광경을 보고 "가르침이 쇠퇴하여 상례喪禮가 제대로 시행되지 못하고 무너진 지 오래 되었건만, 나는 아직까지 유군(유종주)처럼 저렇게 충실하게 복상하는 자를 본 적이 없다"라고 칭찬하면서 유종주의 성실한 복상 태도에 감탄했다는 일화가 있다.[132] 셋째, 유종주 부모의 묘지명을 썼다.[133] 이처럼 인간관계라는 측면에서 생각해 보면, 도씨 형제와 유종주와의 인간관계가 어떠했는지를 쉽게 이해할 수 있을 것이다. 하지만 유종주는 증인서원 시기 도석령의 사상과 학문에 관하여 다음과 같이 생각하

132 『전집』 제5책, 「연보」 만력 29年의 조름. "教衰礼壞久矣. 吾未見善喪若劉君者也."
133 임홍태, 「陶奭齡과 劉宗周의 4차 有無論爭」, 『溫知論叢』 35, 溫知學會, 2013, 312쪽.

고 있었다.

도 선생(도석령)은 "학문을 하는 자는 본체를 인식하지 않으면 안 된
다. 본체를 인식하게 되면, 공부는 자연히 이용할 수 있게 된다. 만일 본
체를 인식하지 못하면 공부도 말할 수 없다"고 말하고 있지만, 선생(유
종주)은 다음과 같이 말하였다. "본체를 인식하지 못했는데, 어찌 공부
를 잘 해낼 수 있겠는가. 다만 본체를 인식한 이상에는 반드시 본체를
명확히 확인하고 공부를 이용하지 않으면 안 된다. 공부가 정밀하게 되
면 될수록 본체는 분명해진다. 지금 본체를 인식한 후 일일이 공부를 이
용하지 않고서도 종횡무애縱橫無礙, 자유자재라고 한다면, 그 향하는
바는 창광猖狂, 방자放恣함에 이르고, 그 결과 어떤 일을 하더라도 꺼
리지 않고 주저하지 않게 될 것이다."[134]

이처럼 증인사 「회록」은 도석령과 유종주의 사상적 차이를 전하고
있다. 즉 여기에 기술된 유종주의 '공부 중시' 사상은 스승 허부원의 입
장과 완전히 일치하고 있음을 알 수 있다. 유종주는 본체와 공부를 서
로 융합시키면서도 도석령이 주장하는 바와 같이 본체를 주로 하는 것
에 대하여 工夫를 주로 하는 입장을 취하고, 오로지 본체를 주로 하는

---

134 『全集』第二冊, 「語類十五·會錄」과 『全書』卷13, 「會錄」. "陶先生曰, 学者須認認本体, 識得本
体, 則工夫在其中. 若不識本体, 説甚工夫. 先生曰, 不識本体, 果如何下工夫. 但既識本体, 即
須認定本体用工夫. 工夫愈精密, 則本体愈昭熒. 今謂既識後逐一無事事, 可以縱橫自如, 六
通無礙, 勢必至猖狂縱恣, 流為無忌憚之帰而後已."

양명학 좌파의 '본체공부론'을 비판한다. 그 가운데 그들의 창광과 자자 自恣의 폐해를 지적하면서 당시 유교사상계의 그러한 풍토를 수정하고 자 의도하였다. 따라서 유종주가 스승 허부원의 문인이자 '공부 중시'설 을 주장한 수선서원 강회의 주역 풍종오를 강하게 옹호한 것도 당연한 일일 것이다. 그럼 사상적 유파를 불문하고 증인서원 강회를 개최한 두 주역 유종주와 도석령의 관계는 어떠했을까. 어떤 후대의 연구자에 의 하면, 증인서원(증인사) 강학 시기의 도석령, 유종주의 관계는 수선서 원 시기의 추원표, 풍종오의 관계와 유사하다고 지적하고 있다.[135]

사실 이러한 평가는 도석령이 주여등의 학문 계통을 이어받은 도망 령의 동생이고, 또한 형 도망령과 마찬가지로 왕기王畿(왕용계), 주여 등 등 양명학 좌파(현성파現成派)의 학풍을 계승한 유학자였다고 하는 시점으로부터 파악한 견해이다. 그 때문에 도석령은 증인서원 시기의 강회 때에도 학술적으로는 "본체를 알 수 있다면, 공부는 그 안에 있 다"고 하여 '본체 인식'의 중요성을 강조하였다. 이에 대하여 유종주는 반론을 제기하고 '수양공부'의 중요성을 좀 더 강조하였다. 당시 문인 진 홍우秦弘祐(생몰년 미상)에게 보낸 답장 편지 속에서 유종주는 다음과 같이 공부의 중요성(수양 중시)에 관하여 피력하고 있다.

학문에 뜻을 둔 자는 단지 공부만을 말하면 그것으로 좋은 것이다. 본체에는 한 마디의 말도 덧붙일 수 없다. 만일 한 마디의 말이라도 덧

---

135 岡田武彦, 「劉念台の生涯と思想」, 『劉念台文集』, 明德出版社, 1990, 53-54쪽.

붙인다면 그것은 공부가 된다. 다만 공부를 말하면 본체는 그 안에 있는 것이다. 더 나아가 공부를 잘 하면 실은 거기에 본체가 밖으로 드러나는 것이며, 공부를 잘 해나가면 실은 그것이 본체의 정당한 바이다. 만일 공부의 밖에 별도로 본체가 있고, 양자를 화합시키고자 하지 않는다면 그것은 외물外物일 것이며 도가 아닌 것이다.[136]

이 답장 편지의 상대인 진홍우(생몰년 미상)는 자는 이사履思이고 유종주와는 동향으로 절강 산음현 출신이며, 유종주의 딸을 아내로 맞이하여 평생 동안 유종주의 비서와 같은 역할을 담당한 인물이다. 하지만 사상 혹은 학문적으로는 도석령 계열의 절동 양명학 좌파의 흐름에 속하는 유자였다. 확실히 진홍우는 그 자신이 유종주의 사위였다는 사실에도 불구하고, 그 학문적 경향은 양명학 좌파의 그것에 가까웠다. 때문에 증인회 강학(유종주가 중심)과 백마산방별회(도석령이 중심) 양쪽의 강학에 모두 적극적으로 참가했던 인물이기도 하다.

유종주가 그 생애에 걸쳐서 쓴 많은 서간문 가운데, 특히 진홍우에게 보낸 서간문이 가장 많은 것도 이러한 혼인관계가 작용했을 것이며, 사위에게 자기 학문의 요점을 설명하고 훈계하기 위함이었을 것이다. 결국 증인사를 창립한 두 주역 도석령과 유종주의 학문 목표 및 종지는 이렇게 일치를 보지 못했는데, 사위 진홍우를 포함한 왕조식王朝式, 전

---

136 『全集』第三冊(上), 「文編七·書(論学)」, 「答履思二」. "學者只有工夫可說, 其本体処直是著不得一語. 纔著一語, 便是工夫邊事. 然言工夫, 而本体在其中矣. 大抵学者肯用工夫処, 即是本体流露処. 其善用工夫処, 即是本体正当処. 若工夫之外別有本体, 可以両相湊泊, 則亦外物而非道矣."

영석錢永錫 등과 같은 유자들은 '본체 중시론'을 신봉하고 양명학 좌파의 교설에 동조하였다. 마침내 이들은 동지 수십 명을 모아 도석령을 주강으로 삼고 별도로 '백마산방白馬山房'에서 회합을 추진하여 본체 중시의 입장을 내세운다. 이에 유종주는 그들의 오류를 지적하고 그 교설을 변난했으며, 또한 편지를 보내 그 교설의 수정에 노력하지만, 그다지 효과를 보지 못하였다. 앞에서 인용한 사위 진홍우에게 보낸 편지도 이러한 배경 하에서 집필된 것이었다.

이 백마산방별회 참가자의 면면은 '왕기—주여등—도씨 형제'계열에 속하는 절동 양명학 좌파의 인물들이며, 위의 세 사람 이외에 심국모沈國模(1575-1656), 사효복史孝復(158?-1644), 사효함史孝咸(1582-1659), 장응오張應鰲(1591-1681?), 오조원吳調元(생몰년 미상), 형길선邢吉先(생몰년 미상), 정뇌천鄭䨓天(생몰년 미상), 관종성管宗聖(1578-1641), 기준가祁駿佳(생몰년 미상), 기표가祁彪佳(1602-1645) 등의 인물들이 참가하고 있다. 어느 누구 할 것 없이 모두 주자학에 비판적 태도를 취한 양명학 좌파 계열의 인물들뿐이었다. 『명사明史』 권 255는 증인사와 백마산방별회가 나누어진 원인에 관해 다음과 같이 기록하고 있다.

월중越中(절강)에서 왕수인으로부터 왕기로 전해지고, 다음으로 주여등과 도망령에게 전해지고, 또 다음으로 도석령에게 전해졌는데, 모두 선禪과 뒤섞이게 되었다. 도석령은 백마산에서 강학했는데, 인과설因

果說을 위주로 함에 왕수인에게서 더욱 멀어지게 되었다. 유종주는 이를 우려한 나머지 증인서원을 세워 동지들을 모아 강론에 매진하였다.[137]

이 문장과 맥을 같이 하는 황종희의 기록은 스승의 행장 『자유자행장子劉子行狀』에도 보이며, 『명유학안』의 「즙산학안蕺山學案」에서도 그와 유사한 기록을 남기고 있다.

> 만년에 비록 도석량(=도석령)과 함께 증인회를 만들어 강학했지만, 학문이 같지 않았다. 석량石梁의 문인들은 모두 불교를 배웠으며, 후에는 또한 인과설로 흘렀다. 그 결과 백마산에서 모임을 따로 하였다. 나는 강연을 듣고……(석량의) 그 말이 심히 잘못되었다고 여겨 (그곳에서) 물러나 왕업순王業洵, 왕육시王毓蓍 등과 함께 당시의 이름난 동년배 선비 40여 명을 추천하여 (즙산) 선생 문하에 들어갔다.[138]

이 두 기록에서 보건대 유종주와 도석령의 결별, 즉 증인회와 백마산방별회로 나뉘게 된 결정적 결별 원인을 도석령 쪽의 불교 수용과 그 가운데 선禪의 인과설로 돌리고 있다. 또 왕수인이 전한 학설이 그

---

137 『明史』卷二百五十五, 「列傳一百四十三·劉宗周」. "越中自王守仁後, 一傳爲王畿, 再傳爲周汝登, 三傳陶奭齡, 皆雜於禪. 奭齡講學白馬山, 爲因果說, 去王守仁益遠. 宗周憂之, 築證人書院, 集同志講肄."

138 黃宗羲, 『明儒學案』卷六十二, 「蕺山學案」. "始雖與陶石梁同講席, 爲證人之會, 而學不同. 石梁之門人皆學佛, 後且流於因果, 分會於白馬山. 羲嘗聽講……羲甚不然其言, 退而與王業洵王毓蓍推擇一輩時名之士四十餘人, 執贄先生門下."

무렵 이미 절동 지역에서 유종주와 도석령의 대립적인 두 학파로 분리되었다는 분파적 상황을 전하고 있다. 역사적 사실로 볼 때 이 두 유파는 유종주 계열과 도석령 계열, 즉 유종주 쪽의 증인강회(황종희 주도)와 도석령 쪽의 요강서원姚江書院 강회(도석령의 문하생들)로 이어졌다는 것이다. 즉 도석령의 문하생들인 요강姚江[139] 출신의 심국모, 관종성 등도 이 무렵 요강서원을 세워 양명학 좌파의 교설을 전파하고 선전하였다.[140] 다른 한편에서는 유종주 쪽의 증인서원 강회가 양명학과 즙산학의 정통을 자부하는 황종희 등의 노력으로 청조 치하에서의 사설의 선전과 보급을 위해 부활한다. 사실 황종희의 학술활동 가운데 중요한 위치를 점하는 것은 서원에서의 강학 및 독서 그룹의 결성이었다.

앞에서도 언급했듯이 청 강희 6년(1667), 황종희는 58세 무렵이 되어 증인서원 강회를 재흥시킨다. 이 증인서원의 강회는 그 후 매년 유종주 주도의 증인사 출발지인 소흥에서 지속적으로 개최되면서 명대 강학의 전통을 이어간다. 황종희가 동문의 강희철 등과 함께 소흥에서 증인서원의 학술 활동을 부활시킨 목적은 스승 유종주의 즙산학설을 선전하고 발양시키기 위함이었다.[141] 게다가 황종희의 『연보』에 의하면 강희 7년에는 영파의 강회에 초빙을 받고 그곳에서 강학회를 주최했는

---

139 지금의 절강성 여요시餘姚市 경내의 사명산四明山에서 발원하는 강 이름, 다른 명칭으로 여요강餘姚江이라고도 함.
140 董瑒,『是學堂寓稿存』,「姚江書院附記」 참조.
141 쉬딩바오 지음, 양휘웅 옮김,『황종희 평전』, 돌베개, 2009, 187-188쪽.

데, 그 때도 강회의 대회명을 '증인'이라 명명했다고 한다.

그리고 황종희 67세 때, 해녕海寧 지현知縣 허삼례許三禮(1625–1691)가 현내의 사인들을 모아놓고 황종희에게 강학을 요청했는데, 황종희는 기꺼이 해녕海寧—절강성 항주만을 사이에 두고 여요餘姚의 서북쪽 약 70킬로에 위치한 지역—까지 직접 찾아가 강학을 행하기도 한다. 이런 연유로 황종희는 그 후 수년 동안 매년 한 번씩 해녕을 방문하여 스승의 학설에 관해 강의를 진행했다고 전해진다.[142] 이렇게 보면 유종주의 신독·성의론을 중심으로 한 학문관과 실천관은 그 필연적 귀결로서 현장 중시 위주의 강학 활동으로 결실을 맺는 것이었다고 할 수 있을 것이다. 보다 넓게 말하면 명대 말기 유종주 문인들에 의한 강학 활동의 융성은 당시 유교사상계의 풍조와 긴밀한 내적 관련을 가진 것이었다고도 할 수 있을 것이다. 유종주 자신이 강학 활동을 중요시하고, 후학의 대표 주자라 할 수 있는 황종희도 그 스승의 뜻을 받들어 강학회 활동에 전력을 기울인 것은 우연이 아니었다. 즉 이러한 강학의 유행은 그들만의 전유물은 아니었다. 이것은 명대 이후를 관통하면서 명말청초까지 이어지는 유교사상계의 보편적 특징이었다.

---

142 『全集』 第5冊, 「年譜·後編」, 「姚譜遺響」과 山井湧, 『黃宗羲』(人類の知的遺産三十三), 講談社, 1983, 111–113쪽.

2

강학과 정치 네트워크

　명대 말기 유교 지식인들의 학술 교류 및 인적 교류는 어떻게 이루어졌던 것일까. 이러한 문제를 생각할 때 결코 잊어서는 안 되는 것이 서원과 강학이라는 당시의 시대적 학술 풍경에 관한 문제이다. 이는 유종주 학술의 이해와 동림파 및 양명학 좌파의 문제에 있어서도 매우 중요한 의미를 갖는다. 유종주 자신도 당시의 유교 지식인층 사대부가 그러했듯이 대부분의 생애를 서원과 강학 활동에 종사한 인물이다. 그런데 중국 명청시기 유교 학술공동체로서의 서원과 강학 네트워크는 획일적 같음을 지양하지 않았다. 오히려 다함께 학술과 정치를 자유롭게 논했다고 하는 편이 나을 것이다. 중국 명대 중기부터 본격화된 서원과 강학 제도의 발전과 전개 양상을 살펴볼 때 빼놓을 수 없는 인물이 담약수(1466-1560)와 왕수인(1472-1529) 등 심학 계열의 학자들이라는 것은 의심의 여지가 없다. 또 명대 말기 양명학 진영에서의 활발한 학술 논쟁과 여러 학술 유파의 등장에 관해서도 이 둘의 존재와 관련지어 언급하지 않을 수 없다. 확실히 명대 중기 이후 서원 강회의 제도화에 가장 크게 공헌한 것은 역시 양명학파, 즉 왕수인과 그의 제자들이다. 다른 한편으로 이들(양명학 좌파)과의 격렬한 학술 논쟁을 전개한 주자학 계열의 동림학파 및 주자학·양명학의 절충과 융합을 시도한 즙산학파의 유종주를 빼놓고서도 명말청초의 중국 유교사상사를 이해하기에는 불충분하다.

따라서 여기에서는 중국의 송명대 서원 및 강학의 제 양상에 관하여 유교 학술공동체라는 측면에서 인식하고 명대의 서원과 강학의 양상이 어떠했는지, 또 명대 서원의 존재 의미 및 강학의 주요 내용인 유교적 학술 담론과 현실 정치적 담론이 어떠했는지 등등에 대해 탐구하고자 한다. 이에 덧붙여 명대 말기 주요한 학술·정치 네크워크로서 동림파와 소동림小東林이라는 불리는 복사復社의 전개 양상도 구체적으로 살펴보기로 한다.

1. 학술공동체로서 서원과 강학

주지하다시피 영어 커뮤니티의 한자어는 공동체이고, 사전적 정의에 따르면 생활, 환경, 운명을 함께하는 조직체이자 집단이다. 한자어로 풀면 '다함께[共] 다같이[同] 하는 단체[體]'이고, 영어로 풀면 '단일성unity을 함께 한다com'는 의미이다.[143] 예를 들면 가장 기본적 공동체

---

143 이찬수 편, 『아시아평화공동체』, 모시는사람들, 2017, 4쪽.

는 가족공동체 혹은 혈연공동체이고, 동일한 지역에 거주하면서 이해관계를 공통으로 하여 모인 경우는 지역공동체가 될 것이며, 학교 또한 배움의 공동체이다. 인간은 결국 태어나면서부터 공동체와 불가분의 존재이다. 따라서 이 논고에서 다루는 중국 명대 말기의 서원과 강학 그룹은 하나의 유교 학술공동체라고 볼 수 있을 것이다. 즉 송대 이후 중국의 경우는 그와 같은 의미에서 유교라는 지식 혹은 학술을 가르치고 배우는 공동체이자 거기에 더해 다함께 공부하고 토론하는 커뮤니티였다는 점이다. 하지만 그렇다고 해서 이러한 학술공동체가 유럽이나 미국의 그것과 유사하다고는 할 수 없다. 전근대 중국의 유교 학술공동체는 구체적으로 현대사회의 학교와 같은 기능을 담당하던 서원이라는 형태로 존재했는데, 특이하게도 혈연과 지연, 종족과 친족 등의 요소가 복잡하게 얽힌 사회구조 속에서 형성된 것이다. 서원이라는 명칭은 당대唐代에 처음으로 등장하지만, 본격적으로 발전하여 강학의 기풍이 만들어지기 시작한 것은 송대 이후이다. 이 강학의 기풍은 명대 중기에 이르면 더욱 본격화된다. 그리고 마침내 정치적 파벌로까지 발전하여 정치 네트워크로서의 특징이 강하게 나타난 것은 이 책의 주인공 유종주가 살았던 명대 말기라고 해야 할 것이다. 그 가운데 동림서원(1604)의 건립과 강학 및 정치적 여론 활동 등은 정치 네트워크와 학술 네트워크의 결합을 보여주는 좋은 실례이다.

1) 서원의 기능과 지역 서원

중국 명대 유교 학술공동체라고 하면 우선 교육조직으로서의 민간 사학私學인 서원이 떠오른다. 이는 중국의 전근대 학교, 교육연구기관이면서도 한자문화권인 동아시아(조선, 일본, 베트남) 지역의 전근대 학교제도에도 상당한 영향을 끼쳤다. 조선은 물론이고, 과거제도가 없던 일본 에도시대에는 사숙私塾이라는 의미에서 서원에 상당하는 데라코야寺子屋가 있었고 베트남에도 유사한 서원이 존재하였다. 그런데 중국 명대 중기 이후 서원의 가장 중요한 특징은 강학과 강회의 유행이다. 명대 중기 이후 유교 지식인들은 서원에서의 강학(혹은 강회)을 통해 학술교류와 인적교류는 물론이고, 더 나아가 동림서원의 사례처럼 정치 네트워크까지 구축하였다. 다른 한편으로 서원과 강학의 문제는 명대 말기의 유교와 불교사상계를 이해해 볼 수 있는 주요한 핵심 요소이기도 하다. 그럼 중국의 역사 속에서 서원이 최초로 등장한 것은 언제부터일까.

원래 서원의 명칭은 당 현종(713~755) 시대에 시작되었다. 당대唐代에 서원이 존재했다는 사실은 『신당서新唐書』 「백관지百官志」의 「수원수필隨園隨筆」 권14에 '여정수서원麗正修書院'과 '집현전서원集賢殿書院'의 명칭이 보인다. 더 구체적으로는 당 현종 13년(725)에 기존의 여정수서원이 집현전서원으로 개칭되었다.[144] 당대의 서원은 일종의 관립

---

144 丁淳睦, 『中國書院制度』, 文音社, 1990, 13쪽.

도서관으로 송대 이후 학생을 가르치고 인재를 육성하는 학교 형식의 서원과는 그 명칭이 같았다고는 하나 실질적 내용에 있어서는 완전히 달랐다. 그리고 당대 이래 집현전서원의 제도는 송대에 이르러서도 계승되는데, 명칭도 그대로 집현전이라고 하였다.

이 집현전의 임무는 당대 및 오대五代의 그것과 완전히 같은 형태였으며, 주로 도서의 편집, 교리校理, 수장收藏 등을 주요 임무로 하였다. 하지만 그 활동은 반드시 활발히 이루어졌다고는 할 수 없다. 송대가 남북으로 분열되고부터는 보통 북송北宋에서는 서원이 발달하지 못한 것에 비해 남송南宋에서는 많은 서원이 건립되었다. 그 주요한 서원의 명칭은 『속문헌통고續文獻通考』에 상세히 기재되어 있다.[145] 이들 서원의 주요한 의미와 기능은 세 가지 정도로 생각해 볼 수 있을 것이다.

첫 번째로 서원에서의 장서藏書의 기능과 의미이다. 『송원학안宋元學案』에 의하면 이를 위해 서고를 설치한 일도 많으며, 강서江西 금계金溪 사람 팽흥종彭興宗은 상산서원象山書院에 서적이 너무 적어서 주희朱熹를 방문하고 서적의 구입을 요구했다는 일화도 있다. 사상문화사적 측면에서 송대의 특색은 과히 '인쇄·출판문화의 시대'라 할 수 있다. 즉 송대 이전의 사본과 비교해 볼 때 인쇄는 이미 쓰여 있는 것의 대량 복제를 가능하게 해주는 획기적인 기술이었다. 이것이 본격적으로 보급되기 시작한 때가 송대이다. 이는 신유학으로서 주자학 교설

---

145 大久保英子, 『明淸時代書院の硏究』, 国書刊行会, 1976, 「서문序文」을 참조.

의 전국적인 보급, 서원과 강학의 발전 등등의 문제와도 깊은 연관성을 갖는다고 볼 수 있다.[146] 이러한 시점으로부터 보면 송대 서원에서의 장서 기능 또한 인쇄출판이라는 연장선상에서 생각해 볼 수 있을 것이다.

두 번째는 공사供祀의 기능인데, 석채釋菜[147]는 어디에서도 행해졌다는 것이다. 학교에서 석채를 행할 때는 그때마다 강좌를 개설하여 선성先聖·선사先師의 명언이나 경전에 관하여 질의와 응답을 병행하였다. 또한 송대 백록동서원白鹿洞書院을 시작으로 하여 주돈이周敦頤, 이정二程, 장재張載를 제향하는 경우가 가장 많았고, 후에는 주희까지 합쳐서 제향을 올렸으며 그 지방의 뛰어난 인물을 제향하는 경우도 있었다.

세 번째는 서원의 강학이다. 강학은 교육활동으로서 가장 중요한 서원의 임무이자 주요 기능이었다. 그 내용은 노장과 불교를 강의하는 것도 있었지만, 일반적으로는 유교 교설이 주를 이루었고 오경五經과 사서四書 등을 교수하였다. 송대에서는 유교사상사에서 '사서의 시대'라 불릴 만큼 사서가 널리 사용되었다. 따라서 서원의 의미를 정리해보면 대략 10세기 이후, 즉 송대 이후 서원의 가장 주요한 특징은 장서, 석채, 강학이라는 세 가지 기능이 될 것이다. 한편 과거시험에 대한 예

---

146 小島毅, 『朱子学と陽明学』, 放送大学教育振興会, 2004, 164-165쪽.
147 약식으로 행하는 석전釋奠을 말한다. 석전이란 선성先聖, 선사(先師를 학교에서 제사지낼 때 행하는 예식이다. 특히 문묘에서 공자를 제자지내는 의식을 말하기도 한다. 그런데 석채는 음악, 희생犧牲이 없고 예물로서 나물만을 쓴다. 즉 예물로서 채소류를 선사에게 바치는 일을 석채라 한다.

비교육으로서 학문이 왜곡되어 가고 있다는 자각 및 한대 이래의 훈고장구訓詁章句의 학풍을 비판적으로 바라보고자 하는 사조가 송대의 유학자들 속에서 생겨났다. 이러한 새로운 사조의 주류를 형성한 것은 주자학의 창시자 주희(1130-1200)다. 특히 그의 백록동서원 교육은 서원의 역사에서 중요한 의미를 갖는다. 이 백록동서원은 송대에 최초로, 또한 가장 잘 정비된 교육조직을 갖춘 서원으로서 출현하였고, 그 때문에 후세에 이르기까지 학교식 서원의 전형으로 널리 알려져 있다. 그 가운데 주희 자신이 직접 작성한 「백록동서원학규白鹿洞書院學規」는 고헌성(1550-1612)을 중심으로 한 명대 말기의 동림서원 강학에 지대한 영향을 끼치게 된다.

그런데 서원과 주희의 활약에 의해 송대에 자주 보이는 유교 학술계의 활기찬 모습은 원대에 들어서면 현저하게 쇠퇴의 길을 걷는다. 그후 자주 지적되는 바와 같이 명대 초기가 되면 태조 주원장朱元璋이 여러 가지의 정치적·경제적 개혁을 실시하는데, 그 중에서도 당률唐律, 당령唐令을 폐지하고 대명률大明律, 대명령大明令을 시행한다. 또한 촌락 자치의 조직을 세워 이갑제里甲制를 시행하고, 각 촌락에는 사학을 설치하여 과거제도를 중시하는 등 교육에도 새로운 정책을 도입하여 실행하였다.

이 사학은 중국에서 민간의 자제를 교화하기 위하여 향촌에 설치한 교육기관이다. 그것은 원명元明 교체 이후 문란하고 흐트러진 민심과 복잡한 정국 상황을 개선하기 위한 개혁 조치이기도 하였다. 사학은 청조에서도 좀 더 활발하게 행해졌고 중국에서는 서민교육으로 제도화된 가장 오래된 형태의 학교였다.[148] 이와 같은 명대 초기의 학교진흥책과 과거중시 정책은 반대로 민간에서의 서원과 강학의 기풍을 약화시킬 수밖에 없는 요인으로 작용하였다. 실제로 명대 초기에는 서원의 건립을 찾아보기가 어렵다. 역사적 사실에 의하면 서원이 활발하게 설립되기 시작한 것은 서력 1470년 무렵 이후의 일이다.

이 시기는 양명학의 탄생과 연관성이 있다. 따라서 명대 중엽 이후 서원·강학 융성의 단서를 찾고자 할 경우에는 우선 왕수인 및 당시 유교 학술계에서 왕수인과 쌍벽을 이루던 담약수의 존재에 대해 주목해야 된다. 주지하듯이 왕수인은 헌종 성화 무렵부터 만력·가정 시기에 활약한 양명학의 창시자이며, 34세 무렵 진헌장陳獻章(1428-1500)에게서 배운 담약수와 교류하기 시작한다. 왕수인은 정덕 3년 37세 때 귀주성 용장龍場에서 용강서원龍岡書院을 세우는데, 그 후 각지에 방문할 때마다 문인들을 모아 강학하고 백록동에까지 가서 강의한 적도 있었다. 또한 이 사이 귀양의 귀양서원貴陽書院을 주재하고 염계서원濂溪書院을 수리했으며, 절강 소흥의 계산서원稽山書院, 광서 남녕南寧의 부문서원敷文書院 등지에서 학생들의 교육과 강의에 매진하였다. 이렇게 명 가정 연간의 서원 융성의 단서는 왕수인의 활동에서도 그 사례를 쉽게 찾아볼 수 있다. 담약수의 경우도 그 자신이 진헌장의 제자였다는 사실로부터 유교사상적으로는 왕수인과 격물格物 해석 및 학술

---

148 林友春, 『書院教育史』, 学芸図書株式会社, 1989, 65-93쪽, 190쪽.

적 경향에서 약간의 차이를 보이고 있다.[149]

　하지만 그의 학술활동은 서원과 강학의 부흥이라는 면에서는 왕수인에 뒤지지 않았다. 그는 가는 곳마다 스승 진헌장을 기념하는 서원을 건립하였다. 그도 왕수인처럼 서원 교육에 많은 관심을 가지고 있었고, 남경의 신천서원新泉書院, 강포江浦의 신강서원新江書院, 그 밖에 서초강사西樵講舍, 백사서원白沙書院 등은 모두 그의 설립에 의한 것이다. 담약수의 유교사상은 '가는 곳마다 천리를 체인한다[隨處體認天理].'고 하는 명제를 학문의 종지로 삼았는데, 왕수인의 사상과는 다른 형태의 것으로서 후에 왕·담의 두 학파로 각각 나누어졌다는 것이 일반적인 통설이다. 하지만 이 두 인물은 상호 협력하는 관계였고, 명대 중엽 이후 서원·강학의 융성에 다함께 노력했다는 공통점이 있다. 따라서 이러한 의미에서는 담약수도 명대 서원 발흥의 공로자 중의 한 사람이었다고 할 수 있을 것이다. 명대는 그 전대(송원시대)와 비교하여 더 많은 서원이 창건되고 개수改修 작업이 행해진 시기이다. 다음의 표는 명청시대 절강 지역의 서원을 연대별로 분류한 것이다.

---

149 丁淳睦, 『中國書院制度』, 文音社, 1990, 56쪽.

표7) 절강 지방 서원의 연대 분류[150]

	창건	증건	재건	개건	이건	중건	중수, 개수
송대宋代	19						
원대元代	1	2		1			
명대明代	35		1	6		6	6
(청대) 순치順治	3						1
강희康熙	22		2	5		11	7
옹정雍正	2		1			2	6
건륭乾隆	39	4	3	8		6	24
가경嘉慶	7	4		1		6	14
도광道光	7	4		1		3	7
함풍咸豊	5					2	5
동치同治	17	1	7	3		7	16
광서光緒	14	4		1		8	11
청대淸代	3		1			1	

이 표를 통해 보더라도 명대 중엽 이후 서원 융성의 양상이 어떠한 상황이었는지를 쉽게 이해해 볼 수 있다. 시대별 구분에 의해 10세기 이후 중국 문화의 중심지 절강에서의 서원 창건수를 보면 청대 건륭乾隆이 39개로 가장 많고 명대가 35개로 그 다음이다. 이는 명대가 되어 서원의 융성이 본격적으로 시작되었다는 것을 보여주는 좋은 증거이다. 그와 같은 의미에서 명대 중엽 이후는 '서원·강학의 시대'이자 유교 학술공동체의 전성기였다고 할 수 있다. 그런데 표1)에서 볼 때 청 순

---

150 이 표는 大久保英子,『明淸時代書院の硏究』(国書刊行会, 1976)에 수록된 표를 참조하여 작성하였다.

치 무렵이 가장 적은 이유는 조정의 사인士人 결사와 서원 탄압정책에 기인한 결과일 것이다. 그런데 명대 서원의 새로운 의미와 학술 활동은 송대의 그것과는 상당한 차이가 있었다. 송대의 서원은 무엇보다도 선생이 가르치고 학생이 강의를 듣고 공부하는 형태였다. 이는 지식만을 전수하는 주입식 교육에 다름 아니었고, 학술 담론과 같은 자유로운 학술활동이 이루어지는 개방적 공간이 아니라 폐쇄된 공간을 이루고 있었다. 하지만 왕수인 이래의 명대의 서원은 그렇지 않았다. 서원에서 이루어진 학술 활동의 특징은 무엇보다도 강학이 우선시되었다. 학문을 강의한다는 것은 넓은 의미에서는 학문을 한다는 것, 혹은 학문을 전달하는 것이라는 그 어떤 별다를 것 없는 의미가 되겠지만, 여기에서 말하는 강학, 즉 청대가 되면 강한 기피 대상이자 매도된 명대의 강학 형태는 사람들을 모아 학술 강연회 내지는 토론회를 개최하는 학술 활동이었다.[151] 이제 이렇게 많은 서원의 건립으로 인하여 학술 토론회의 장소를 제공받은 사인들은 강학 활동을 활성화하고, 더 나아가 학술·정치집단으로서 결사를 조직하면서 학술 활동과 병행하여 정치적 담론들을 만들어내기 시작한다. 그리고 그것이 가장 활발히 전개된 시기가 명대 말기라는 중국사 속에서의 대전환기였다.

151 井上進, 『顧炎武』, 白帝社, 1994, 49쪽.

2) 강학-유교 학술과 정치 담론

명대 중엽 이후, 서원에서의 강학 활동은 최전성기를 맞이한다. 강학이란 말 그대로 학문을 연구하는 일, 곧 학술연구 그리고 서원에서 행하는 교육의 한 방식을 의미한다. 그런데 동아시아 유교사, 좁게는 동아시아 서원사書院史에서 '신新 발전기'로 불리는 명대의 서원이 이룩한 가장 중요한 역사적 성과의 하나는 강회이며, 이는 새로운 형식의 집단적 강학 활동이었다. 명대의 서원 '강회'는 대체로 "일정한 시기에 미리 선임된 인사들의 주관 아래, 서책에 대한 강론을 중심으로 일정한 의식 절차에 따라 진행하는 집단적 강학 활동"[152]으로 정의할 수 있을 것이다. 명대 중엽 이후 왕수인·담약수로부터 본격적으로 시작된 서원의 강학 활동은 그 후 왕기王畿(1498–1583)를 중심으로 한 양명학 좌파에게 계승된다. 유교사상사라는 측면에서 보면 동림서원의 동림학파와 즙산서원을 일으킨 유종주의 주요한 비판 대상이던 양명학 좌파의 왕기도 또한 자신의 유교 학설 확립과 더불어 전 생애에 걸쳐서 쉼 없이 강학 활동에 종사한 인물이다.[153] 왕기의 경우 강학의 목적은 동지, 사우師友가 하나의 당堂에 모여 상호간 절차탁마하는 일이었다. 이는 곧 유교 학술공동체의 또 다른 표현 형태이다. 폐쇄적 수신修身만을 강조하고 소통 없는 학문태도에 대하여 왕기는 매우 부정적이었

---

152 박종배, 「회규를 통해서 본 명대의 서원 강회 제도」, 『교육사학연구』 21-2, 교육사학회, 2011, 81쪽.
153 왕기의 강학활동 전반에 관해서는 中純夫, 「王畿の講学活動」, 『富山大学人文学部紀要』第26号, 富山大学人文学部, 1997.

다. 왕기는 그 강학의 의미에 관하여 다음과 같이 말한다.

친구와 교제하고 이로움을 추구하는 것은 본래부터 우리들의 본분
本分에 속하는 일이다. ………문을 닫아걸고 울타리가 둘러친 깊숙한
곳에 몸을 피하고서는 홀로 외로이 자기 몸을 깨끗이 하고 스스로를 높
인다고 하는 태도는 본래부터 나의 초심初心은 아니다.[154]

빗장을 질러 문을 걸어 닫고 홀로 자기 몸을 선하게 하여 고결한 정
신의 소유자와는 허명虛名을 다투며 현실 사회와는 서로 교섭하지 못한
다. 그러한 태도는 타인과 선善을 나누어 가지고자 하는 나의 초심이 아
니다. 그러한 삶의 태도는 나로서 볼 때 이루지 못할 바가 아니다. 다만
차마 할 수 없을 뿐이다.[155]

여기에서 왕기가 말하는 강학이란 그 원래의 학문 형태에 있어서
타인·사회에 대한 적극적 혹은 능동적 관여로의 지향성을 내포하는
것이었다고 할 수 있다. 하지만 이와 같은 강학은 이제 더 이상 양명학
좌파만의 전유물이 아니라, 명대 말기 유교 사상계를 풍미한 일종의
보편화된 풍조였다. 그것은 서원의 흥성·활성화와 연관성이 있으며, 이
것은 각 유교 학파가 만들어낸 다양한 종류의 유교 학술공동체의 학

154『龍渓王先生全集』巻一,「三山麗沢録」第一条, 嘉靖三十六年, 六十歳. "取友求益, 原是吾人
分内事. ……至於閉門踰垣, 踽踽然潔身独行, 自以為高, 則又非予之初心."
155『龍渓王先生全集』巻五,「天柱三房会語」第八条, 万暦二年, 七十七歳. "至於閉関独善, 養成
神龍虚誉, 与世界若不相渉, 似非同善之初心. 予非不能, 蓋不忍者."

술 담론이 이제 실제 사회와 정치 생활에까지 파급력을 미치는 형태로서의 활성화와 연관성이었다. 그것이 두드러지게 나타난 경우가 동림서원이다. 동림서원의 강회는 명대 말기의 시점에서 학술과 정치집단으로서의 면모를 가장 잘 보여주는 사례일 것이다.

결국 중국 명대 말기 유교 사상계에 있어서는 주자학자이든 양명학자이든 간에 양자는 공통으로 서원과 강학 활동을 통하여 스스로의 학문 향상에 힘을 쏟으면서 자신들만의 학술공동체를 형성했다고 볼 수 있다. 그 대표적 유교 학술공동체의 사례가 바로 서원을 중심으로 강학 활동을 펼친 동림학파(주자학적 경향), 즙산학파(주왕 절충학적 경향), 양명학 좌파(양명학적 경향) 등일 것이다.

사실 명대 말기의 강학 중시적인 풍조 혹은 발상 자체는 반드시 명대 고유의 사조라고는 단정할 수 없으며, 그 옛날부터 오래된 내력을 가진 학술 풍조였다. 그렇지만 명대 말기 유교 사상계의 다양한 학문적 접근이 강학이라는 학문 형태와 밀접하고 불가분하게 연결성을 가지고 있었다는 것 또한 의심할 수 없는 사실이다. 서원에서의 왕성한 강학 활동은 조정 중앙정부의 권력적인 측면에서 보면 분명히 불온한 움직임이자 결코 좌시할 수 없는 사회운동이었다. 왕기의 생애에서 거의 최만년에 해당하는 만력 1년부터 10년까지의 기간 동안 수보首輔의 직에 있던 이가 그 유명한 장거정張居正(1525-1582)이다. 가정嘉靖 연간에는 어떤 특정의 서원뿐만 아니라 서원 전체가 금지되고 있었다. 하지만 이 서원에 대한 금령禁令은 거의 유명무실할 정도로 효과를 거두

지 못하였고, 서원의 강학 활동은 여전히 활발하였다. 이러한 상황을 매우 불쾌히 생각하여 단호하게 서원을 탄압한 인물이 바로 만력 초년의 수상이던 장거정이었다. 기존의 연구에서 지적하는 바와 같이, 그의 정치적 태도는 "기본적으로는 황제 일원적 지배하의 천하 만민을 위해 명조 전제체제專制體制를 공고히 하고 강화하는 데에 있었다."[156] 이러한 태도에 따라 그의 행동은 천하의 서원을 타파하는 등, 강학 탄압 정책을 시행하게 된다. 확실히 장거정에 의한 강학 탄압책이 지방 언론의 봉쇄를 목적으로 한 것이었다는 것은 장거정 측의 자료에 비추어 보더라도 분명하다.

장거정이 서원의 활동과 건립을 금지했다 하더라도, 그것은 역시 정치적 관점으로부터 취한 조치였다. 서원은 다수의 지방 지식인층 인사들이 모여 자신들 스스로의 관점에 따라 자유롭게 정치적 의론을 행하던 곳이었다. 그와 같은 의론은 가령 유교 도덕학을 주제로 삼는다고 해도, 이윽고는 사회의 불만과 모순에 대해 어떠한 형태로든 간에 정치적 표현을 하지 않을 수 없었다. 그렇다고 한다면 일은 중대한 사태로 발전한다. 강력한 황제집권체제를 목표로 하는 장거정의 정치적 자세로부터 보면 강학 활동의 거점이 된 서원은 참으로 위험한 존재였고, 결코 허용되기 어려운 것이었다.

그러나 장거정 사후, 명대 말기 서원의 강학활동은 일시적 침체 상

---

156 溝口雄三, 「いわゆる東林派人士の思想－前近代期における中国思想の展開(上)」, 第七十五冊, 1978, 136쪽.

황을 극복하고 또 다시 부활을 알린다. 그 주역은 말할 것도 없이 동림학파와 양명학 좌파 및 즙산학파 유종주 계열의 문인집단이었다. 모리 노리코森紀子는 "양명학의 융흥은 서원·강학의 풍조를 세상에 만연시켰는데, 제염업자 출신의 왕간王艮(1483-1541)을 개조로 하는 태주학파泰州學派(왕학 좌파)의 출현과 더불어 그것이 사대부 계층뿐만 아니라 서민층에게까지 널리 퍼져나갔다는 것은 명대 사상사상 특필할 만한 현상이었다."[157]고 말하고 있다. 하지만 이러한 모리 노리코의 관점은 역사적 사실과는 완전히 배치된다. 명대의 서원과 강학 유행의 풍조는 양명학 내지는 양명학 좌파만의 문제는 아니었다고 하는 점이다.

간단한 실례로 명말 강남 지역의 명망 높은 유학자 유종주도 그 대부분의 일생에 걸쳐서 부단히 강학활동에 종사했던 인물이고, 그 밖의 주자학 계열의 학자들도 대개가 서원에서 강학활동에 전력을 다했다는 것이다. 그래서 명말 강학활동의 융성과 전개를 태주학파만의 공헌으로 보는 것은 오류인 것이다. 특히 만력 후반 이래, 격렬한 정치적 사건의 주역을 끊임없이 담당했던 동림파는 처음부터 동림서원의 강학활동으로부터 생겨난 조직이었다. 이러한 풍조는 명대 말기의 질서재편秩序再編 운동에도 자주 보이는 경향과 마찬가지로 주자학자이든 양명학자이든지 간에 학파를 불문하고 모두가 공통의 인식에 근거하고 있는 것이었다고 말할 수 있을 것이다.

---

157 森紀子, 『転換期における中国儒教運動』, 京都大学学術出版会, 2005, 111쪽.

2. 학술과 정치 네트워크

1) 학술·정치 네트워크로서 동림서원

명대 말기까지 지속된 서원과 강학의 성장은 경이적이었다. 서원은 유교 지식인 담론의 중심지이자 정치적인 비판과 투쟁의 중심지였다. 단체, 모임, 붕당의 자유로운 결합이 최정점에 달한 17세기 초에 동림서원과 복사復社가 출현한 것은 그동안 숨겨져 있던 서원 교육의 정치적인 방향성이 공개적으로 드러난 것이었다.[158] 따라서 학술에서 정치 네트워크로의 전환은 명대 말기 동림서원의 특징이다. 송대를 거쳐 명대 중기의 서원에 이르기까지 서원에서의 강학은 유교, 더 구체적으로는 신유학(주로 주자학과 양명학) 교설의 전파와 교육 및 이론적 학술 담론이 주를 이루었다. 또 그때까지 각각의 서원·강학 그룹에 참여한 인물들의 네트워크나 인맥 관계도 주자학 경향이냐 양명학 경향이냐의 분류에 의한 학파성 및 거주지나 관직의 부임지에 의한 지역성이 강하였다.

결국 학술적 성격이 짙었다는 것이 명대 말기 전까지의 서원·강학이 가진 특징인 것이다. 하지만 명대 말기에 이르러 동림서원의 등장으로 인해 서원·강학의 성격은 돌변한다. 지식과 권력의 관계는 동서고금을 막론하고 매우 밀접한 연관성을 갖고 있지만, 동림서원처럼 깊은 연관성을 갖는 사례는 조선시대를 제외하고는 찾아보기 어렵다. 동

---

158 벤저민 엘먼 지음, 양휘웅 옮김, 『성리학에서 고증학으로』, 예문서원, 2004, 269쪽.

림서원은 학술공동체(양명학 좌파 비판 그룹), 정치공동체(환관파 비판 그룹), 지역공동체(강소성 로컬 커뮤니티)라는 3요소를 모두 갖춘 지식인 커뮤니티였다.

사실 동림서원은 중국 명대 말기 정치사에서 볼 때 중국사의 한 획을 긋는 권력투쟁 혹은 정치투쟁으로 널리 알려져 있다. 이 서원의 명칭과 더불어 여기에 참여한 인사들을 통칭할 때 정치적 당파 개념으로서의 동림당, 학술적 학파 개념으로서의 동림학파 혹은 동림파 등으로 부르기도 한다. 이것은 그만큼 동림서원의 강학에 참여한 인물군의 성격이 유교의 학술 담론과 정치 담론을 동시에 펼치던 학술집단이자 정치집단이라는 방증일 것이다.

명대 중기 양명학파의 주도 아래 서원 강회의 제도화와 보편화가 이루어졌다면, 명말·청초에는 이른바 '천하동림강학서원'을 중심으로 '강학에서 정치로의 확대'라고 하는 새로운 강회 전통이 수립된다. 중국의 17세기 이후 강회 전통은 당대 최고의 서원으로 명성을 날리던 동림서원의 주도 하에 형성되었는데, 이 시기 동림서원의 영향을 받아 관중서원과 인문서원, 자양서원, 수선서원 등 많은 서원들이 선명한 학술적 특색과 정치적 경향을 띠고 적극적인 강회 활동을 전개하였다.

이처럼 유교적 학술 담론에서 정치 담론으로의 전환과 확대, 이것이 동림서원 강학 활동의 역사적 의미이다. 중국 근현대사의 개창자로 평가받는 역사학자 유이징柳詒徵(1880-1956)의 『강소서원지초고江蘇書院志初稿』에서는 동림서원의 역사적 의미에 대해 다음과 같이 기록하고 있다.

민간인에 의한 강학·서원은 한 가닥 빛나는 기치를 세워 중원을 풍미하고 조정을 좌우하였다. 스승의 행의行誼와 심성론의 오묘한 강의는 실로 한 개의 학파를 형성하기에 족하였고 그들 동지의 진퇴와 존망은 천하의 정세와 유관하다는 것이 밝혀졌다. 그리하여 서원의 이름은 정당政黨의 지목을 받게 되었는데, 송원명청 4대에 걸쳐 여러 서원들이 이를 저울질하였으나 동림서원보다 지나친 곳은 없었다.[159]

이 기록에서 보듯이 동림서원은 학술적으로 유교 학파를 형성하면서도 현실 정치의 장까지 침투하여 정치 담론과 여론의 장으로서 기능하였다는 것을 알 수 있다. 동림서원이라 하면 고헌성과 고반룡의 이름이 우선 떠오른다. 이 고헌성은 1604년(만력 32년)부터 1612년(만력 40년)까지 동림서원의 중건과 강회를 주도하는데, 그 무렵이 동림서원의 강학 활동이 가장 흥성했던 시기이다. 당시 동림 강회의 풍경에 관한 기록이 『동림서원지東林書院志』에 잘 드러나 있다.

만력 37년(1609) 중추 19일, 오자왕吳子往이 나(호가윤胡佳胤)에게

---

159 柳詒徵, 「江蘇書院志初稿」, 趙所生·薛正興主編, 『中國歷代書院志』(全十六冊) 第一冊一, 江蘇教育, 1995. 丁淳睦, 『中國書院制度』, 文音社, 1990, 57쪽. 정순목의 저서에서는 원래 강소江蘇가 강서江蘇로 되어 있는데, 이는 한글의 오자로 판단되어 바로잡는다. 또 유이징柳詒徵의 이름도 이이貽 자로 표기했는데, 이이詒 자이다.

동림사東林社에 입회할 것을 청하였다. 그 때는 경양涇陽 선생이(고헌성)이 회주會主로 있었고, 고반룡, 유원진劉元珍 선생 등이 보좌하였다. 나와 오자왕 및 일방의 외초인들이 손님이 되어 동서로 늘어앉았다. 좌정하자 경양 선생이 『맹자』의 첫 장을 강론하시며 의義와 리利의 뜻을 풀이하셨다. 이때부터 서로 질문을 하고 '진심'과 '천명'등의 뜻에까지 [논의가] 미쳤다. 강론이 끝나자 한 사람이 동쪽 자리에서 내려와 바르게 서서 읍하고 위장거魏莊渠의 학문을 권면하는 말에 대해 쓴 것을 꺼내 읽자 듣는 사람들이 숙연해졌다. 강회를 마치고 고기와 음식으로 손님을 대접하였고, 술도 몇 잔 돌린 다음 각자 흩어져 나갔다. 은미한 말씀이 오래 전에 끊어졌는데, 이 강회는 동남 지역의 영수로서 사방을 감화시키니 참으로 천년에 한번 있을 만한 [뜻 깊은] 일이다.[160]

여기에서도 '동림사'라고 언급했듯이 동림서원은 일반적 성격의 서원과는 달리 운영되었음을 알 수 있다. 예컨대 동림서원은 학문적·정치적 동지들의 강회 장소로서의 성격을 강하게 드러냈고, 그에 따라 일종의 결사체나 정치·학술 단체적 성격도 갖고 있었다. 1604년 중건 이후 동림서원 강회는 양명학에서 주자학으로의 전환이라는 유교 학술종지의 변화뿐만 아니라 청의淸議, 즉 천하의 시정에 대한 관심을 통

---

160 『東林書院志』卷21, 『中國基本古籍庫(ancientbook)』 Web D/B 수록본. "萬曆三十七年仲秋十九日, 吳子往邀余入東林社. 時時涇陽先生爲會主, 而高劉. 諸公翼之. 予與子往及一方外楚人爲客, 列東西坐. 坐定, 涇陽先生講孟子首章, 析義利之旨. 自是互相送難, 及盡心天命諸義. 講罷, 一人從東席趨下, 正立揖, 出所書魏莊渠勵學語讀一過, 聞者悚然. 罷會, 設鷄黍供客, 酒數巡, 各散出, 微言久絶, 此會爲東南領袖, 風動四方, 眞千古一事矣."

해 정치 담론의 여론화라는 새로운 전통을 수립한다. 동림서원은 당대 학문적·정치적 동지들의 결사체적 성격을 갖는 사단성社團性 서원 또는 '강회식 서원'의 전형이 되어 전국적 영향력을 발휘한 것이다.[161] 동림서원은 창건 당시부터 학술과 정치적 담론을 표방했는데, 창건자 고헌성과 고반룡의 학술과 정치적 지향은 처음부터 분명하였다.

이들은 출발부터 유교 학술적으로 육왕학陸王學을 비판하면서 정주학 내지 주자학을 전면에 내세우고 존숭하였다. 특히 왕학 말류 혹은 양명학 좌파에 대해서는 매우 공격적이었다. 이들은 동림서원에 지역 지식인들을 모아 강학을 펼치면서 인물에 대한 평가, 조정에 대한 풍자 등을 통하여 강학과 학술을 정치적 논의와 연결하였다.[162] 후가되면 동림서원의 정치적 발언이 점차 확대되어 하나의 정치적 파벌을 형성한다. 결국 당시 환관파 집권 세력에 의해 '동림당'으로 불리면서 대대적인 정치적 탄압을 받는 운명에 처한다.

이들 동림파의 강학은 만력부터 숭정(1628-1643)에 이르기까지 50여 년간 지속되었는데, 당시의 유교 학술과 정치에 끼친 영향을 매우 컸다. 황종희의 『명유학안』「동림학안東林學案」에는 당시 대표적인 학자 17명을 들고 있으며, 청대의 유자 강음江陰 사람 진정陳鼎(1650-?)의 『동림열전東林列傳』24권에는 180여 명의 인물을 망라하고 있다. 하지만 그들의 시정에 대한 비판, 정치적 주장 등은 조정의 기피 대상이

---

161 박종배, 「명·청시기 서원 강회의 발전 과정에 관한 일고찰」, 『한국교육사학』제35권 제3호, 2013, 60, 61, 66쪽.
162 이주행 지음, 『무위유학-왕기의 양명학』, 소나무, 2005, 364쪽.

되었고, 천계 5년에는 위충현 등의 환관 일파에 의해 폐지되는 액운을 당하는데, 이때 위충현 등의 엄당閹黨 일파는 「동림당인방東林黨人榜」을 만들어 전국에 유포하면서 가혹한 정치적 탄압을 가한다.

그 결과 생존자는 삭적, 죽은 자는 추탈, 이미 삭탈된 자는 금고禁錮에 처했는데, 도합 309명이 연루되었다.[163] 이처럼 동림서원과 동림파 인사에 대한 대대적 탄압은 명대 말기 최대의 정치적 사건이 되어 왕조가 교체되는 운명을 맞이하는 명말청초라는 시대상을 만들어냈다고 해도 과언이 아닐 것이다. 유교적 학술 담론으로 시작된 동림서원 강학은 결국 정치적 발언과 비평까지 펼치면서 정치 네트워크를 형성하지만, 결국 정치적 탄압에 직면하고 미완의 학술·정치공동체로서 막을 내리게 된 것이다. 그러나 이와 같은 동림파의 강학 정신과 실천은 명대 말기 또 하나의 학술·정치 네트워크를 탄생시킨다. 그것인 바로 복사이다.

2) 소동림으로서 복사

복사復社라는 한자어에서 알 수 있듯이, 말 그대로 풀이하면 (옛) 정치사회의 회복을 위한 모임이며 강한 정치색을 드러내고 있음을 알 수 있다. 따라서 이 복사의 역사적 위상은 학술적 성격(특히 문학적)이 농후한 결사조직에서 정치적 성격이 강렬한 결사結社조직으로의 전환

---

163 鄭錫元, 「明末 東林學派의 經世事狀」, 『民族과 文化』 제3집, 1995, 223쪽.

이라고 해야 할 것이다. 중국 명대 말기 복사 출현의 의의는 확실히 당시 서원·강학의 융성이라는 학술계 풍경과 명청교체라는 혼란의 정치적 상황으로부터 파악해 볼 수 있다. 명대 말기 강학의 유행을 언급할 때 동림파 이외에 또 하나의 정치·학술집단의 존재를 빼놓을 수 없는데, 그것이 바로 '소동림小東林'이라고 불리는 복사의 존재인 것이다. 이 용어에서 예측되듯이 복사는 동림서원, 동림사, 동림 강회의 영향을 가장 많이 받은 결사 가운데 하나로서 출발하였다. 『명사』의 「진자룡전陳子龍傳」에서는 다음과 같이 말한다.

> 자룡子龍과 같은 고을의 하윤이夏允彝(1596-1645)는 모두 이름난 선비였다. 이때 동림의 강습이 성하여 소주蘇州의 뛰어난 인재 장부張溥, 양정추楊廷樞 등이 이를 사모하여 문회文會를 조직하니 복사라 하였다. 하윤이와 진자룡, 서부언徐孚遠, 왕광승王光承 등이 또한 기사幾社를 조직하여 서로 응화應和하였다.[164]

당시 동림서원의 강학이 성행하였고 이를 흠모하여 복사를 조직했다는 것, 또한 진자룡 등에 의해 기사도 조직되었다는 것을 알 수 있다. 이 기사幾社는 진자룡과 하윤이 등이 강소 화정華亭에 창설한 문학결사이다. 『주역』의 지기知幾(기미를 앎), 즉 변화의 징조를 알아야

---

164 『明史』卷277, 「陳子龍傳」. "子龍與同邑夏允彝皆負重名.....是時東林講席盛, 蘇州高才生張溥, 楊廷樞等慕之, 結文會名復社.....允彝與同邑陳子龍, 徐孚遠, 王光承等亦結幾社相應和."

한다는 말에서 기사라 명명했다고 한다. 후에는 복사에 합류한다.

복사가 소동림이라 불린 주요한 이유와 근거는 동림파(혹은 동림당)와 복사 참여의 인적 네트워크를 살펴보면 보다 더 분명해진다. 다음은 동림과 복사의 관련 인물표이다.

표8) 동림과 복사 관련 인물표[165]

동림 관련인물	복사 관련인물	양자의 관계
고헌성顧憲成	고고顧杲	손자
고반룡高攀龍	(1)고영청高永淸, (2)화시형華時亨, (3)진용秦鏞	(1)손자, (2)제자, (3)제자의 아들
좌광두左光斗	(1)좌자정左子正・좌자직左子直・좌자충左子忠・좌자후左子厚, (2)사가법史可法	(1)아들, (2)제자
위대중魏大中	위학렴魏学濂・위학수魏学洙	아들
유종주劉宗周	(1)유작劉汋, (2)왕업순王業洵・황종희	(1)아들, (2)제자
고대장顧大章	고옥서顧玉書	아들
주순창朱順昌	(1)주무란周茂蘭・주무조周茂藻, (2)문승文乗	(1)아들, (2)사위
무창기繆昌期	무채실繆采室	아들
주종건周宗建	(1)주정조周廷祚, (2)오창시吳昌時	(1)아들, (2)제자
황존소黃尊素	황종희	아들
손승종孫承宗	손함孫鋡・손월孫鉥	아들
요희맹姚希孟	(1)요종전姚宗典・요종장姚宗章, (2)서수비徐樹丕	(1)아들, (2)사위
문진맹文震孟	문승文乗	아들, 주순창의 사위

165 이 표는 何宗美, 『明末淸初文人結社硏究』(南開大学出版社, 2003) 165-116쪽에 수록된 표를 참조하여 작성하였다.

사가법史可法	사가정史可程	동생
마세기馬世奇	(1)마세명馬世名, (2)황가서黃家舒	(1)동생, (2)제자
서견徐汧	서주徐繇(	종질
방공치方孔熾	방이지方以智	아들
구식사瞿式耜	(1)고령顧苓, (2)구원석瞿元錫	(1)친척, (2)아들
주표周鑣	서시림徐時霖	제자
정삼준鄭三俊	정삼모鄭三謨	형
허사유許士柔	허요許瑤	아들
후진양侯震暘	(1)후동증侯峒曾・후기증侯岐曾、(2)후순侯洵・후방侯汸・후굉侯浤	(1)아들、(2)손자(후기증의 아들)
황육기黃毓祺	황대담黃大湛・황대홍黃大洪	아들
진우정陳于廷	진정혜陳貞慧	아들
호수항胡守恒	(1)호수흠胡守欽, (2)호영형胡永亨	(1)동생, (2)아들
요사인姚思仁	요한姚瀚	아들
전사진錢士晉	(1)전전錢栴・전분錢棻、(2)전묵錢默・전희錢熙	(1)아들、(2)손자(전전의 아들)
기표가祁彪佳	기홍손祁鴻孫	종자從子
서양언徐良彦	서세부徐世溥	이들
진도형陳道亨	진굉서陳宏緒	아들
추원표鄒元標	유동승劉同升	제자
진자장陳子壯	진상용陳上庸	아들
후순侯恂	후방하侯方夏・후방래侯方来・후방역侯方域	아들
후각侯恪	후방진侯方鎮・후방악侯方岳	아들
웅명우熊明遇	웅인림熊人霖	아들
강채姜埰	(1)강해姜垓, (2)강해姜楷・강식姜植	(1)동생, (2)종형제
원중도袁中道	원기년袁祈年	아들
왕상건王象乾	왕여명王與明・왕여칙王與敕	조카

이 집단의 인물들은 대부분이 동림 강학 및 동림파 지지자였던 즙산학파 유종주와 인맥관계를 맺고 있다. 구체적으로는 동림파 인사들과 보다 더 깊은 인간관계를 맺고 있었다. 이 복사를 특색 있는 집단으로서 말할 수 있는 것은 그것이 정·관계 내부의 파벌적 존재 붕당이 아니라, 학생 신분인 생원의 결사이고, 게다가 그 참가자들 대부분이 강소·절강 지역을 중심으로 하여 전국에서 모인 인원이 3천명에 이르렀다는 사실이다. 사국정謝國楨은 이것을 '정치운동' 혹은 '사회운동'으로서 파악하고 있기도 하다. 그리고 복사사復社史, 더 나아가서는 명말의 정치·사회에 대한 고찰이라는 입장으로부터의 연구는 오노 가즈코小野和子와 미야자키 이치사다宮崎市定 등에 의해 행해지고 있다.[166] 게다가 학술사에 있어서도 황종희·고염무·방이지方以智가 일찍이 복사 동인이었다는 사실로부터 복사의 명칭은 매우 친숙한 집단이 되었던 것이다.

실제로 복사와 청초의 학술과의 사이에 얼마간의 관계가 있지 않았을까 라고 하는 점은 근대적인 복사 연구의 개시와 함께 이른 시기부터 지적되어 오고 있기도 하다. 일반적으로 복사란 동림서원의 뒤를 계승하여 명말에서 청대에 걸쳐 활약한 독서인의 총합체라고도 해야 할

---

166 이제까지 복사에 관한 연구는 활발히 이루어졌다. 그 뛰어난 연구 성과로는 謝国楨, 『明清之際党社運動考』, 遼寧教育出版社, 1998. 宮崎市定, 「張溥とその時代—明末における一郷紳の生涯—」, 『アジア史研究』第五, 東洋史研究叢刊四一五, 同明舎, 1978. 小野和子, 「明末の結社に関する一考察(上)—とくに復社について—」, 『史林』第四十五巻第二号, 京都大学文学部内史学研究会, 1962. 小野和子, 「明末清初における知識人の政治行動—特に結社をめぐって—」, 『世界の歴史十一』筑摩書房, 1961. 井上進, 「復社の学」, 『東洋史研究』第四十四巻第二号, 1985.

것이다. 복사의 흥기는 명 천계 4년(1624)에 성립된 응사應社가 점차로 발전하고, 또한 차츰차츰 각지에 문사文社가 생겨나 숭정 초년에는 강소성 소주 오현吳縣의 복사에서 각지의 문사가 결합되었는데, 이렇게 해서 하나의 큰 독서인의 횡적 네트워크를 형성한 총합체가 되었던 것이다.

구체적으로 '응사'의 성립 과정[167]을 살펴보면 천계 4년(1624) 앞에서도 기술한 바와 같이 '삼안三案'을 둘러싼 동림당과 환관파의 격렬한 대립 속에서 동림당의 양련楊漣이 환관 위충현의 24대죄를 열거하고 격한 어조로 그를 탄핵하였다. 이 탄핵이 어떻게 당시의 인심에 어필하고 있었는가에 관해서는 당시 복사 동인이었던 오응기吳應箕가 그 탄핵문을 "집집마다 서사書寫하였고, 호구마다 암송할 정도와 같았다"고 적고 있다. 복사의 전신인 응사가 설립된 것은 때마침 이 해의 겨울, 게다가 양련이 일찍이 지현을 역임한 적이 있는 강소성 상숙常熟의 땅에 있어서였다. 아마도 어떤 식으로든 간에 정국의 부패와 혼란을 수습하지 않으면 안 된다고 하는 젊은 지식인층의 절박한 인식이 '학술의 부흥'이라는 형태로 응사를 결성하고 그곳에 결집한 것이었을 터이다. 응사는 만력 말년 무렵에 성립한 문학적 결사, 즉 불수산방사拂水山房社의 뒤를 계승하고 "경전을 존숭하고 옛것으로 돌아간다."고 하는 것을 표방하면서 성립되었다. 최초에 참가한 사람들은 후에 복사의 지도자가 되

---

167 응사應社의 성립 과정에 관해서는 小野和子, 「明末淸初における知識人の政治行動—特に結社をめぐって—」, 『世界の歷史十一』, 筑摩書房, 1961, 82-84쪽.

는 장부張溥, 장채張采, 양정추楊廷樞 등 11명이었으며 연공서열을 가지고 양정추가 사장社長이 되었다. 여기에서는 유교의 경전인 오경 五經을 각각 분담하여 그것에 팔고문八股文을 평선하는 형태를 취하였다.

다시 말해 그들은 팔고문의 유행에 의해 유교의 고전인 오경의 정신이 점점 잃어가고 있다는 것을 한탄하여 각각이 전문별로 경전을 분담하고 과거의 학설을 비판적으로 검토하면서 올바르게 초학자를 교도하고자 했던 것이다. 하지만 평선評選 그 자체가 그들의 목적은 아니었다. 그들은 당시 사대부의 최대 관심사였던 팔고문을 통하여 "경전을 존숭하고 옛것으로 돌아간다."고 하는 그들의 이상을 보다 광범위하게 선전하고 실현시키고자 하였다. 그런데 이 '응사應社'성립 후의 2, 3년은 동림당 탄압의 회오리가 강하게 휘몰아치던 시기였다.

천계 5년(1625) 6월 위충현을 시작으로 하는 환관파는 이궁移宮 문제에 관련하여 동림당의 양련·좌광두 등을 체포하여 학살하고, 이어서 7월에는 유종주도 적극적으로 그 강학활동에 참가한 적이 있는 수선서원과 동림서원 등 동림 계열 서원을 모조리 폐쇄하였다. 게다가 다음 해 천계 6년(1626) 1월에는 동림당인을 비방하고 환관파의 정당성을 주장한 『삼조요전三朝要典』이 편찬되고, 계속해서 2월에는 주기원周起元·황존소黃尊素 등 동림당의 주요 인물이 체포되었고 고반룡은 이 와중에 자살한다. 이 이외에 동림당에 관련된 인물들은 모두 조옥詔獄에 의해 학살당하였다. 뒤에서 다시 상세하게 서술할 예정이지만,

이들은 모두 유종주가 그 일생에 있어서 가장 존경하고 있던 선배들이며 또한 친우이기도 하였다. 이러한 위충현 일파의 탄압에 의해 동림당은 그 지도자를 거의 잃게 되었는데, 이 때 동림당인의 체포에 반대하여 각지에서는 민변民變이 발생하였다. 그 중에서도 유명한 것은 소주蘇州에서 주순창朱順昌 체포를 둘러싸고 일어난 '개독開讀의 변變'이다. 이 사건의 발생은 주순창 체포를 위해 제기緹騎라는 인물이 소주에 막 도착했을 무렵이었다.

주순창 체포의 소식을 듣고 모여든 1만여 명의 민중은 격앙한 나머지 실력 행사로 제기에게 위협을 가하여 마침내는 제기 일행을 죽음으로 몰고 갔고 위충현에게는 커다란 충격을 주었다고 한다. 이 '개독의 변'에는 동림파를 지지하는 제생諸生 5백여 명이 그들 독자의 계급적 입장을 가지고 참가하고 있다. 그들은 군중의 실력 행동에 대해서는 비판적이었기는 하지만 모여든 1만여 명의 민중을 대변하여 위충현 일파의 불법적 행위를 힐책하고 주순창의 조명助命을 탄원한 깃이다. 이것은 자연발생적으로 일어난 대중운동이었으며 그들의 정치적 행동도 물론 계획적으로 이루어졌던 것은 아니다.

하지만 그렇다고 해도 이러한 운동에 그들이 적극적으로 참가하고 있었다는 사실은 그들이 위충현 일파의 정치적 본질을 정확하게 파악한 상태에서 취한 행동이었고, 그 의미에서 매우 큰 의의를 가지고 있었음은 틀림이 없다. 그리고 이상과 같은 사실도 있었기에 이 운동이 동림을 지지하는 지식인층 사이에서 '반反 위충현'이라는 공동의 목표를 향하고 급속하게 연대감을 끌어올려 갈 수 있었다는 것은 그다지 상상하기 어렵지 않다. 확실히 응사에서 복사로, 문학적 결사에서 정치적 결사로의 발전 과정에 있어서 이 운동이 가진 의의는 극히 큰 것이었다고 말하지 않으면 안 된다. 한편 복사의 성립 과정을 살펴보면 복사는 최초에 강소의 오강吳江 지현이 된 웅개원熊開元의 지지를 얻어 손순孫淳 등이 창설했다고 알려져 있다.[168] 이 웅개원은 유종주와도 관계가 깊은 '강웅姜熊의 옥獄'의 당사자이기도 하다. 그런데 복사의 설립 당초, 응사의 양정추 등은 이것을 불쾌하게 여기고 있었다고 한다. 그래서 정치력에 뛰어난 장부의 조정에 의해 양자의 합병이 실현되고 곧이어 강소성 소주 오현의 윤산尹山에서 복사의 제1회 대회가 개최되었다. 다른 한편 복사에는 단순히 문인들만이 모였던 것은 아니며 당시의 정치적·사회적 이슈 및 향촌활동에 여러모로 관계하고 있는데, 복사는 '소동림'이라고 불리는 바와 같이 동림당의 사건에 관계했던 사람들의 자식들이 대거 이름을 올리고 있다.

우선 절강성 가선현嘉善縣 위대중의 아들 위학렴魏學濂과 위학수魏學洙, 강소 오현吳縣 주순창의 아들 주무란周茂蘭과 주무조周茂藻, 강소 장주현長洲縣 문진맹文震孟의 아들 문승文乘, 강소 오강현吳江縣 주종건周宗建의 아들 주정조周廷祚 등이 그들로 이들은 모두 생애에 걸쳐서 관직에 취임하지 않은 채 재야의 독서인으로서 그 생을 마

---

168 小野和子, 「明末の結社に関する一考察(上)—とくに復社について—」, 『史林』第四十五巻第二号, 京都大学文学部史学研究会, 1962, 43-44쪽.

감하고 있다. 그러한 의미에서 복사는 동림당과 비교하여 보다 강렬한 재야 독서인의 결합이었다고 말할 수 있을 것이다. 장부와 함께 복사의 지도자였던 장채張采는 장부의 문집『칠록재집七錄齋集』의 서문에서 장부의 학문 방법에 대해서 언급하고 "경전을 궁구하면 왕도王道가 분명해지고 역사에 통달하면 왕사王事가 분명해진다. 왕도를 분명히 하는 자는 동시에 체体를 세워야 하고 왕사를 분명히 하는 자는 용用에 들어맞을 것이다."(『칠록재집』서문)라고 말하고 있다. 결국 경전은 왕도를 분명히 밝히는 것에 의해 정치의 정신을 분명히 하는 것이며, 역사는 왕사를 분명히 밝히는 것에 의해 정치의 방법을 구체적으로 드러내는 것이다.

복사는 경학의 부흥을 표방했을 뿐만 아니라, 장부와 그 동인들은 정치 제도의 이상적 형태를 경전 속에서 찾아내는 것과 함께 이 정치 제도의 변천의 흔적을 역사적으로 더듬어 확인하는 방법에 의해 현실적으로 가장 적합한 정책을 추구해 가고자 했던 것이다. 장부 자신의『사론史論』2편 10권을 시작으로 하여 복사의 동인들이 호의적으로 이용한 사론史論이라는 형식을 통한 정치적 의론은 그들에게 있어서 바로 이러한 현실적인 의미를 지닌 것이었다. 그 후 복사는 농후하게 정치적 색채를 드러낸 정치·학술집단으로서 명대 말기 정치계와 사상계를 풍미하고 대대적인 정치운동을 전개한다. 그리고 동림계·복사의 인사가 적극적으로 활약하는 숭정 연간에 있어서 매우 흥미로운 점은 명대 말기 최대의 유교학파를 형성한 즙산학파 및 그 창시자 유종주 또

한 동림·복사의 정치적 사건과 소동에 휘말리는 운명을 맞이했다는 것
이다. 유교 학술과 정치적 투쟁, 지식과 권력의 투쟁, 중앙과 지역 여론
간의 대립과 갈등 등 명대 말기의 학술과 정치상은 이처럼 복잡한 양
상을 띠고 있었던 것이다.

3

인맥과 주변 인물들

유종주는 스스로 증인서원(증인사 혹은 증인회)을 창건하고 고향인 절강 소흥에서 적극적으로 강학 활동을 전개한다. 당시 그의 명성은 좁은 절동 지역에서 뿐만 아니라, 주변의 강소 지역까지 널리 퍼져나갔다. 그로 인해 그의 높은 명성을 듣고 배움을 청하기 위해 소흥에 방문한 사람들도 적지 않았다. 여기에서는 유종주 문하의 인물들에 관하여 면밀히 살펴보기로 한다.

1. 유종주와 문인들(그 첫째)

이 절에서 필자가 유종주의 문인門人으로서 우선 대상으로 삼는 것은 『유자전서劉子全書』의 「즙산제자적蕺山弟子籍」에 열기되어 있는 인물들이다.[169] 이들은 스스로 각각 동림파, 양명학 좌파, 주자학자라

---

169 유종주의 문인들에 관한 정보와 개개인의 구체적 내용에 관한 기술은 『연보』에 수록된 「즙산제자적」의 순서에 따랐으며, 부분적으로 衷爾鋸, 「第十九章蕺山学派其他傳人」(『蕺山学派哲学思想』 所收, 山東教育出版社, 1993)을 참고하였다.

고 자임하는 자로부터 고급관료, 진사, 거인, 공생, 지역의 학생 등의 사람들로 그 신분으로부터 말하면 조금은 잡다하다. 이하의 서술에서는 『유자전서』 수록의 동창董瑒이 기록한 「즙산제자적」을 하나의 단서로 삼아 유종주를 중심으로 모인 학자, 유교 지식인 등 인간 군상의 교류에 초점을 맞추고 학술문화의 지역성 내지는 당시 학문적 분위기의 한 측면을 실증적으로 고찰하여 분석해 보기로 한다. 따라서 여기에서는 주로 만력 29년(1601)부터 청대 초기에 이르는, 즉 유종주 청년기 이후의 생애와 그 사후의 시기가 고찰 대상이 될 것이다. 이와 같은 고찰과 분석을 통해 얻은 결과는 우리에게 즙산학(유종주 학문)의 사상사적 위상이 어떠했는지를 알려주는 훌륭한 지침이 되어줄 것이다.

이와 함께 우리는 명대 말기 강남 지역의 학풍과 유교 문인집단의 양상이 어떠했는지도 명확히 이해하게 될 것이다. 우리는 그의 학설이 당시의 지적 풍토 속에서 어떻게 탄생한 것인지, 명대 말기라는 혼란한 시대 속에서 시대의 아픔을 함께 나눈 유교 지식인의 전형이 어떠했는지도 추측해 볼 수 있을 것이다.

유종주 문인 그룹의 형태와 성격에 관하여 생각해 볼 경우, 우선 고려해야 할 점은 장소이다. 그의 경우 관료생활 이외에 인생 대부분의 시간을 자신의 고향 절강 소흥부 회계현 및 산음현 교외에 위치한 즙산蕺山 기슭에 거주하면서 보낸다. 그는 중앙정부의 관료출신이라는 측면과 지역사회에 터전을 잡고 있던 사대부라는 측면을 동시에 갖고 있었다.

하지만 유종주는 지역에 체재한 시간이 관료로 타지에서 생활한 기간보다 상당히 길었다. 그 때문에 자연스럽게 지역의 현안 문제를 과제로 삼아 지역사회 사대부 계층과 사회적, 학술적 인맥관계를 맺는다. 다시 말해 그는 기본적으로 자신의 고향인 절강 소흥에서 터전을 잡고 삶을 영위하였다. 이러한 전후 사정을 보더라도 그는 당지 및 그 주변 지역의 지식인층과 복잡하고 다양한 인간관계를 맺을 수밖에 없었던 것이다. 아래의 내용은 유종주 문인들을 『유자전서』의 편집자 동창董瑒이 기록한 「즙산제자적」에 근거하여 작성한 것이다. 총 80명의 인물이다. 우선 이 80명의 주요한 성격과 특징을 간략히 정리해보면 다음과 같다.

① 인척姻戚과 학연學緣 관계자. 이들은 모두 유종주와 정신적 혹은 심리적으로 매우 가까운 문인들이다. 이들 문인들과는 유종주가 성인이 되고 혈연을 맺으면서 지역사회에 동화해 가는 과정에서 형성되었는데, 이것은 기존에 이미 형성된 외조부 장영의 학연 관계와 유종주 자신이 새롭게 인척·지연 관계를 맺은 경우이다. 예를 들면, 장정신章正宸(유종주 모계의 생질), 왕육지王毓芝(유종주의 사위), 진홍우秦弘祐(유종주의 사위), 황종희黃宗羲(손자 유무림劉茂林의 장인), 기준가祁駿佳(손자 유장림劉長林의 장인) 등등이다.

② 과거 합격자(진사 출신)와 거인擧人 출신 및 중앙·지방 관료 출신자가 많다. 즉 당시의 지방 엘리트 집단이다. 예를 들면 기표가祁彪佳,

섭정수葉廷秀, 장정신章正宸, 웅여림熊汝霖, 팽기생彭期生, 유리순劉理順(장원 출신) 등이 그들이다.

③ 지연地緣에 의해 일상생활 공간에서 맺어진 관계자. 유종주가 이 절강 지역에 삶의 터전을 마련한 것에 의해 맺어진 문인들이다. 유종주 문인들의 대부분이 절강 지역 출신임은 말할 것도 없다. 즉 「즙산제자적」에 이름을 올린 총계 80명 가운데 61명이 절강 출신이다.

④ 학맥 및 학파에 의한 결합. 주로 양명학 좌파의 인물과 동림파 관련 인물로 나누어진다. 즉 양명학 좌파의 인물에는 도석령을 정점으로 하여 사효복史孝復·사효함史孝咸·장응오張応鰲·오조원吳調元·왕조식王朝式 등의 존재가 있고, 동림파 관련 인물에는 황종희를 필두로 하여 그의 자제들 및 오종만吳鍾巒·진용정陳龍正·주무란周茂蘭 등의 존재가 있다. 즉 유종주 문인집단은 학파를 불문하고 학술과 지역 현안 문제를 해결하기 위해 모인 학술·문인집단이다.

⑤ 이자성의 난을 포함하여 명조 멸망 후, 나라에 순사한 자가 많다. 예를 들면 김현金鉉·기표가祁虎佳·팽기생彭期生·반집潘集·부일형傅日炯 등등이 그들이다.

⑥ 명조 멸망 후 은거한 자, 승려가 된 자, 혹은 기병하여 항청抗清 운동을 전개한 자가 많다. 예를 들면 장정신章正宸·웅여림熊汝霖·조전趙甸·진자룡陳子龍·황종염黃宗炎·황종회黃宗会 등등.

이처럼 유종주 문인들은 다양한 성격과 특징을 갖고 있다. 그럼 좀

216

더 상세히 문인들의 면면을 살펴보자. 이하의 문인들은 동창이 기록한 순서에 따라 개개인의 구체적 사항을 필자가 보충하여 기술한 것이다. 다만 기록이 상세하지 않은 인물에 대해서는 맨 마지막에 함께 모아 그 이름만을 열거하기로 한다.

▶ 섭정수葉廷秀(?-1650), 자는 윤산潤山 혹은 겸재謙齋이며 산동山東 복양濮陽(복주濮州, 지금의 하택현菏澤縣) 사람이다. 천계 5년에 과거에 합격하여 진사가 된다. 남경·형수衡水·획록獲鹿 등 세 현의 지현을 역임하였다. 후에 순천부추관順天府推官으로 승진한다. 그에게 보낸 유종주의 편지가 『유자전서』에 몇 통 수록되어 있는데, 주로 심성과 체용, 및 격물·신독 등에 관한 학술적 의론을 행한 내용이 많다. 저작에『서조추사西曹秋思』,『시담詩譚』,『소원유서素園遺書』 등이 있다.『명사』의 기록에 의하면 유종주의 '문인 중 제1인자'라고 칭해졌다고 한다.

▶ 유리순劉理順(1582-1644), 자는 담육湛六이고 하남河南 기현杞縣 사람이다. 그는 숭정 7년(1634)에 과거에 합격하여 진사가 되었는데, 전시에서 장원의 영예를 안은 수재였다. 유종주가 관직에서 물러난 뒤 잠시 북경 근처의 접대사接待寺에 머무를 때 기표가 등의 문인들과 함께 그곳을 방문하여 학문과 시국 정세에 관하여 논한 인물이다. 즉 유종주가 접대사에 체재할 무렵에는 이 곳을 방문하는 사대부의 발길이 끊이질 않았다고 한다. 그 주요한 우인으로는 장위張瑋(강소 무진武進)·

오인징吳麟徵·기표가·김현·진용정 등이 있었고 문인으로는 동표董標·
운일초惲日初·축연祝淵 등이 있었는데, 이들이 방문하여 학문을 논하
였다. 이에 유종주는 각자의 질문에 응하여 그들을 교도했다고 한다.

▶ 성덕成德(?-1644), 자는 현승玄升이고 하북 회유懷柔 사람 혹은
곽주霍州 사람이라고 한다. 상세는 불명.

▶ 김현金鉉(1610-1644), 자는 백옥伯玉이고 강소 무진武進 사람이
지만, 문인 동창의 기록에 의하면 순천(지금의 북경) 사람이라고도 한
다. 천계 7년 향시에 제1등으로 합격하여 거인의 칭호를 취득하고 숭정
원년에 드디어 과거에 합격하여 진사가 된다. 조부는 김여중金汝中으로
남경호부낭중南京戶部郎中을 역임하였고, 부친은 김현명金顯名으로 정
주지부汀州知府를 역임하였다. 역시 그 자신도 양주揚州 교수敎授에
재임하고 있을 때, 주돈이·이정二程의 학문에 관하여 강의하였고 후에
는 국자감 박사, 공부주사, 병부주사 등의 관직을 역임하였다. 숭정 17
년 병부주사에 재임하고 있던 그는 이자성의 북경 함락 후 금수金水에
몸을 던져 세상을 하직한다. 전조망全祖望은 「자유자사당배향기子劉子
祠堂配享記」 속에서 그의 학문 경향을 '선禪'에 가깝다고 말하면서 스
승 유종주의 학문과는 합치하지 않는 바가 있었다고 평가하고 있다. 이
러한 평가는 아마도 황종희의 학문 계통에 속하는 전조망이 그 '심성론'
에 입각하여 내린 결론에 지나지 않는다고 생각할 수 있다. 『명사』에 전

이 있고 그에게 보낸 유종주 서간은 『유자전서』에 몇 통 수록되어 있다. 한편 저서로는 『역설易説』 1권과 『김현문집金鉉文集』 6권이 있다.

▶ 기표가祁彪佳(1602-1645), 자는 홍길弘吉 또한 세배世培이며 호는 호자虎子이다. 절강 소흥부 산음 사람으로 유종주와는 동향 사람이다. 천계 2년에 과거에 합격하고 진사가 되었으며 명대 말기의 유명한 화가 기치가祁豸佳의 종형이기도 하다. 전조망의 「이주선생신도비문梨洲先生神道碑文」은 장정신·기표가·황종희를 칭하여 유종주의 '3대 제자'라고 말하고 있다. 그는 지역 사회활동에 관심을 두고 향리에서 갖가지의 구제활동에 참가하였는데, 유명한 것으로는 '방생회放生会'조직의 창립을 주관하였다. 유종주와 몇 통의 서신을 주고받았으며 그에게 보낸 서간은 『유자전서』에 수록되어 있다. 그는 또한 도석령이 주관한 백마산방별회라는 강학회에도 참가한 인물이다. 이 기표가는 일찍이 유종주와 함께 향촌사회의 풍기와 진흥 및 정치의 쇄신을 위해 진력을 다하였는데, 그에 대하여 유종주는 "도는 단지 군주에게 봉사하고 관직에 나아가는 길뿐이다. 이것 이외에 다른 곳에서 도를 추구하지 마라! 이 것 이외의 곳에서 도를 추구하는 것은 망妄(거짓, 허망)이다."(『연보』)고 말하고, 또한 자주 서간을 보내 간쟁諫争하는 것을 자신의 직분으로 삼을 것이며 평생 동안 학문을 게을리 하지 말 것을 가르쳤다고 한다. 만년에는 청군이 남경·항주를 함락시킨 후 식음을 끊고 단식하다가 연못에 투신하여 자살하였다. 『명사』에 전이 있고 저서로는 『기충민공일기祁忠敏

公日記』, 『명곡품名曲品』, 『우산주寓山注』 등 다수가 있다.

▶ 장정신章正宸(생몰년 미상), 자는 우후羽侯이고 호는 격암格庵이며 절강 회계 사람이다. 숭정 4년 과거에 급제하고 진사가 되었다. 그는 유종주의 외종 조카이며 관직은 예과사중, 이과급사중 등을 역임하였고 유종주가 주관한 증인강회에 참가하기도 하였다. 전조망이 평가하는 바와 같이 유종주 '3대 제자'중의 한 사람이며, 황종희는 「이사관리부시랑장격암선생행장移史館吏部侍郎章格庵先生行狀」이라는 문장 속에서 "선생(장정신)은 자유자(유종주)를 따라 강학하였는데, (문인들 가운데) 가장 그 학풍과 절의를 중시하였다"고 말하면서 그를 높게 평가하고 있다. 유종주의 죽음과 명조의 멸망 후 삭발하고 승려가 되었다. 저작에 『장격암유서章格庵遺書』가 있다. 『명사』에 전이 있다.

▶ 맹조상孟兆祥(생몰년 미상), 자는 윤길允吉이고 하북河北의 택주澤州 사람 혹은 교하交河 사람이라고 한다. 천계 2년에 과거에 합격하고 진사가 된다. 관직은 대리좌평사大理左評事, 이부낭중 등을 역임하였다.

▶ 웅여림熊汝霖(?-1648), 자는 우은雨殷이고 절강 여요 사람이다. 숭정 6년(1633) 과거에 급제하고 진사가 되었다. 관직은 병부상서에까지 이르렀다. 스승 유종주가 절식하여 순사한 다음 날, 여요余姚에서 기병

하고 절동 지역에서 항청抗淸 운동을 전개하였다.

▶ 손가적孫嘉績(생몰년 미상), 자는 석부碩膚이고 절강 여요 사람이다. 숭정 10년(1637) 과거에 급제하고 진사가 되었다. 관직은 숭정 연간에 병부낭중을 역임하였다.

▶ 오종만吳鍾巒(1577-1651), 자는 만치巒稚 또는 준백俊伯·만아蛮雅·하주霞舟이고 강소江蘇 무진武進 사람이며 고반룡의 문인이다. 『명사』 및 『명유학안』의 「동림학안」에도 그 이름이 열기되어 있다. 특히 오종만의 출신지 무진현은 손신행孫愼行·설부교薛敷敎·전일본錢一本 등 『명유학안』의 「동림학안」에 이름을 올려놓은 제 인물을 배출한 지역이고 무석현無錫縣과 더불어 동림당의 소위 근거지이기도 하였다.

▶ 오집어吳執御(생몰년 미상), 자는 낭공朗公이고 절강 태주台州 사람이다. 『명사』의 「오집어전」에 의하면, 일찍이 숭정 연간에 주연유 내각을 탄핵하였고 유종주를 조정에 추천한 인물이었다고 한다.

▶ 진자룡陳子龍(1608-1646), 자는 인중人中이고 강소 송강松江 사람이다. 숭정 연간에 진사가 되었고 복사 운동을 이끈 주역의 한 사람으로서 기사幾社 창립 때의 초기 6인 중의 한 사람이다. 장부張溥가 조직한 응사應社에도 참가하였다. 관직은 병과급사중을 역임하였고, 그

유명한 『황명경세문편皇明経世文編』을 편집한 인물이다. 일찍이 서광계徐光啓에게 사사하였고 후에 서광계의 『농정전서農政全書』를 정리하여 출판하기도 하였다. 노왕魯王 남명정권 때에 태호太湖에서 거병하여 항청 운동을 전개하였지만 실패로 끝난 뒤 청군의 포로가 된다. 후에는 강물에 투신하여 자살하였다. 저서로는 『시문략詩問略』과 『상진각제고湘真閣諸稿』가 있다.

▶ 팽기생彭期生(?-1646), 자는 관아觀我 또는 관민觀民이고 절강 해염海鹽 사람이다. 만력 44년(1616) 과거에 급제하고 진사가 된다. 숭정 초기에 제남지부濟南知府의 관직을 맡은 후 응천추관, 남경병부주사 및 낭중, 호서병비첨사, 태상사경 등을 역임하면서 주로 병부에 관한 직무를 담당하였다. 청 순치順治 3년(1646) 청군이 이윽고 강서 감주贛州를 함락시키자 목을 매어 순절하였다. 『명사』에 전이 있다.

▶ 진용정陳龍正(1585-1645), 자는 척룡惕龍이고 호는 기정幾亭이다. 만력 13년 6월 진우왕陳于王(자는 백양伯襄, 호는 영정穎亭)의 제2자로 태어났으며 절강 가선 사람이다. 숭정 7년에 과거에 급제하고 진사가 되었다. 일찍이 오지원吳志遠·고반룡高攀龍·귀계사歸季思 세 사람에게 사사하였다. 유종주와의 교유는 고반룡의 소개에 의해 시작되었으며, 유종주 문하의 김현으로부터 "이 사람은 착실히 본本[근본]만을 말하는 자이다."라고 하여 높은 평가를 받은 인물이다. 그는 향리인 가선

에서 동선회同善会를 조직하는 등 향촌활동에 진력하였다.

▶ 왕육기王毓蓍(?-1645), 자는 현지玄趾 또는 원지元趾이고 절강 회계 사람이며 회계의 제생諸生이었다. 『명사』에 전이 있다. 그는 유종주의 사위 왕육지王毓芝의 동생이기도 하다. 항주가 청군의 손에 떨어지고 유종주가 절식에 들어가 아직 생명이 끊어지지 않았을 때, 스승 유종주에게 하루속히 명조를 위해 자결하자고 권유했으며 스스로도 유교柳橋에서 몸을 던져 순절하였다. 그 때 이 광경을 본 유종주는 그의 죽음에 감격하여 "내가 강학한 지 15년 동안 단지 이 사람(왕육기)만을 얻었다."고 할 정도로 극찬하였다. 후에 향리의 사람들에게 정의선생正義先生이라고 불렀다.

▶ 반집潘集(1626-1645), 자는 자상子翔이고 절강 산음 사람이다. 왕육기와 함께 유종주에게 사사한 인물이다. 항주가 청군에 의해 함락되었을 때 동문 왕육기가 먼저 투신하여 자살하는 것을 보고 그를 위해 제문을 지어 '대명의사大明義士'라 칭하면서 그 죽음을 애도하였다. 뒤이어 그도 또한 돌로 발목을 묶고 강물에 투신하여 자살한다. 저작으로 『파경해葩経解』가 있다.

▶ 부일형傅日炯(?-1645), 자는 중황中黄이고 절강 산음 사람 혹은 제기諸暨 사람이라고 하며 지역의 제생諸生이었다. 그도 많은 유종주의 문인들과 마찬가지로 청군이 전당강銭塘江을 건너 소흥이 함락되자 어

머니에게 작별을 고하고 강에 투신하여 자살하였다. 전조망의 「자유자사당배향기」에서는 그를 '병술순의사丙戌殉義士'라 칭하면서 그 죽음을 높게 기리고 있다.

▶ 주표周鑣(?–1645), 자는 중어仲馭이며 강소 금단金壇사람이다. 향시에서는 제1등으로 거인이 되었고 숭정 원년(1628)에 과거에 급제하여 진사가 되었다. 관직은 남경호부·병부주사를 역임. 일찍이 조정에 상주문을 올린 적이 있는데 이것이 숭정제의 격노를 사고 파면되어 일반 백성의 신분으로 돌아갔다. 그 후 남명 홍광제 복왕福王의 때에 스승 유종주의 뜻에 동조하여 완대성阮大鋮을 탄핵하였는데, 이 일로 인하여 완대성 일파로부터 주살당하였다. 『명사』에 전이 있다.

▶ 축연祝淵(1611–1645), 자는 개미開美이고 절강 해녕海寧 사람이다. 숭정 6년(1633) 향시에 합격하여 거인이 된다. '강옹의 옥'이 발생했을 때에 스승 유종주를 변호한 인물이다. 유종주 문하에서 '유문劉門의 안회顔回'라 불린다. 유종주와의 학술교류 관계가 가장 긴밀했다고 하며 명조 멸망의 때, 즉 1645년 청군이 항주를 함락시키고 스승 유종주가 절식하고 있다는 소식을 듣고 "우리 스승님이 장차 죽고자 결심했는데, 연淵(자기 자신)이 어찌 감히 살고자 하겠는가."라고 절명서絶命書를 작성한 뒤 자살하였다. 아직 천하에 자신의 기개를 펼쳐보지도 못한 30대 초·중반의 젊은 나이에도 불구하고 명조에 대한 절개를 지키기 위해 스

스로 목숨을 끊은 것이다. 그의 사후에 동문의 진확陳確과 오번창吳蕃
昌이 그의 유서遺書를 모아 편찬하였다.

▶ 장위張瑋(생몰년 미상), 자는 이무二無 또는 석지席之이고 시호는
청혜清惠이며 강소 무진 사람이다. 만력 40년 응천향시에서 제1등으로
거인이 되었고 뒤이어 진사가 되었다. 일찍이 손신행에게 사사하였고 동
림서원의 강학에도 참가한 인물이다. 그는 신독연기慎獨研幾를 학문의
종지로 삼았는데 유종주의 학문에 합치했다고 한다. 관직은 호부주사
를 시작으로 하여 병부직방兵部職方과 낭중郎中을 거쳐 좌부도어사에
까지 이르렀다.

▶ 하홍인何弘仁(생몰년 미상), 자는 중연仲淵이고 절강 산음 사람
이다. 숭정 10년(1637)에 과거에 합격하여 진사가 되고 유종주와는 동향
인이다. 관직은 도찰원의 어사를 역임하였다. 청군이 남경을 함락한 후
삭발하고 승려가 되었다. 『유자전서』 권13의 「회록會錄」에 개과改過, 삼
성三省에 관하여 논한 유종주와의 문답 내용이 있다.

▶ 사효함史孝咸(1582~1659), 자는 자허子虛이며 왕수인의 출생지
절강 여요 사람이다. 천계 7년(1627)의 공생貢生. 일찍이 증인강회에 참
가하였고 심국모의 사후에 요강서원의 주강主講을 담당한 인물이다. 학
파적으로는 왕학(양명학) 좌파로 분류되고 유종주의 사후에 유작劉汋·

운일초惲日初 등과 왕래하며 학술 토론을 전개했다고 한다.

▶ 사효복史孝復(158?-1644), 자는 자복子復이고 절강 여요 사람이다. 사효함의 형이다. 동생 사효함과 마찬가지로 왕학 좌파로 분류되는 인물이다. 도석령이 주관한 '백마산방별회'에 참가.

▶ 왕조식王朝式(생몰년 미상), 자는 금여金如이고 절강 산음 사람이다. 증인강학에 참가하였지만, 뒤이어 도석령을 따라 백마산방별회의 강학에 참가한다. 양명학 좌파의 인물이고 38세의 젊은 나이에 세상을 떠났다고 한다. 북경 함락의 소식을 유종주에게 전한 인물이기도 하다. 그에게 보낸 유종주의 서간은 『유자전서』에 몇 통 수록되어 있다.

▶ 도이탁陶履卓(생몰년 미상), 자는 안생岸生이고 절강 회계 사람이다. 회계의 유명한 도씨 가족의 일원이며 양명학 좌파의 대표적 인물로서 유명한 도망령·도석령 형제의 조카이다.

▶조전趙甸(생몰년 미상), 자는 우공禹功 또는 벽운璧云이며 절강 회계 사람이다. 어릴 적에는 집이 매우 가난하였음에도 불구하고 성실하게 효행을 게을리 함이 없었기 때문에 사람들로부터 '조효자趙孝子'라는 칭송을 들었다. 성년이 된 후 유종주에게 배운다. 명조 멸망 후에는 승복을 입고 은거했다고 한다.

▶진요년陳堯年(생몰년 미상), 자는 경백敬伯이고 절강 산음 사람이며 산음현 유종주 거주지의 근처에 있는 석가지石家池에 거주하였다. 그는 유종주 문하생 가운데 최초 학생 중의 한 사람이며 해음헌 강학 때에 참가하였다. 즉 장응오張応鰲·주창조朱昌祚와 함께 유종주 문하 속에서 가장 이른 시기에 배운 인물 중의 한 사람이다. 천계 6년 위충현 일파가 동림당 인사를 탄압했을 때, 유종주도 그 관련 인물로서 체포자의 명단 속에 포함되어 있다는 오보가 흘러나온 적이 있었다. 그 때문에 신변의 위험을 느낀 유종주가 가장 믿을 수 있는 그에게 어린 자식(유작)의 장래를 부탁했을 정도로 스승 유종주의 집안일을 적극적으로 도운 인물이다.

▶ 왕육지王毓芝(생몰년 미상), 자는 자미紫眉이고 절강 회계 사람이다. 유종주의 세 명의 사위 가운데 한 사람이다. 그는 유종주의 딸을 아내로 맞아들여 평생 동안 유종주의 비서와 같은 역할을 담당하였다. 그에게 보낸 유종주 서간이 『유자전서』에 몇 통 수록되어 있다. 청군이 항주를 함락했을 때 스스로 유교柳橋에서 몸을 던져 명조에 순절한 왕육기의 형이기도 하다.

▶ 왕업순王業洵(생몰년 미상), 자는 사미士美이고 절강 여요 사람이며 증인강학회에 참가하였다. 일찍이 왕수인의 적증손嫡曾孫 왕선진王先進에게는 자식이 없었는데, 그 때문에 왕선진은 친척의 자식인 왕

업순을 수양아들로 삼고자 하였다. 하지만 왕업순은 왕수인의 후사後嗣가 아니라고 말하면서 왕선진의 요청에 동의하지 않았다. 그 후 수십 명의 동지를 모아 함께 유종주를 찾아가 사사했다고 한다. 전조망은 「자유자사당배향기」에서 황종희의 말을 인용하여 다음과 같이 말하고 있다. "황종희가 일찍이 말하였다. 자유자(유종주)가 강학회을 열었을 때 석량石梁(도석령)의 문도가 우리 문하에 들어와 그 설을 흔들고자 하였다. 그때 스승의 강석講席 좌우에는 사미士美(왕업순)·원지元趾(왕육기)와 내가(황종희 자신) 자리를 잡고 참여하였다."즉 왕업순을 왕육기·황종희와 함께 '증인강학의 공신功臣'으로서 높게 평가하고 있는 것이다.

▶ 진홍우秦弘祐(=진조식秦祖軾, 생몰년 미상), 자는 이사履思이고 유종주와 동향의 절강 산음 사람이다. 그는 유종주의 딸을 아내로 맞아들여 사위가 되었고, 왕육지와 함께 평생 동안 유종주의 비서와 같은 역할을 담당한 인물이다. 그에게 보낸 유종주의 서간은 『유자전서』에 몇 통 수록되어 있다. 유종주가 그 생애에 있어서 쓴 많은 서간문 가운데 그에게 보낸 편지가 가장 많았다는 점에 주의할 필요가 있다. 한편 유종주의 사위였음에도 불구하고 그 학문적 경향은 도석령 계열의 양명학 좌파에 가까웠다. 증인강회와 백만산방별회에 모두 참가.

▶ 진홍수陳洪綬(1598-1652), 자는 장후章侯이고 호는 노련老蓮이며 스스로는 노지老遲·회지悔遲라고 칭하였다. 절강 제기諸暨 사람이며

명대의 저명한 화가로서 널리 알려져 있기도 하다. 저서에 『보륜당집寶綸堂集』이 있고, 전림錢林의 『문헌징존록文献徵存錄』에 그에 관한 전이 있다. 그의 전기 자료로서 최근의 것은 황용천黃涌泉의 『진홍수연보陳洪綬年譜』(北京人民出版社, 1960)가 있다.

▶ 황종희黃宗羲(1610-1695), 자는 태충太沖이고 호는 이주梨洲이며 절강 여요 사람이다. 유종주의 절친한 친구인 동림과 황존소의 아들이다. 양가의 혼인, 즉 황종희의 딸과 유작의 아들이 결혼함으로써 인척 관계를 맺게 된다. 그는 사학을 중시하였고 학문의 실천을 존숭하였으며 현실 사회에 도움이 될 수 있는 학문을 주장하였다. 『명이대방록明夷待訪錄』『명유학안』 등 다수의 저서를 남겼다. 상세한 사항의 소개는 후술.

▶ 동창董瑒(생몰년 미상), 원명은 서생瑞生이고 자는 숙적叔迪, 호는 무체無體이며 절강 회계 사람이다. 처음에는 예원로倪元璐에게 배웠고 후에 유종주에게 종학하였는데, 증인강회에 적극적으로 참가하였다. 유종주의 유문遺文을 정리하여 『유자전서』를 편집한 인물이다. 저서에 『중용학안中庸学案』, 『맹자학안孟子学案』이 있고, 두춘생杜春生의 「유자전서유편초술劉子全書遺編鈔述」에 의하면 이 두 권의 동창의 저서는 스승 유종주의 교설을 잘 정리해서 밝힌 것이라고 높게 칭찬하고 있다. 「즙산제자적」의 80명 가운데 한 명이며, 그는 스스로를 유문劉門 안에서 왕수인의 제자 전덕홍錢德洪에 비유하기도 하였다.

▶ 강희철姜希轍(?-1698), 자는 이빈二濱 또는 정암定庵이며 절강 여요 사람이다. 숭정 15년 향시에 합격하여 거인이 된다. 관직은 온주부학溫州府学의 교유教諭, 원성지현元城知縣, 호과급사중戶科給事中, 예과·병과급사중 등을 역임하였다. 황종희는 그를 위해 간략한 전기인 「강정암선생소전姜定庵先生小傳」을 쓰고 그 안에서 "나와 강희철은 유종주 선생 동문의 제자이며 함께 유종주 선생의 유서遺書를 모아 편수編修하였다."고 말하고 있다. 저서로는 『좌전통전左傳統箋』, 『양수정집兩水亭集』이 있고 유종주 사후 증인서원의 강회를 황종희 등과 함께 재개하였다.

▶ 오조원吳調元(생몰년 미상), 자는 군섭君燮이고 도석령이 주관한 백마산방별회의 강학회에 참가하였다. 이런 점으로 보아 그도 양명학 좌파에 속하는 학자였을 것이다. 상세는 불명.

▶ 장응오張応鰲(1591-1681?), 자는 전부奠夫이고 유종주와 동향의 절강 산음 사람이다. 유종주 문하생 가운데 가장 이른 시기에 배운 인물 중의 하나이다. 숭정 17년 유종주가 남명 홍광조의 정권 하에서 도찰원좌도어사에 취임하고 유일한 역사서인 『중흥금감록中興金鑑録』을 편찬하고자 했을 때, 이 장응오가 그 편찬 작업에 협력하였는데 이 일로 스승 유종주에게 높은 칭찬을 들었다. 사사는 유종주가 세상을 떠나기 전까지 변함없이 계속되었다. 황종희도 「수장전부팔십서壽張奠夫

八十序」를 지어 양명학 좌파 계열의 학문 경향을 지닌 그를 사설의 계승
자로서 어느 정도로는 평가하고 있다. 강학은 증인강회와 백마산방별회
양쪽에 참가하였다. 명조의 멸망 후 세상을 떠나기 전까지 산속에 은거
하며 강학했다고 한다.

▶ 운일초惲日初(1601-1678), 자는 중승仲昇이고 호는 손암遜庵이
며 강소 무진 사람이다. 장위張瑋의 소개를 통해 유종주 문하에 들어가
게 된다. 그는 평생 송유宋儒의 학설을 신봉하고 스승 유종주의 신독설
을 자신의 학문의 종지로 삼았다고 한다. 『유자절요劉子節要』(1669년)의
편찬자이기도 하다. 그가 이 『유자절요』를 편찬할 때 동문의 황종희는
"선사先師(유종주)께서 제유諸儒와 다른 까닭은 종지가 바로 의意에 있
었기 때문이다."[170]고 충고했다고 한다.

▶ 위학렴魏学濂(1608-1644?), 자는 자일子一이고 절강 가선嘉善
사람이다. 숭정 15년에 향시에 합격하여 거인이 되고, 숭정 16년에 진사
가 되었다. 관직은 한림원서길사 등을 역임하였다. 일반적으로는 이자성
李自成의 북경 함락 때에 스스로 목을 매어 자살했다고 하지만, 그 죽
음에 관해서는 당시에도 의견이 분분했고 최근 학계에서도 의견이 일치
하지 않고 있다. 그는 유종주의 절친한 친구이며, 일찍이 환관 위충현
일파에 의해 학살당한 동림당인 위대중의 아들이기도 하다.

---

170 黃宗羲, 『明儒學案』, 「序」. "某曰, 先師所以異於諸儒者, 宗旨正在於意."

▶ 섭돈간葉敦艮(생몰년 미상), 자는 정원靜遠이고 절강 구주衢州 (지금의 절강성 구현衢縣) 사람이다. 어릴 적부터 유종주의 문하에 들어왔고, 후에는 육부정陸桴亭·장리상張履祥·하여림何汝霖등과 긴밀하게 학술교류를 행했다고 한다. 명조 멸망 후 향리에 은거하였는데, 그후 향리에서 사설 강학소를 열어 스승 유종주의 교설을 선전한다. 사람들은 그를 '독행군자篤行君子'라고 불렀다. 그만큼 독실하게 학문의 수양공부에 힘썼다는 의미일 것이다. 『청사고淸史稿』에 전이 있다.

▶ 동표董標(?-1644?), 자는 공망公望이고 유종주 문인 중에서도 매우 드문 화북의 섬서陝西 사람이다. 처음에는 풍종오에게 배우고 후에 유종주 문하에 들어온다. 만년에는 병마사兵馬使의 관직을 역임하였다. 전조망의 「자유자사당배향비子劉子祠堂配享碑」에도 그 이름이 실려 있다. 사상적으로는 유종주의 '의설意說'에 대한 질문 10조가 있다. 즉, 일찍이 풍종오에게 종학한 적이 있는 동표는 스승 유종주에게 『대학』의 종지에 관하여 질문하고 후에 「심의십문心意十問」을 지어 이것을 유종주에게 제시하였는데, 이것을 보고 유종주도 「심의십답心意十答」을 지어 그 질문에 정중하게 대답했다고 한다.

▶ 진확陳確(1604-1677), 초명은 도영道永 또는 서영筮永, 자는 건초乾初 또는 원계原季·비현非玄이며 절강 해녕海寧 사람이다. 사상사에서는 명대 말기청초의 사상가로서 유명하다. 명조 멸망 전, 즉 진확의

나이 40세 때 축연과 함께 유종주 문하에 들어온다. 그는 「집축자유서서輯祝子遺書序」와 「축자개미전祝子開美傳」에서 1643년(계미癸未) "개미開美는 처음으로 유선생劉先生을 찾아뵙고 문인이 되었다."고 말하고, "그 해 가을 개미와 나는 유선생을 운문雲門, 약야若耶에서 함께 모셨다."고 말하고 있다. 유종주 유서遺書의 편집 작업에도 참가. 유종주 사상의 계승·발전이라는 시각에서 말하면 유문劉門 최대 공헌자 중의 한 사람이라고 할 수 있는 인물이다.

▶ 오번창吳繁昌(1622-1656), 자는 중목仲木이고 통상 '효절선생孝節先生'이라 불렸다. 그의 이름은 오번창吳蕃昌이라 쓰이기도 한다. 절강 해염海鹽 사람이다. 한편 오인징吳麟徵의 아들로 유명하며, 부친이 사망한 후 관직의 길이 좌절되었고 유종주에게 사사한다. 장리상과의 교유 관계가 매우 밀접하였다.

▶ 진지문陳之間(생몰년 미상), 자는 영승슈升이고 호는 간재簡齋이며 절강 해녕 사람이다. 진확과는 친척 관계이며 진확의 족숙族叔에 해당한다. 일찍이 유종주와 황도주를 따라 종학했다고 한다. 황종희는 그에 대한 약전인 「진영승선생전陳슈升先生傳」을 지었다.

▶ 왕사석王嗣奭(1566-1648), 자는 우중右仲 또는 우월于越이며 절강 은현鄞縣 사람이다. 만력 28년 향시에 합격하여 거인이 되었다. 관직

은 절강 황암黃岩, 선평宣平, 용천龍泉의 교유敎諭를 거쳐 후에는 건안建安·숭안崇安·영복지현永福知縣, 부주지주涪州知州 등을 역임하였다. 그에게 보낸 유종주 서간이 『유자전서』에 수록되어 있다.

▶주무란周茂蘭(1605-1686), 자는 자패子佩 또는 공재共齋이며 강소 오현吳縣 사람이다. 천계 5년의 동림당 탄압에 의해 옥사한 주순창의 아들로 유명하다. 명조 멸망 후 불교에 관심을 가지고 그 연구에만 몰두하였다.

▶ 황종염黃宗炎(1616-1684), 자는 회목晦木 또는 입계立谿이며 절강 여요 사람으로 숭정 연간의 공생이다. 황존소의 아들이자 황종희의 동생으로 유명하며 형과 함께 유종주에게 사사하였다. 명조 멸망 후 항청抗淸 운동을 전개. 전조망의 「자유자사당배향비子劉子祠堂配享碑」에도 이름을 올리고 있다.

▶ 유응기劉應期(?-1646), 자는 서당瑞當 또는 수당遂當이며 절강 자계慈谿 사람으로 과거력은 공생에 그쳤다. 황종희의 동생 황종회의 장인이기도 하다. 황씨와 유씨와의 혼인은 집안사람의 강한 반대가 있었지만 풍원양馮元颺이라는 인물의 중재에 의해 겨우 이루어졌다고 한다. 스승 유종주는 그를 대단히 신뢰하였고 국가 기밀에 관한 일조차도 주저 없이 그와 상담한 뒤 그 의견을 들었다고 한다. 성품이 호방하고 협

기가 있었던 인물이며 그 청렴결백한 태도는 사람들에게 경외심을 불러일으켰다고 한다. 팔고문의 문선자文選者로서도 그 명성이 높았고 당시에는 강사예姜思睿·풍문위馮文偉와 함께 강유姜劉, 혹은 유풍劉馮이라고 불리며 세간의 주목을 끌었다. 공생貢生의 신분으로서 훈도의 자격만을 얻은 채 그 생애를 마감한 인물이다. 그는 복사의 활동에도 적극적으로 참가했으며 황종희는 그를 위해 「유서당선생묘지명劉瑞当先生墓志銘」을 지었다.

▶ 장리상張履祥(1611~1674), 자는 고부考夫이고 호는 지염芝念이며 통상 '양원선생(楊園先生)'이라고 불린다. 절강 동향桐鄉 사람이다. 처음에는 왕수인과 왕기의 교설을 깊이 믿었지만, 그 후 『근사록近思録』, 『소학小学』 및 정주程朱의 제서諸書를 읽고, 또한 숭정 17년 34세 때 유종주에게 사사하여 처음으로 성현의 경지에도 이를 수 있다는 것을 깨달았다고 한다. 그는 정주학을 신봉했지만 스승 유종주의 양명학(왕학) 혼용의 부분에 관해서는 일체 언급하지 않았으며 오히려 양명학의 폐해를 수정하고자 한 유종주의 말을 집록集録하여 「유자수언劉子粹言」을 지어 유문劉門의 발전에 진력했다고 한다. 저서로는 『양원선생전집楊園先生全集』이 남아 있다. 유종주 사상의 계승·발전이라는 시각에서 말하면 황종희·진확과 함께 유문劉門 최대 공헌자 중의 한 사람이라고 할 수 있다. 유종주 교설의 정주학적 측면을 정통으로 계승한 인물이라고 평가해도 과언이 아니다. 강희 13년, 향년 64세의 나이로 세상을 떠난다.

▶ 황종회黃宗会(1618-1663), 자는 택망澤望이고 호는 축재縮齋이며 석전선생石田先生이라고 불린다. 절강 여요 사람이다. 황종희·황종염의 동생이며 종희·종염과 함께 절동의 '삼황三黃'이라고 칭해졌다. 명조 멸망 후 조용히 은거하였다. 저서로는 『축재문집縮齋文集』, 『축재일기縮齋日記』, 『학어록学御録』, 『가사지론珈師地論』, 『성유석론주成唯釈論注』 등이 있다. 『청사고淸史稿』에 전이 있다. 전조망의 「자유자사당배향비」에도 이름을 올리고 있다.

그 밖의 「즙산제자적」에 실려 있는 유종주 문인들은 다음과 같다. 상세한 사항은 불명.

▶ 서부의徐復儀, 절강 상우上虞 사람.

▶ 부형傅衡, 자는 평행이며 절강 제기諸暨 사람.

▶ 왕미王霾, 자는 자안子安이며 절강 회계 사람.

▶ 심채沈綵, 자는 소선素先이며 절강 회계 사람.

▶ 왕소미王紹美, 자는 자여子璵이며 절강 회계 사람.

▶ 왕소란王紹蘭, 자는 자수子樹이며 절강 회계 사람.

▶ 장역張嶧, 자는 평자平子이며 절강 산음 사람.

▶ 사곡謝縠, 자는 식신式臣이며 복건 사람. 『복건통지福建通志』에 그 이름이 보인다.

▶ 진성변陳誠忭, 자는 천약天若이며 절강 산음 사람.

▶ 내번来蕃, 자는 성부成夫이며 절강 소산蕭山 사람.

▶ 왕조수王兆修, 자는 이길爾吉이며 절강 회계 사람.

▶ 심조금沈兆錦, 자는 유개有開이며 절강 산음 사람.

▶ 심몽금沈夢錦, 자는 여량子良이며 절강 산음 사람.

▶ 조광생趙廣生, 자는 공간公簡이며 절강 산음 사람.

▶ 기웅가祁熊佳, 자는 문재文載이며 절강 산음 사람.

▶ 유세순劉世純, 자는 군일君一이며 절강 산음 사람.

▶ 장제張梯, 자는 목제木弟이며 절강 산음 사람.

▶ 주선周璿, 자는 경가敬可이며 절강 산음 사람.

▶ 허원부許元溥, 자는 맹굉孟宏이며 강소 소주蘇州 사람.

▶ 등리중鄧履中, 자는 좌지左之이며 강서江西 사람.

▶ 서요徐耀, 자는 온생韞生이며 태주학파의 땅 절강 태주 사람.

▶ 노매路邁, 자는 광심廣心이며 강소 무진武進 사람.

▶ 왕개王開, 섬서성陝西省 영주寧州 사람. 상세는 불명.

▶ 조종번曹宗瑤, 자는 여진汝珍이며 강소 금단金壇 사람.

▶ 한위韓位, 자는 참부參夫이며 하북河北 고화성高禾城(혹은 고성藁城) 사람.

▶ 풍종馮悰, 자는 엄공儼公이며 절강 항주 사람.

▶ 강호江浩, 자는 도암道闇이며 상세한 사항은 불명.

▶ 장기연張岐然, 자는 수초秀初이며 절강 전당錢塘 사람.

▶ 전분錢棻, 자는 중방仲芳이며 절강 가선嘉善 사람.

▶ 육증엽陸曾曄, 자는 장지章之이며 절강 회계 사람.

▶ 심중주沈中柱, 자는 석신石臣이며 절강 평호平湖 사람.

이상 열거한 유종주 문인들은 동창이 기록한 「즙산제자적」에 실려 있는 80명의 면면들이다. 여기에는 유종주 초기의 문인들을 포함하여 증인서원 강학 때 참가한 문인들의 수가 많다는 점이 특징이다. 또 증인강학회 참가 문인들을 그 결합 형태의 방식이라는 시점에서 조망할 경우, 지역사회(절강 지역)에서의 학술공동체 결성 내지는 문인집단 형성이라는 측면에서 그 주요한 특징을 찾아볼 수 있을 것이다. 유종주의 인맥은 대부분이 이러한 지역사회에서의 결합 혹은 지역의 학술공동체 형성이라는 측면에서 이루어진 것이다. 확실히 유종주 문인집단의 면면은 대다수가 절강 지역 출신이라는 특징이 있다. 즉 「즙산제자적」에 실려 있는 80명의 면면 가운데 유종주 문인들의 지역별 분포를 수치에 의해 분석해 보면 다음과 같이 될 것이다.

① 유씨 일족의 땅이고 유종주의 고향인 절강 산음 출신자는 17명.

② 유종주 모친의 친정이고 외조부 장영章穎의 고향인 절강 회계 출신자는 12명.

③ 양명학의 탄생지이고 왕수인의 고향인 절강 여요 출신자는 8명.

④ 그 밖에 절강의 각 현 출신자는 22명.

⑤ 동림파의 땅인 강소의 각 현 출신자는 10명.

⑥ 절강, 강소 두 성 이외의 출신자는 9명.

⑦ 출신지 미상자는 2명.

이상의 수치 속에서 ①부터 ④까지의 총계는 59명이고, ⑤부터 ⑦까지의 총계는 21명이다. 이러한 수치에서 볼 수 있듯이 절강 출신자의 수가 압도적이라는 것을 쉽게 알 수 있다. 따라서 우리는 유종주 문인 집단을 지역 학술공동체 혹은 지역 사회단체의 전형적 형태를 갖고 있었다고 봐야 할 것이다. 다음의 소절에서는 「즙산제자적」에 실리지 못한 그 밖의 문인들에 관하여 구체적 면면을 살펴보도록 하자.

2. 유종주와 문인들(그 둘째)

유종주 문인의 수에 관해서는 이미 앞 절에서 살펴보았듯이 『유자전서』의 편집자 동창이 기록한 「즙산제자적」에 80명의 이름이 열기되어 있다. 그런데 황종희의 『황이주문집黃梨洲文集)』의 「유종주동지고서劉宗周同志考序」에는 그 문인의 총수가 '376명(三百七十六人)'이라고 기재되어 있다. 하지만 이름이 열기되어 있지 않은 탓으로 지금의 단계에서는 376명이라는 숫자를 증명할 길이 없다. 한편 청 도광道光 30년(1850), 심복찬沈復粲(1779-1850, 자는 하서霞西)이 처음으로 간행하고 광서光緒 18년(1892)에 복각한 『유자전서유편劉子全書遺編』에서는 『소흥부지紹興府志』, 『산음현지山陰縣志』『증인사어록証人社語錄』 등에 근거하여 『유자전서』에 실리지 않은 覊명(四十一人)'의 이름을 추가하여 열기하고 있다. 이렇게 보면 유종주 문인의 수는 실명을 언급한 자료만을 검토해 볼 때, 「즙산제자적」수록의 문인을 합쳐서 대략 常여명'이 될 것이다. 또 전조망이 쓴 「자유자사당배향기」에서는 "학문과 실천에 있어서 사문師門의 명성에 부끄럽지 않았던 자는 35명, 재전 제자는 1명(学行不愧師門者三十五人, 再傳弟子一人)."이라고 되어 있다. 즉 유종주의 문인을 覈명(三十六人)'이라고 언급하고 있는 것이다.

이하의 기술에서는 유종주 문인을 언급한 그 밖의 문헌을 포함하여 『유자전서유편』수록의 두춘생이 쓴 「유자전서유편초술劉子全書遺編鈔述」을 하나의 단서로 삼아 또 다른 문인들의 면면을 살펴보자. 우선 이 「유편초술」에 게재되어 있는 '41명(四十一人)'의 유종주 문인들에 관하여 소개하고 그 밖의 문인들 14명의 면면을 살펴보기로 한다. 유문劉門(유종주 문하)에 있어서 그 밖의 주변 인물들(관련 인물 및 문인들)은 대략 55명의 인물들이다.[171] 다만 상세한 사항이 불명인 인물은 그 이름만을 언급한다. 먼저 전조망의 「자유자사당배향비」에 그 이름이 열기되어 있는 36명 가운데 동창의 「즙산제자적」에 이름이 실려 있지 않은 10명의 면면은 이하와 같다.[172]

---

171 여기에서 언급하는 55명의 문인들 중에서 41명은 두춘생의 「유자전서유편초술」(『전집』 제5책 수록)에 그 이름이 실려 있는 인물들이다. 그 밖의 14명은 충이거衷爾鋸, 「第十九章蕺山学派其他伝人」(『蕺山学派哲学思想』所収, 山東教育出版社, 1993)에 실려 있는 인물들을 필자가 보충하여 선택한 인물들이다.
172 『전집』 제5책, 「저술자료著述資料·유편遺編」「유자전서유편초술(劉子全書遺編鈔述)」.

240

▶ 오인징吳麟徵(1593-1644),자는 성생聖生 또는 내황来皇이고 호는 뇌재磊齋이며 절강 해염 사람이다. 천계 2년에 과거에 합격하여 진사가 되었다. 축연祝淵과의 교유 관계가 매우 밀접하였다. 숭정 17년(1644) 이자성 군대가 북경에 진격해 왔을 때 상부의 명령을 받고 서직문西直門을 방어하였지만 끝내는 성이 함락되자 목을 매고 자살하였다. 『명사』에 전이 있다.

▶ 장명덕章明德(생몰년 미상), 자는 진후晋侯이고 절강 회계 사람이다. 도석경 계열의 문인들이 주장하는 불교(특히 선禪)적 관점을 격렬하게 비판한 인물이다. 전조망의 「자유자사당배향기」에 의하면 도석령이 주관한 백마산방별회에도 참가하여 도석령 계열의 양명학 좌파 문인들과 격렬하게 의론을 전개했다고 한다.

▶ 주창조朱昌祚(생몰년 미상), 자는 면지縣之이고 절강 산음 사람이다. 유종주 문하생들 가운데 최초 학생 중의 한 사람이다. 유종주의 주요한 거처였던 산음현 즙산 기슭에 살았다고 한다. 천계 5년 5월 유종주가 향리의 즙산 해음헌에서 제 동지를 모아 강학했을 때 적극적으로 참가하였다. 전조망의 「자유자사당배향기」에 의하면 그는 "사설에 조예가 깊었다(所造甚深)."고 한다. 즉 유종주의 학문에 관하여 넓은 지식과 깊은 이해를 가지고 있었다고 하는 얘기이다.

▶ 대역戴易(1621-?), 자는 남지南枝이고 절강 산음 사람이다. 유종주 초기 문인들 중의 한 사람이다. 일찍이 어린 나이에 유종주에게 배운 인물이다. 당시 화가로서 유명한 서방徐枋과 우의가 깊었다. 그는 평생 동안 어떠한 사람을 만나더라도 항상 스승 유종주의 학문과 인품에 대해 칭송하는 일을 잊지 않았다고 한다.

▶ 화하華夏(?-1648), 자는 길보吉甫 또는 과의過宜이고 호는 묵농黙農이며 절강 정해定海 사람이다. 후에 은현鄞県으로 이주한다. 처음에는 예원로와 황도주에게 사사하였고 후에 유종주 문하에 들어온다. 청 순치 5년(1648), 영파에서 동문의 왕가근王家勤, 양문기楊文琦, 도헌신屠献宸, 동덕흠董徳欽 등과 함께 비밀리에 항청 봉기를 도모하다가 실패하고 세상을 떠난다.

▶ 왕가근王家勤(?-1648), 자는 유일卣一이고 절강 은현鄞県(영파) 사람이다. 화하華夏와 함께 유종주에게 사사하였다. 그 후 학산강사鶴山講舎를 개설하고 사설의 선양에 앞장섰다고 한다. 명조 멸망 후 화하 등과 함께 기병하여 항청 운동을 전개하지만 끝내는 실패하고 화하와 함께 세상을 떠났다.

▶ 장응엽張応燁(생몰년 미상), 절상 여요 사람. 상세한 사항은 불명.

▶ 장성의張成義(생몰년 미상), 자는 능신能信이고 절강 자계慈谿 사람이다. 청 순치 3년 기병하여 항청 운동을 전개했다고 한다.『유자전서유편』에 유종주의 제자로 열기되어 있다.

▶ 서방성徐芳声(1604-1687), 자는 휘지徽之이고 절강 소산蕭山 사람이다. 전조망의「자유자사당배향기」에 의하면 그는 병법에 매우 통달했다고 한다.

▶ 심윤沈昀(1617-1679), 자는 낭사朗思 또는 전화甸華이며 절강 인화仁和(당시 항주부에 속함) 사람이다. 명조 멸망의 때 그의 나이는 27세였는데 그 후 대문을 걸어 잠그고 어느 누구와도 만나려고 하지 않았다고 한다. 그만큼 명조의 멸망을 슬퍼했다는 것이다.『청사고清史稿』에 전이 있다.

다음으로『소흥부지』와『산음현지』및『증인사어록』등의 기록으로부터는 12명의 유종주 문인들이 기록되어 있다. 이하의 인물은 생몰년 미상이다.

▶ 서기徐奇, 자는 이법而法이고 절강 회계会稽 사람이다. 유종주에게 사사하면서 성실하게 사설에 따라 배운 인물이다. 저서로는『대역괘의大易卦義』,『성학종주집요聖学宗周集要』,『성학영화편聖学咏和篇』,

『오륜지五倫志』, 『역대사론歷代史論』, 『명현논리학名賢論理学』 등 많은 저작을 남겼다. 그의 아들 서사인徐師人도 유종주 문인으로 분류되고 있다.

▶ 부상림傳商霖, 자는 천뢰天賚이고 절강 제기諸暨 사람이다. 종두법種痘法의 연구로 유명하다.

▶ 부우傅雨, 자는 봉아奉峩이고 절강 제기 사람이다.

▶ 심정沈静, 자는 지안止安이고 절강 회계 사람이다.

▶ 섭양옥葉良玉, 자는 군림君琳이고 절강 산음 사람이다.

▶ 모선서毛先舒, 자는 아황雅黄이고 절강 전당錢塘 사람이다.

▶ 심응위沈應位, 자는 중일中一이고 출신지는 미상.

▶ 맹양호孟養浩, 자는 의보義甫이고 호광湖広 함녕咸寧 사람이다. 만력 11년에 과거에 합격하여 진사가 되었다. 『명사』에 전이 있다.

▶ 기봉가祁鳳佳, 자는 덕공德公이고 절강 산음 사람이다.

▶ 기준가祁駿佳, 자는 계초季超이고 절강 산음 사람이며 과거력은 공생貢生이었다. 강서영태江西寧泰 병비참정兵備参政을 지낸 기승업祁承爍의 아들이다. 유종주의 아들 유작劉汋과는 인척 관계. 즉 유작의 제3자 유장림劉長林의 장인이다.

▶ 주무종周懋宗, 자는 문중文仲이고 절강 산음 사람이다.

▶ 주상부周尚夫, 상세한 사항은 불명.

이어서 『전서』 「문편文編」의 기록으로부터는 13명의 유종주 문인들이 기록되어 있다. 이하의 인물도 생몰년 미상이다.

    ▶ 호옥胡獄, 자는 숭고嵩高이며 출신지는 불명.

    ▶ 이조휘李朝暉, 자는 명초明初이고 절강 산음 사람.

    ▶ 정홍鄭弘, 자는 휴중休仲이고 출신지는 불명.

    ▶ 왕육방王毓芳, 자는 백함伯含이고 절강 회계 사람.

    ▶ 왕육란王毓蘭, 자는 소중素中이고 절강 회계 사람.

    ▶ 조중경趙重慶, 자는 군법君法이고 출신지는 불명.

    ▶ 호명총胡鳴鏓, 절강 여요 사람. 상세한 사항은 불명.

    ▶ 김횡金鈜, 자는 굉민宏民이고 절강 가선 사람.

    ▶ 포빈鮑濱, 자는 장유長儒이고 절강 여요 사람이다. 『전집』 제3책
(하)의 「서서書序·예경고차서禮經考次序」에 그 이름이 보인다.

    ▶ 노연盧演, 자는 문언文言이고 절강 여요 사람.

    ▶ 장원적張元迪, 자는 혜흥惠俠이고 절강 산음 사람.

    ▶ 여부呂孚, 자는 신부信夫이고 절강 산음 사람.

    ▶ 서체건徐體乾, 자는 행건行健이고 강우江右(강서) 장회위長淮衛
사람이다. 가정 연간의 진사이다. 『전집(』 제3책(하)의 「기기記·봉산개장기
鳳山改葬記』에 그 이름이 보인다.

마지막으로 『연보』의 「연보녹유年譜録遺」 등의 기록으로부터는 6명
의 유종주 문인이 기록되어 있다. 이하의 인물도 생몰년 미상이다.

▶ 전영석錢永錫, 자는 흠지欽之이고 절강 회계 사람이다. 그는 증인강회와 도석령이 주관한 백마산방별회 양쪽에 참가하였다. 사상사적으로는 양명학 좌파 계열의 학자로 볼 수 있다. 왕곡王谷과 함께 북경 함락 정보를 유종주에게 보고한 인물이다.

▶ 왕곡王谷, 자는 태함太含이고 절강 산음 사람이다. 이자성 군대에 의한 북경 함락의 때 그 정보를 스승 유종주에게 보고한 문인 중의 한 사람이다.

▶ 진도영陳道永, 상세한 사항은 불명.

▶ 진수적陳樹勣, 자는 기상紀嘗이고 절강 산음 사람.

▶ 기홍손祁鴻孫, 자는 혁원奕遠이고 절강 산음 사람이다. 기표가祁彪佳의 종자從子로 알려져 있다.

▶ 진강陳剛, 자는 소집小集이고 절강 산음 사람이다. 유종주의 장녀와 결혼하여 유씨 가문의 사위가 되었다. 유종주의 다른 두 사위(진홍우, 왕육지)와는 달리 동창의 「즙산제자적」에서는 그 이름이 누락되어 있다.

이상 두춘생의 「유자전서유편초술」에 게재되어 있는 41명의 문인 이외에도 그 밖의 유종주 문인 관련 자료를 검토해 볼 경우, 간접적인 제자를 포함하여 문인으로서는 대략 다음과 같은 인물들을 언급할 수 있을 것이다. 이하는 총 14명이다.

▶ 장응욱張應煜, 절강 여요 사람이다. 명조 멸망 무렵, 즉 1645년 유종주가 식음을 끊고 명조에 순사하려고 할 때 그는 유종주에게 스승의 성망을 이용하여 군사를 일으키고 하루속히 항청抗淸 운동을 전개하자고 요청하였다. 하지만 유종주는 이에 대하여 자신의 연로함을 이유로 장응욱의 건의를 받아들일 수가 없었다고 한다. 그 때문에 장응욱은 "만일 이 성城(소흥성)이 함락되면 머지않아 선생님(유종주)의 죽을 곳도 없어집니다."고 말하였다. 이것을 들은 유종주는 돌연 성을 나가 곧장 강물에 뛰어들어 자살하고자 하였는데, 끝내는 미수에 그치고 말았다고 한다. 전조망의 「자유자사당배향기」는 장응욱에 대하여 "장응욱의 이 말은 자유자(유종주)의 문제門弟임에 하등의 부끄러움이 없다."고 기술하고 있다.

▶ 주봉상周鳳翔(?-1644), 자는 의백 儀伯이고 호는 소헌巢軒이며 시호는 문절文節이다. 절강 산음 사람이며 숭정 원년에 과거에 합격하여 진사가 되었다. 관직은 남경국자사업을 거쳐 후에 동궁강관東宮講官이 되었다. 경사(북경)가 함락되었다는 소식을 듣고 스스로 목을 매어 순절한다. 유종주는 「회록」 속에서 주봉상과 예원로의 순절에 대하여 "그다지 학문은 하지 않았지만 대절大節에 임하여(나라에 큰 일이 닥쳤음에), 나라에 목숨을 바친 것은 태어나면서 천성적으로 선량한 성질性質(지성至性)을 지니고 있었기 때문이다."라고 평가하고 있다.

▶ 예원로(倪元璐(1593-1644)), 자는 옥여玉汝이고 호는 홍보鴻寶 또는 원객園客이며 시호는 문정文正 또는 문정文貞이라고 쓴다. 절강 상우上虞 사람이며 17세에 향시에 합격하여 거인이 되고 천계 2년에 진사가 되었다. 처음에는 추원표에게 사사하였고 후에 유종주·황도주와 교유한 인물이다. 관직은 국자좨주, 호부상서 등을 지냈다. 52세 때에 경사(북경)가 이자성 군대에게 함락되었을 때 스스로 목숨을 끊어 명조에 순사하였다.

▶ 전인錢寅, 자는 자호子虎이고 절강 해염海鹽 사람이다. 유종주 만년의 문인 그룹에 속한다. 즉 숭정 17년 축연祝淵, 장리상張履祥 등과 함께 유종주에게 배운 인물이다. 그의 이름은 『청사고』의 「유림전儒林傳」에 보인다. 학맥은 '유종주—장리상'라인의 문인 그룹에 속한다.

▶ 능극정凌克貞, 자는 투안渝安이고 절강 오정烏程 사람이다. 유종주 만년의 문인 그룹에 속한다. 그의 이름은 『청사고』의 「유림전」에 보인다. 즉 『청사고』의 「유림전」에 의하면 장리상과 함께 즙산(유종주) 문하에 속하는 인물이라고 기재되어 있다.

▶ 도안세屠安世, 절강 수수秀水 사람이며 유종주 만년의 문인 그룹에 속한다. 사상사적 학맥 관계로 볼 때 『청사고』와 『양원연원록楊園淵源錄』 등의 자료에 의하면 '유종주—장리상'라인의 문인 그룹에 속한

다고 한다.

▶ 정굉鄭宏, 절강 해염海鹽 사람이며 유종주 만년의 문인 그룹에 속한다. 명조 멸망 후 절개를 지키기 위해 청조의 조정에 출사하지 않았다. 『청사고』와 『양원연원록』 등의 자료에 의하면 '유종주—장리상' 라인의 문인 그룹에 속한다고 한다.

▶ 모광서毛光舒(1620-1688), 자는 치황稚黃 또는 치황馳黃이라고 쓰며 절강 인화仁和 사람이다. 처음에는 진자룡陳子龍에게 사사하였고 후에 송유宋儒의 제설諸説을 신봉하고 유종주의 학설을 선전하는 일에 진력을 다했다고 한다.

▶ 소정채邵廷采(1648-1711), 자는 윤사允斯이고 호는 염로念魯이며 절강 여요 사람이다. 그는 한공당韓孔當(양명학 좌파 심국모의 문인)의 문인이고 황종희에게도 사사한 인물이다. 유종주의 재전再傳 제자에 속한다고 볼 수 있다. 그는 청초의 사상가 장학성章学誠의 둘도 없는 친구였던 소진함邵晉涵의 족조族祖(조부의 종형)이기도 하다. 후에 유종주의 저작 『인보人譜』를 읽고는 깊게 깨달은 바가 있었다고 한다. 명대의 학술 연원에 관하여 연구를 집중하였는데, 그 결과물로서 『왕자전王子傳』(왕수인), 『명유유자즙산선생전明儒劉子蕺山先生傳』, 『왕문제자전王門弟子傳』, 『유문제자전劉門弟子傳』(미완성) 등을 저술하였다.

지금 그의 문집으로서 『사복당문집思復堂文集』 20권이 있고, 『청사고』에 그의 전이 있다.

▶ 황백가黃百家(1643-1709), 원명은 백학百學, 자는 주일主一이고 호는 불실不失, 별호는 황죽농가黃竹農家이며 절강 여요 사람이다. 국자감학생을 지냈다. 황종희의 말자末子이며 세 명의 형제 가운데에서도 가학과 부친의 유지를 가장 잘 이어받았다는 사실은 널리 알려져 있다. 예를 들면 부친의 유문 혹은 미완성인 채로 남겨진 『남뢰문정南雷文定』 제5집, 『송원학안宋元学案』 및 『명문수독明文授讀』 등을 편집하면서 수많은 평어評語를 이들 작품에 덧붙였다. 또한 그는 명사관明史館에 들어가 『명사』의 편찬 작업에도 참가하였다. 저서에 『실여고失餘稿』와 『희희집希希集』이 있다.

▶전조망全祖望(1705-1755), 자는 소의紹衣이고 호는 사산謝山이며 절강 은현鄞縣(지금의 영파) 사람이다. 청 건륭 원년(1736)에 과거에 합격하여 진사가 되었다. 그는 한림원에 들어가 직무를 수행했는데 당시의 대신들이 실익을 추구하는 것을 보고 거기에 영합하는 것을 스스로 용납하지 않았다고 한다. 그래서 관직을 사퇴하고 고향으로 돌아온다. 그 후 44세 때 소흥지부의 요청에 의해 증인사의 후신인 즙산서원蕺山書院의 주강主講이 되었다. 저서에는 『길기정집鮚埼亭集』 38권, 『길기정외집鮚埼亭外集』 50권, 『길기정시집鮚埼亭詩集』 10권, 『경사문답經史問答』

10권, 『교수경주校水經注』 30권, 『용상기구시甬上耆舊詩』 등이 있으며, 또한 황종희의 『송원학안』 100권을 보강·수정하여 완성한 일도 있다. 그 자신이 직접 쓴 「자유자사당배향기」는 유종주 문인 36명에 대해 기록하고 있다.

▶ 유작劉汋(1613-1664), 자는 백승伯繩이고 호는 둔재遁齋이며 우인들이 그의 시호로 '정효선생貞孝先生'이라 불렀다. 절강 산음 사람이고 유종주의 외아들이며 가학과 부친 유종주의 유지를 계승한 인물이다. 그의 아들 유무림劉茂林이 황종희의 딸을 아내로 맞아들임으로써 유씨와 황씨 양가는 사돈 관계를 맺는다. 부친 유종주의 사후 계속해서 즙산에 거주하면서 운일초惲日初, 사효함史孝咸 등과 왕래하고 학술에 관하여 담론하였다. 『유종주연보』의 기록자이기도 하다.

▶ 유무림劉茂林(1632-?), 자는 자본子本이고 호는 척암惕菴이며 절강 산음 사람이다. 유작劉汋의 아들이며 유종주의 손자이다. 조부 유종주가 명조에 순사했을 때(1645), 그의 나이는 겨우 열 네 살이었다. 황종희의 차녀를 아내로 맞아들여 황종희의 사위가 된다.[173] 후에 증인서원으로 거처를 옮기고 조부의 '신독학설'을 깊이 신봉하였다. 청 강희 6년 (1667) 장인 황종희·탕빈 등이 증인사(증인서원)의 강회를 재흥했을 때 그 강학에도 열심히 참가한다. 만년에는 조부 유종주의 저작을 교정하고 수

---

173 『全集』第五冊, 「附錄·子劉子行狀」, 45쪽. "茂林則羲之甥也."

정하는 일에 힘을 쏟는다. 저서에 『오둔자미언吾屯子微言』이 있는데, 내편은 천인天人·성명性命·음양陰陽·리기理氣·수기修己 등에 관하여 밝힌 것이고 외편은 강상綱常·윤리倫理·예악禮樂·형정刑政 등에 관한 내용이다. 그 밖의 저서에 『예경고차禮經考次』와 『구경익원九經翼原』이 있다.

▶ 유사림劉士林, 자는 자지子志이고 호는 잠학潛学이며 절강 산음 사람이다. 유작劉汋의 아들이며 유무림의 동생이다. 조부 유종주의 교설을 평생 동안 신봉하면서 그 선전과 전도에 전력을 다하였다. 저작으로는 조부 유종주의 전기 자료로서 「즙산역임시말蕺山歷任始末」, 「즙산선생세보蕺山先生世譜」, 「즙산선생행실蕺山先生行實」 등이 있다.

이상의 주요한 문인들이 동창이 기록한 「즙산제자적」에 그 이름이 열거되어 있지 않다는 것은 사상사적으로 볼 때 극히 기묘한 일이다. 그런데 앞에서도 이미 말한 바와 같이 두춘생이 쓴 「유자전서유편초술」이나 충이거衷爾鋸의 연구 조사[174]에 의하면 이들 55명의 문인들도 유종주 문인 그룹에 그 이름을 열기할 수 있다. 이렇게 해서 「즙산제자적」의 80명을 포함하여 바로 위에서 열기한 55명을 합치면 총계 135명의 대규모의 문인집단이 된다. 공식적인 숫자만도 1백여 명을 훨씬 뛰어넘고 있으며, 만약 비공식적인 집계도 포함한다면 황종희가 위에서

---

174 衷爾鋸, 「第十九章蕺山学派其他伝人」(『蕺山学派哲学思想』 所收, 山東教育出版社, 1993) 참조.

언급한 바 있는 '376명'이라는 문인수도 결코 과장만은 아닐 것이다.

「즙산제자적」의 80명과 위에서 열거한 55명의 성향과 특징을 살펴보면 거기에는 하나의 주요한 특징이 있다. 그것은 역시 지역사회(특히 절강 지역)에서의 결합이라는 측면이 강하다고 하는 점이다. 유종주 문인집단의 면면은 그 대부분이 절강 지역 출신이었던 것이다. 따라서 여기에 그 이름이 열기되어 있는 55명의 면면을 앞 소절의 분류 방법에 따라서 지역별 분포의 수치로 분석해 보면 다음과 같은 유형이 될 것이다.

① 유종주의 고향인 절강 산음 출신자는 16명.

② 외조부 장영의 고향힌 절강 회계 출신자는 7명.

③ 그 밖에 절강 지역 각 현의 출신자는 24명.

④ 절강 지역 이외의 출신자는 2명.

⑤ 출신지 미상자는 6명.

이상의 수치 가운데 절강 지역 출신은 ①부터 ③까지의 총계 47명이고, 절강 지역 이외의 출신자와 출신지 미상자의 합계는 8명이다. 여기에서도 절강 지역 출신자의 수가 압도적으로 우세하다는 것을 알 수 있다. 그런데 이상의 문인들 이외에도 동창이 기록한 유종주의 「학인學人」 명단에는 다음과 같은 인물들이 게재되어 있다.

다음의 표는 동창이 기록한 「학인」에 근거하여 필자가 절강과 강소

각 지역별로 재분류하여 작성한 것이다. 총계 66명이고 유종주의 재전
제자에 해당하는 후학들이며, 대부분이 황종희와 관계를 맺고 있는 인
물들이다.

표9) 유종주의 학인표學人表

출신지(지역)	성명
절강 영파寧波 (은현鄞県)	<u>만사선萬斯選</u>, <u>진적충陳赤衷</u>, 장홍헌蔣弘憲, <u>동윤도董允瑫</u>, 동윤린董允璘, 고두권高斗権, 이업사李鄴嗣(이름 문윤文胤, 호 고당杲堂), 장여익張汝翼, 범광양范光陽, 만사대萬斯大, <u>진자순陳自舜</u>, <u>진자지陳紫芝</u>, 진석하陳錫嘏, <u>왕지평王之坪</u>, <u>구운교仇雲蛟</u>, 정량鄭梁, <u>구조오仇兆鰲</u>, 만사동萬斯同, 만언萬言, 모경毛勍, <u>이개李開</u>, <u>동도권董道権</u>, 진여잠陳汝箴. 이상 23명
절강 소흥紹興	동양담董良橝, 주양서周襄緒, 왕곡진王穀振, 왕곡위王穀韋, 모기령毛奇齡, 노덕승魯徳升, 동양숙董良櫹, 황정의黄正誼, 강요姜垚, 황백가黄百家[175], 강조웅姜兆熊, 왕하조王遐祚, 유로창劉路昌, 장환張煥, 동양정董良梃, 서기徐夔, 강지형姜之珩, 강공전姜公銓, 소정채邵廷采, 시경施敬, 도복陶復, 왕학문王学文, 시교施教. 이상 23명
절강 항주杭州	주이매朱邇邁, 진역陳易, 진익陳翼, 축익권祝翼権, 축익모祝翼模, 장증조張曾祚, 고담원高湛遠, 고조영高朝纓, 정천鄭薦, 당가정唐嘉政, 당가유唐嘉猷, 장함張涵, 김장金張, 오복웅呉卜雄. 이상 14명
절강 장흥長興	정세석丁世錫. 이상 1명
절강 가선嘉善	위윤매魏允枚, 위윤찰魏允札. 이상 2명
강소 금단金壇	고동생高東生. 이상 1명
강소 장주長洲 (지금의 소주蘇州)	주정周靖. 이상 1명
강소 회안淮安	고시顧諟. 이상 1명

---

175 황백가는 황종희의 아들로 절강 여요 출신이지만, 동창이 기록한 「학인學人」의 명단에서는 절강 소흥 출신으로 되어 있다.

이 「학인표」에 실린 인물들의 면면을 살펴보면, 그 대다수의 사람들이 황종희의 문인들이라는 사실과 절강, 강소 두 지역에 편중되어 있다는 것을 쉽게 간파할 수 있다. 즉 위의 표 안에서의 '절강 은현(영파) 출신'에 해당하는 곳에 밑줄을 그은 인물들 16명은 청 강희 6년 정월 초 7일 여요余姚에 가서 황종희에게 학문에 관하여 질문했다고 한다.[176] 이들은 용상甬上의 담원사澹園社 및 문업文業의 사社에 속하는 자, 또는 그 외의 영파 제 문사文士들이었다. 좀 더 구체적으로 이 16명을 결사별로 분류해 보면 다음과 같다.

① 용상甬上의 담원사澹園社에 속하는 멤버

▶ 진적충陳赤衷(1627-1687), 자는 벽헌碧献이고 호는 환촌環邨이며 청조 강희 19년의 공생貢生이다.

▶ 진자지陳紫芝, 자는 비원非園이고 강희 18년의 진사이다.

▶ 진석하陳錫嘏(1634-1687), 자는 개미介眉이고 호는 이정怡庭이며 강희 15년의 진사이다.

▶ 동윤도董允瑫(?-1679), 자는 지중在中이고 많은 학자들은 그를 봉명선생奉銘先生이라고 불렀다. 강희 8년의 진사이다. 동덕칭董德偁(1603-1661, 황도주의 제자, 용상의 동림 네 선생 중의 한 명)의 장남이다.

---

176 馮錦栄, 「明末淸初における黄百家の生涯と著作」(『中国思想史研究』第二十号, 京都大学中国哲学史研究会, 1997) 참조.

② 문업文業의 사社에 속하는 멤버

▶ 만사선萬斯選(1629-1694), 자는 공택公擇이고 호는 백운白雲.

▶ 만사대萬斯大(1633-1683), 자는 충종充宗이고 호는 파옹跛翁 또 는 갈부褐夫이다.

▶ 만사동萬斯同(1638-1702), 형 만사대와 함께 황종희에게 배움.

▶ 만언萬言(1637-1705), 만사대(萬斯年)의 아들이자 만사대, 만사동 의 조카로 황종희에게 배움. 그의 조부 만태萬泰는 유종주에게 사사.

③ 그 밖의 영파 제 문사文士

▶ 장여익張汝翼(1624-?)자는 단복旦復이고 호는 학재学齋이다.

▶ 범광양范光陽(1630-1705), 자는 국문国雯이고 호는 필산筆山이 며 강희 27년의 진사이다.

▶ 동도권董道權(1630-1689), 자는 손자巽子이고 호는 부당缶堂 이다. 동수유董守諭(1596-1664, 황도주의 제자, 용상의 동림 네 선생 중의 한 명)의 아들이다.

▶ 진자순陳自舜(1634-1711), 자는 소동小同 또는 동량同亮이며 호 는 요산蕘山이다.

▶ 구운교仇雲蛟, 자는 석도石濤이며 구조오仇兆鰲의 형이다.

▶ 구조오仇兆鰲(1633-1712), 자는 창주滄柱, 강희 15년의 진사.

▶ 왕지평王之坪(1640-1707), 자는 문삼文三, 역암易庵 또는 근사

近思, 첨당喬堂이다.。

▶ 이개李開, 자는 석곤錫袞 또는 자미子美이다.

게다가 앞의 「학인표」에 실린 인물들에 대하여 지역별 분포를 시야에 넣어서 생각해 보면, 총계 66명 가운데 절강 지역 출신자는 63명이고 강소 지역 출신자는 3명이다. 이러한 수치는 과연 무엇을 말해주고 있는 것일까. 확실히 유종주 문인들의 사회적 존재 성격에 주목해 본다고 하는 문제 설정으로부터 의식하지 않을 수 없는 것은 명대 말기 사회에서의 '지역과 사상' 혹은 '사상·문화의 지역성'이라는 문제일 것이다. 이 주제는 최근 학계에서 가장 활발히 진행되고 있는 연구과제의 하나이기도 하다. 그것은 지리적 공간의 시점으로부터 파악한 사상 유파의 지역별 분포나 그 유파의 구성원에 대한 사회적 존재 성격을 통하여 당시 사상계의 실상에 조금이라도 근접할 수 있기 때문이다. 그러한 점으로부터 이해하는 한, 유종주 사상의 실상과 그 사상에 대한 평가는 단지 양명학자 또는 양명학 좌파 및 신新양명학자 등등의 단순 개념의 구조로부터는 결코 해명할 수는 없다는 것이다.

4

문인집단의 성격과 지역사회

1. 문인집단 성격의 한 단면

일반적 통설에서 볼 때 명조 멸망과 이민족 청조의 성립은 당시 유학자들에게 커다란 충격을 안겨주었다. 게다가 살아남은 명의 유신遺臣들은 명조 멸망의 원인을 이론적인 공담으로 흐른 심학에 있다고 생각하여 실용적 학문 혹은 경세치용經世致用의 학문을 주창한다. 그 대표 주자가 황종희와 고염무顧炎武 및 왕부지王夫之이다. 그들은 그 근거를 경서와 역사서에서 찾았으며 육경六經으로 회귀할 것을 목표로 삼았다. 또 그 어프로치의 방법은 실사구시(=객관적 실증주의)라는 용어였다. 그들의 방법론이 이윽고 실증적인 고전학으로서 청대 고증학을 태동시킨 것이다. 그 후 중국 근세 유교사상사, 특히 명말청초의 사상을 연구하는 학자들은 대개의 경우 이 세 인물에게 주목하고 집중적으로 연구를 진행해 왔다는 것도 주지의 사실이다. 그리고 이들 세

명에게 관심이 집중된 나머지 황종희의 스승 유종주는 작금의 유교사상사에서 그다지 주목받지 못하였다.

하지만 유종주라는 인물은 동시대 동림파를 조직한 고헌성과 고반룡 및 양명학 좌파의 왕기와 주여등 등의 유학자들과 어깨를 나란히한, 혹은 명말청초의 유교사상계에 있어서 유력한 사상 조류가 된 절동학파 본원의 하나로서 결코 주목하지 않을 수 없는 중요한 존재이다. 앞에서도 확인했듯이 유종주 문인집단에 관해서는 즙산학파 철학사상에 관한 뛰어난 연구성과를 남긴 충이거衷爾鋸의 연구가 이미 존재한다. 즙산학파로 명명한 유종주 문인집단의 면면에 관해서는 충이거의 일련의 조사·연구에 의해 거의 망라되었을 정도이다. 특히 그 가운데 충이거의 저작『즙산학파 철학사상』의 제19장「즙산학파 그 외의 전수자」[177]에서는 유종주 문인들의 다양한 면면에 관하여 상세히 소개하고 있다. 하지만 이 책에서는 충이거와는 유종주 문인집단에 대한 분석 시각, 관심의 대상을 달리하고 있다는 점을 미리 밝혀둔다. 예를 들어 이 책에서는 지역·향촌 사대부의 문인집단이라는 시점을 취하면서 유종주 문인집단의 실상을 파악하고자 했던 점이 그것이다.

한편 이하 문인집단 성격의 한 단면을 파악함에 있어서는 유종주의 재전 제자라 할 수 있는 소정채邵廷采(1648-1711)라는 인물에 주목하고, 그것을 하나의 단서로 삼아 소정채의 학맥 전승관계에 초점을 맞추기로 한다. 이를 통해 유종주 문인집단의 다양한 성격, 명대 말기 사

---

177 충이거衷爾鋸의 명말청초 유종주 문인집단과 철학사상에 대한 연구서로서『蕺山学派哲学思想』(山東教育出版社, 1993)이 있다.

상으로부터 청대 초기 사상으로 전환되어 가는 한 측면의 양상을 고찰해 보고자 한다. 그것은 소정채라는 인물이 '유종주—황종희' 학통과 양명학 좌파의 학통을 각각 통합·절충적으로 계승한 학자이기 때문이다. 그런 의미에서 소정채의 학통을 살펴본다는 것은 여러모로 의미 있는 일이 될 것이다. 그런데 이에 대한 고찰에 앞서 유종주의 사후 황종희를 중심으로 하는 문인들의 움직임을 간략하게 살펴보자.

『연보』의 「후편後編」에 의하면 유종주의 증인강회는 황종희 등의 문인들의 노력으로 만주족 청조 치하에서 부활한다.[178] 즉 강희 6년(1667) 황종희의 나이 58세 때 소흥의 고소학古小學에서 증인서원의 강회를 다시금 개최한 것이다. 이에 황종희는 동문 강희철, 장응오, 동창, 조우공, 서택온 등과 함께 활발히 강회를 재개하고 스승 유종주에 대한 현창과 학설의 전파 보급에 전력을 기울인다. 원래 이 고소학은 송대의 유자 윤돈尹焞을 제사지내고 현창하기 위한 시설이었고, 숭정 연간 스승 유종주에 의해 중수되었다. 물론 이 무렵 소정채와 모기령毛奇齡도 이 증인강회에 적극적으로 참가한다. 게다가 강희 13년(1674) 소정채의 나이 27세 때, 그는 소흥으로 직접 가서 유종주의 제자 동창董瑒과 회합을 가진다. 이 때 동창은 소정채에게 "이미 즙산(유종주)의 종파를 자임하는 사람은 즙산의 학문을 필히 알지 않으면 안 됩니다."[179]라고 말하였다. 이렇게 동창의 권고를 들은 후 소정채는 수 년 간에 걸쳐 기쁘고 즐겁게 『즙산전서蕺山全書』(여기에서 말하는 즙산전서

---

178 『전집』 제5책, 「劉宗周年譜(後編)·姚譜遺響」 강희 6년의 조.
179 『전집』 제5책, 「劉宗周年譜(後編)·姚譜遺響」 강희 13년의 조. "既宗蕺山之人, 不可不知蕺山之学."

는 유종주의 유문이다)를 읽게 되었다고 한다.

이 동창(생몰년 미상)은 앞에서 이미 소개한 바와 같이 원명은 서생瑞生이고 자는 숙적叔迪이며 호는 무체無體, 유종주 어머니의 친정인 절강 회계 사람이었다. 처음에는 예원로에게 배우고 그 뒤에 유종주를 따라 배웠다. 그는 문인들 가운데 유종주의 유문을 세밀히 정리하고 편찬하는 일에 힘썼는데, 스승의 『유자전서劉子全書』를 편집·간행한 인물로서 유명하다. 특히 동창은 스승 유종주의 학설을 계승하고 현창하는데 힘쓴 최대 공헌자이다. 저서에는 『중용학안中庸学案』과 『맹자학안孟子学案』이 있는데, 두춘생이 쓴 「유자전서유편초술」의 기록에 의하면 이 두 권은 스승의 교설을 명확히 밝힌 저작이라 해서 높이 평가되고 있다. 또 그 자신은 스스로를 양명학 우파의 대표자인 전덕홍錢德洪과 비교하면서 유문劉門의 적통임을 자임하기도 하였다. 유종주·도석령이 공동으로 개최한 증인강회에 참가하였고, 자신의 아들에게는 항상 "학문의 요체는 주자학이 중시하는 거경居敬에 있기에 착실히 곡례曲禮를 지키라!"고 훈계했다고 한다. 이러한 발언으로부터 보면 동창은 대체로 주자학을 신봉하고 사설의 현창에 주력한 인물이었다고 평가할 수 있을 것이다. 그런데 동창은 소정채를 그 자신이 기재한 유종주 '학인'명단에 그 이름을 올려놓고 있는 것이다.

한편 소진함(소정채의 족손)의 친구이고 『문사통의文史通義』의 저자로 유명한 장학성章学誠(1738-1801)은 청조 고증학 융성의 시대에 고증학에 대해 비판과 반발의 의견을 제시하면서 스스로의 학문과 소정채의 학문에 관하여 자신의 아들에게 아래와 같이 술회하고 있다.

자녀로서 생명을 받아 태어난 경우, 반드시 부모와 닮는다. 전혀 담지 않았다고 해도 역시 필연적으로 닮은 곳이 있기 마련이다. 이것이 도리이다. 학문·문장도 또한 그러한 것이다. 나는 고문사古文辭 방면에 관해서는 너의 조부와 전혀 닮지 않았다. 하지만 조부는 평생 동안 소사복邵思復(소정채)의 문장을 매우 중요시 여겼는데, 나 또한 실지는 소씨를 경앙景仰하고 있으며 그에게 미칠 수 없음을 부끄럽게 생각하고 있다. ………(내 자신은) 그 토론과 수식修飾에 관해서는 주 선생(주균朱筠)에게서 많은 것을 배워 얻은 바 있지만, 이것은 후기後起의 공功이다. 그리고 (내 학문과 문장의) 근본은 모두 소씨에게서 나온 것이다. 이것은 정훈庭訓에 의한 것이다.[180]

이 문장에서 장학성은 자기 학문의 근저를 이루고 있는 것이 부친이 추앙해서 받들던 가학家學이라고 해야 할 소정채의 학문이며, 또한 후에 그 자신의 학문 형성에 많은 도움을 준 사람이 주균朱筠(1729-1781)이었다고 하는 고백을 자신의 아들에게 하고 있는 것이다.[181] 그렇다면 이렇게 장학성이 자신의 학문 연원으로서 높게 평가한 소정채는 도대체 어떠한 인물이었을까. 앞의 문인집단에 관한 기술에서 이미 확

---

180 章学誠, 『文史通義(補注)』 外編三, 「家書三」. 이 인용문의 역문은 河田悌一, 「清代学術の一側面—朱筠, 邵晋涵, 洪亮吉そして章学誠—」(『東方学』 第五十七輯, 東方学会, 1979)에 의거하였다.
181 소진함과 장학성의 관계에 관해서는 河田悌一, 「清代学術の一側面—朱筠, 邵晋涵, 洪亮吉そして章学誠」(『東方学』 第五十七輯, 東方学会, 1979) 참조.

인했듯이 소정채(1648-1711)는 자가 윤사允斯이고 호는 염로念魯이며 양명학의 땅 절강 여요 출신이다. 그는 유종주의 저작『인보人譜』를 중히 여겨 그것을 읽고는 크게 깨달은 바가 있었다고 고백한다. 게다가 명대 학술 연원에 관하여 연구를 집중했데, 그 결과물로서『왕자전王子傳』(왕수인),『명유유자즙산선생전明儒劉子蕺山先生傳』,『왕문제자전王門弟子傳』,『유문제자전劉門弟子傳』(미완성) 등을 저술하였다. 청 순치 5년(1648)에 태어나 강희 50년(1711)에 세상을 떠난 청초의 학자이다. 지금 그의 문집으로는『사복당문집思復堂文集』20권이 있고,『청사고』에 그의 전이 남아 있다.[182] 절강 소흥부 여요현余姚縣 출신이라는 점으로부터 백 여 년 전의 왕수인, 바로 한 세대 앞의 황종희와는 동향의 학자—장학성도 같은 소흥부 출신이지만 그는 50킬로 정도 떨어진 회계현 출신—이다.

한편으로 소정채는 장학성의 둘도 없는 친구인 소진함邵晉涵의 족조族祖(조부의 종형)이기도 하다. 사실 그는 강희 9년 요강서원의 주강을 지낸 절강 여요 출신 한공당韓孔當(1599-1671)의 문인이며, 후에 황종희에게 배운다. 유종주와의 관계를 시야에 넣으면 재전 제자에 속하는 인물이다. 또 그는 저명한 북송대의 유학자 소옹邵雍(1012-1077)의 후사後嗣라고도 알려져 있는 인물이다. 우선 한공당의 학맥 전승관계로부터 이야기를 시작해 보자. 한공당은 양명학 좌파 심국모의 제자였

---

182 주균이 쓴『소염로선생묘표邵念魯先生墓表』(『사하문집笥河文集』권11)에는『사복당문집思復堂文集』20권이 있지만, 현재 우리들이 확인할 수 있는 것으로서 서우란徐友蘭이 판각·간행한『소흥선정유서紹興先正遺書』수록의『思復堂文集』은 10권본이다.

는데, 심국모는 또한 주여등의 문하에서 배운 인물이었다.

주지하듯이 이 주여등은 이탁오, 양복소楊復所(양기원楊起元), 명대 선종 부흥의 중요인물 감산덕청憨山德淸(1546-1623)과도 깊은 인맥 관계를 맺고 있었다. 주여등은 명대 말기 절강의 대표적인 양명학 좌파의 인물로 유명하다. 이렇게 보면 소정채의 학문 연원은 양명학 좌파와 유종주 학풍의 영향을 동시에 받았다고 하는 편이 제대로 된 이해일 것이다. 그럼 이와 같은 소정채의 학맥 전승관계를 표로 만들어 확인해 보자(표 10 참조).

표10) 소정채의 학맥 전승관계

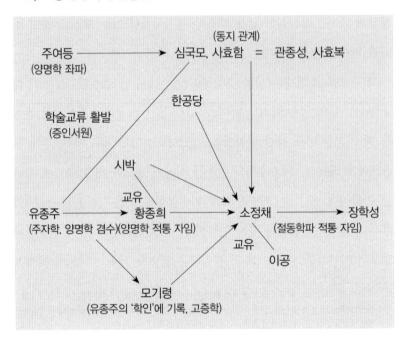

이 표의 소정채 학맥 전승관계로부터 보는 한, 명말청초의 학자들은 그 자신이 정주학파(주자학파), 혹은 양명학 우파나 양명학 좌파에 각각 속해 있었다 해도—이것은 후대가 되어 학파적으로 그렇게 분류했기 때문이다— 학술과 인적 교류에 있어서는 유파를 가리지 않고 다방면적으로 또는 종횡으로 이루어지고 있었다는 사실을 확인할 수 있다.

소정채는 요강서원을 중심 무대로 하여 본격적으로 학술 활동을 전개한 청초의 학자이다. 그는 9세 때 조부 소증가邵曾可(1609-1659)를 따라서 양명학 좌파로 분류되는 심국모·사효함과 만나게 되는데, 심국모라는 인물은 양명학 좌파 계열 주여등의 문하생으로서 일찍이 유종주의 증인서원에서 회강한 적도 있었다. 심국모는 청조 치하의 순치 16년(1659)에는 사효함 등과 함께 왕수인의 고향 여요현 반림半霖에 요강서원을 세우고 강학을 행한 인물이다.[183] 또 그는 양명학 좌파 계열로 분류되는 관종성, 사효함, 사효복 등의 동지이기도 하였다. 『유종주연보』의 기록자 요명달姚名達이 쓴 『소염로연보邵念魯年譜』의 기록에 의하면 소정채는 17세 때 처음으로 한공당과 만나고 곧바로 그의 문하로 들어가 양명학을 배웠다고 한다. 소정채는 20세 때 잠깐 불교 선종에 관심을 갖기도 하지만, 황종희가 소흥에서 증인강회를 개최할 때 그 강회에도 참가하였다. 또 21세 때는 소흥의 증인사에서 청대 고증학의 대표적 학자 모기령毛奇齡과 만나고 그 가르침을 받는다. 스승 한공당이

183 『全集』 第五冊, 「劉宗周年譜(後編)·姚譜遺響」 청 순치 16년의 조 참조

죽은 후에는 시박施博(호는 약암約菴)의 지도하에 학문과 수양에 열중하게 된다. 요명달의 『소염로연보』에 의하면 어느 날 시박은 소정채를 향하여 다음과 같이 말했다고 한다.

시박은 "하북河北의 손기봉孫奇逢은 당대의 진유眞儒이기 때문에 아이들에게 그것(손기봉의 교설)을 전하고 싶다"고 말하였다. 이 때문에 『손씨어록孫氏語錄』이 나오게 되었다. 여기에서는 (손씨어록에서는) 대략 다음과 같이 말하고 있다. "주자의 뒤에 주소注疏가 지루해졌음에 양명이 '허虛'로써 고쳤다. 양명의 뒤에는 불교와 노장의 학풍으로 흐르게 되었음에 지금은 '실實'을 가지고 그것을 바로잡았다. 이로 인해 '손損'과 '익益', '영盈'과 '허虛', 이 이치는 '역상易象'가운데 구비되어 있다." 선생(소정채)은 이에 비로소 유·불의 분별을 알게 되었고, 왕기의 사무설四無說이 선학에 가깝다는 것을 알게 되었다.[184]

여기에서 시박은 소정채에게 손기봉의 학문을 높이 칭찬하고, 손기봉의 말을 빌려 제자에게 훈계하고 있는 것이다. 이에 소정채도 문득 깨달은 바가 있어 유교와 불교의 차이점을 알게 되었고, 왕기의 사무설이 불교의 선학이라는 것을 깨닫게 되었다는 내용이다. 이것은 역으로

---

184 姚名達, 『邵念魯年譜』康熙十二年癸丑(1673), 先生二十六歲条. "施博為言河北孫奇逢當代眞儒, 欲遣兒輩負笈往事, 因出孫氏語錄, 大約言: 朱子之後, 疎為支離, 故陽明當藥之以虛, 陽明之後, 流為佛老, 在今日當藥之以實, 損益盈虛, 此理具易象中, 先生至是始識儒佛之分, 始識王畿四無之近禪."

말하면 시박을 만나기 전까지는 양명학 좌파의 인물들에게 배운 관계로 주자학적 교양이 결여되어 있었다는 점을 지적한 것이기도 하다. 소정채가 사사한 시박이라는 인물은 유종주와 마찬가지로 신독을 절실한 수양공부로 삼았으며 황종희와 깊은 학문적 교류관계를 맺었던 인물이다. 그는 또 손기봉의 인격과 학문에 크게 감복했다고도 전해진다. 44세(1691년) 때 소정채는 아들 형제를 위해 「후몽설後蒙説」을 지었는데, 여기에서 그는 유종주의 『인보人譜』에 있는 내용을 인용하고 "신독의 실제는 치양지致良知의 실제이다."라고까지 말하고 있다. 사실 이것은 황종희의 평가와 매우 유사한 것이며, 소정채도 또한 신독과 치양지의 대비를 통해 유종주를 양명학 정통의 후계자로 평가하고 있는 것이다.

그런데 여기에서 주목해야 할 점은 소정채가 황종희와 같은 지역인 여요에 거주하였고, 그 때문인지 황종희의 영향 및 황종희의 스승 유종주의 영향을 강하게 받고 있었다는 사실이다. 청 강희 33년(1694) 그의 나이 47세 때, 즉 그가 요강서원의 주강으로 있으면서 강학을 행할 때, 스스로 「훈약십칙訓約十則」을 지어 그것을 학문의 요지로 표방한다. 그는 제1칙(입의의성立意宜誠)과 제3칙(윤기의돈倫紀宜敦)의 조에서 유종주를 언급하고 그의 학문 정신을 높이 현창하고 있다. 제1칙 속에서 소정채는 "즙산 유 선생은 신독을 내걸어 학문 종지로 삼았다. (중략) 하나의 생각이 헛되고 거짓이라면 모든 것이 잘못되어 버린다."라고 말한다. 즉 소정채의 이해에 따르면 유종주의 학문 정신은 신독

慎獨을 기반으로 삼고 있으며 그 학문 방법은 수양공부를 첫 번째 으뜸가는 것으로 표방하고 있었다는 점이다. 제3칙 속에서도 역시 유종주를 언급하면서 "삼대(하·은·주)의 학문은 인륜을 밝힌 까닭이요, 인륜의 근본은 효제를 그 첫 번째로 한다. 유 선생이 강학한 곳을 증인사라 하고, 또한 유 선생이 말하건대 이와 같이 하면 사람이 되고 이와 같이 하지 않으면 금수가 된다. 그러므로 우리는 이를 두려워하고 삼가야만 될 것이다."[185]라고 말하고 있다. 그리고 제10칙에서는 학문의 수양·실천을 재차 강조한다. 이처럼 소정채는 전적으로 유종주의 교설에 의거하여 자신의 학문적 입장을 정립하고 있는 것이다. 결국 소정채가 "………이것으로부터 요강姚江의 뜻과 증인證人은 두 개가 아니다."[186]라고 말한 바와 같이 그의 학문정신과 강학의 의도는 요강의 학문 요지(왕수인의 교설)와 증인의 학문 요지(유종주의 교설)를 하나의 범주 속에 넣어 통합시키고자 하는 것에 있었다고 할 수 있을 것이다.

소정채는 50세 때 「명유유자즙산선생전」을 짓는데, 그 문장 속에서 그는 "선생(유종주)의 독실한 점은 주자와 닮아 있지만 성의·신독을 말한 바는 주자와 합치하지 않는다."고 말한다. 또 「후모서하선생서候毛西河先生書」에서는 "즙산께서 말씀하시는 독獨이란 양지의 본체이다."고 말하고 있다. 계속해서 그는 "유즙산은 비록 양지를 말하지 않았지만 편견을 보충하고 폐단을 구하니 양명의 학문은 참으로 즙산(유

---

185 소정채 「훈약십칙(訓約十則)」. "三代之學, 所以明倫, 人倫之本, 首重孝悌, (중략) 劉子名講學
之地爲證人社, 言如此爲人, 不如此爲獸, 畏之愼之."
186 『전집』 제5책, 「劉宗周年譜(後編)·姚譜遺響」 康熙三十三年の条. "自此姚江之旨與証人無二."

종주)을 통해 더욱 선명히 드러나게 되었다. 본조(청조)의 대유 손징군 孫徵君(손기봉)과 탕잠암湯潛菴(탕빈)과 같은 이는 모두 양명학을 착실히 배우고 익혔다."[187]고도 발언하고 있다. 이렇게 볼 때 소정채가 학술적으로 유종주를 얼마나 높이 평가하고 있었는지를 짐작할 수 있다. 그 후 소정채는 황종희와 마찬가지로 양명학의 적통을 자임하는 일에 관심을 갖는다. 그는 왕기·주여등·도석령 등 소위 양명학 좌파로 분류되는 그들의 주요한 관점인 사무설을 배제하고, 이탁오의 교설을 극력으로 반대하면서 창광猖狂(미친 듯이 날뛰는)이라고까지 표현한다. 그 대신 양명학의 적통은 전덕홍·추수익鄒守益·구양덕歐陽德·유종주 등으로 계승되었다고 주장하였다.[188] 이처럼 소정채는 유종주를 양명학의 정통 계승자로 평가하고 있는 것이다. 후대에 이르러 유종주를 양명학자라고 평가하는 것도 사실 황종희와 소정채의 견해와 평가에 의거하고 있는 바가 크다. 또 이들의 학문적 평가에 의해 유종주는 양명학자로서의 이미지가 덧씌워져 오늘날까지 이어지고 있는 것이다.

소정채의 유교사상은 후일이 되어 『문사통의文史通義』의 저자로 유명한 장학성에게 크게 영향을 끼친다. 덧붙이면 그의 나이 58세 때 이미 『사복당문집思復堂文集』이 출판되었으며 중국 근대 사상가 양계초梁啓超(1873-1929)는 그를 '중국 제일의 역사가'로서 높이 평가한다. 사실 소정채에 대한 일반적 평가도 대개 그러하다. 그의 학문

---

187 소정채, 「候毛西河先生書」. "劉蕺山雖不言良知, 然補偏救弊, 陽明之學, 實得蕺山益彰, 本朝大儒孫徵君潛菴, 習勤陽明."
188 유명종, 『淸代哲學史』, 以文出版社, 1995, 313-323쪽.

은 양명학에 근본을 두었으나 학문 여정에서 볼 때 고증학자 모기령을 스승으로 삼고, 또한 청초 학자 안원顔元(1635-1704)의 문인 이공李塨(1659-1733)과 함께 학문을 절차탁마한 적도 있다. 이러한 연유도 있어 그는 양명학과 고증학 및 역사학의 경계를 자유자재로 넘나들던 학자였다. 따라서 그는 양명학과 고증학을 종합한 사상가이면서도 유종주와 양명학 적통을 자임한 황종희의 사상을 계승한 유학자였다고 평가할 수 있을 것이다.

한편 소정채의 일례에서 보듯이 유종주 문인집단 성격의 주요 특징은 학술적 연원과 배경이 그만큼 다양했다는 점, 사상적인 면에서도 매우 복잡했다는 사실이다. 그렇다면 이와 같은 점이 명대 말기 사상으로부터 청조 경학으로의 전환이라는 측면에서 볼 때 하나의 특징적 현상이라고도 볼 수 있을 것이다. 신유학(주자학과 양명학)의 획일적 풍토가 그 운명을 다하여 이제는 새로운 시대에 맞는 청조 경학과 역사학에 대한 관심으로 전환된 것은 아닐까. 거기에는 절동 지역에서의 유종주의 존재도 무시할 수 없으며 명대 말기 사상에서 청조 경학으로 전환되는 발전의 연속성이 확인된다. 다음의 청대 경학자 완원阮元(1764-1849)의 발언도 그러한 점을 우리들에게 증명해주고 있다.

국조国朝(청조)의 경학이 흥성한 상황을 보면, 우선 검토檢討(모기령)는 동림학·즙산학의 내용 결여 문사文辭[공문空文] 및 그 강학이 행해진 뒤에 두각을 나타내었다. 그가 경학을 자기 학문으로 삼고 큰소리로 외쳤기 때문에 동시대의 실학은 돌연 흥기하였다. 이 때 충종充宗(만사대)이 절동에서, 비명朏明(호위胡渭)이 절서浙西에서, 영인寧人(고염무)·백시百詩(염약거閻若璩)가 강회江淮 사이에서 학문을 일으켰다.[189]

완원은 이렇게 말하면서 유종주 학문의 공허한 '내용 결여 문사'를 '공문空文'이라 표현하고 그 사상적 불완전성을 지적하고 있다. 하지만 이것은 유종주의 존재를 완전히 부정하기 위해 그렇게 말했다고는 볼 수 없다. 오히려 모기령이 유종주의 학문적 결함을 새롭게 보충하고 발전시켰다는 것을 강조하기 위해 동림학과 즙산학의 '공문'운운한 것이다.

위의 문장 속에서 모기령과 만사대는 앞에서도 이미 기술했듯이 유종주의 문인 동창董瑒이 기재한 유종주 학인 명단에 이름을 올리고 있다. 이 두 인물 모두 청대 초기 절동 지방에서 자신의 학문을 일으켰는데, 청대 경학의 방향성을 초기에 제시하고 중국 경학사에서 어느 정도의 성과를 남긴 유자들이다. 특히 모기령의 경우는 강희 6년(1167), 황종희가 스승의 고향 소흥 고소학에서 증인강회를 재개했을 때 그 강회에도 적극적으로 참가한 인물이기도 하다. 그만큼 유종주를 개인적으로 존경하고 있었으며 그 학문에도 많은 관심을 갖고 있었다는 것이다.

189 阮元, 『揅經室集』二集·卷七「毛西河檢討全集後序」. "國朝經學盛興, 檢討首出于東林蕺山空文講學之餘, 以經自任大声疾呼, 而一時之實学頓起, 當是時, 充宗起于浙東, 朏明起于浙西, 寧人·百詩起于江淮之閒."

한편 모기령은 「절동학술浙東學術」을 저술한 장학성과는 거의 동향인이라고 할 만큼 가까운 지역인 절강 소산현蕭山縣 출신이었다. 또 동향의 전조망은 모기령의 잘못과 오류—그 가운데에는 자설을 보강하기 위해 전고典故의 날조까지 하고 있다는 것—를 열거하고 『소산모씨검토규무蕭山毛氏檢討糾繆』10권을 저술하기도 한다.[190] 이처럼 절동 지역에서의 학술교류 및 제 인맥 관계를 생각해 보면 유종주 문인집단의 성격의 한 단면이 조금은 이해될 것이다. 다시 말해 유종주 문인집단의 주요한 성격과 특징은 절강과 강소라는 좁은 지역—여기에서 좁은 지역이라고 표현한 것은 중국 전토를 시야에 넣었을 때 그렇다는 것이다—에서의 인맥을 기반으로 한 것이며, 또한 유교사상사적 측면에서는 그 대다수 구성원의 성격이 극히 다양한 인간 군상의 집합체, 다양한 학문적 배경의 학술공동체였다는 사실을 말해주고 있는 것이다. 따라서 단지 주자학과 양명학이라는 이분법적 구도에서 유종주의 문인집단을 평가하는 것은 오류일 수밖에 없다.

2. 문인집단의 지역사회 활동

명대 말기 유종주가 향촌 지역사회에서 전개한 활동 가운데 우선 주목해 봐야 할 것은 선회善會의 활동이다. 이것은 유종주 한 개인만

---

190 『소산모씨검토규무』는 지금 비록 전하지 않지만, 전조망의 모기령 비판은 그의 『문집(文集)』 外編, 卷十二 「蕭山毛檢討別傳」, 同卷四十一, 「与謝石林御史論古本大学帖子」, 「答朱憲斎弁西河毛氏大學證文書」 등의 자료로부터도 충분히 예측 가능하다.

의 문제는 아니며 그 문인들과의 관계 속에서 검토해야 할 것이고, 또한 그 관계로부터 지역사회에서의 활동의 양상이 어떠한 것이었는지를 파악해야만 한다. 앞에서 살펴본 바와 같이 유종주 문인집단의 형성에는 지역사회에서의 인맥 네트워크가 중요한 작용을 하였다. 따라서 유종주와 문인들 사이의 관계에서 우리가 눈여겨봐야 할 점은 역시 그 관계의 양상이 지역사회에서의 공동 협력자 내지는 지역공동체 구성원이라는 성격이다. 또 유종주와 문인집단은 향촌사회 지식인으로서의 사회적 책임 및 기근 구제를 위한 사회활동을 적극적으로 펼침에 있어서 유교 경전 『대학』 팔조목의 이념인 수기치인修己治人의 실천적 목표를 마음 속 깊이 새기고 있었다는 점이다. 거기에는 주자학 내지 양명학이라고 하는 학파적인 대립과 모순이 존재하지 않았다. 사실 이제까지 송명시기 유교사상사 연구에서는 유종주와 그 문인들의 '경세제민經世濟民'적인 사상이나 적극적 사회활동은 간과되어 왔다. 따라서 여기에서는 유종주와 그 문인들의 구체적 사회활동 양상을 하나의 문제로서 다루고자 한다.

다시 유종주 문인집단의 구성원을 살펴보면, 증인회(유종주·도석령의 공동 주관) 참가자라고 하던지 백마산방별회(도석령 주관) 참가자라고 하든지 간에 둘 모두는 '지역사회 구제활동'이라는 공통의 생각과 목표를 갖고 있었다. 주요한 사례로 기표가祁彪佳(1603-1645)의 '방생사放生社'라는 존재가 있다. 기표가는 전조망의 「이주선생신도비문(梨洲先生神道碑文)」 속에서 장정신章正宸, 황종희와 함께 유종주의 3대 제자 가운데 한 사람으로 언급되는 인물이며, 사상·학술적 경향에 구애받지 않고 증인회와 백마산방별회 양쪽 모두의 강학회에 자유롭게 넘나들며 참가한 인물이었다. 유종주의 문인이자 동시에 도석령의 문인이기도 했던 기표가는 다음과 같은 일기를 써서 후세에 전하고 있다. 이 일기의 작성은 숭정 9년(1636) 8월 14일의 일이다. 덧붙여 증인사證人社는 숭정 4년(1631)에 이미 조직되어 있었다.

8월 14일, ·········유석림劉石林과 만나 곧장 약국으로 향하였다. 그리고 친구들과 배를 타고 도석령 선생이 오실 때를 기다려 영접을 나갔다. 배를 청전호靑田湖에 띄워놓고 방생사를 거행하였다. 이 회에 참가한 자는 모두 약국과 관계있는 친구들이며, 또한 증인사의 친구들이기도 하였다.[191]

증인사란 말할 것도 없이 숭정 4년(1631)에 유종주가 주관한 강학회로서 양명학 좌파 학자로 분류되는 주여등 계열의 도석령과 함께 주맹主盟을 담당한 것으로 유명하다. 또한 위 문장에서 말하는 약국이란 숭정 9년(1636) 소흥 일대에 역병이 대유행했을 때 기표가 등에 의해 소흥부 성내의 광상선원光相禪院에 설치된 그 약국을 가리킨다. 여기에는 위탁을 받은 10명의 명의들이 매일 두 사람씩 교대로 하여 처방전

---

191 祁彪佳,『祁忠敏公日記』崇禎九年八月十四日. "晤劉石林, 即至藥局. 偕諸友登舟, 迎舟於青田湖, 為放生社. 及会者, 皆局預事之友, 亦即證人社中友."

과 의약품 지급을 담당하였다. 위의 일기에서 기표가가 약국으로 향했다는 것은 아마도 약국 운영의 전반에 걸친 일을 상의하기 위함이었을 터이다. 약국을 운영하기 위해 기표가는 스스로 규칙 10조를 작성하기도 했으며, 약국의 조직은 사자司貲·사약司藥·사기司記·사객司客·사계司計 등의 직책을 두고 그의 동지들이 각각의 업무를 분담하였다.

기표가의 일기에 의하면 방생사의 회원은 그 대부분이 유종주의 증인사에 가입되어 있던 회원들이며, 또 한편으로는 약국의 운영을 담당한 동지들이었다. 즉 증인사의 동지, 약국의 동지, 방생사의 회원이 각각 중복되었을 뿐만 아니라, 약국의 설치가 발의된 것 자체가 실은 동년 6월 8일에 개최된 방생사의 석상에서였다. 지역 현안을 해결하려는 지방 공의公議가 민간 경영의 자선단체인 선회善會의 자리에서 논의되고 있는 것이다. 또한 절강성 가선현嘉善縣에서 동선회同善会(가선동선회)를 조직한 유종주의 문인 진용정陳龍正(?-1634)의 사례를 보면, 방생사와 마찬가지로 이 지역을 휩쓴 기근 발생에 공동으로 대처하기 위해 어느 날 개최된 동선회 석상에서 공의를 모으는 방식으로 이루어졌다.

이와 같은 사례는 선회와 지방 공의가 명대 말기의 상황에서 매우 밀접한 관계를 맺고 있었다는 점을 말해 준다. 게다가 거기에는 지역사회에서 형성된 유종주 문인집단의 인적 네트워크, 혹은 강학 네트워크라는 관계망이 작용하고 있다. 실제로 절강성 소흥부에서 거행된 방생사, 약국의 운영 등에서는 이를 주최한 기표가의 일기에 잘 드러나 있듯이 회원들이 빈번히 왕래하면서 상호간 밀접한 연락을 취하고 있다. 더불어 이 선회 및 지방 공의를 위한 모임은 결코 1향이나 1촌 등과 같은 좁은 지역의 유력자들만이 참가한 것은 아니며, 1부와 1주 및 1현 등 광범위한 지역을 영역으로 하고 있는 것이었다. 예를 들면 소흥에서 기표가 거행한 방생사도 소흥이라는 부府 레벨의 지역 및 그 주변에 거주하던 유종주 문인들이 함께 참가한 조직이었다. 명대 말기 선회의 흥기는 이처럼 회원들이 간단하게 집회에 참가할 수 있었을 뿐만 아니라, 상호간 밀접한 연락 체계도 구축하고 있었다. 이는 강회라는 지역 학술공동체와 지역의 민간 자선단체가 상호작용하고 있었다는 사실을 보여주는 좋은 증거이다.

그런데 방생사(방생회)란 원래 동물을 방생하는, 즉 동물을 놓아 풀어주는 불교의 법회이다.[192] 즉 사람들에게 잡힌 살아있는 생물을 풀어줌으로써 자신의 공덕을 쌓는 불교의 행사인 것이다. 송대에 성황을 이루던 방생의 전통은 원대부터 명대 중엽에 걸쳐서 점차 쇠퇴하지만, 이것이 다시금 유행하게 된 것은 명대 말기에 이르고 나서부터이며, 그 성행에 결정적 영향을 끼쳤던 이가 불교의 승려 운서주굉雲棲袾宏(1535-1615)이다. 그 후 방생의 유행에 동반하여 명대 말기에는 방생회의 결성도 유행한다. 운서주굉 자신도 대승계경大乘戒経을 암송하고 염불을 외우고, 더불어 방생을 행할 목적으로 상방선회上方善会를

---

192 방생회放生会를 포함하여 선회 및 선당善堂에 관한 우수한 연구 단행본으로서 후마 스스무 夫馬進의 『中国善会善堂史研究』(同朋舎出版, 1997)가 있다.

결성하기도 하였다. 이것은 아마도 만력 23년(1595)에서 28년(1600)에 걸친 일이었을 것이다. 그리고 일찍이 운서주굉에게 배운 적 있는 양명학 좌파의 대표 학자 도망령과 그 문인들도 불교의 영향에 의해 만력 29년(1601)이 되어 방생회를 결성한다. 마찬가지로 제자 우순희虞淳熙도 절강 항주의 서호에서 방생을 목적으로 한 승련사勝蓮社를 결성하고 있다. 또 같은 운서주굉의 제자 진용졸陳用拙은 그의 고향 강소 상숙常熟에서 방생사를 결성한다. 그 밖에 명말청초에 결성된 주요한 방생회에 강소 오강현吳江縣 여리진黎里鎭에서 만력 40년대 결성된 방생사, 안휘 동성현桐城縣에서 오응빈吳應賓 등이 결성한 방생사, 절강 소흥부에서 숭정 말년 기표가 등이 운영한 방생사, 북경에서 왕숭간王崇簡이 운영한 방생회, 안휘 동성현 종양진樅陽鎭에서 당시唐時가 결성한 방생회 등등을 언급할 수 있다.

이렇듯 방생사의 대유행은 명대 말기를 특징짓는 하나의 사회적 현상이었다. 명말청초에 방생이 어떻게 번성하고 유행했는지는 동창이 기록한 「즙산제자적」에 이름을 올리고 있는 절강 제기諸暨 출신의 진홍수陳洪綬(1598-1652)가 기록한 문장에서도 확인할 수 있다. 그는 「제상청사방생책題商聽思放生冊」이라는 문장 속에서 "강남 사람으로 방생의 가르침을 신봉하고 있는 자는 열 집 가운데 다섯 집이 있을 정도이다."[193]라고 기록하고 있다. 이러한 사실로부터도 이 시대에 방생이 얼마나 유행했는지는 짐작이 가고도 남음이 있다. 명대 말기 강남 지역

---

193 陳洪綬『寶綸堂集』卷三,「題商聽思放生冊」.

은 그야말로 유불도가 종횡으로 얽혀있는 삼교합일의 사상 공간이었던 것이다.

한편 유종주는 향리 지역사회의 현안 문제에 대해 사대부로서의 사회적 책무와 사회활동에 상당한 관심을 갖고 있었다. 『연보』의 기록에 의하면 기근 대책과 사창社倉 설치 등 지역 현안에 관하여 그가 관심을 기울이기 시작한 것은 50대 무렵부터이다. 『연보』의 기록을 보면 숭정 7년(1634)이라는 해는 이상 기온과 기상 변이가 일어난 해였다. 이해 절동의 소흥부 일대에는 대홍수가 발생하여 부府 직할 세 개 현의 많은 민가가 수해로 인해 농작물이 전멸하다시피 할 정도였다. 또 숭정 8년(1635)의 『연보』를 보면 "작년 소흥부에 대홍수가 일어나 당지 사람들이 매우 곤궁한 생활을 하고 있었는데, 그 중에서도 산음의 천락향天楽郷, 소산蕭山의 도원향桃源郷, 제기諸暨의 자암향紫巌郷 등의 피해가 가장 심각하여 수많은 백성이 굶어 죽었다.

이에 유종주는 서간을 관계 당국에 보내 진휼賑恤을 요청하고 스스로도 구휼의 모금에 사력을 다하였다. 또 그의 문하생들을 피해 현장에 파견하여 피해민의 구제 활동에 임하게 하였다."고 기록되어 있다.[194] 이 기록과 함께 당시 진휼 활동과 관련한 유종주 및 문인집단의 여타 자료를 살펴보면, 지역에 거주하는 사인으로서의 활동 정보 및 고충이 잘 드러나 있으며, 재난을 맞이하여 일체된 모습으로 긴밀한 연락과 정보를 공유하고 있었다는 사실도 확인해 볼 수 있다.

194 『전집』 제5책, 「연보」 숭정 8년의 조.

유종주와 그 문인들의 적극적인 사회활동 가운데 주목해야 할 것은 사창의 시행이다. 그가 사창을 시행하게 된 배경에는 당시의 자연재해에 의한 심각한 재정 위기와 사회적 혼란이 놓여 있었다. 숭정 8년(1635)부터 동 13년(1640)에 걸쳐서 수해와 한해旱害 및 황해蝗害(메뚜기에 의한 피해)가 전국 각지에서 빈발하였고 중국 전토의 거의 대부분이 심각한 재해에 몸살을 앓는다. 이 때문에 하남·하북·산동 등 많은 지역에서 각양각색의 농민 반란이 일어났으며, 이를 계기로 반란군의 활동이 더욱 격렬해졌다. 이러한 사회적 배경 하에서 유종주의 사창이 등장한다. 우선 사창 시행에 관한 『연보』의 기록을 간략히 정리하면 다음과 같다.

숭정 10년 봄 3월, 소흥부 승현嵊縣 지역(지금은 영파시에 속함)이 전년의 큰 가뭄으로 인해 오곡이 여물지 않고 기근까지 당하는 상황에 처하여 쌀값의 등귀마저 초래하였다. 또한 빈민의 생활은 초근목피로 입에 풀칠만 할 정도여서 사망자가 속출하였고, 한 가정이 제각기 뿔뿔이 흩어지는 상황이 빈번해졌다. 선생(유종주)은 이러한 광경을 목격한 뒤 여러 문인들과 협력하여 그 구제 활동에 전념하였다. 숭정 13년(1640) 봄, 소흥 지역에 홍수의 재난이 발생했고, 그 때문에 쌀값이 상승하여 백성들은 기아에 허덕이는 상황에 놓였다. 이 상황에 처하여 선생은 문인 기표가등과 함께 구제 활동을 위해 분주히 뛰어다녔다. 상급 기관에도 보고하여 구휼 활동에 최선을 다해 줄 것을 요청하기도 하였다. 또한

향리에 사창을 설치하여 불시에 처할 경우의 대비책을 세웠다.[195]

이것이 『연보』에서 기록된 사창 시행의 전후 사정이다. 이 사창은 중국의 역사 속에서 옛날부터 시행되어 온 상평창常平倉이나 의창義倉과 매우 유사한 제도이다. 그런데 유종주가 실시한 사창법은 향리 내부에서 자율적 시행을 의도하였고, 남송 때 주희가 실행한 사창제를 모방한 것이었다. 이는 풍년이 들었을 때는 각 호戶의 사정을 들어 시가에 따라 창고의 쌀을 방출하고, 흉년이 들었을 때는 10분의 9로 해서 창미를 방출함으로써 쌀값의 안정을 도모하는 제도였다. 거기에서 나머지 10분의 1은 빈민의 구휼에 충당하는 것을 골자로 하는 것이었다. 빈민 구휼의 예외적 조항도 만들었는데, 도박을 일삼는 사람 등과 같은 비도덕적인 자는 흉년이 들었을 때도 구휼의 대상에서 배제되었다.

그 대신 향리에 효자·제제悌弟·절부節婦·빈유貧儒 등이 있으면 그들의 실적을 기록해 두었다가 매년 풍흉에 관계없이 특별히 쌀 3두를 제공하여 구휼하였다. 또 장례를 실시할 수 없는 사람에게는 쌀 1두를 원조하였다.[196] 이렇게 유종주의 사창 시행과 같은 지역 사회활동을 보면 그의 학문정신과 사회적 실천이 어떠했는지를 엿볼 수 있다. 그는 자신이 신봉한 신유학의 수기치인 정신에 입각하여 공리공담에 머무르

---

195 『전집』 제5책, 「연보」 숭정 10년과 13년의 조.
196 『전집』 제3책(하), 「文編十七·社倉記」·「社倉事宜」 1161-1162쪽.

는 것이 아니라, 지역사회의 엘리트 지식인으로서 몸소 사회적 실천으로 행동에 옮긴 것이었다. 그의 경우에는 향촌사회의 안정이 바로 국가 질서의 안정으로 향하는 지름길이었다. 따라서 그는 자신이 속해 있는 향리에서 기층사회의 사회·경제적 안정을 도모했던 것이다.

한편 이상의 방생회 결성과 진휼 활동 이외에 유종주와 그의 문인 집단이 행한 지역 활동에는 엄격회掩骼會라는 선회의 활동도 있다. 명대 말기 선회의 유행에 의해 그 구제 대상은 점점 다양한 형태에까지 미치었다. 예를 들면 사람의 뼈, 즉 유골이 구제 대상이 되어 엄격회라 불리는 결사 조직이 생겨난다. 이 조직은 연고자 없는 망자의 유골을 수집하기 위한 결사였다. 진용정陳龍正의 『기정전서幾亭全書』 권55의 「엄격회서掩骼會序」에 의하면 당시 진용정 등을 포함한 북경 재주의 관료들이 북경에서 주도적으로 엄격회를 창설하는데, 이는 절강 소흥 지역에 대기근이 발생한 숭정 10년(1637)의 일이었다. 마찬가지로 이 무렵 절강의 소흥부에서는 불교 승려 항감恒鑒이 유종주를 포함한 주변 문인들(예원로, 기표가 등)에게 호소와 동참을 요청하여 엄격회를 결성한다. 이러한 사례에서 보면 지역사회 활동에 적극적 태도를 보인 유종주 본인도 문인들의 방생회 결성 및 엄격회 참가를 크게 의식하고 있었음을 쉽게 예측할 수 있다. 그 때문에 그 자신도 엄격회의 결성에 적극 동조한 것이었다.

사실 유종주의 사상적 입장은 평생 동안 양명학 좌파의 선禪적 경향과 불교 그 자체에 대해서는 준엄할 정도로 비판과 논쟁적인 태도를 유지했다는 점이다. 그럼에도 불구하고 불교 승려들이 주도한 방생회와 엄격회의 활동에 대해서는 결코 배척하지 않았으며, 오히려 훌륭한 일이라 평가하면서 적극적으로 참여하였다. 이 엄격회는 "금전을 갹출하여 사社를 만들고 고골枯骨을 수집하는"[197] 민간단체이며 특정의 선거善擧를 위해 결성된 선회의 일종이었다. 또 이 결사의 멤버는 점차 약간의 변화는 겪지만 구제 사업만큼은 승려 항감恒鑒의 제자에게 계승되어 상당히 오랜 기간 동안 지속적으로 활동하였다.[198] 여기에서 주목해야 할 점은 결사에 참가한 구성원에 관한 문제이다. 즉 불교의 선을 혹독하게 비판하고 양명학 좌파의 선적 경향에 비판적 태도를 취한 유종주와 그 문인들이 불교의 승려가 주관한 선회에 적극적으로 참가했다고 하는 점이다.

결국 명대 말기 방생회와 엄격회 등 선회의 사례에서 보는 한, 지역 사회의 다양한 문제를 해결하고자 하는 지방 공의는 민간이 주도한 선회의 자리를 빌려 행해졌다는 것이다. 또 선회의 회칙이 당시 유교 지식인들이 만든 강회의 회약, 예를 들면 양동명楊東明의 「흥학회조약興學會條約」, 고헌성의 「동림회약東林會約」, 유종주의 「증인회약證人會約」(혹은 사약社約) 등과도 여러 면에서 일치하고 있다는 점은 매우 흥미롭다.

"사람들과 더불어 선을 행한다"는 공통의 기치 아래 다양한 강학회

197 毛奇齡,『西河文集』碑記卷三,「重置掩骼公田碑記」.
198 명대 말기의 선회 및 선당에 관한 연구 논문으로서는 夫馬進,「善会, 善堂の出発」(『明清時代の政治と社会』小野和子 編, 京都大学人文科学研究所, 1983)이 있다.

가 왕성하게 조직된 이 시대는 마찬가지로 각종의 선회를 만들어 낸 시대이기도 하였다. 중국 명대 말기는 바로 그러한 시대였으며 강학회와 불교적인 선회가 활발하게 유행하던 시대였던 것이다. 게다가 이제까지 살펴본 바와 같이 "여인위선與人爲善(사람들과 더불어 선을 행한다)"이라는 『맹자』의 말이나, 유종주가 평생 애용한 "개과改過(허물을 고치다)"[199]라는 말은 선회·선당에서 뿐만 아니라 강학회에서도 빈번히 사용되던 슬로건이었다. 그러한 의미에서 명대 말기 강학회와 선회가 밀접한 관계에 놓여 있었다는 것은 분명한 사실이다. 선회의 유행은 불교의 승려라고 하던지, 주자학·양명학을 신봉한 유학자라고 하던지 간에 명대 말기라는 시점에서는 매우 보편적인 공통의 사회적 현상이었던 것이다.

---

199 유종주는 그 자신이 쓴 『인보』라는 저작 속에서 「개과설改過説」을 한 편의 문장으로 만들고 수양·공부의 하나로써 매우 강조하고 있다. 이것은 말할 것도 없이 오늘날 자주 사용하는 용어인 "개과천선改過遷善(허물을 고치고 옳은 길에 들어섬)"에 다름 아니었다.

5

유종주와 즙산학 후계자들

　중국 명대(1368-1644)의 유교사를 개관하면 우선 초기의 주자학 일색, 중기의 양명학 탄생과 전개, 말기의 양명 후학(좌·우파)의 사상적 논쟁과 대립 등이 시야에 들어온다. 하지만 명말청초의 가장 저명한 유교 지식인 황종희에 의해 양명학 적통 후계자로 추앙받던 즙산 유종주의 존재를 빼놓고서는 명대 유교사를 설명하기에는 부족한 감이 있다. 그는 성의와 신독을 강조하면서 즙산학파蕺山學派 및 강학 네트워크를 형성하였다. 사실 유종주가 활약한 시기는 한족 왕조인 명조가 수많은 모순을 떠안고 와해되기 시작하는 명대 말기부터 만주족 청조가 성립하는 그 무렵이었다. 따라서 이러한 일련의 역사적 과정은 유종주를 포함하여 한인 지배층의 독서인 혹은 사인들에게 정치적·사회적·민족적·사상적으로 크나큰 충격을 안겨주었다.

　그리고 그와 같은 혼란스러운 역사적 배경 하에서 유종주의 후학들은 스승의 사상을 비판적으로 계승해 나가면서 새로운 패러다임의 모색을 추구하게 된다. 그 대표적인 인물이 『명유학안』과 『명이대방록』의 저자로 유명한 황종희이다. 사실 '패러다임paradigm'[200]이라는 말은 서양의 학자 토마스 쿤에 의해 시작된 용어이고, 한자어로 표현하면 '범례範例'라는 말로 번역될 것이다. 이러한 의미에서 황종희는 양명학 정통의 패러다임을 구축하고자 시도한 인물이었고, 『명유학안』이라는 저작으로 결실을 맺는다. 그리고 양명학에 기반을 두고 명대의 유학사를 서술한 이 저작은 황종희를 양명학과 즙산학(유종주 학문)의 대표적 정통 후계자로 각인시키는 후대의 평가를 이끌어내었다. 그럼 과연 유종주의 학문, 즉 즙산학의 후계자는 황종희만으로 대표될 수 있는 것인가. 여기에서는 이와 같은 문제제기에서부터 시작하여 유종주의 후학들, 즉 즙산학 후계자들에 관하여 대략적으로 고찰해 보기로 한다.

1. 유종주와 황종희의 관계 양상

1) 사학 계승을 둘러싼 몇 가지 평론

후대 어떤 학자의 평론에 의하면 학문적인 경향, 그 가운데 특히 성리학 측면에서 황종희는 스승 유종주의 위에 군림할 수 없었다고 평가

---

200 이 용어는 고대 희랍의 철학자 플라톤의 경우 이데아를 설명하기 위한 '범형範型'이었지만, 그 후가 되면 한 시대의 지배적인 사물에 대한 견해, 특히 과학상의 문제를 취급하는 전제가 되어야 할 그 시대 공통의 체계적인 상정을 의미한다.

한다. 그의 견해는 스승 유종주 학설의 해석을 둘러싸고 동문인 진확
陳確(1604-1677)과의 사이에 상당한 의견의 차이가 있었는데, 이 경우
에도 진확의 것이 매우 뛰어났다고 하는 점을 주장하고 있다. 결국 황
종희의 성리학은 그 스스로의 자부심에도 불구하고 우수한 성과를 올
릴 수 없었다고 하는 지적이다.[201] 한편 청대 절동학파浙東學派의 계보
를 확립하고자 한 장학성(1738-1801)은『문사통의文史通義』권5의
「절동학술浙東学術」에서 황종희와 고염무(1613-1682)에 대하여 다음
과 같이 말하고 있다.

그런데 세상에서는 정림亭林 고염무를 개국의 유종儒宗─청대 이후
최고의 학자─이라고 떠받든다. 그래서 그의 절서浙西 지역의 학문이 제
일이라고 생각한다. 세상 사람들은 고염무의 동시대에 황종희가 절동 지
역에서 나왔다는 사실을 잘 알지 못한다. 일반적으로 황종희와 고염무
는 서로 쌍벽을 이루었다고는 하지만, 황종희의 경우는 위로는 왕양명·
유종주를 받들고 아래로는 만사동·만사대에게 길을 터준 인물이며, (고
염무에 비해) 전통의 연원이 오래되었고 그 계승의 과거와 미래도 길다.
고염무는 주씨(주희)를 받들지만 황종희는 육씨(육구연)를 받든다. 대개
고염무와 황종희는 둘 모두 강학의 전문가는 아니었고, 또한 각자 문호
門戶(=문파, 학파)의 견해를 가지고 있지도 않았다. 하지만 그들은 서로
를 존중하고 감복했으며 서로가 잘못되었다고 비난하지도 않았다. 학자

---

201 山井湧,『明清思想史の研究』, 東京大学出版会, 1980, 278쪽.

는 각각 그 종주宗主가 없으면 안 되지만, 더불어 문호(학파)에 얽매여 있어도 안 된다. 때문에 절동 지역이든 절서 지역이든 동시에 존재할 수 있으며 서로는 모순을 일으키지 않는다. 절동 지역은 '전가專家(=전문 가)'를 귀중하게 생각하고, 절서 지역은 박식하고 우아한 사람(=교양인)을 존중하니, 그들은 각각 그들의 습속에 따라 배우고 익히는 것이다.[202]

여기에서 장학성은 절동 지역과 절서 지역의 학술적 경향을 서로 비교하면서 황종희와 고염무에게는 '문호門戸(=문파, 학파)의 견해'가 없었음을 애써 옹호하고 있다. 특히 황종희의 절동 지역 학문은 고염무의 그것보다 전통의 연원이 길다는 점을 강조한다. 물론 장학성의 이 발언, 즉 황종희에 대한 옹호에는 그 자신이 구상한 '절동학술'계보의 정통성 확보라는 문제의식이 그 배경에 강하게 자리 잡고 있었다는 것은 당연한 귀결일 것이다. 그런데 '문호의 견해'에 대하여 황종희의 문인 전조망全祖望(1705-1755)은 이와는 다른 의견을 제시하고 있다. 그는 황종희의 『명유학안』에 관해서는 "단지 여기에는 선생이 어쩔 수 없었던 문제가 두 가지 있다. 그 하나는, 즉 당인黨人의 습기習氣가 아직다 빠지지 않았다고 하는 일이다. 생각하건대 소년 시절부터 곧장 사회를 접하고 문호의 견해에 깊숙이 빠져들었기 때문에 갑자기 그것을 버

---

202 章學誠,「浙東学術」,『文史通義』(台北藝文館, 1965). "世推顧亭林氏為開国儒宗, 然自是浙西之学. 不知同時有黄梨洲氏出於浙東, 雖與顧氏並峙, 而上宗王.劉, 下開二萬, 較之顧氏, 源遠而流長矣. 顧氏宗朱而黄氏宗陸, 蓋非講学專家各持門戸之見者, 故互相推服而不相非詆. 学者不可無宗主, 而必不可有門戸, 故浙東.浙西道並行而不悖也. 浙東貴專家, 浙西尚博雅, 各因其習而習也."

린다는 것은 불가능하였다. 그러므로 무아無我의 학문이 아닌 것이다."[203] 라고 말하면서 황종희의 '문호의 견'을 비평하고 있다. 그리고 황종희의 학문, 요컨대 경서 연구에 대한 입장도 전조망에 의해 기록된 문장 속에서 단적으로 드러난다. 다음의 전조망의 문장을 음미해 보자.

> 학문을 전수받는 자는 먼저 경서를 궁구해야 하지만 경술經術은 경세經世를 목적으로 하는 것이며, 그래야지만 비로소 우유迂儒(세상 물정에 어두운)의 학문이 되지 않는다. 따라서 동시에 역사를 읽게 하는 것이다. 또 말하는 바, 서물書物을 읽는 것이 적으면 '리理의 변화'를 증명할 수 없다. 많다고 하더라도 마음으로 판단을 구하지 않으면 속학俗學이 된다.[204]

이 문장에서는 학문의 목적이 현실사회에서의 활용에 있고, 또한 이렇게 경세적 의의를 포함하지 않으면 학문으로서의 가치가 없다는 점을 지적한다. 그리고 경술經術의 존중은 당연한 일이지만 그것이 경세經世를 목적으로 하고 있다는 점으로부터 사회의 실체와 변화를 서술·기록하고 있는 역사 문헌의 겸수가 요구되고 있다. 또 한편으로는 '다독多讀'을 요구하면서 심학에 근거한 올바른 마음의 논리적 판단을

---

203 全祖望, 「答諸生問南雷學術帖子」, 『鮚埼亭集』 外編, 卷四十四.
204 全祖望, 「梨洲先生神道碑文」, 『鮚埼亭集』 卷十一. "受業者必先窮經, 經術所以經世, 方不為迂儒之学. 故兼令讀史. 又謂, 讀書不多, 無以證斯理之變化. 多而不求於心則為俗学."

촉구하고 있는 것이다. 한편 이 시점에서 주목해야 할 점은 명대 중기 이후 왕수인 및 그 유파에 있어서 매우 희박하게 나타난 역사에 대한 관심이 하필이면 명대 말기의 황종희 등에 의해 환기되고, 그 뒤를 잇는 사조인 '절동사학浙東史學'으로 어떻게 발전해 갔는가 라는 문제이다. 이 문제에 관해서는 스승 유종주 학문의 실상에 접근하여 검토해 볼 필요가 있다. 그러한 검토 작업에 의해 '절동사학'파의 개조로서 인정받고 있는 황종희 개인의 사상은 물론이고, 그 황종희에 대한 유종주의 영향이 어떠한 것이었는지에 대한 의미도 파악될 수 있기 때문이다.

사실 심성론이라는 측면에서 황종희가 왕수인 및 유종주의 사상을 계승하고 있다는 점은 이미 주지하는 바와 같다. 하지만 이제까지 황종희 '사학'을 언급할 때, 특히 그 계승 관계에 있어서는 스승 유종주와의 관련성 및 유종주의 '사학에 대한 관심'등등에 관한 문제는 중국 유교사상사 연구 분야에서 철저하게 주목받지 못한 것도 사실이다. 그런데 유종주 사상의 중심적 내용을 언급하고 그 인물 자체에 대해 평론한 연구 가운데 '사학 존중'의 입장을 특징으로 규정짓고 '절동사학의 개산開山'으로 평가하는 의견도 있다. 그와 같은 인물이 바로 절동학파 연구의 선구자라 할 수 있는 청말민국기의 하병송何炳松(1890-1946)이다. 절강 금화金化 출신인 하병송은 유종주 사상과 학문 가운데 사학으로 발전해 나가는 필연적 요소가 있었다는 점에 주목하여 다음과 같이 서술하고 있다.

명대 말년에 이르러 절동 지역의 소흥에 "좌단비주左袒非朱, 우단 비육右袒非陸", 즉 "주육朱陸의 어느 쪽도 편들지 않는다."고 하는 것을 주장하는 유종주가 나타났다. 그 학설은 신독을 종지로 삼은 것인데, 실은 멀리는 정이程頤의 '무망無妄'을 계승한 것이었다. 이렇게 해서 절 동사학 중에 새로운 국면을 개척하게 되었다. 때문에 유종주가 우리나 라(중국)의 사학사에서 점하는 위치는 실로 정이와 똑같은 것이며, 둘 모두는 경학에서 사학으로 들어간 개산이라고 간주해 볼 수 있다. 그 문인인 황종희는 스승 유종주의 정전正傳을 계승하여 더욱 그것을 발 전시켰는데, 그 결과 청대 영파의 만사동·전조망 및 소흥의 소정채·장 학성이 세운 2대 사학 체계가 성대히 드러나기에 이르렀다. 전자에는 학 술사의 창작이 있고(『송원학안』의 편찬을 말함), 후자에는 새로운 통사 通史의 주장이 있다(기사본말체紀事本末體의 통사를 말함). 그 학문 태 도의 신중함과 입론의 정밀한 타당성은 현대 서양에서 활약하는 새로 운 사학가들의 견식에 견주어 봐도 부족함이 없다.[205]

그런데 이와 같은 하병송의 견해에 대해 현대 장학성 연구로 잘 알 려진 야마구치 히사카즈山口久和는 그 자신의 전저[206] 속에서 위의 문 장을 인용한 뒤, "애당초 양명학도였던 유종주의 신독 학설이 어찌하

---

205 何炳松, 『浙東学派溯源』(中華書局, 1989), 5쪽.
206 장학성의 인물과 사상의 특징 전반에 관해서는 다음의 책을 참조. 山口久和, 『章学誠の知識 論』, 創文社, 1998.

여 송대 정이의 '무망'의 교설을 계승한 것이었다고 할 수 있는가?"라는 의문을 제기한다. 더 나아가 "유씨(유종주)의 학문은 신독을 수양의 중심에 둔 온건한 양명 심학이고, 왕기(1498-1583) 일파(=왕학 좌파)와 같이 '자아의 개방'을 소리 높여 주창한 것은 아니었다."고 주장한다. 그리고 결론으로서 전조망의 "유종주의 학문은 오로지 심성만을 말하고 있다."(『梨洲先生神道碑文』) 라는 발언에 근거하여 "황종희의 사학이 그 스승 유종주의 학문과 내적 관계에 있다고 보는 하병송의 견해는 성립될 수 없다."고 단정하고 있다.

이 두 학자의 견해를 다시 한 번 정리해 보면, 하병송은 절동사학의 계보를 '정이-유종주-황종희'라는 사상사상의 흐름으로 파악하고 있으며, 이에 대해 야마구치山口는 '사상의 연속성'에 관한 문제를 제기하고 더불어 황종희를 사학으로 그 흥미를 유발시켜주고 그곳으로 향하게 인도한 인물은 부친 황존소의 영향이 있을 뿐이며, 유종주와는 아무런 관계가 없었다고 주장한다. 이처럼 두 학자의 견해는 완전히 배치되고 있다. 하지만 두 학자 모두 전적으로 유종주의 신독설, 혹은 심성론에만 초점을 맞춘 탓에 유종주의 사학에 대한 관심 및 그 저작 등에 의거하여 황종희의 학문에 드러난 현저한 '사학적 발상'의 유래를 객관적으로 설명할 수는 없었다.

필자의 견해로 볼 때 황종희의 사학에 대한 관심은 부친 황존소의 지론인 "학자는 역사적인 사건에 정통하지 않아서는 안 되니 『헌징록

獻徵錄』(=『국조헌징록』)을[207] 읽어야 한다."[208]고 한 훈계에따른 영향도 있지만, 스승 유종주의 '사학적 발상'이 사설師說의 적통을 자부한 황종희에게 일정의 영향을 끼쳤음은 분명하다. 그 주요한 근거로서 유종주 만년의 저작 1편을 사례로 들어볼 수 있다. 유종주의 저작 목록과 『연보』의 기록 등을 살펴보면, 확실히 그는 명대 유학자들이 극히 경시하고 쓸모없는 작업이라고 생각한 역사서 편찬 작업에 전력을 다했다는 사실을 엿볼 수 있다. 그 가운데 유종주의 저작을 검토해 보면, 명태조 주원장朱元璋의 업적을 높이 평가하고 있는 저작이 눈에 띈다. 즉『중흥금감록中興金鑑錄』이라고 하는 서적의 편찬이 그것이다. 이것은 유종주가 숭정 17년(1644) 그 생애를 마감하기 1년 전인 남명 정권(홍광제) 무렵에 편찬한 서적의 하나이며, 국가 중흥의 업을 역사상의 군주가 행한 실례로부터 찾아내어 설명하고 있는 역사책이다.[209]

이『중흥금감록』의 전체 부분은 7권 5편으로 구성되어 있는데, 그 편명은 각각 「조감祖鑑」, 「근감近鑑」, 「원감遠鑑」, 「왕감王鑑」, 「제감帝鑑」이다. 유종주는 그 가운데 「조감」편을 매우 중시하고 있는데, 여기에서 그는 명 태조 주원장의 건국 과정을 서술하면서 덕을 갖추고 있는 성인 군주로서 태조의 업적을 높이 평가하고 있다. 또한 태조의 '창업과 수성'의 계략은 후세의 귀감이 될 만하다고까지 기술하고 있

---

207 『국조헌징록國朝獻徵錄』은 명대 초횡焦竑이 편찬한 것으로 총 120권이다. 명나라 초기 홍무제洪武帝 때부터 가정제嘉靖帝에 이르기까지 총 12대에 걸친 기사로 구성되었는데, 각종 신도비神道碑, 묘지명墓志銘, 행장行狀, 지방지 등이 실려 있다.

208 全祖望, 「梨洲先生神道碑文」, 『鮚埼亭集』卷十一.

209 『전집』제5책, 「연보」, 숭정 17년의 조.

다.[210] 이와 같이 유종주는 명 태조를 가장 이상적 형태의 군주상君主像으로 파악하고 태조의 가르침인 「육유六論」를 채택하여 민중의 교화에 적용시키고 있다. 덧붙이면 유종주는 이 저작 속에서 정통성을 갖춘 올바른 역사 정립을 주장하고 있는 것이다. 그의 문하생이며『유자전서』의 편집자 동창의 발언에 의하면 유종주가『중흥금감록』을 편찬한 최초의 목적은 남명 홍광조 정권에 모범·본보기로서의 국가 '중흥中興'의 역사적 귀감을 제시하기 위함이었다고 한다. 하지만 아쉽게도 이 저작의 최종 편집이 끝난 후에 유종주는 이것을 조정에 헌상하지 못하였다. 이렇듯 유종주는 동시대 역사인 명대의 역사에 깊은 관심을 가지고 있었다.

황종희의 경우에도 그의 관심은 동시대사인 명대의 역사에 있었다고 하는 사실이다. 부친 황존소가 생전에 추천한 서적도 명대의 역사인『헌징록』이었다는 사실도 이를 뒷받침한다. 또 후에 스승 유종주의 유문遺文을 편집한 황종희가 이『중흥금감록』이라는 서적을 읽었는지 어떤지는 지금으로서는 단언할 수 없지만, 일정의 영향을 끼쳤을 것이라는 것은 쉽게 예측해 볼 수 있다. 황종희는 후에 남명 정권의 흥망성쇠 역사를 기록한『행조록行朝録』이라는 동시대사를 저술함과 동시에 명대사 연구의 성과로서『명문안明文案』,『명문해明文海』,『명문수독明文授讀』등 일련의 편찬물을 세상에 내놓는다. 그렇듯 스스로가 그

---

210 陳剩勇, 「補天之石-劉宗周≪中興金鑑録≫研究」, 『劉蕺山学術思想論集』(台湾中央研究院, 1998), 418-419쪽.

와 같은 역사 속에서 살아가며 역사적 평가가 채 끝나지도 않은 동시대사同時代史 및 당시의 현대사를 기술한다고 하는 작업은 왕성한 현실 감각을 갖추지 않고서는 불가능할 것이다.[211] 각고의 노력으로『명사』의 편찬에 참여한 만사동이나 남명南明과 남송南宋의 연구에 생애를 바친 전조망 등 당시의 강남 절동 지역 학자들에게는 매우 드문 경우였다고 하지만, 이러한 종류의 역사 감각 및 의식은 모두가 공통으로 인정할 수 있는 것이었다. 그리고 위에서 잠깐 언급한 전조망의 발언은 황종희의 경우에도 역사가 매우 중시되었다는 사실을 증명해 주고 있다. 그것은 다시 말해 역사적 사실 속에서 경세적인 작용의 실제를 검토하고 '실사구시實事求是' 정신의 테제 위에서 현실 사회에서의 실효성 있는 성과를 올리고자 시도한 것이었다. 이 입장은 만사대·만사동 형제에게 계승되었고, 소위 '절동사학'으로서 전개해 나간 것이었다.[212] 그처럼 황종희의 史學 중시는 스승 유종주가 만년이 되어 역사의 기술을 중시했다는 점과 완전히 일치하는 것이며, 그 점에 있어서는 금후 다시한 번 재고될 필요가 있을 것이다.

2) 학술적 사승관계의 양상

황종희라고 하면 종종 고염무와 함께 병칭되는 동시대의 대학자이며, 근대 이후에는 특히 그 군주제도에 대한 회의와 비판을 가한 명말

---

211 절동사학과 장학성 사상의 전반에 관해서도 야마구치 히사구치山口久和의 앞의 책을 참조.
212 청대 고증학의 전반적 흐름에 관해서는 濱口富士雄,『淸代考拠学の思想史的研究』(国書刊行会, 1994), 전체 내용 참조.

청초를 대표하는 지식인으로 잘 알려져 있다. 청대 말기의 많은 지사와 혁명가들은 이러한 점에서 그를 '중국의 루소'라 부르고 있기도 하다. 또한 그는 명대 사상사 혹은 명대 유학사라고 칭해야 할 『명유학안』를 저술한 작자로서도 유명하다. 한편 스승인 유종주의 생애와 그 사상, 학설에 관해서도 그 나름의 해설을 덧붙여 상세히 기록한 『자유자행장』 2권을 짓기도 하였다. 주지하다시피 황종희가 그의 인생과 학문의 전과정에서 일생 동안 가장 존경하고 따랐던 인물은 스승 유종주였다.

황종희는 『명유학안』의 말미를 다른 학안學案과는 차별을 두어 「즙산학안」(그 내용은 유종주 단 한 사람만을 취급)으로 장식했으며, 『명유학안』 서두에는 「사설師說」의 항목을 두어 명대의 유학자 20명에 관한 유종주의 견해를 게재하면서 특별대우하고 있다. 황종희는 소위 이기·심성의 설에 관하여 일정의 견식을 갖추고 있었으며 왕수인 학설의 이해에 관해서도 자신 나름대로의 견해를 가지고 있었다. 하지만 그것들은 거의가 스승 유종주의 교설을 비판적으로 계승한 것으로, 스승의 학설에 바탕을 둔 상태에서 새롭게 자신의 유학적 견해를 덧붙인 것에 다름 아니었다.[213] 결국 황종희는 양명학 정통의 후계자를 스승 유종주로 간주하고, 자신이 이해한 사설의 전파와 선전에 진력을 다했다고 볼 수 있다.

학문적인 경향으로부터 황종희를 평가하는 경우에 그는 일반적으

---

213 육왕학의 전체적 계보에 관해서는 山井湧, 「陸王學譜(下)」, 宇野哲人外, 『陽明學入門』(明德出版社, 1971) 참조.

로 명대 말기의 강학자들, 즉 심학자들을 비판한 적도 있지만, 심학(=양명학) 그 자체를 비난했던 것은 아니다. 그는 왕수인의 학문을 매우 존경하였다. 그리고 왕수인의 정전은 자신의 스승 유종주에 의해 계승되었다고 굳게 믿고 있었다. 그것이 또한 황종희 학문의 중심 뼈대를 이루고 있는 것이었으며, 스스로 스승의 뒤를 잇는 양명학 적통으로서 자임하였다. 만년에는 사설의 현창에 주력한다. 그가 스승의 뒤를 이어 증인서원의 강회를 부활시킨 것도, 스승을 위해 상세히 『자유자행장』 2권을 지은 것도, 스승의 뜻을 받들어 『맹자사설孟子師說』을 저술한 것도, 『명유학안』의 서두 부분에 일부러 「사설」이라는 항목을 두어 스승의 견해를 서술한 것도, 모두 그와 같은 스승에 대한 존경과 현창의 표현이었다.

황종희의 부친 황존소와 유종주와의 관계를 살펴보면, 황존소는 동림당 탄압으로 인한 죽음을 맞이하여 아들 황종희를 친구인 유종주에게 부탁하여 자식의 교육을 위탁했을 정도로 평생의 친구인 유종주에 대한 믿음이 두터웠다. 이것은 천계 6년(1626), 유종주의 나이 49세 때의 일이었다. 천계 6년의 시점을 전후로 하여 황종희는 아버지 황존소의 관을 들고 고향으로 돌아와 장의를 치르고, 그것이 끝나자 본격적인 면학을 시작하게 된다. 그 이전 아버지 황존소가 체포되었을 때 황종희는 절강성 소흥부의 부성에까지 쫓아가 배웅했는데, 그 때 유종주가 그 배웅 길에 작별의 인사를 나누기 위해 들린 적이 있다. 유종주는 동림파 인사들과 깊은 교류를 맺고 있었고, 황존소와도 절친한 친구 관계에 있었기 때문에 황존소는 스스럼없이 아들 황종희에게 유종주에게 종학할 것을 당부한다.[214] 그래서 황종희는 그 무렵 부친의 유명遺命에 따라 유종주를 스승으로 모시고 유문劉門의 제자로서 학문의 길에 들어선다.

이 무렵 강남 지역의 학술적 상황에 관한 전조망의 기록에 의하면, 당시 도석령이 주여등의 학설을 붙잡고 유학 안에 석가모니가 창시한 불교의 교의를 뒤섞었는데, 그 설을 전파한 심국모·사효함·관종성 등의 선동 아래 유종주의 즙산학설과 대립했다. 도석령의 학설을 따르는 자도 많았던 탓에 유종주는 매우 근심하면서도 대응할 방법이 없었다. 이제 갓 유종주의 학문을 배우러 온 황종희는 나이는 비록 어렸지만 분연히 일어난다. 황종희는 오월吳越(강소성과 절강성) 지역에서 학문을 갖춘 자 60여 명과 유종주의 강학을 부흥시키자는 약속을 하고 도석령의 수유입석론授儒入釋論(유가 경전을 이용하여 불가의 교리를 해석하자는 이론)을 물리치기로 다짐하였다. 그 결과 유종주의 즙산학설은 크게 유행하였고 도석령의 "터무니없는 말은 사람들의 귓가에 들리지 않게"되었다.[215] 이와 같은 일련의 학술적 상황에 대한 전조망의 기록과 관련하여 황종희는 스승의 행장 기록인『자유자행장』에서 다음과 같이 말한다.

---

214 『전집』제5,「연보」, 천계 6년의 조.
215 全祖望,「梨洲先生神道碑文」,『鮚埼亭集』卷十一.

삼전三傳하여 도석량(도석령)에 이르자, 요강의 심국모·관종성·사효함이 그를 보좌하면서 밀운오密雲悟(밀운원오)의 선학이 다시 섞여 들어갔다. 회계會稽의 유생 중에 왕조식王朝式이라는 사람이 있었는데, 다시 패합술捭闔術(상대방을 자신의 편으로 끌어들이기 위한 일종의 유세술)로 사람들을 선동하여 그 교리를 전파했다. 증인회는 도석량이 선생(유종주)과 서로 자리를 나누어 강학하였는데, (도석량이) 후에 회합을 백마산으로 옮김으로써 잡다하게 인과因果가 편벽된 견해와 거짓된 교설을 행하였다.[216]

이 문장은 왕수인이 전한 학설이 그 무렵 이미 유종주와 도석령의 대립적인 두 학파로 분리되었다는 분파적 상황을 전하고 있다. 결국 이러한 증언은 당시 강남 절동의 학술 상황이 대립적인 두 학파로 분리되었다는 점을 증명한다. 유종주는 신독愼獨의 학문을 주장하여 여전히 왕학 중의 주체자각主體自覺의 정신을 관통하고 있었는데 반하여 도석령의 학설은 도리어 불교와 잡다한 학설이 유입됨으로써 유학의 본 모습을 변화시켰다고 하는 황종희 나름대로의 평가인 것이다.[217] 이는 곧 당시 강남 절동의 유교 학술계 상황을 양명학 좌파의 유행에 대해 양명학 우파의 관점에서 조망한 평가이다. 황종희는 이렇듯 스승 유종주

---

216 『全集』第五冊,「附録.子劉子行狀」과 『全書』卷十九. "三伝而為陶石梁(奭齡), 輔之以姚江之沈国模.管宗聖.史孝咸, 而密雲悟之禪又入之. 会稽王朝式者, 又以捭闔之術鼓動以行其教. 證人之会, 石梁與先生分席而講, 而又為会於白馬山, 雜以因果僻経妄説."
217 쉬딩바오 지음,『황종희 평전』, 양휘웅 옮김(돌베개, 2009), 112면.

를 양명학 적통(혹은 우파적 시각)의 계보 전면에 내세우면서 스스로를 사설의 정통 후계자로 자임하고자 했던 것이다. 그 결과물이 또한 『명유학안』의 서두 「사설」 부분과 맨 뒷부분의 「즙산학안」 기록이었다.

그 후 특히 유종주의 사후에 황종희는 사설을 현창하기 위해 강학회의 개최와 저술 활동에 전력을 다한다. 앞에서도 이미 언급했듯이 황종희가 행한 강학회에서는 주로 스승 유종주의 교설을 강의했으며, 그 강의와는 별도로 청 강희 7년(1668)이 되면, 즉 황종희의 나이 59세 때 절강 영파에서 강경회講經會(통상 용상 강경회라고 함)라는 독서회·연구회를 조직하여 활발한 학술활동을 펼친다.[218] 그 전년(강희 6년, 1667)에는 동문의 강희철·장응오·동창·조우공 등과 함께 소흥의 고소학에서 증인강회를 재개하고 스승의 학설과 그 현창에 주력하였다. 이 '용상 강경회'에 참가한 멤버의 면면은 위에서 언급한 만씨萬氏 형제와 정량鄭梁 이외에도 동창이 기록한 유종주 '학인'명부에 이름을 올린 진적충陳赤衷(1627-1687), 진석하陳錫嘏(1634-1687), 진자순陳自舜(1634-1711), 구조오仇兆鰲, 동윤도董允瑫(?-1679)—이상 5인은 모두 은현鄞縣(지금의 영파) 출신— 등의 인물이며 황종희의 3남 황백가도 참가한 적이 있었다. 이 강경회는 경서를 다함께 읽고 그것에 대해 토론하는 연구회로서 유교의 경전 오경五經을 순서대로 읽어나가면서 '예禮'에

218 유종주의 증인서원을 부흥시킨 '용상 강경회'와 그 성립 과정에 관해서는 오노 가즈코小野和子의 「清初の講経会について」와 동씨가 행한 일련의 황종희 연구가 먼저 참조할 만하다. 또한 야마노이 유山井湧의 황종희에 관한 우수한 연구[『黃宗羲』(講談社, 1983)]도 이미 이루어져 있다. 강경회에 관해서는 이 밖에도 왕범삼王汎森의 「清初的講経会」, 『台湾中央研究院歷史語言研究所集刊』 68-3(中央研究院歷史語言研究所, 1997)가 있다.

관해서는 삼례三禮를 종합적으로 연구한 모임이었다. 이 모임에서는 될 수 있는 한 과거의 여러 학설을 모아 상호간에 비교·검토하고, 또한 멤버들 간의 충분한 토론을 통하여 각자의 의견을 교환하는 방식을 취하였다. 이렇게 유종주의 사후 그 교설은 황종희 등에 의해 다양하고 새로운 형태로 변화하며 발전해 간 것이다.

그런데 후대의 연구성과를 종합해보면, 유종주의 후학들 가운데 양명학의 적통을 자임한 황종희의 학술적 경향과 노선이 실질은 스승 유종주의 본래 의도와는 많이 다르다는 점을 지적하고 있기도 하다. 그 반면 장리상張履祥 유파 등에서는 주자학에 탁월한 이해와 관용적 수용 태도를 보인 스승 유종주의 측면을 더욱 계승·발전시켜 나갔다. 이 두 즙산학 후계자의 '사설 계승'의 서로 다른 시각과 견해를 연구의 시야에 넣는다면 그 차이점은 분명해진다. 즉 이러한 시각을 갖는다면 전자(황종희)는 '사설의 양명학 계승자', 후자(장리상)는 '사설의 주자학 계승자'로 분류될 수 있을 것이다. 그리고 이러한 과정을 통해 현재 두 종류의 '유종주상像'(주자학자 아니면 양명학자)이 형성되기에 이르렀던 것이다. 다른 한편으로 분명한 사실은 후대 '유종주 평가'에서 '이학전군理學殿軍'으로 유종주를 표창하기 시작한 사람은 황종희임에 틀림이 없다. 황종희는 명대 유학, 특히 양명학 범주 내에서의 자기 학설의 정통성을 주장하고, 그것과 동반하여 명대 유학관과 사상적 문맥을 관통시키기 위해 스승 유종주의 양명학적 심성론을 끊임없이 강조하였다. 하지만 그것은 황종희가 갖고 있던 '사상사에 대한 개인의 문제의식'에 지나지 않는다. 유종주 사상의 실상을 해명하기 위해서라도 양명학자로만 고착화된 '유종주에 대한 이미지' 는 금후 재고되어야만 할 것이다.

2. 후학으로의 비판적 계승 문제

1) 전조망의 즙산학 계승 관계

앞에서는 유종주와 황종희의 학술적 관계 양상에 관하여 고찰했는데, 여기에서는 황종희 이외에 유종주의 후학이라 할 수 있는 인물들에 관하여 검토해 보기로 한다. 유종주 몰후, 그 사상은 점차적으로 분화하고 각각의 독자적 해석에 따라 비판적 계승의 양상으로 발전해 간다. 예를 들면 이미 언급했다시피 양명학 적통을 자임한 황종희는 『명유학안』 속에서 심성론에 근거하여 양명학의 정통 계승자로서 스승 유종주를 높이 평가한다. 이 『명유학안』은 소위 황종희 자신이 묘사한 '명대 유학사'혹은 '명대 유교사상사'에 다름 아니었다. 그런데 『명유학안』이라고 하면 이미 제 선학이 지적한 바와 같이 주자학파나 양명학 좌파의 인물들을 철저히 배제한 후, '문호의 견'을 유지하면서 창작해 낸 '명대 유학사 개설서'라는 평가가 보편적 상식이다. 중국 명말청초사의 권위자 사국정謝國楨은 황종희와 전조망의 '학파적 견해[문호의 견]'를 둘러싼 미묘한 차이를 『명유학안』과 『송원학안』의 편찬 의도의 차이에 대응시켜 다음과 같이 설명하고 있다.

황종희는 『명유학안』을 저술함과 동시에 『송원학안』의 편찬에 착수했지만 미완성인 채로 끝나버렸다. 황씨의 『명유학안』에는 그의 근본적 주장과 방법이 있으며 그것은 양명학을 종지로 삼고 유종주를 자신에게 영향을 끼친 학자로 간주했으며, 그 밖의 학파에 관해서는 요지를 내세워 비판과 논평을 가하는 방법에 잘 나타나 있다. 전조망은 황씨의 사후에 『송원학안』의 편찬을 속행했지만, 그 시대(강희 말년부터 옹정雍正을 거쳐 건륭乾隆 초엽)로부터 말하면, 정주의 학문이 주류를 이루고 있었다. ―과거 시험의 경의經義는 주자학의 신주新注에 의한 것이었다.― 하지만 남뢰南雷 황종희 일파는 육왕 심학을 종지로 삼고 정주학에 대해서는 이론異論을 품고 있었기 때문에 전씨全氏는 객관적 상황과 구체적 사실에 대해 분석을 가하고 각 학파의 사실과 학술 사상을 병렬하여 서술하였다. 그 밖에 또한 각 학파의 원류를 제시하는 도표를 첨가하였다. 당연히 거기에는 주희와 육상산의 학술을 조화시키고자 한 논조가 들어가 있으며 '문호의 견'을 탈피한 것은 아니었지만, 학안 편집의 방법으로서는 일보 진전했다고 할 수 있다.[219]

황종희 일파는 육왕 심학을 종지로 삼았는데, 특히 황종희의 경우는 양명 심학(양명학)을 중심으로 해서 명대 유교 학술사를 기술했던 것에 대하여 전조망은 청조의 관학이 정주학이라는 상황을 거울로 삼았기 때문에 비록 육상산의 심학을 중심으로 했지만, 단지 그것만을

---

219 謝國楨, 「淸代卓越的史学家全祖望」, 『明末淸初的学風』(人民出版社, 1982), 216쪽.

가지고 송원宋元의 학술사를 조망하지 않았다고 하는 설명이다. 다시 말해 황종희는 양명학의 정통성이라는 문제의식을 가지고 명대 유교사를 조망했다면, 전조망은 정주학의 입장도 고려하여 주자학과 육학陸學을 조화시키고자 노력했다는 서술이다. 여기에서 주목할 대목은 전조망이 역사적 사실의 객관적 기술에 중점을 두었다고 하는 점이다. 황종희뿐만 아니라, 유종주 문하 제자들의 사설師說과 명대 유교사상사에 대한 이해는 결코 공통하지 않았다는 것을 위 문장에서도 확인할 수 있는 것이다. 이와 같은 사실을 염두에 두지 않더라도 확실히 중국 송명유학사 속에서 유종주 문파(간칭으로 유문) 후학의 전개와 분화 과정은 극히 다양한 형태로 전개되었다. 황종희의 경우는 물론이고, 또 다른 즙산학 후계자들인 전조망, 진확, 장리상 등에 의해 유종주 사상은 새롭게 이해되었으며 다음 세대로 발전해 갔다는 점을 잊어서는 안 된다.

우선 유종주의 재전 제자에 해당하는 전조망에 관하여 간략하게 살펴보도록 하자. 제 선학이 지적하는 바와 같이 유종주, 황종희와는 달리 그의 송명유학사에 대한 이해는 육학설陸學說에 근거하여 성립되었다. 전조망全祖望(1705-1755), 자는 소의紹衣이고 호는 사산謝山이며 절강 은현鄞縣(지금의 영파) 출신이다. 그는 44세 때 절강 소흥지부知府의 요청에 의해 증인사의 후신인 즙산서원蕺山書院의 주강이 된다. 또 만년이 되어서는 광동廣東 단계서원端溪書院의 초빙을 받아 주강이 되었는데, 이 때 광동 지역의 유교 학풍에 커다란 영향을 끼쳤다.

어느 날 양광兩廣 총독이 그를 관직에 추천하려고 하자, 그는 스스로에 대해 "강학을 생업으로 하는 자"라고 말하면서 정중히 거절하고 고향으로 돌아왔다고 한다. 그 후 빈궁한 삶을 영위하면서 생애를 마쳤다.[220] 그가 남긴 저서로는 『길기정집鮚埼亭集』 38권, 『길기정외집鮚埼亭外集』 50권, 『길기정시집鮚埼亭詩集』 10권, 『경사문답經史問答』 10권, 『교수경주校水經注』 30권, 『용상기구시甬上耆舊詩』 등이 있으며, 또 황종희의 『송원학안』 100권을 보충·수정하여 완성하기도 하였다.

특히 주목할 점은 유종주에 관한 서적이 두 종류가 있는데, 그 하나는 그 자신이 직접 쓴 「자유자사당배향기」라는 문장이다. 여기에서 그는 유종주 문인 36명에 관해 상세히 기록하고 있으며, 각 인물에 대해서는 자신 나름내로의 비평을 가하고 있는 것이 특색이다. 또 다른 하나는 『산음어초山陰語鈔』(혹은 『즙산선생어록蕺山先生語錄』이라고도 함)를 편집하여 유종주 사상의 현창에 힘쓴 일이다.[221] 이 책에 관한 기록은 청대에 간행된 『해창비지海昌備志』에도 보이는데, 그 고본稿本은 지금까지 발견되지 않았다. 그런데 유교사상사의 이해에 있어서 전조망은 남송 절동의 학술에 일관되게 나타나는 사상적 기반을 육구연陸九淵의 심학에서 찾아내어 자신의 사상을 전개하고 있다.[222] 다시 말해 흥미진진한 점은 이러한 송대 유학과 절동학술과의 관련성에 관하여 육학의 중요성을 강조했다고 하는 사실이다. 아래에서는 그와 같은

---

220 梁啓超著, 小野和子譯注, 『淸代学術槪論－中国のルネッサンス』, 平凡社, 1974, 50-51쪽.
221 袁爾鋸, 「蕺山学派主要著作簡介」, 『蕺山学派哲学思想』, 山東教育出版社, 1993), 370쪽.
222 山口久和, 앞의 책, 42쪽.

주장을 그의 문집으로부터 발췌하여 두 조항을 인용해 보기로 한다. 첫 번째는 「순희사선생사당비문淳熙四先生祠堂碑文」이라는 문장이다.

우리 향鄕 절동은 멀리는 해우海隅(해안이 쑥 들어간 곳)에 있고, 수隋·당唐 이전에는 유림儒林이 많지 않았다. …(중략)… 송대의 순희淳熙 연간에는 원섭袁燮·양간楊簡·심환沈煥·서린舒璘의 네 선생이 출현하여 성학聖學을 구여句餘(여요현의 산 이름)에 크게 창도하였다. 그 도는 주자·장자張子(장식張栻)·여자呂子(여조겸呂祖謙)를 회통하여 육자陸子에 귀숙하는 것이다. 사명四明(여요현의 산 이름) 후진의 사인들은 비로소 '천인성명天人性命'의 뜻을 얻어 그 도를 분명하게 밝히게 되었다. …(중략)… 다만 후세에 존덕성尊德性·도문학道問學의 문호(=문파)로 어지럽게 뒤얽혀 갈라진 뒤부터 네 선생을 논하는 자들은 모두 줄지어 이것을 잃어버렸다. 그렇다 하더라도 이것은 곧 세상 사람들이 독서하지 않은 까닭일 뿐이다. 내가 생각해 보건대, 주자의 학문은 양귀산楊龜山으로부터 나온 것이다. 그것은 사람을 가르침에 있어서 궁리窮理로써 일의 시작으로 삼고, 의리義理를 집적하는 것을 오래 하여 마땅히 자연스럽게 얻는 바가 있어야 하는 것이었다. 그 듣고 아는 바로써 반드시 모든 일을 시행하고 능히 간파해야 할 것이다. 이렇게 하면 완물상지玩物喪志(쓸데없는 물건을 가지고 노는 데 마음이 팔려서 본심을 잃음)가 되지 않을 것이다. 이것이 바로 육씨陸氏(육구연)의 실천의 교설이다. 육씨의 학문은 사상채謝上蔡에게 가깝다. 그것은 사람을 가르침에 있어서 본심을 발명함으로써 일의 시작으로 삼고, 이 마음으로 주재하여 그런 뒤에 천지만물의 변화에 응해야 하는 것이었다. 그 책을 묶어 보지 않고 유담遊談·무근無根하는 바를 경계함에 이르러서는 이것이 바로 주자 강명講明의 교설이다. 이것은 대개 그 문파에 따라서 들어갈 때에는 각각 그 중요시 하는 바가 있음을 의미한다. 성학의 완전함으로 말하면, 바로 그 하나(=성학)를 얻고 그 하나를 잃지 않은 것이다. 이 때문에 중원 문헌의 전傳이 금화金華(지금의 절강성 금화)에 모였던 것이다.[223]

또 다른 한 조항은 「동곡삼선생서원기同谷三先生書院記」라는 문장이다. 전조망은 다음과 같이 말한다.

송 건순乾淳(건도乾道·순희淳熙) 이후, 학파는 세 개로 나뉘어졌다. 그것이 바로 주학朱學, 여학呂学, 육학陸学이다. 이 3가는 때를 같이하여 각각 매우 심할 정도로 맞지 않았다. 주학은 격물치지格物致知로써, 육학은 명심明心(마음을 밝힘)으로써, 여학은 이 둘의 장점을 각각 취하고 또한 중원 문헌의 혈통(근본)을 가지고 자기 학문을 윤색하였다. 문정門庭(즉 문파)의 경로가 달랐다 하더라도 그 요점은 성인에 귀속하는

---

223 全祖望,『鮚埼亭集』外編卷十四. "吾鄕遠在海隅, 隋唐以前, 儒林闕略. (中略) 淳熙四先生者出, 大昌聖学於句余間, 其道会通於朱子.張子.呂子而帰宿於陸子, 四明後進之士, 方得瞭然於天人性命之旨. (中略) 惟自後世紛綸於德性問学之門戸, 而所以論四先生者並失之. 雖然, 是乃世人不読書之故耳. 予嘗観朱子之学, 出於亀山, 其教人以窮理為始事, 積集義理, 久当自然有得. 至其以所聞所知, 必能見諸施行, 乃不為玩物喪志. 是即陸氏践履之説也. 陸子之学, 近於上蔡, 其教人以発明本心為始事, 此心有主, 然後可以応天地万物之変. 至其戒束書不観, 遊談無根, 是即朱子講明之説也. 斯蓋其従入之途, 各有所重. 至於聖学之全, 則未嘗得其一而遺其一也. 是故中原文献之伝, 聚於金華."

것이며 모두 하나이다. 우리 향鄕의 앞서간 선배들 중에는 3가의 학문에 있어서도 모두 그 전하는 자가 있었고, 육학이 가장 먼저였다. 양楊·원袁·서舒·심沈(양간·원섭·서린·심환의 순희 네 선생), 강우江右의 제자들이 그들이고 그들만큼 왕성하게 활동한 자가 없었다. …(중략)… 이 것을 계승한 것은 바로 왕상서심영王尙書深寧(=왕응린王應麟) 한 사람이고, 그는 홀로 여학의 대종大宗을 얻었다. 어떤 사람이 말하기를, 심영深寧의 학문은 왕야王埜·서봉徐鳳에게서 얻었고, 왕·서는 이것을 서산西山 진씨眞氏(진덕수眞德秀)에게서 얻었다고 한다. 실은 첨체인詹体仁의 문파로부터는 또한 여러모로 여학이라는 것에 대한 의심을 받았다. 아직까지도 화광동진和光同塵(빛을 부드럽게 하고 티끌을 같이함, 즉 세속을 따름)의 실수를 피하기 어려운 것이다. 즉 자식처럼 추측하여 여씨呂氏의 세적世嫡이라고 자임하는 것은 왜일까? 또 이르기를 왕응린의 학문을 논함에 있어서는 대개 또한 제가諸家를 겸하여 취했다고 한다. 그렇지만 그 문헌을 종합하고 망라함에 있어서는 실로 동래東萊(여조겸呂祖謙)를 스승의 모범으로 삼았다. 하물며 왕응린이 어릴 적 우재迂斋(여조겸의 문인 누방楼昉)에게 배웠다면 그것은 바로 본래부터 명초明招(밝고 높은)의 전傳인 것이다.[224]

---

224 前掲書, 外編卷十六. "宋乾淳以後, 学派分而為三, 朱学也, 呂学也, 陸学也. 三家同時, 皆不甚合, 朱学以格物致知, 陸学以明心, 呂学則兼取其長, 而又以中原文献之統潤色之. 門庭径路離別, 要其帰宿於聖人則一也. 吾郷前輩, 於三家之学, 並有伝者, 而陸学最先. 楊袁舒沈, 江右弟子, 莫之或京. (中略) 嗣是則王尙書深寧, 独得呂学之大宗. 或曰, 深寧之学, 得之王氏埜徐氏鳳, 王徐得之西山真氏. 実自詹公元善之門, 而又頗疑呂学. 未免和光同塵之失. 則子之推為呂氏世嫡以何歟. 曰深寧論学, 蓋亦兼取諸家, 然其綜羅文献, 実師法東萊. 況深寧少師迂斋, 則固明招之伝也."

전조망의 이와 같은 기술에 의하면 주자의 도학道學, 장식張栻의 학풍, 여조겸呂祖謙(1137-1181)의 문헌학, 거기에 육구연의 심학이 병립하고 있던 남송 초기 강남 절동 지역의 잡학적 환경 속에서 육구연의 학문이 가장 먼저 일정의 주도권, 즉 사상계의 헤게모니를 잡고 있었다는 설명이 된다. 하지만 그는 '문호의 견'(황종희와 같은 양명학관)에 따라서 그 후의 절동학파가 이 육구연의 심학을 기조로 하여 발전시켜 나아갔다고 하는듯한 뉘앙스의 견해를 취하지는 않았다. 전조망은 그 자신이 즙산학의 후계자임을 자처하면서도 결코 황종희의 견해에 따랐던 것은 아니며, 그 자신 나름대로의 육학설을 개진해 나간 것이었다. 즙산학의 후계자들에 공통으로 보이는 사설의 계승 방법이지만, 전조망도 즙산학에 관해서는 역시 비판적 계승이었다고 할 수 있을 것이다.

전조망은 절동학술의 역사적 사실에 입각하여 송대『곤학기문困學紀聞』의 저자로 유명한 왕응린王應麟(1223-1296)의 존재를 극히 중시했던 듯싶다. 선사 유종주의 육학 비판을 시야에 넣어 생각해 보면, 이와 같은 전조망의 육학 옹호와 여조겸의 학문에 대한 현창은 매우 흥미진진한 일이라 하지 않을 수 없다. 전조망은 황종희를 매개로 하여 유종주의 학통을 잇는 인물이었음에도 불구하고, 자기 사상의 구축에 있어서는 독자적 노선을 견지하였다. 사실 이러한 사례는 유종주 후학들의 가장 큰 특징이기도 하다. 단순한 사설의 조술이 아니라, 독창적인 안목으로 자기 학설을 주장한 것이다.

2) 또 다른 후계자-진확과 장리상

또 다른 즙산학의 후계자 가운데 진확과 장리상의 존재가 있다. 우선 진확陳確(1604-1677)은 자가 건초乾初이며 절강 해녕海寧 출신으로 명조 멸망 전에 유종주의 문하에 들어가 스승의 유서遺書 편집 작업에도 참가한 인물이다. 특히 유종주 사상, 즉 즙산학의 계승·발전이라는 측면에서 본다면, 유문 최대 공헌자 중의 한 사람이라고 말할 수 있다. 그의 사상이 그 발상을 대체로 유종주와 공유하고 있었다는 것은 명료한 사실이다. 스승 유종주가 평생토록 애용한 신독을 중심으로 하여 스스로 경계하고 삼가는 심적 태도의 불가결성의 주장이나 지知·행行, 성性·정情, 리理·기氣 등의 이분법을 부정하고, 철저하게 현실의 사상事象에 밀착된 실천을 중심으로 하는 수양론을 구성하려고 했던 점, '습習'의 중요성을 설파했다는 점 등등, 유종주와 진확과의 사이에서 직접적 사설의 계승관계, 혹은 사상의 일치점을 찾아내기는 매우 쉽다는 것이다.

그러나 진확의 사상이 스승의 사상을 있는 그대로 답습만 했던 것은 아니다. 양자(유종주와 진확)의 사이에는 유종주의 논점을 근거로 하여 제자인 진확이 한 발자국 더 들어가 새롭게 발전시킨 관점이 보이며, 이것이야말로 진확이 송명리학의 기나긴 전통에 하나의 형태로 종지부를 찍고 청대 유교사상의 서막을 여는 신호탄이었으며, 그 때문에 진확의 유교사상사적 공헌은 주목해야만 할 성과이다.[225] 물론 앞에

---

225 馬淵昌也,「劉宗周から陳確へ-宋明理学から清代儒教への転換の一様相-」,『日本中国学会報』第五十三集, 日本中国学会, 2001, 203쪽.

서도 언급했듯이 이것은 유종주 문인들에게 자주 보이는 특징 중의 하나인데, 즙산학은 그 후계자들에게 있어서 다양한 형태로 분화·발전해 갔다는 사실에 대한 증명인 것이다. 그 중에서도 특히 진확의 『대학변大學辨』은 그 자신의 독자적 견해를 가지고 있었다. 「원서原序」에 의하면 그의 의도는 더욱 분명하게 드러난다.

> 나는 『대학』, 『중용』을 『예기』로 환원하고, 송명의 학자들이 말하는 성리性理의 세밀한 말을 삭제하고, 정주程朱를 절차탁마하며, 공맹孔孟을 부흥시켜 배우는 사람들을 (송학의) 두터운 굴레로부터 구출해 내어 양심을 속박의 틀에서 건져 올리고 싶다.[226]

여기에는 진확의 확고부동한 고학古學 부흥, 즉 선진시대 '공맹 유학'의 부흥에 대한 강한 의지가 엿보인다. 게다가 『대학』 그 자체의 가치에 대한 비판과 더불어 스승 유종주의 대학설大學說에 관해서도 비판적 언설을 가하는데 전혀 망설이지 않고 있다.

> 정자程子가 주경主敬이라 하고, 양명이 치양지라 하고, 산음山陰 선생(유종주)이 신독愼獨이라고 말한 것은 모두 하나의 일이며 또한 성인의 도이고, 합치하지 않는 바가 없다. 하지만 이것에 의해 『대학』을 설하면 결코 합치하지 않는 바도 있다. 이것을 합치시키려고 해도 합치할 수

---

226 陳確, 『大学辨』; 山下龍二, 『大学.中庸』(全釋漢文大系三, 集英社, 1974), 49쪽에서 재인용.

없다면 각각 그 설을 바꾸지 않을 수 없다. 각각 그 설을 바꾸어 버리면 『대학』의 해석에 있어서는 더욱 더 합치시킬 수 없다. 그러나 또한 성인의 도에 있어서는 처음부터 합치하지 않는 바가 없다고 한다면, 제유諸儒의 말은 원래부터 합치하지 않는 바가 없는 것이고, 합치하지 않는 바가 있는 것은 단지 『대학』 때문에 라는 점에 지나지 않는다. 산음 선생(유종주)은 "격치격치를 말하는 사람들은 합쳐서 72가家가 있다. 그 설은 모두 완벽하지 않지만, 그들의 말 속에 확실히 성인을 가지고 현혹하지 않았던 적을 나는 결코 본 적이 없다"고 말한다. 왜일까 라고 하면 『대학』을 억지로 갖다 붙이고 거기에서 이치를 추구할 수 없기 때문이다. 따라서 제유의 말은 이것을 성인의 도에 맞추어보면 합치하지 않은 적이 없지만, 『대학』의 설에 맞추어보면 반드시 합치하지도 않는다. 다만 제유가 반드시 합치하지 않을 뿐만 아니라, 천만 년의 긴 세월을 경과해도 끝내는 맞는 것이 없는 것이다. 합치하지 않는데도 그것을 합치시키려고 하는 것은 바로 유교를 불교나 노장에 맞추어 삼교가 합치하지 않는 것이 없다고 하는 것과 똑같은 일이다. 애당초 합치시키려면 맞지 않는 것이 없다고 하지만, 이것은 너무 무리한 것도 이만저만이 아니다. 『대학』이 지知를 말하고 행行을 말하지 않는 것은 그것이 선학禪學이라는 것에 전혀 의심이 없다.[227]

이와 같은 진확의 견해는 '삼교일치론三教一致論'에 대한 비판에 있

---

227 陳確, 『大学辨』. 인용문의 한국어 번역은 앞의 山下龍二의 저작에 의함.

어서도 예외는 아니었다. 확실히 우리는 위의 문장을 통하여 진확에게 있어서도 양명학 좌파에 대한 비판이 다른 유종주 문인들과 마찬가지로 사설을 계승하고 있었다는 사실을 확인할 수 있다. 하지만 진확은 거기로부터 더욱 더 나아가 『대학』의 부정이라는 독자적 견해를 제시하고 있다.[228] 이것은 송대에서 명대 말기까지의 모든 사상적 입장을 큰 폭으로 부정한 것이었다고 말해도 좋을 것이다. 동시에 이 비판은 사설의 비판적 수용이라고도 말할 수 있는 것이었다. 다음으로 즙산학의 계승 혹은 발전이라는 시점으로부터 볼 때, 황종희, 진확과 함께 또 다른 유문 최대의 계승자·공헌자의 한 사람이라고도 해야 할 장리상에게 주목해 보자.

장리상張履祥(1611-1674), 자는 고부考夫이고 호는 지염芝念이며 통상 '양원楊園 선생'이라 불린다. 그는 학문의 길에 들어선 뒤 처음에는 왕수인과 왕기의 교설에 깊은 감명을 받아 철저히 신봉했지만, 그 후 주자학의 주요 텍스트인 『근사록近思錄』과 『소학』 및 정주학 관련 제 서적을 읽게 되었다고 한다. 게다가 명대 말엽인 숭정 17년 그의 나이 34세 때 스승 유종주에게 사사하여 처음으로 유교 성현의 가르침도 배워 익힐 수 있고, 그와 같은 학문의 경지에 이르는 데는 노력 여하에 따라 도달할 수 있다는 것을 깨달았다고 전해진다. 그는 정주학을 깊게 신봉했는데 스승 유종주의 양명학(=왕학) 혼용의 부분에 관해서는

---

228 陳確의 『大學』 비판과 『大學』의 개정 문제에 관해서는 앞의 山下龍二, 『大学.中庸』(全釋漢文 大系三, 集英社, 1974) 참조.

결코 지적하는 일 없이 오히려 양명학의 폐해를 수정한 스승의 어록을 집록하여 정주학적 입장에서 『유자수언劉子粹言』을 저술하였고, 사문師門의 발전에 진력한 인물이었다. 그의 저작으로는 『양원선생전집楊園先生全集』이 있고, 『가흥부지嘉興府志』의 「장리상선생전張履祥先生傳」에 의하면 스승 유종주와 관련된 저작으로서 『유자수언』이 먼저 언급되고 있는데, 이 책은 지금 전하지 않고 있다.[229] 장리상은 명대 사상계에 대한 인식을 다음과 같이 개관하고 있다. 그도 또한 스승 유종주와 마찬가지로 불교에 대한 강한 반발심을 가지고 있었던 것이다.

근래 석씨釋氏(=불교)의 설은 우리 유도儒道의 서書를 교란시키고 대체로 인륜과 만물에 대해서는 일절 자기들과는 관계가 없는 외적인 것이라 간주하여 마침내는 구체적인 사물을 떠나서 도리를 밝히고 마음이 온화하고 조용한 경지를 추구하려고만 한다. 그것이 확실히 청정하고 욕망을 떠난 경지이고 가슴 속에 약간의 견해가 있다고 하더라도 한 편으로는 편향된 함정에 구속되지 않는 도리는 없으며, 한 쪽의 손을 들면 다른 한 쪽을 업신여겨 대중지정大中至正의 규구規矩(규준)로부터 끝내는 괴리되어 버리고 마는 것이다. 지금 가령 『중용』이 가르치는 바에 즉하여 해석을 해보면 선善을 명확히 밝힌다고 하는 것은, 즉 치지致知를 이름이고, 선을 택한다고 하는 것은 분명히 격물格物을 의미하는 것이다. 박학博學, 심문審問, 신사慎思, 명변明辨 의 네 개야말로 격

---

229 衷爾鉅, 「蕺山学派主要著作簡介」, 『蕺山学派哲学思想』(山東教育出版社, 1993), 380쪽.

물에 다름 아니다. …(중략)… 양명이 단지 선을 행하고 악을 제거하는 것을 가지고 격물이라고 생각한 것은 잘못이다. 담약수에게 '가는 곳마다 천리를 체현한다'고 하는 말이 있는데, 이것도 허물과 결점을 피하지 못한다. 결국 정주의 말만이 폐해가 없는 것이다.[230]

이러한 장리상의 발언에 의하면 정주학만이 폐해가 없는, 즉 중국 유교사상사에서 유일한 정통의 학문이라는 논리가 된다. 장리상의 불교 비판과 '정주학 중시'라는 학문적 견해, 그리고 이에 입각하여 스승 유종주 학문의 그와 같은 계승은 만남의 그 무렵뿐만이 아니라, 장리상의 만년에까지 지속되었다. 다시 말하면 그의 유학 정신은 스승 유종주에게 사사한 이래 '정주학'을 중심으로 하여 기본적으로는 일관된 것이었다고 해도 좋을 것이다. 그가 유문 가운데서도 왕수인으로부터 명대 말기에 이르는 양명학의 사상사적 조류를 가장 심도 있게 비판하고 비난을 가한 대표적 사상가라는 점은 틀림이 없다. 그 자신이 생각하는 '올바른 학문'은 '정주程朱의 학문'이었고, 그것에 대한 '부정不正의 학문'은 왕수인으로부터 명대 말기의 원황袁黃, 이탁오李卓吾 등에 이르는 양명학 좌파의 흐름이었던 것이다. 그런 의미에서 볼 때 스승 유종주 교설의 정주학적 측면을 정통으로 계승한 학자였다고 평가해 볼 수 있을 것이다. 황종희가 양명학적 측면을 정통으로 계승한 학자였다면, 바로 장리상은 주자학적 측면을 정통으로 계승한 후계자였다. 이처

---

230 張履祥, 『楊園先生全集』 卷六, 「答屠子高書」.

럼 즙산학은 주자학과 양명학이라는 조금은 상반된 요소를 두루 갖추고 있는 신유학新儒學의 결정판이었다.

그런데 다음과 같은 유문 후학에 대한 분류 방법도 있다. 이기상李紀祥은 자신의 논문 속에서 유문(혹은 즙산학파)을 아래에 기술하는 바와 같이 네 개의 학파로 나눈다.[231] 그는 각각의 후학들이 저작(선집 혹은 연구)에 의해 스승의 학문을 해명했다고 하면서 또한 저작의 내용으로부터 분류하여 그 네 개의 학파를 비의파非意派, 성의파誠意派, 실천파踐履派, 요강파姚江派라 부르고 있다. 첫 번째 비의파는 운일초惲日初의 『유자절요劉子節要』(1669), 두 번째 성의파는 황종희의 『자유자행장子劉子行狀』(1673년 이전)과 『즙산학안』(1682년 이후, 동창의 「초술抄述」에 「서序」가 있음), 세 번째 실천파는 진확의 『산음선생어록山陰先生語録』(1656), 네 번째 요강파는 소정채의 『명유유자즙산선생전』에 의거한다는 것이다.

이러한 분류 방법은 심성론을 시야에 넣은 상태에서 유종주의 성의설誠意說과 수양실천론에 근거를 두고 분류한 것이다. 이렇게 볼 때 유종주로부터 후학으로의 분화·발전 과정에 있어서 그 후학들이 각자의 사상사 인식에 따라서 저마다 각기 스승의 교설을 선전했다는 것은 틀림없는 사실이다. 즉 그것은 사설師說의 맹목적 반복이 아니라 스스로의 사상적 인식 상황에 맞추고 자신의 해석에 의거하여 이야기하고

---

231 즙산학파의 분파 및 즙산학 해석 문제에 관해서는 李紀祥, 「清初浙東劉門的分化及劉学的解釈権之争」, 『第二届国際華学研究会議論文集』(中国文化大学文学院, 台北中国文化大学出版部, 1992) 참조.

있는 것이다. 그 대표적·비판적 계승자가 황종희, 전조망, 진확, 장리상이었다. 우리가 여기에서 주의해야 할 점은 유종주 초·중기의 문인들은 거의 대부분이 명조의 멸망과 함께 순사하였다. 그 때문에 스승의 교설이 올바르게 전해졌는지, 혹은 그 사설의 유포와 선전의 과정에서 왜곡됨 없이 제대로 이루어졌는지는 의심의 여지가 남는다. 사실 위에서 언급한 네 명의 즙산학 후계자들은 유종주 후기의 문인들이었고, 사사한 시기도 그다지 길지 않았음을 유의해야만 할 것이다. 따라서 금후의 즙산학파 문인 연구는 중국 명말청초기 유교사상사의 한 단면을 이해함에 있어서 일정의 중요성을 지닌다고 볼 수 있다.

6

몇 개의 유종주상

1. 명청시대의 유종주상

중국 유학사에서 유종주는 명대 말기 유교사상계를 대표하는 한 사람이다. 그럼 유종주는 명청시대에 과연 사람들에게 어떻게 인지되고 있었던 것일까. 여기에서는 당시 학자들의 평가를 통하여 객관적인 유종주상像 혹은 유종주 이미지를 살펴보기로 한다. 유종주 학설의 이해에서 대표적인 핵심 개념을 꼽으라면 대개 신독愼獨과 성의誠意라는 용어가 떠오를 것이다. 그 중에서도 특히 신독은 유종주 사상을 대표하는 핵심 용어로 잘 알려져 있다. 그의 아들이자 『연보』의 기록자 유작劉汋은 부친의 학문을 평가하면서 "선군자先君子(유종주)의 학문은 위로는 염락濂洛(주돈이와 이정의 학문)을 계승하고 아래로는 주왕朱王(주희와 왕수인)의 사이를 넘나들었다."고 기술하고 있다(『유자전서』 권40, 상). 또 『연보』 속에서는 "선군자(유종주)는 성인의 성誠

을 배운 사람이다. 처음에는 힘을 다하여 주경主敬에 치중하였고, 중엽에는 신독의 공부에 주력했으며, 만년에는 그 근본을 성의誠意로 귀숙시켰다."고 서술하고 있다. 이와 같은 유작의 기술에 의거하여 유종주의 학문 종지를 시간적 순서로 정리해 보면, 주돈이와 이정의 학문에서 영향을 받고 주자학과 양명학을 조화롭게 절충 혹은 통합하였다는 논리가 된다. 그리고 그 사상 내용의 핵심 용어 변천의 키워드는 '주경→신독→성의'라는 순서였다.

유무림劉茂林(유종주의 손자)의 장인이자 유종주의 문인이기도 했던 황종희도 자신이 집필한 『명유학안』의 「즙산학안·충단유염대선생종주忠端劉念台先生宗周」라는 문장 속에서 "자유자子劉子(=유종주)는 염락관민濂洛關閩과 양명자陽明子의 뒤를 이어서 이들과 어깨를 나란히 하는 유자儒者이다."라고 상찬하고 있다. 사상사상의 평가라는 측면에서 볼 때, 이 발언은 유종주의 아들 유작劉汋의 평가와 거의 일치한다. 염락관민이라고 하면 송대 도학파를 언급할 때 그들 출신 지역의 이름을 따서 통상적으로 부르던 명칭이다. 다시 말해 주돈이(염계)·이정(낙양)·장재(관중)·주희(민중) 등 각각의 연고지에 바탕을 둔 송대 도학道學 유파와 그 학문을 일컫는다. 주자학이 표방하는 도통론도 여기에 근거를 두고 있다. 양명자陽明子란 명대 양명학의 창시자 왕수인을 가리킨다.

결국 유종주의 학문은 주자학과 양명학 둘 모두를 수용했다고 하는 이야기이다. 그런데 앞의 유작의 발언과는 조금 뉘앙스를 달리하여 황종희는 유종주 중기의 사상적 키워드인 신독만을 강조한다. 황종희의 평가에 의하면 스승의 학문은 신독을 종지로 삼고 있다. 그리고 신독을 말하는 유학자는 많이 있었지만, 그 진의를 이해하고 체현할 수 있었던 이는 자기의 스승 유종주뿐이라는 논리를 전개한다. 그는 「유자전서서劉子全書序」에서 다음과 같이 말한다.

> 선사先師(유종주)의 학문 종지는 신독에 있는데, 옛날부터 그렇게 말한 자는 많다. 그런데 어떤 자는 본체本體·식인識認을 말하여 황홀恍惚(미묘하여 그 속내를 헤아릴 수 없음)의 상태로 떨어졌고, 또 어떤 자는 독지獨知에 의지하여 동념動念에만 힘을 쏟는 결과가 되었다. 그 가운데 선사(유종주)만은 신체 각 부분에 희노애락을 적용하고 일기一氣가 왕복하여 품절品節 제한에 의지한 적이 없었다. 또 그 중화中和의 덕德은 일용동정日用動靜 사이에서 자연스럽게 유행하였다. 독체獨體도 이와 같은 것이다.[232]

이것은 자기의 스승 유종주가 신독과 독체를 중시했다고 하는 발언이다. 황종희는 이에 더해 "충정忠正(유종주)은 문성文成(왕수인)의 공신이다."(「남뢰문안南雷文案」三, 사승師承)라고 말하면서 "생각하건대 충정(유종주)이 없었다면 문성(왕수인)을 현창하는 일은 없었을 것

---

232 『전집』 제5책, 「부록附錄·저술자료著述資料」 「유자전서서劉子全書序」. "先師之学在慎独. 従来以慎独為宗旨者多矣. 或識認本体, 而堕於恍惚, 或依傍独知, 而力於動念. 唯先師体当喜怒哀楽一気之通, 復不假品節限制, 而中和之徳, 自然流於於日用動静之間, 独体如是."

이다. 이것은 척결剔抉(나쁜 일 등을 파헤치는 일)의 고심苦心이다."(同)라는 표현으로 스승을 높이 평가한다. 이것은 방금 위에서 언급한 염락관민 운운의 표현과는 다른 것이며, 주자학의 정통계보는 언급하지 않은 채 양명학의 정통계보 속에 스승 유종주를 위치시키고 있는 것이다.

황종희가 스승 유종주의 사상을 이렇게 규정하지 않을 수 없었던 이유는 그 자신이 그리고자 했던 아니 묘사하고자 했던 명대 유교사상사가 '왕수인→유종주'로 직접 계승되는 식의 전수 과정을 전제로 하지 않으면 성립될 수 없었기 때문이다. 여기에는 스승의 학문을 주자학의 구조 내지는 범주로부터 격리시키고자 했던 황종희의 자의적 의도가 명확히 드러나 있다. 양명학 적통임을 자임하는 황종희가 '왕수인→유종주→자기 자신(황종희)'이라는 식으로 양명학 정통의 계보를 구축하고자 시도한 점을 생각해 보면 이러한 발언을 한 경위는 당연한 일이었을 지도 모르겠다. 그 후 후대의 중국 유교사상계에서 유종주 사상의 종지를 신독이라 간주하고 '양명학의 정통'으로 파악하는 견해는 어떠한 저항도 없이 정착되어 간다. 절동학파의 계보를 세운 청대 장학성의 유종주 학설에 대한 이해도 신독이라는 용어에 초점이 맞추어져 있다. 그는 「절동학술」 속에서 다음과 같이 말한다.

즙산蕺山 유씨(=유종주)는 양지에 근거하여 신독을 발명하였고, 주자와는 합치하지 않았지만 결코 그것(주자학)을 비난한 적은 없었다.[233]

---

233 장학성章学誠 「절동학술浙東学術」. "蕺山劉氏, 本良知而発明慎独, 与朱子不合, 亦不相詆也."

여기에서도 유종주는 왕수인의 양지에 촉발되어 신독을 새롭게 발견했다고 하는 언설이 보인다. 또 문장의 끝부분에서 유종주가 주자학에 대해 어떠한 비난도 하지 않았다는 전제를 깔고는 있지만, 유종주 사상을 주자학과는 별개의 사상 체계로 인식하고 양명학의 범주 속에 집어넣고자 하는 의도가 선명히 드러나 있다. '유종주—황종희'를 필두로 하는 절동학파의 계보를 생각해 볼 때, 장학성의 위의 발언도 황종희의 사설師說 이해와 거의 궤를 같이하는 논리이다. 물론 만약에 이와 같은 '유종주상像'과 그 사상적 내용에 대한 평가가 현시점의 연구상황에서 개연성을 지닌 것이라면 우리는 황종희를 중심으로 하는 절동학파 인사의 자기주장에 설복당하는 것은 말할 필요도 없을 것이다. 또 유종주를 '양명학의 정통 계승자'로 계속해서 인정해도 상관은 없을 터이다.

하지만 문제는 그리 간단하지 않다. 만일 이 주장이 자기 스스로를 위한 변명 혹은 자설自說을 정당화하기 위한 추측성 발언에 지나지 않고 실증적으로 성립될 수 없다면 유종주를 '양명학의 정통 계승자'라고 하는 시점은 그 자체를 사상사 연구의 대상으로서 비판적으로 검토할 필요가 있는 것이다.

한편 일본에서의 유종주에 대한 평가를 보면, 막말幕末 유신기의 양명학자 이케다 소안池田草菴은 유종주의 학문과 인물을 평하여 '주왕朱王 조정調停의 학자'라 하였고,[234] 마찬가지로 가스가 센안春

---

234 『青谿書院全集』第二編(下), 「讀子劉子全書」.

日潛庵[235]은 "즙산은 요강(왕양명)의 수학粹學(뛰어나고 훌륭한 그 사상의 정수)을 얻었다"고 말하면서 "즙산(유종주)이 나옴에 요강(왕양명)은 마침내 더욱 세밀하고 정밀해졌다."[236]고 평가하고 있다. 에도江戶 말기의 주자학자 오오하시 도쓰안大橋訥菴(1816-1862)은 유종주의 학설이 요강(왕양명)의 결함을 보완했다고 논하면서 '양명학 수정주의 자'로 평가한다. 이와는 반대로 요시무라 슈요吉村秋陽의 경우는 오오하시 도쓰안의 설에는 찬성하지 않고 있다.[237] 확실히 이러한 일련의 평가는 유종주를 '주왕朱王의 조정자調停者'내지는 '양명학자'로서 파악하는 경우이며 황종희 이래의 '유종주상'과 거의 일맥상통한다고 볼 수 있다.

그런데 앞에서 언급했듯이 사설의 비판적 계승자였던 진확도 자신이 쓴 「대학변」 속에서 "정자程子가 주경이라 하고, 양명은 치양지라 하고, 산음 선생(=유종주)이 신독이라 말한 것은 모두 하나의 뜻이며 성인의 길이고 서로 합치하지 않은 바가 없다"고 말하면서 유종주의 학문 종지를 신독으로 파악한다. 또 진확은 스승의 아들(유작)에게 보낸 서간문 속에서 성의誠意에 관해 언급하고 있다. 즉 다음과 같이 유종주의 학설을 평가하고 있는 것이다.

---

235 가스가 센안春日潛庵(1811-1878). 막말幕末 메이지明治 초년 경의 유학자. 교토京都 출신으로 양명학에 경도되어 '안세이 대옥[安政の大嶽]'때 금고형을 받기도 하였다. 저서에 「센안유고潛庵遺稿」 등이 있다.
236 『春日潛菴遺稿』一, 「与池田子敬」.
237 岡田武彦, 『王陽明と明末の儒学)』, 明德出版社, 1970, 408-409쪽.

나는 선생의 학설에 관하여 모두 훌륭하다고 생각한다. 다만 성의誠意, 이발已發·미발未發의 설에 관해서는 (그것들이) 극히 정밀하고 순수한 것이었다고는 하지만, 나의 입장으로서는 두고두고 논하지 않으려고 한다.[238]

그는 이와 같이 말하고 유종주 사상의 가장 중요한 핵심을 이루는 성의론을 희노애락의 사기四氣와 칠정七情, 미발·이발을 둘러싼 의론과 함께 그 자신은 스스로 잘 알고 있으면서도 고의적인지 아닌지는 확실하지 않지만 언급을 하고 싶지 않다는 견해를 피력하고 있다. 하지만 이러한 진확의 발언도 유종주 사상의 종지를 별도의 것으로 이야기하고 있는 것은 아니다. 그도 변함없이 신독과 성의라는 두 개의 개념을 가지고 사설師의 종지를 파악하고 있는 것이다. 황종희·유무림과 깊고 폭넓게 교유한 청대의 학자이며, 유종주를 위해 「즙산유선생문록서蕺山劉先生文錄序」를 쓴 탕빈도 「유염대선생유조제사劉念台先生遺照題辭」라는 문장 속에서 유종주의 학문 종지를 신독으로 규정한다.

선생(유종주)의 학문은 여기에 이르러 정주 이래 도의 정수를 체현하였고, 아직 이러한 학문적 수준을 뛰어넘은 자는 존재하지 않는다. 그 학문은 신독을 종지로 삼고 하늘[天]과 사람[人], 리理와 기氣, 정존

---

238 『陳確集』下, 「答劉伯繩書」. "弟於先生, 無言不悅. 惟誠意, 已発未発之説, 雖極精純, 然弟意欲且存而不論."

靜存과 동찰動察의 문제에 대해 변난하여 상세히 의론하는 것을 기피하지 않았다. 그리고 최후에는 정존을 요체로 삼았다. 선생은 "요강(=왕수인)의 뒤에는 불교와 노장으로 흘렀고, 동림의 뒤는 점차로 신申(신불해申不害)과 한韓(한비자韓非子)으로 들어갔다"고 말하고 있다.[239]

탕빈의 이와 같은 언설은 신독을 종지로 삼은 유종주에 대해 명대 최고의 사상가로 평가하고 있는 것이다. 또 그는 명대 사상사의 정통을 왕수인으로 보고 있다는 점, 유종주의 말을 인용하여 명대 중기 이후에는 불교·도교·법가 사상이 유행했음을 말하고 있다. 이 탕빈湯斌(1627-1687)에 관하여 덧붙이면, 그는 원래 손기봉孫奇逢에게 사사한 인물이며 그 때 양명학에 대한 이해를 넓히게 되었다고 한다. 후에 황종희·유무림과의 교유를 계기로 「즙산유선생문록서」, 「유염대선생유조제사」를 지은 것이다. 탕빈은 천계 7년 하남河南 휴주睢州에서 사인 탕조계湯祖契의 아들로 태어났다. 숭정 말기 이자성 군대가 휴주성睢州城을 침략했을 때 그의 어머니가 생명을 잃는다. 남경 망명 정부 하에서 탕빈은 관리등용시험인 과거시험에 응시하지만, 청조 순치 2년 하남 고향땅으로 돌아온다. 순치 9년 청조 치하에서 다시 과거에 응시하여 합격하고 진사가 되었다. 그 뒤 청조의 수도 북경에서 『명사』 편찬관을 지냈으며, 또 강희 7년 호부좌시랑 위상추魏象樞(1617-

---

239 『전집』 제5책, 「전기자료傳記資料·상찬像贊」 「劉念台先生遺照題辞」. "先生之学矣. 程朱以来, 体道之精, 未有過焉者也. 其学以慎独為宗, 於天人理気静存動察, 弁之不厭其詳, 而終以静存為要. 甞曰, 姚江之後流仏老, 東林之後漸入申韓."

1687) 등으로부터 "학술에 연원이 있고 궁행·실천하였다. 문사文詞가 엄아淹雅(학문이 넓고 사람됨이 품위가 있음)하였으며 품행이 단정하였다."고 하는 추천문을 받아 강희 18년에 다시금 『명사』 편찬관에 취임하였다.[240]

그런데 이상의 평가와는 반대로 주자학 체계로부터 유종주 사상을 평가하려는 경향도 존재하였다. 예를 들면 유종주가 국가의 대사大事(명조의 멸망)를 맞이하여 명조에 순사했다는 사실을 높이 평가한 예원로倪元璐는 "유염대(유종주)는 오늘날의 주원회朱元晦(주희)이다"[241]라고 말하면서 유종주를 주자학의 집대성자인 주희에 비유하고 있다. 하지만 이렇게 유종주를 주자학자로 평가한 사람들은 당시 소수파였다. 스승 유종주에 대한 주자학자로서의 이미지를 가지고 있던 초기의 문인들도 그 대부분이 명조 멸망에 동반하여 순사했다는 역사적 사실과 이유도 있던 탓인지 주자학자로서의 '유종주상像'은 점차로 희미해진다. 그 대신 황종희가 상정한 '신독의 주창자'혹은 '양명학 정통 계승자'로서의 '유종주상'이 고착화되어 간다. 유종주가 말하는 신독 그 자체는 확실히 그 자신이 일생을 걸쳐서 가장 애용한 용어였다는 사실은 틀림없다. 다만 이 용어를 양명학의 정통성과 연결시켜야 하는 관념으로서 평가한 사람은 역시 황종희였다. 게다가 황종희가 신독만을 사설의 학문 종지로

---

240 三浦秀一, 「湯斌と陸隴其—清初士大夫の人間理解と経世意識—」(『文化』 第四十八巻第一·二号, 東北大学文学会, 1984). 이 논문에서는 청대 초기 사대부의 인간 이해와 경세 의식 등에 관하여 탕빈과 육농기陸隴其의 사례를 근거로 상세히 규명하고 있다.

241 『전집』 제5책, 「연보·후편後編」 「요보일사姚譜逸事」. "劉念臺, 今之朱元晦也."

강조한 결과, 유작劉汋이 말하는 '주경→신독→성의'라는 세 차례 사상 변천에 대한 발언의 진위는 자연스럽게 의도적이든 아니든 간에 왜곡되어버리는 결과를 초래하였다. 사실 황종희가 말하는 신독이라는 용어는 유종주 중기의 교설에 근거하고 있다. 양명학에 대한 관심도 이 중기의 사상 편력에서 유래한다. 하지만 유종주는 만년이 되어 양명학에 회의를 품었을 뿐만 아니라, 아들 유작이 증언하는 바와 같이 정주학적 경향이 짙은 성의론를 강조하였다. 이것이야말로 그가 유교사상의 진리를 궁구함에 있어서 최종적으로 도달하고자 했던 극점이었다.

이 책의 서두 부분에서 인용한 고지마小島의 발언을 다시 한 번 상기해 보자. "명대 후반에 누구를 주자학자라 말하고, 누구를 양명학자의 틀에 집어넣을 것인가? 라는 구분에는 아직 통일적인 견해가 없다". 또 다음의 발언 "이학전군理學殿軍, 즉 주자학·양명학 전체의 역사에서 맨 마지막을 장식하는 인물이라고 평가받는 유종주도 단순히 주자학자인가? 양명학자인가? 라는 구분법으로는 결코 규정할 수 없다는 것이다. 호교적 의도를 가지고 그렇게 한 경우는 어찌 되었든 간에, 안이하게 주자학파와 양명학파를 나누고 사상사를 이야기 하는 방식에는 그다지 학술적 의미가 없음은 확실하다"고 단언한 고지마의 지적을 생각해 보면 '유종주상'의 진실에 관해서도 다시 한 번 재고되지 않으면 안 될 것이다. 사상사와 어떤 개인의 사상 내용은 시대마다 혹은 평가하는 주체가 누구냐에 따라 달라질 수밖에 없는 것은 필연적인 일임에 틀림없다.

2. 유종주상의 시점

유종주는 근현대 동아시아 지역에서 어떠한 학자 혹은 인물로 인식되었던 것일까. 앞의 소절에서는 동시대 문인들의 '유종주상像'에 대한 언설을 검토했는데, 이 소절에서는 동아시아 근현대의 '유종주상'에 대한 여러 평론을 살펴보기로 한다. 일반적으로 유종주는 이제까지 양명학자 혹은 동림학자의 동조자로서 인식되어 왔다. 하지만 실제로 이 책의 제1부에서 이미 언급했듯이 유종주 본인은 그와 같은 후대의 평가와는 달리 청소년시절부터 독실한 정주학(혹은 주자학) 신봉자로 출발하여 과거시험 준비에 정진하고 스승 허부원에게서 극기와 거경의 정주학적 수양법을 배운 인물이었다. 그럼에도 불구하고 후대가 되어 유종주는 철저하게 양명학자로 인식되어 왔던 것이다.

한편 유종주가 평생 애용하던 두 개의 용어가 신독과 성의라는 것은 부정할 수 없다. 이 용어에 의해 유종주는 신독과 성의의 유학자라는 이미지가 굳어졌고, 이것에 의해 후대의 유종주상이 대체로 결정되었다는 점도 사실이다. 근현대 일본에서 유종주의 학문과 사상을 자각적으로 인식하고 널리 학계에 소개한 이는 저명한 양명학 연구자 오카다 다케히코岡田武彦(1908-2004)이다. 그는 『유염대문집』에 수록된 「해설·유염대의 생애와 사상」의 서두 부분에서 유종주와 그 사상이 지닌 의의에 관하여 다음과 같이 설명한다.

유염대劉念臺는 정주와 육왕을 절충하고, 특히 왕양명 심학의 심오한 진리를 계발하여 독창적인 학설을 내세웠다. 제유諸儒에 비견해도 결코 뒤떨어지지 않는 공적을 세워 송명이학사宋明理學史에서 유종의 미를 장식하였다. 정주는 『대학』의 격물格物에 근거하여 독자적인 학설을 내세웠고, 양명은 마찬가지로 치지致知에 근거하여 독자적인 학설을 세웠는데, 염대는 성의誠意에 근거하여 독자적인 학설을 세웠다. 이미 주지하고 있다시피 송유宋儒가 개발한 이학理學도 청대 이후에는 쇠퇴했는데, 염대는 이러한 이학사상理學史上의 말미를 장식하기에 적합한 대유학자[大儒]이다. (중략) 염대의 학술사상이 일본에 알려진 것은 막부 말기로 그 무렵 일본의 주자학자와 양명학자들은 대부분이 명대 말기의 주자학과 양명학을 수용하여 진실한 체인體認을 학문의 으뜸으로 삼았다. 하지만 그들은 대체로 염대의 학문을 배웠다. 따라서 염대의 사상은 막부 말기 사상계에 커다란 족적을 남긴다. 그럼에도 불구하고 메이지 이후가 되자 염대의 학문에 주목하는 사람이 거의 사라지게 되었고, 그 때문에 염대학(즙산학)에 대한 연구도 거의 전무후무할 지경에 이르렀다.[242]

여기에서 오카다는 송명이학사 속에서의 각 학파의 독창적인 학설의 핵심을 '정주학―격물', '양명학―치지(치양지)', '유종주―성의'라는 형식으로 규정한다. 그 중에서도 유종주 학술에 대해서는 송명이학사

242 岡田武彦, 『문집』 9-10쪽.

의 최후를 장식하는 대유학자로서 높이 평가하고 있다. 그의 평가에서 중시된 것은 역시 양명학의 범주 속에서 왕양명의 심학을 계발한 뒤 독자적인 사상 체계를 세웠다는 점이다.

다만 이 평가의 오류는 철학적 개념으로서의 성의만이 중시되고 그 이외의 것은 주변적 위치에 머물러 있다는 점이다. 하지만 이러한 오카다의 '유종주상'에 대한 시점은 '주자학 대 양명학'이라는 이항 대립을 전제로 하면서도 이 두 유파의 절충·융합이라는 제3지대를 설정하여 유종주의 학설을 위치시키고 있다는 것이다. 이렇게 함으로써 유종주는 독자적 사상 체계를 갖춘 유학자로 격상되었다. 오카다는 다음의 논문 속에서도 유종주의 성의설을 다음과 같이 평가한다.

염대(유종주)의 성의설은 인간 생명의 총체를 존숭하는 왕학의 정신에 대한 자각으로부터 생겨난 것인데, 종래 그는 주자학 계통에 속하는 담감천 문하의 허경암許敬菴(허부원)에게 사사한 관계도 있던 탓인지 그의 사상 속에는 주자학적 정신의 흐름이 있다. 그는 주자학의 도의적道義的, 국가적 정신을 유지하고 그 엄격한 실천적 공부를 한층 더 치밀하게 실천하였다. 이것들이 성의설과 경위를 이루고 있고, 성의설은 그 것들에 대하여 화룡점정의 역할을 맡았던 것이라 할 수 있다.[243]

---

243 오카다 다케히코岡田武彦 「유염대의 성의설(劉念台の誠意説)」(『문집』 수록, 明德出版社, 二〇〇五年六月) 308쪽을 참조.

여기에서 그는 유종주의 성의설이 양명학에서 파생되었음을 전제하면서 유종주 사상 속에는 주자학적 정신이 담겨있음을 함께 언급한다. 또 이 주자학적 정신이야말로 성의설과 일정의 관련성을 갖고 있다고 지적하고 있다. 이렇게 해서 그는 유종주 사상 내부에서 차지하는 주자학적 요소까지 고려하고 있는 것이다. 하지만 필자는 오카다의 '주자학적 정신'에 대한 의미부여를 설명한 문장에는 동의하지만, '왕학의 정신' 운운하는 부분에 대해서는 약간의 의문을 갖고 있다.

그것은 유종주가 말하는 성의에는 단순한 왕학(양명학) 정신의 레벨을 초월한 유학 혹은 유교 전체의 학술적 의미가 담겨 있기 때문이다. 게다가 더 고려해 봐야 할 점은 유종주가 정주학의 사상적 영향을 크게 받았다는 사실과 함께 '선진유학先秦儒學으로의 회귀'라는 사상적 의도도 유종주 사상 안에는 존재하기 때문이다. 오카다의 논지를 엄밀히 분석해보면, 이 주자학적 정신은 그의 표현대로 '주자학을 통과한 신왕학新王學'의 정신에 다름 아니었다. 황종희의 '양명학 정통론자'라는 사상사상의 평가와는 약간의 견해차가 있다 하더라도, 오카다의 평가는 여전히 양명학이라는 범주로부터 벗어나 있는 것은 아니다.

이 책의 서두에서도 언급했듯이 오카다에게 배운 난바 마사오難波征男도 「명말의 신新양명학자─유염대에 관하여─」라는 논고 안에서 오카다의 의견과 동일한 입장을 취하고 유종주의 성의설에 주목하여 그를 '신양명학자'로 규정하고 있다. 야마시타 류지山下龍二의 경우에는 유종주 사상의 핵심을 신독이라고 기술한다. 그는『양명학 연구

』(전개편)에서 "유종주는 양명학 가운데 추동곽鄒東廓(추수익)·나염암
羅念庵(나홍선)[244] 등의 계통에 속한다. 유종주는『대학』,『중용』에 보
이는 신독(홀로 있을 때 삼감, 즉 주자의 거경과 유사한 개념)의 수양법
을 설하고 왕학 좌파를 격렬하게 비판했는데, 이理는 기氣의 밖에 존
재하는 것이 아니라, '기즉리氣卽理'라고 하는 기철학의 입장을 취하고
있다. 기질氣質의 성과 본연本然의 성을 구별해야만 된다고 하는 말도
보인다. 노장·불교화되지 않은 양명학을 중시한 듯싶다."[245]라고 서술하
고 있다. 과연 야마시타山下의 이러한 유종주 이해는 설득력을 지니고
있는 것일까.

　또 "유종주는 양명학 가운데 추수익·나홍선 등의 계통에 속한다"
고 하는 그의 평가는 올바른 것일까. 사실 이러한 평가는 유종주의 학
맥 전승관계와 그 사상의 내용 등을 보는 한에 있어서는 그 어떠한 근
거도 갖고 있지 못하다. 마쓰시로 히사에松代尚江는 "즙산(유종주)의
학문사상은 기본적으로 왕학을 계승하고 송대 오자五子에게서 널리
배워 송명유학을 집대성했다는 데는 크게 이론이 없을 것이다. 그는
본질적인 입장에서 양명의 모든 것을 승인하였다."[246]고 말하면서 유종
주의 사상적 가치를 '왕학의 계승자' 및 '송명유학의 집대성자'로서 평가

---

244 황종희는『명유학안』에서 "양명학은 강우학파江右學派만이 그 정통을 이었는데, 추동곽·나
　　염암·유양봉劉兩峰·섭쌍강聶雙江 등이 대표적인 인물이다."(『明儒學案』, 권16,「江右學案序」)
　　라고 하면서 양명학의 정통을 강우학파(양명학 우파)에서 찾고 있다. 추수익과 나홍선은 강우
　　지역(지금의 강서성)에서 양명학의 기반을 굳히는 데 결정적 공헌을 한 인물들이다.
245 山下龍二,『陽明学の研究』, 現代情報社, 1971, 24쪽.
246 松代尚江,「劉宗周の愼独説」,『東方宗教』第七十四号, 1989, 54쪽.

하고 있다.

그런데 유종주의 명조에 대한 순사를 높이 평가하여 '순국殉國의 사士' 혹은 '충효의 인人'으로 '유종주상'을 묘사하여 소개한 이도 있다. 야부 도시야藪敏也는 「유종주—충효의 인人」이라는 논문 속에서 '순국열사'로서의 유종주를 평가하여 "염대(유종주)의 학문 정신의 궁극은 충忠과 효孝에 있었다고 말하지 않으면 안 된다."라고 주장하고 있다.[247] 이것은 유종주의 학문 정신을 명조에 순사했다는 행동의 결과로부터 파악한 평가이지 사상 그 자체에 입각하여 내린 평가는 아니다. 한편 유종주를 신양명학자 혹은 '신주자학자新周子學者'로 평가하는 학자도 있다.

야마모토 마코토山本命는 그의 저서 안에서 양명학과 주돈이 사상의 관계에 주목하면서 유종주 사상을 평가한다. 즉 "그래서 그(유종주)의 유학을 소위 주왕절충朱王折衷의 학문으로 보기 보다는 오히려 그 자신이 높이 평가한 주자周子(주돈이)의 유학을 통과한 상태에서 형성된 하나의 신양명학 혹은 감히 말해보면 양명학을 통과한 신주자학新周子學이다."[248]라고 평가하고 있는 것이다.

이상의 유종주 사상에 대한 인식과 평가에서 문제가 되는 것은 오카다岡田의 '신왕학'과 '신주자학新朱子学', 난바 마사오의 '신양명학新陽明学', 야마모토 마코토의 '신주자학新周子学'운운의 표현이다. 즉 무

247 藪敏也, 「劉宗周—忠孝の人」, 『中国思想史(下)』, 日原利国編, ぺりかん社, 1987, 247쪽.
248 山本命, 「劉蕺山の儒学」, 『明時代儒学の倫理学的研究』, 理想社, 1974, 709쪽.

엇이 새로운 학문 경향인지가 문제가 되는 것이다. 과연 주자학과 양명학이라는 이미 관용어가 된 고유명사 앞에 '신新'이라는 한 글자를 덧붙일 수 있는 것일까. 여기에는 학술적으로 새로운 패러다임의 창출과 관련된 문제가 있다. 유종주의 사상에서 과연 새로운 패러다임에 대한 모색과 창출이 있는 것일까. 연구 고찰의 편의를 위해 '신新'이라는 접두어를 붙일 수 있겠지만, 이 용어의 남발은 학술적으로 그리 의미가 있다고 보이지 않는다. 필자가 보는 한, 유종주 사상은 당시의 패러다임(주자학, 양명학적 경향) 내부에서 사고하고 있고, 그의 신독론과 성의론도 그와 같은 사상적 구조 내부로부터 벗어난 적이 없었다. 따라서 유종주 사상의 성격 및 평가에 관해서는 금후 재고되지 않으면 안 된다.

그런데 일본에 앞서 주자학을 본격적으로 수용하기 시작한 조선 및 근현대 한국에서는 주자학 독존의 학풍이 유별나게 농후하였다. 그 때문에 주자학·양명학 각각에 이의를 제기하고 비판적으로 수용한 유종주의 사상이 환영받을 일은 없었다. 또 그의 유교사상이 주자학과는 별도로 독자적 가치가 있다고 하여 인정받은 적도 없다. 이는 조선에서의 양명학 기피 현상과도 관련이 있을 듯싶다. 그로 인해 유종주 사상은 더욱 '양명학의 사상체계'라는 인식이 굳어졌을 것이다. 또 황종희 등에 의해 덧씌워진 양명학적 이미지가 이른 시기에 조선에서 고정화되고 정착되었을지도 모르겠다. 덧붙이면 양명학이 공공연히 전국적으로 포교될 수 없었던 조선시대의 학문적 풍토 안에서 주자학은 유아독존의 자리에 앉아 있었고, 이 때문에 조선의 학문 풍경은 주자학과 대항하는 유력한 학파를 형성하지 못한 채 주자학 내부에서의 논쟁만으로 밤낮을 지새웠다.

끝내는 조선 중기에 모처럼 중국 대륙에서 양명학의 소산이 한반도 땅에 소개되었어도 주자학 쪽의 공격에 의해 사문난적으로까지 몰리는 신세가 된다. 이렇게 볼 때, 양명학에 대한 저조한 관심 때문인지 조선 시대에 있어서 유종주 사상에 관심을 갖고 있던 유학자는 거의 찾아보기 힘들다.

한편 현대 신유가라 불리는 모종삼牟宗三은 『육상산에서 유즙산까지』라는 저작 속에서 황종희의 발언과 유사할 정도로 유종주 사상의 특징을 신독의 학문이라 규정한다. 또 그는 유종주 사상을 '송명이학宋明理學의 주류', '공맹유학의 정통'이라고 말하면서 매우 높이 평가한다. 모종삼은 매우 확신에 찬 어조로 유종주 신독설의 유교사상사적 의의를 송명이학사 혹은 선진유학사에서의 '정통'으로 간주하고 전통 유교의 도통론과 비슷한 계보적 논리를 전개하고 있다. 이렇게 볼 때 유종주를 높이 현창하면서 명대 최고의 유학자로 평가한 모종삼의 입장도 황종희의 견해와 크게 다를 바 없다. 지금도 여전히 신독설과 성의설은 대체적으로 이러한 레벨에서 이해되고 있으며 유종주 사상을 특징짓는 핵심 키워드로 인식되고 있는 것이다.

중국사상사를 연구하는 어떤 학자에 의하면, 그는 다음과 같이 말한다. "종래의 중국사상사가 각각의 테두리 안에서 정연하게 서술할 수 있었던 것은 사상 그 자체를 그 발생 지점으로 돌아가 파악하는 것보다는 오히려 사상사로서 기억된 것을 연결해 갔기 때문이다. (중략) 사회와의 관계는 완전히 배제되어 버린다. (중략) 그래서 현재 필요한 것은 먼저 개개의 사상이 출현했던 상황의 구체적 파악을 통하여 그 실태를 검증하는 일, 다음으로 그러한 사상이 사상사로서 기억되어가는 과정을 추적하면서 이 양자를 혼동하지 않는 일이다."[249] 이 문장에 비추어 볼 때, 후대 학자들에 의해 이루어진 '유종주상'에 대한 기술은 주자학 혹은 양명학이라는 사상사적 범주를 뛰어넘은 적은 없다. 따라서 살아 숨 쉬는 사회 혹은 역사적 인물로서의 '유종주상'을 묘사할 수 없었다. 여기에는 당연히 사회와의 연관성도 등장하지 않는다.

그런데 이렇게 사상사의 범주 안에서 '유종주상'을 묘사해 버리면 유종주의 실상이 드러나지 않을 가능성이 있다. 다시 말해 그것은 주자학·양명학의 역사 속에서 왜소화된 '유종주상'이고, 유종주의 실상과 전체상全體像이 그러하다는 것을 의미하지 않는다. 따라서 유종주상의 실체에 접근하기 위해서는 사상적 실상과 역사적 실상의 두 방향으로부터의 고찰이 필요한 것이다. 여기에서 사상적 실상이란 개인의 사상 내용 및 사상계 내부의 평가 내용이며, 역사적 실상이란 개인의 사회활동 및 인간관계의 양상을 뜻한다. 이 책에서는 사상적 실상과 역사적 실상이라는 두 측면에서의 고찰을 중심에 두었다.

---

249 土田健次郎, 『道学の形成』, 創文社, 2002, 4쪽.

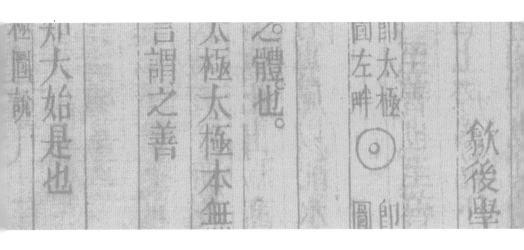

제3부에서 다루는 주요 내용은 일상공간으로서의 지역 및 사상공간으로서의 '명말(명대 말기) 유교사상계'이다. 따라서 여기에서 필자가 의도하는 바는 '사상문화의 지역성'[1] 혹은 '지역과 사상'[2]이라는 문제이다. 근년 들어 이 문제는 가장 화제성을 지닌 중국사상 연구 분야의 하나이다. 유종주의 학문세계와 문인집단의 사회적 역사적 실상을 파악하기 위해서는 그 자신이 몸담고 있던 지역의 실상을 개관하고 당시 유교사상계의 양상을 살펴볼 필요가 있다.

---

1 小島毅, 『중국 근세에서의 예의 언설』, 東京大学出版会, 1996, 14쪽.
2 市来津由彦, 『주희 문인집단 형성의 연구』, 創文社, 2002, 357쪽.

명말 유교사상계와 지역

학술문화 중심지로서 강남 지역

　중국 강남(양자강 이남의 지역)의 새로운 유교문화, 즉 신유학은 12세기 이후 북송시대의 종말과 남송시대의 도래에 맞춰 본격적으로 발전하기 시작하였다. 이 신유학의 시작과 발전도상에서 우리는 주자학의 창시자 주희의 활약과 문인들의 학술공동체 결성, 명대가 되어 주자학의 연장선상에서 비판적 대안으로 등장한 신유학으로서의 양명학, 그 양명학의 창시자인 왕수인의 존재와 양명학파의 형성 등등을 생각해보지 않을 수 없다. 이 두 인물은 공교롭게도 모두 중국 강남 출신이었다. 주희는 복건성, 왕수인은 복건성과 인접한 바로 위의 절강성 출신이었다는 점이다. 그 뒤 청대 고증학의 탄생에 기여한 유학자들도 대개 강남 출신이었다. 이는 중국사상과 문화의 중심지가 10세기 이전까지의 강남 이북 지역(황하강 일대)에서 이남 지역으로 이동한 결과였다.

　따라서 이 장에서 구체적으로 다루는 공간적 범위는 장강長江 이남의 강남지역이며 그 가운데서도 절강지역에 초점을 맞추고 있다. 이 지역은 유종주가 전 생애에 걸쳐서 활동의 근거지로 삼았던 무대이며 명대 말기에 학술문화의 중심지이기도 하였다. 또 양명학의 탄생지로서도 널리 알려져 있다.

1. 절강의 지리와 사상문화

1) 자연·문화지리와 출판문화

문화는 역사 발전의 침적물로서 특정 자연 환경 위에 응집되어 형성된 것이다. 문화에서는 역사의 자취를 찾을 수 있고 자연환경의 흔적을 발견할 수 있다. 따라서 문화는 강한 '지역성'을 갖는다. 심지어 한 국가 안에서도 각 지역과 도시의 문화 역시 일정한 차별성을 보인다. 이러한 '문화의 지역성'은 문화지리학을 구성하는 객관적인 기초가 된다.[250] 사상 혹은 철학도 마찬가지이다.

이를 문화지리학적으로 이해해 볼 때, 보편적인 듯이 보이는 유교사상도 중국의 역사 속에서는 각 지역마다 독특한 지역성을 보이고 있다는 점이다. 특히 남송 이후 명청대에 이르기까지의 신유학 사상문화는 강남 지역에서 크게 발전하였다. 그 발전의 배경에는 자연지리적, 경제지리적 요인이 중요한 위치를 차지하였고, 이는 이 지역의 독특한 문화지리를 형성하였다. 우선 강남 지역 가운데 양명학의 발상지이자 문

---

250 후자오량 지음, 김태성 옮김, 『중국의 문화지리를 읽는다』, 휴머니스트, 2005, 31쪽.

화중심을 자부하는 절강 지역 및 절강 직할의 각 부와 현이 역사적으로 성립한 시기를 민국시대에 정리한 아래의 표에서 확인해 보자.

표11-1) 분성지지分省地誌『절강浙江』(중화서국, 1939년)[251]

시대	진秦	서한西漢	동한東漢	삼국(오吳)	진晉	수隋
기원	기원전 221년	기원전 2세기	2세기	3세기 초		7세기 초
항주杭州	항현杭縣, 여항餘杭	어잠於潛, 부양富陽		해녕海寧, 임안臨安, 신등新登		
가흥嘉興	가흥嘉興, 해염海鹽					
호주湖州	오현吳縣, 장흥長興		무강武康, 길안吉安(19),효풍孝豊(185)			
영파寧波	은현鄞縣					
소흥紹興	소흥紹興,제기諸暨,여요餘姚,상우上虞	소산蕭山, 승현嵊縣				
태주台州			임해臨海	천태天台	영해寧海(280),선거仙居(347)	
금화金華		의오義烏	금화金華(192)	영강永康, 포강浦江		
구주衢州	용유龍游		구현衢縣(192)	상산常山		
엄주嚴州				건덕建德, 동여桐廬, 순안淳安, 수안遂安, 수창壽昌		

---

251 이 표 2-1과 2-2는 모두 .奧崎裕司,『中国郷紳地主の硏究』(汲古書院, 1978)에 실린 것을 참조하여 작성하였다.

온주溫州			영가永嘉(130)	서안瑞安	평양平陽(282),악청樂清(375)	
처주處州				송양松陽,수창遂昌		여수麗水
합계	12	5	7	15	4	1

표11-2)

당唐	오월吳越	송宋	명明	민국民國
7,8세기	10세기	12세기	15세기	20세기
창화昌化(686)				
	숭덕崇德(938)		가선嘉善(1430),동향桐鄉(1430),평호平湖(1430)	
덕청德清(690)				
자계慈谿(738),봉화奉化(738),정해定海(738),상산象山(707)	진해鎮海(938)			남전南田(1912)
	신창新昌(909)			
황암黃巖(671)			온령温嶺(1469)	
난계蘭溪(675),동양東陽(686),무의武義(690)			탕계湯溪(1470)	
강산江山(621)	개화開化(966)			
분수分水(621)				
			태순泰順(1452)	옥환玉環(1912)
청전青田(711),용천龍泉(759),진운縉雲(690)	경원慶元(1196)		경녕景寧(1452),선평宣平(1452),운화雲和(1452)	
15	4	1	9	2

이 표의 원주原注에 의하면 절강 제부諸府의 개발과 발전은 유종주의 고향 소흥이 가장 이르고, 항주가 그 다음이다. 제현諸縣의 건설은 처주處州(지금의 절강서 여수시)가 가장 늦다. 이제 좀 더 절강이라는 지역에 관하여 구체적으로 살펴보기로 한다. '절강'이라는 지명은 그 중심부를 흐르는 전당강錢塘江이 옛날 절강이라 불렸던 것에서 유래한다.[252] 지금의 중국 대륙 전체의 지형에서 보면 동남쪽에 위치하여 동쪽으로는 주산열도舟山列島를 포함하고 남쪽으로는 복건성, 서남쪽은 안휘성安徽省과 인접했으며 북쪽은 태호太湖에서 강소성과 연결되어 있었다.

우리에게는 오월동주吳越同舟의 월越나라로, 또한 와신상담臥薪嘗膽의 고사로 잘 알려져 있다. 이 지역에 관한 간략한 역사를 살펴보면, 송대에 양절로兩浙路가 설치되었고 고종高宗이 남쪽으로 피신해 와 도읍을 임안臨安(지금의 항주)으로 정하자 절동로浙東路와 절서로浙西路의 2로로 나뉘어졌다. 임안·가흥嘉興의 2부府와 호湖·엄嚴의 2주州는 모두 절서에 속하였고, 소흥·경원慶元·서안瑞安의 3부와 무무婺(금화金華)·태台·구衢·처處의 4주는 절동에 속하였다. 그러면 절동과 절서는 무엇을 근거로 하여 나누어졌을까.

원래 절강(전당강)이 비스듬히 가로지르는 것을 경계로 하여 절강성은 서북과 동남의 2대 부분으로 나누어진다. 통상 이 서북부가 '절서'로 불리고 동남부가 '절동'으로 불린다. 그 절서지역 가운데 천목산맥天

---

252 奥崎裕司, 『中国郷紳地主の研究』, 汲古書院, 1978, 60쪽.

目山脈·막간산맥莫干山脈에 가까운 현을 제외하고 항주·가흥·호주의 3부에 속한 각 현縣은 모조리 장강 하류에 형성된 충적평야의 일부에 위치해 있어 전당錢塘에서 태호까지 운하와 하천 및 도랑이 종횡으로 뻗어있었고, 지형은 평탄하고 토지가 비옥하여 농산물이 풍부하였다. 양잠업 또한 성행하여 이 지구는 '평원구平原區'라 칭해질 정도였다.

절동지역 가운데 소흥·여요·자계慈谿·진해鎭海·은鄞(영파)·정해定海·상산象山·남전南田·영해寧海·임해臨海·황암黃巖·온령溫嶺·옥환玉環·악청樂淸·서안瑞安·영가永嘉(온주溫州)의 제현諸縣은 동해에 면하여 인구의 대다수가 어업과 소금업에 종사하였고, 또한 상업에도 관여하여 의식주 생활은 자급자족이 이루어졌다. 그래서 이 지구를 '연해구沿海區'라 불렀다. 이상의 절강지역에 대한 기술은 민국기民國期에 편집된 『분성지지分省地誌·절강』[253]을 중심으로 한 약술이다.

이러한 자연·역사지리적 조건 하에서 중국의 절강성은 10세기 이후 근현대에 이르기까지 정치와 경제는 물론이고, 예술과 인문학 분야에서 중국을 대표하는 사상문화의 중심지였다. 특히 유교문화사라는 측면에서 보면 그 아래에 위치한 복건성의 주자학 탄생지와 함께 양명학의 탄생지로서 널리 알려져 있다. 신유학의 발상지인 것이다. 그럼 왜 하필 중국 강남지방이라 불리는 절강성과 복건성에서 신유학이 탄생하고 발전하여 유교문화가 성행한 것일까. 그 배경에는 양자강을 경계로 한 중국 강북과 강남의 문화지리적 차이가 존재하고 있었다.

---

253 葛綏成編, 『分省地誌·浙江』, 中華書局, 1939, 12쪽.

15세기 후반 조선의 유학자 최부崔溥(1454-1504)의 『표해록漂海錄』을 보면, 중국 명대의 강북과 강남 지역의 문화지리적 위상을 쉽게 확인해 볼 수 있다. 이 『표해록』은 1488년(성종 19년) 바다에서 풍랑을 만난 최부가 중국 남동 해안에 표류한 뒤 육로를 통해 돌아오기까지 148일의 여정을 기록한 책이다. 다음은 최부의 강북과 강남 지역에 대한 상세한 묘사이다.

대략 양자강으로 남북을 나누어 본다면 그 인가의 성쇠는 강남 여러 부성府城과 현위縣衛의 번화, 웅장, 화려함이 이루 다 말할 수 없습니다. (중략) 주택은 강남은 기와를 얹고 벽돌을 깔고 계단은 모두 다듬은 돌을 쓰는데 돌기둥을 세우기도 하여 모두 웅장하고 화려하였습니다. 강북은 조그마한 초가가 거의 절반이었습니다. (중략) 강북은 인심이 사나워서 산동(山東)에서 북쪽은 한 집안 안에서도 화목하지 못하여 싸움 소리가 끊어지지 않았으며, 약탈하고 도적질하며 사람을 죽이는 일도 많았습니다. 산해관山海關에서 동쪽은 사람들의 성품과 행실이 더욱 사나워서 오랑캐의 기풍이 강하였습니다. 또 강남 사람들은 글 읽기를 즐겨하여 비록 마을의 어린아이나 진부津夫와 수부水夫일지라도 모두 문자를 알고 있었습니다. 신이 그 지방에 이르러 글자를 써서 물어보면 산천, 고적, 토지, 연혁도 모두 환해서 상세히 알려주었습니다. 강북江北은 배우지 못한 사람이 많았기 때문에 신이 물으려고 하면 모두 "나는 글자를 모른다"고 하였으니 곧 무식한 사람들이었습니다. (중략)

또 강남에서는 얼굴을 단장하기를 좋아하여 남녀가 모두 거울달린 화장갑, 빗, 빗치개, 칫솔 등을 가지고 다녔습니다. 강북도 그러했지만 이런 물건을 가지고 다니는 사람은 보지 못하였습니다. (중략) 강남은 농업, 수공업, 상업에 힘을 썼는데 강북은 놀고먹는 무리가 많았습니다.[254]

최부가 15세기 후반에 직접 눈으로 보고 경험한 중국 강북과 강남의 지역적 편차는 이러하였다. 경제·문화적으로 강남이 강북보다 훨씬 낫다는 내용이다. 확실히 양자강을 경계로 한 강남은 경제적으로도 문화적으로도 강북을 압도하고 있었다. 중국 경제·문화중심지라는 강남의 위상은 이후 20세기에 이르기까지 흔들림이 없었고, 오늘날까지도 지속적으로 이어져 내려오고 있다.

그런데 11세기 이후 중국 강남 지역의 문화와 학술을 논할 때에 결코 빠뜨릴 수 없는 요소가 하나 더 있다. 그것은 인문학의 발전, 학술문화 보급에 있어서의 인쇄출판업의 중요성이다. 사상문화는 전달매체를 필요로 하고 전달수단으로서의 문자는 표기할 수 있는 매체를 필요로 한다. 중국 역사에서 보면 맨 처음에는 거북의 등껍질이나 소의 뼈 혹은 금속제품의 표면이 사용되었고, 후에는 대나무와 나무로 만든 팻

---

254 朴元熇 譯, 『崔溥 漂海錄 譯註』, 고려대학교출판부, 2006, 340-343쪽. "大槩以楊子一江分南北而觀, 其人煙盛衰, 則江以南諸府城縣衛之中, 繁華壯麗, 言不可悉. (中略) 其第宅, 則江南, 盖以一瓦, 鋪以甎, 階砌皆用鍊石, 亦或有建石柱者, 皆宏壯華麗, 江北, 草屋矮小者, 殆居其半. (中略) 江北人心江悍, 至山東以北, 一家不相保, 鬪毆之聲, 礮鬧不絶, 或多有劫盜殺人. 山海關以東, 其人性行尤暴悍, 大有胡狄之風. 且江南人以讀書爲業, 雖里閭童稚及津夫, 水夫, 皆識文字, 臣至其他, 寫以問之, 則凡山川, 古蹟, 土地, 沿革, 皆曉解詳告之. 江北則不學者多, 故臣欲問之, 則皆曰: 我不識字. 就是無識人也. (中略) 且江南好冶容, 男女皆帶鏡奩, 梳, 篦, 刷牙等物. 江北亦然, 但不見帶之者. (中略) 江南力農工商賈, 江北多有遊食之徒."

말 혹은 비단천이 이용되었다. 그리고 마침내 송대에 이르러 종이를 이용한 인쇄술이 본격적으로 발달하기 시작하였다. 그리고 이 역사적인 대사건에 의해 11세기 이후 주자학의 유행이 급속도로 확산되었고, 그 교설이 보급되는 시점에 맞춰 서적이 이룩한 역할은 지대하였다. 게다가 "양명학의 탄생과 유행은 명대 후반 강남지방의 경제적 호황과 문화적 번영의 조건하에서 만들어졌다".[255] 확실히 강남이라는 지역은 서력 11세기부터 18세기까지의 중국 근세사상과 문화를 이해 할 때에 필수적으로 이해해야 할 하나의 중요한 키워드라는 점은 틀림이 없다.

원래 목판인쇄가 처음으로 발달하기 시작한 것은 8세기 전반, 주로 불교 사원에 있어서였다. 하지만 인쇄의 기술과 서적의 공급이 중요한 의미를 가지게 된 것은 송대에 들어오고 나서부터이다. 송대의 목판 기술은 질적인 측면 및 미적 매력이라는 점에 있어서는 그 어느 시대의 것에도 견줄만한 것이 없었지만, 본격적인 대규모의 인쇄는 명대 중엽을 기다리지 않으면 안 되었다.

명대 때의 인쇄출판의 주요한 중심지는 수도인 북경과 휘주徽州 이외에 남경·항주를 중심으로 한 강남 지역, 거기에 구릉이 많은 복건성 북부였는데 그 가운데서도 대나무와 섬유가 풍부한 건양建陽이었다. 수량적인 측면에서 보면 건양이 기본적으로는 저작의 염가판의 보급에 특히 중요한 역할을 담당했음을 알 수 있다.

또한 이 건양이라는 지역은 주자학(성리학)의 창시자 주희가 그 생

---

255 小島毅, 『朱子学と陽明学』, 放送大学教育振興会, 2004, 64쪽.

애의 후반을 보낸 장소로도 유명하다. 이 시대에 특징적인 것은 과거시험에 합격한 문장의 엄밀성에 더하여 실리적인 출판이 16세기 중반 이후 들어 만족할 줄 모르는 시장을 찾아내기 시작했다는 점이다. 명대 말기까지는 사람들이 기본적인 원전과 참고도서를 매우 용이하게 자신의 손에 넣었을 뿐만 아니라, 여러 차례에 걸쳐 대부분의 희귀본이 반복적으로 번각되어 학자들의 지식의 범위도 크게 넓어지게 되었다.[256] 절강성을 포함한 강남 지역이 당시 출판문화의 중심지였고, 그곳의 출판 상황이 어떠했는지는 당시 명대 사람인 호응린胡應麟(1551-1602)의 기록에서도 엿볼 수 있다.

섭몽득葉夢得은 다시 "오늘날 천하의 인쇄본은 항주가 으뜸이며, 촉본蜀本이 그 다음이고, 복건이 가장 아래다"라고 하였다. 내가 본 오늘날의 각본 중에는 소주·상주가 최상이며, 남경이 그 다음이고, 항주가 다시 이를 뒤따르고 있다. 최근에는 호주湖州·흡현·縣의 각본이 갑자기 정교해져서 소주·상주常州와 가격을 다투게 되었다. 촉본은 세상에 유통되는 것은 매우 적으며, 복건본은 가장 下品이다. 각지의 상황은 송대와 다르지 않다.[257]

여기에서 섭몽득은 남송 때의 인물이고, 절강성 항주는 섭몽득 당

---

256 何炳棣著, 寺田隆信·千種真一譯, 『科擧と近世中國社会』, 平凡社, 1993, 208쪽. 이 단행본은 명청시대 사회적·학문적인 성공 및 이동의 지역 편차에 관하여 상세히 검토하고 있다.

257 胡應麟, 『經籍會通』卷4, 「少筆山房筆叢」. "葉又云, 天下印書, 以杭爲上, 蜀次之, 閩最下. 余所見當今刻本, 蘇常爲上, 金陵次之, 杭又次之. 近湖刻, 歙刻驟精, 遂與蘇常爭價. 蜀本行世甚寡. 閩本最下. 諸方與宋世同."

시 남송의 수도였다. 이곳은 대운하의 남쪽 종점이자 강남 지역의 경제 중심지 중 하나였으니, 이곳에서 출판업이 성행한 것은 당연한 일일 것이다. 여기에 더해 종이의 산지로 유명한 소흥이 바로 옆이라는 이유도 있다. 복건의 건양은 송대 이래 전국적인 출판의 중심지 중 하나였다.

그런데 호응린의 시대는 명대였고, 위 문장에서는 명대가 되어 인쇄본의 질적 수준이 바뀌어 강소성의 소주·상주가 최고이며, 남경·항주가 그 뒤를 따르고 복건판이 최하라고 평가하고 있다. 여하튼 출판 문화의 중심지가 강남의 세 지역(강소, 절강, 복건)인 것만은 분명하다. 다음의 이어지는 문장에서도 호응린은 더욱 상세히 당시 서적출판의 상황을 묘사하고 있다.

> 무릇 출판지에는 세 곳이 있다. 오吳와 월越, 민閩이 그곳이다. 촉본은 송대에 가장 선본善本이라 일컬어졌으나 근세에서는 매우 드물게 되었다. 오늘날에는 연燕, 월粤, 진秦, 초楚에서 모두 서적을 출판하고 있어 가끔 볼 만한 것도 있지만, 위의 세 곳에서 성행했던 것에는 미치지 못한다. 정교함의 면에서는 오吳가 최고이며, 수량의 면에서는 복건이 최고이다. 월은 어느 쪽이든 그 다음이다. 가격이 비싼 것으로는 오가 최고이며, 가장 싼 곳은 복건이다. 월은 모두 그 다음이다.[258]

여기에서 호응린은 당시의 출판 중심지로 강소[오吳], 절강[월越],

258 胡應麟,『經籍會通』卷4,「少筆山房筆叢」. "凡刻之地有三. 吳也, 越也, 閩也. 蜀本, 宋最稱善, 近世甚希. 燕, 粤, 秦, 楚, 今皆有刻, 類自可觀, 而不若三方之盛. 其精, 吳爲最. 其多, 閩爲最. 越皆次之. 其直重, 吳爲最. 其直輕, 閩爲最. 越皆次之."

복건[민閩]을 들고 있다. 강소의 책은 정교함을, 복건의 책은 저렴함을 특징으로 한다고 하였다.[259] 이처럼 호응린의 증언은 강남 지역인 강소, 절강, 복건 세 지역이 인쇄출판문화의 중심지임을 더욱 분명히 해주고 있다. 그리고 이와 같은 인쇄출판업의 성행은 서적을 쉽게 구해 읽을 수 있는 문화적 환경을 조성하였고, 수많은 유교 지식인들을 배출하는 원동력이 되었다. 그뿐 아니라, 유교 지식인들은 이러한 문화적 환경 하에서 정치, 관료계에 입문할 수 있는 과거제도와 절묘하게 결합되었다. 이는 곧 지식과 권력의 결합이었고, 경제와 문화의 결합이었다. 이에 따라 사상문화 또한 지역적 편차를 발생시켰다.

2) 과거제와 사상문화의 지역성

양자강, 즉 장강 하류 지역은 11세기 이후 전근대 후기의 중국에서 상업과 교통의 중심지였다. 이에 명청대의 문화적 활동은 통칭 강남(통상 가장 핵심 지역인 강소, 안휘, 절강을 가리킴)으로 알려진 지역에 집중되었다. 강남이 중심적인 지역이 된 것은 중국의 많은 인구가 북부의 평야지에서 산이 많은 남부(강남)와 동남 해안(광동과 복건)의 구릉지대로 옮겨 오기 시작한 훨씬 이전의 왕조에서부터 시작되었다. 북송대(960-1127)부터 시작된 새로운 관료 채용 방법, 즉 과거제도는 이전보다 많은 사람들에게 정부의 관직을 개방한 것이었고, 북부 귀족

---

259 오오키 야스시 지음, 노경희 옮김, 『명말 강남의 출판문화』, 소명출판, 2007, 52쪽.

가문의 권력 독점을 해체시키는 역할도 하였다.[260] 강남의 각 지역들은 강, 운하, 호수 등의 정교한 교통망에 입각한 거대한 내륙 상업지구가 되었고, 이러한 토대 하에서 인문학적 문화도 융성하였다. 이러한 현상은 唐末, 송대를 거쳐 명청대에 가속화되었다. 이 지역 내에서 도시화의 정도는 다른 지역보다 더욱 두드러졌다. 강남 지역의 도시 중심지들은 무역과 상업에서 중요한 역할을 하면서 빈성하였다.[261] 소주, 남경(명대 2경 중의 하나), 양주揚州, 항주는 명청대에 가장 상업화된 거대 도시의 정점에 있었다. 강남의 심장부이자 가장 유명한 벼, 차, 과일 생산지의 하나인 소주는 원대에 이미 학자와 문인들의 중심지였다.

강남은 대운하의 남쪽 종착지이자 장강(양자강)이 바다로 들어가는 어귀였으므로 이 지역에서 발전한 지역적 성향의 시장제도는 왕조 내내 줄곧 곡물, 소금, 직물의 중심지였다. 명청대 동안 멀리 북서부의 산서山西와 섬서陝西에서 강남으로 이주해 온 상인들은 강소와 절강에서 이윤이 많은 상업에 참여하여 경제적 성공을 거두었다.

이와 같은 경제적 성공은 중국에서 서적의 판매와 강남의 높은 문화적 성취 등과 밀접한 관계가 있었다. 소주, 상숙常熟, 송강松江, 무석無錫 같은 도시들은 모두 수세기 동안 양자강 하류의 도서 수집과 출판의 중심지로 군림해 왔다. 강남의 진사(가장 상위의 과거시험 합격자)들은 다른 어떤 지역 출신들보다 더욱 고도로 도시화되었다. 청대淸

---

260 벤저민 엘먼 지음, 양휘웅 옮김, 『성리학에서 고증학으로』, 예문서원, 2004, 63-64쪽.
261 傅衣凌, 『明代江南市民經濟試探』, 上海人民出版社, 1957, 1-23쪽.

代가 되면 진사 합격자의 분포 수는 강소와 절강이 전체 중국에서 1, 2위를 다투었다. 강남의 경제적 성공과 더불어 학술적 성공은 뒤이어 많은 양자강 하류의 지식인들에게 높은 정치적인 지위를 가져다주었다.[262]

강남은 안정된 경제적 기반 하에서 다양한 문화가 꽃피었고, 유교 소양을 갖춘 많은 지식인들을 배출하여 지식과 권력이 일체화되었다. 다시 말해 과거제도는 출판문화를 촉진시켰고, 출판문화는 과거제도를 더욱 공고화시킨 것이다. 새로운 관료채용 방법이 본격적으로 시행된 송대의 과거와 출판의 문제를 생각해 볼 때, 머릿속에서 우선 떠오르는 것은 주자학의 땅 복건이라는 지역이다. 하지만 명대에 들어서면 강소·절강 지역이 서서히 두각을 나타내기 시작한다. 특히 유교경전 서적을 중시여긴 과거시험의 합격자들, 즉 진사 자격을 취득하는 독서인들이 절강·강소지역에서 대량으로 배출된다.

명청시대는 과거시험의 최종시험인 전시殿試에서 선발된 등제자를 제1갑에서 제5갑으로 나누었다. 1갑은 장원狀元, 방안榜眼, 탐화探花 3명을 '진사급제進士及第'라 칭하고, 2갑은 약간명(청대 때는 일반적으로 40-50명)을 '진사출신進士出身'이라 칭하고, 3갑(청대 때는 일반적으로 100-300명)은 '동진사출신同進士出身'이라고 칭했다. 이들 모두를 진사라 불렀고, 학위가 주어지고 평생토록 직함에 기록하여 명예로 삼게 했다고 한다. 서양에서는 보통 진사를 박사doctor라고 번역하고 있다. 다음은 명대에 있어서의 진사의 지리적 분포를 표로 나타낸 것이다.

---

262 벤저민 엘먼 지음, 양휘웅 옮김, 『성리학에서 고증학으로』, 예문서원, 2004, 64-67쪽.

표12) 명대 진사의 지리적 분포[263]

시기 / 성	1371–1439	1440–1472	1473–1505	1506–1538	1539–1571	1572–1604	1605–1644	省의 합계	순위
하북河北	72	251	339	335	348	251	302	1,898	5
산동山東	53	124	219	270	325	310	422	1,723	6
하남河南	105	167	201	260	229	295	341	1,598	7
산서山西	49	88	154	190	207	180	241	1,109	8
섬서陝西·감숙甘肅	39	83	153	184	139	146	237	981	10
강소江蘇	150	328	442	398	395	389	619	2,721	2
절강浙江	290	363	488	532	561	471	575	3,280	1
안휘安徽	76	109	157	167	169	170	188	1,036	9
강서江西	345	361	354	357	367	266	350	2,400	3
복건福建	237	211	232	354	309	352	421	2,116	4
호북湖北	40	59	113	154	165	191	246	968	11
호남湖南	27	66	89	72	47	57	68	426	13
사천四川	57	87	125	137	128	88	169	791	12
광서廣西	10	16	30	35	36	19	27	173	15
운남雲南	4	13	27	45	35	39	78	241	14
귀주貴州	0	7	4	10	17	20	27	85	16
요녕遼寧	0	10	13	13	10	4	7	57	17
합계	1,616	2,522	3,367	3,754	3,718	3,444	4,559	22,980	

이 표의 통계에 근거하여 그 특징을 분석해 보면, 명대에 들어와서 절강성이 총계 3천명 이상의 진사를 배출한다. 이것은 명대에 한정하여 순위를 붙여보면 '제1위'를 차지하는 발군의 기록이다. 이 절강은 주자학과 종종 대비되는 양명학의 발상지이기도 하였다. 즉 양명학의 창

---

263 이 표는 각 연도마다 급제자의 출신지에 관하여 약간의 정보를 포함하고 있지 않다는 것에 유의해야만 한다. 즉 소수의 조선 및 인도차이나 출신의 급제자는 생략되어 있다. 원래 이 자료의 출전은 李周望의 『国朝歷科題名碑録初集』이고, 이 표는 앞의 책(何炳棣著, 寺田隆信·千種真一譯, 『科挙と近世中国社会』, 平凡社, 1993)을 참고하여 작성하였다.

시자 왕수인이 소흥과 영파 사이에 위치한 여요 출신인 것이다. 전당강을 기점으로 하여 그 동쪽을 절동이라고 하는데, 이 절동 지역에는 당시 수많은 양명학자들(우파와 좌파 포함)과 주자학자들 및 주왕朱王절충학자, 그리고 유불도 융합을 지향하는 일군의 학자들을 포함하여 다양한 지식인들이 활동하고 있었다. 이 책의 주인공이자 명대 유교사에서 마지막을 장식하는 유종주도 소흥 출신이었는데, 그는 즙산학파를 형성하여 절강 지역에서 활발히 활동하였다. 한편 명대 말기 동림파(혹은 동림당)의 주요 근거지로 유명한 강소 지역에서는 총계 2천 7백 21명의 진사가 배출되어 종합 순위로서는 '제2위'의 성적을 올리고 있다. 동림파는 학술적으로 주자학적 경향을 갖고 있었다.

즉 이 동림파는 원래 고헌성과 고반룡이 강소 무석에 세운 서원의 명칭에서 유래하는데, 이 동림서원은 당시 사士들의 지적 중심지였다. 서원의 구성원들은 학문에 대해 주희의 사상을 지지하였고, 태주학파(양명학 좌파)의 주관주의에 적대적이었으며, 환관이 주도하는 조정에 비판적이었고, 정치와 사회의 변혁에 헌신하였다.[264] 다음으로 '제3위'의 영광을 차지한 지역은 강서성江西省으로 총계 2천 4백명의 진사를 배출하였다. 그 밖에 주자학의 땅 복건은 총계 2천 1백 66명의 진사를 배출하여 '제4위'의 성적을 올린다.

이렇게 보면 양명학의 땅 절강성과 주자학적 경향이 강했던 동림파의 땅 강소성이 명대에 들어와서는 더욱 확고하게 학술문화의 중심지

---

264 Peter K. Bol 지음, 김영민 옮김, 『역사 속의 성리학』, 예문서원, 2011, 162~163쪽.

로서 자리 잡았음을 알 수 있다. 그럼 청대에 들어와서는 어떻게 변화했을까. 다음은 청대 진사의 지리적 분포를 표로 나타낸 것이다.

표13) 청대 진사의 지리적 분포[265]

시기 성	1644–1661	1662–1722	1723–1735	1736–1795	1796–1820	1821–1850	1851–1861	1862–1874	1875–1904	省의 합계	순위
하북	432	498	161	488	275	313	92	135	307	2,701	3
산동	419	429	105	259	210	268	79	118	273	2,260	4
하남	297	311	81	282	133	169	95	108	217	1,693	6
산서	250	268	81	311	141	143	47	58	131	1,430	7
섬서·감숙	169	190	60	228	121	138	94	95	280	1,385	9
강소	436	666	167	644	233	263	69	124	318	2,920	1
절강	301	567	183	697	263	300	87	108	302	2,808	2
안휘	128	142	43	216	164	166	39	76	215	1,189	12
강서	83	200	115	540	223	265	74	122	273	1,895	5
복건	118	178	99	301	156	150	46	82	269	1,399	8
호북	30	191	69	212	126	135	43	72	184	1,221	11
호남	30	44	39	128	102	106	31	68	178	726	15
사천	15	61	31	159	88	108	49	71	181	763	14
광동	34	91	69	252	106	139	36	79	206	1,012	13
광서	2	28	17	102	67	91	27	72	164	570	18
운남	0	46	48	129	117	119	36	42	156	693	16
귀주	1	31	29	129	98	95	29	44	143	599	17
요녕	4	25	10	29	20	26	12	17	40	183	19
기인旗人	56	122	92	179	178	275	61	97	240	1,300	10
합계	2964	4088	1499	5385	2821	3269	1046	1588	4087	26747	

265 이 통계 자료의 원출처는 房兆楹·杜聯喆, 『增校淸朝進士題名碑錄』. 이 표 속의 ①은 급제자 수가 2성의 합계이기 때문에 종합 순위는 정확하지 않다. 단독으로는 각각 섬서(陝西)가 합계 1,130명으로 제12위, 감숙(甘肅)은 합계 255명으로 간신히 요령성보다 상위를 점하고 있다. 이 표에서는 명대의 통계와 비교하기 위해 이들 2성을 함께 취급하고 있다. 한편 이 표의 작성에 있어서도 하병체何炳棣의 앞의 책을 참조.

이 표의 통계에 의하면 약간의 격차로 명대에 '제1위'의 영광을 차지한 절강 지역이 '제2위'로 한 계단 하락하고, 명대에 '제2위'였던 강소 지역이 '제1위'로 부상하게 된다. 즉 청대에 들어와 절강 지역은 총계 2천 8백 8명의 진사를 배출하고, 강소 지역에서는 총계 2천 9백 20명의 진사가 배출되어 절강 지역보다 약간의 우위를 점한다. 이렇게 해서 강소 지역이 종합 순위에서 절강 지역을 역전시키고 '제1위'의 자리에 오른 것이다. 하지만 절강 지역이 2위로 내려앉았다 하더라도 학술문화 중심지로서의 위치가 흔들린 것은 결코 아니었다. 다음으로 '제3위'는 하북 지역으로 총계 2천 7백 1명의 진사를 배출한다. 원대부터 수도로 자리 잡은 북경의 인접지역에 위치해 있었기 때문에 청대에 들어와 드디어 진사를 대량으로 배출하기 시작한 것이다. '제4위'는 명대에서 '제6위'의 성적을 올린 선진先秦 유가의 땅 산동이 총계 2천 2백 60명의 진사를 배출하였다. 한편 주희의 고향 복건성도 명대보다는 진사의 수가 약간 감소했다고는 하나, 변함없이 상당수의 진사(총계 1천 3백 99명)를 배출하여 제8위의 성적을 올리고 있다.

이상 두 개의 표를 검토해 보았는데, 명대 및 청대를 통하여 절강·강소·강서·복건의 네 성은 일관되게 다른 남부 지역과 북부의 여러 성보다도 다수의 진사급제자를 배출하였다. 그만큼 사상문화적으로 융성했다고 할 수 있을 것이다. 이에 반해 광서·운남·요녕 등과 같은 문화적 후진지역은 지적 엘리트층이라 할 수 있는 진사급제자가 상대적으로 소수였다는 것을 확인할 수 있다. 결국 명청시대에 절강성과 강소성이 진사 총수에서는 매우 우세했으며, 강서와 복건이 그 뒤를 따르고 있다는 것을 알 수 있다. 이를 통해 중앙정치의 무대인 북경에서도 강남 출신들이 득세했음을 쉽게 예측할 수 있다. 명청시대는 과히 강남인들이 엘리트 계층이었던 것이다. 중국 명청시대에 절강성과 강소성이 문화적으로 선진지역이었다는 것은 과거시험에서 1등의 영예인 장원의 수를 보아도 쉽게 간파된다. 다시 말해 남송과 명대에 장원을 가장 많이 배출한 성은 절강성이고, 청대에 장원을 가장 많이 배출한 성은 강소성이다. 남송 시기 복건성 출신의 장원은 13명으로 절강성 다음으로 2위를 차지했고, 명대의 강서성 출신 장원은 18명으로 절강성 다음으로 강소성과 함께 공동 2위를 차지했다고 한다.[266] 그런데 여기에서 명대 이후의 사상문화사를 재검토하고자 할 때, 우선 첫 번째로 상당히 중요한 논점의 하나로서 중국 근세사상사의 전개 자체에 내재해 있는 지역적 편차의 문제를 언급해 볼 수 있다.[267] 즉 종래의 사상사 연구가 과연 당시의 중국 전체의 사상적 배치구도를 충실히 재현할 수 있었는가 라는 문제이다. 이 점에 관해서는 특히 고지마 쓰요시小島毅가 몇 편인가의 논고 속에서 이미 지적하고 있다.

그의 견해에 의하면 시마다 겐지島田虔次 등의 연구가 중요한 근거 자료로 제시하고 의존한 것은 황종희의 『명유학안』이었는데, 이 책이 현창한 명대 사상사가 그의 주관적 입장에 의한 일정의 당파적 관점(=문호의 견)을 포함하고 있다는 것이다. 이와 함께 지역적으로도 매우

266 후자오량 지음, 김태성 옮김 『중국 문화지리를 읽는다』, 휴머니스트, 2005, 247쪽.
267 伊東貴之, 『思想としての中国近世』, 東京大学出版会, 2005, 84쪽.

편향된 입장을 취했다고 한다. 또한 그는 명대 복건성의 학술적 분위기를 예로 들면서 그곳이 주희의 고향이었다는 지역적 특성에 의한 탓인지 명대를 통해서도 변함없이 주자학이 우세했다는 견해를 제시하고 있다. 즉 명대의 양명학은 절강성에서 유행했지만, 복건성에서는 주자학이 여전히 위세를 떨치고 있었다는 논리이다. 이토 다카유키伊東貴之는 이와 같이 고지마小島의 연구에 대해 언급하면서 명대 말기의 사상적 조류 가운데 일탈적이라고도 해야 할 부분은 역시 당시의 전체적인 위상 속에서 본다면, 문화적 선진지역에서의 다소 한정된 또한 그러한 의미에서도 매우 특징적인 것이었다고 생각하는 편이 당시의 실정에 적합할 것이라고 말하고 있다. 거기에 덧붙여 '사상의 지역적 편차'를 검토할 때, 또 다른 하나의 논점은 '당시의 사상적 조류'와 '과거합격자(진사)'와의 관계이다. 명청시대에 가장 많은 진사를 배출한 절강과 강소 지역이 동림학파·양명학 제파·즙산학파의 강학그룹·절동학파 등으로 대표되는 다양한 사상적 조류의 땅이었다는 점을 생각해 보면, 일부 학자들이 주장하는 소위 '양명학의 민중침투'설과는 약간의 거리가 있는 조류가 있었음을 알 수 있다. 그것은 한 마디로 말하면 어떤 종류에서는 당시의 엘리트 집단이라고도 해야 할 지역의 유력 인사들이 주축이 되어 지역 공론을 둘러싸고 심혈을 기울였다는 것이다. 예를 들면 명대 말기에 즙산학파(유종주와 그 문인들) 대다수는 과거합격자(진사) 출신이면서도 그들은 지역사회에서 지역 공론의 대변자로서 자임하고 각종의 지역사회 활동에 참여했다는 점이다. 이것은 '사회질서' 구상과

도 관계가 있으며 기본적으로는 대다수의 즙산학파 문인들에게 상당히 광범위하게 공유되고 있던 관념이기도 하였다.

그리고 학문적 실천의 장으로서 절강이라는 문화적 선진지역이 그들의 눈앞에 펼쳐져 있던 것이다. 의심할 여지없이 중국의 유구한 역사 속에서 가장 많은 고급 관료를 배출하고, 가장 많은 독서인을 배출한 곳은 절강과 강소 지역이었다. 그러한 절강 지역을 생활무대 혹은 공간적 배경으로 삼았던 명대 말기의 신유학자들은 강소와 절강의 독서인층 내지는 향신층을 대표하는 유학자의 한 전형이라고도 해야 할 것이다. 따라서 '사상문화의 지역성'도 그 사상문화의 관념적 형태인 사상 내부의 알맹이에서 찾을 것이 아니라, 사상문화를 둘러싼 각종의 지리적 배경에서 찾아야 할 것이다. 즉 '지역의 사상문화'는 정치와 경제 및 다양한 문화의 관계망 속에서만 논의될 수 있는 것이다.

2. 절동의 학술과 유교문화

1) 절동 지역과 학술문화

앞에서 이미 확인했듯이 절강성은 크게 전당강을 경계로 서북과 동남으로 나뉜다. 통상 이 서북부가 절서, 동남부가 절동이다. 옛날부터 절동의 영파·소흥 일대는 비옥한 토지와 풍부한 물자로 인하여 어미지향魚米之鄕이라 불렸으며, 또한 영파는 명주明州라 불린 당대부터 일본을 시작으로 하는 해외교역의 주요 항만도시로서 경제적 번영을 자랑하였다. 이러한 경제적 번영을 배경으로 하여 절동 8부 가운데 소흥을 포함하여 금화, 영파, 온주의 영가永嘉 등지에서는 활발한 학술 활동이 이루어졌다.[268] 한편 중국의 저명한 근대 지식인 양계초梁啓超 (1873-1929)는 중국 근대 학풍의 지리적 분포를 조사하고 절강과 강남, 절동과 절서 등의 각 지역에 대해 다음과 같이 말하고 있다.

절강과 강남(여기에서는 강소와 안휘를 가리킴)은 똑같이 근대 문화의 중심지이다. 게다가 절동과 절서는 각각 특색을 가지고 있고, 절서(항주·가흥·호주)의 학풍은 강소의 소주·송강松江·태호太湖와 대체적으로 비슷한 유형이며 사실상 합쳐서 한 구역으로 간주할 수 있다. 그 때문에 장실재章實齋(장학성)의 「절동학술浙東學術」[269] 편에서는 황이주黃梨洲를 절동학술의 대표로 보고 강소에 적을 둔 고정림顧亭林(고염무)을 절서학술의 대표로 본 것이다. 대개의 경우 이학理學 방면에서는 절서가 정주程朱를 종으로 삼고, 절동은 육왕陸王을 종으로 삼는다. 고증학 방면에서는 절서가 경학가經學家가 많고 절동은 사학가史學家가 많다." [270]

이는 양계초가 유교사라는 측면에서 절동과 절서 지역의 육왕학적 풍토와 정주학적 풍토를 지적한 것이다. 그럼 양계초가 언급한 장학성

---

268 山口久和,『章学誠の知識論』, 創文社, 1998, 37-38쪽.
269 장학성章学誠(1738-1801)은 본명이 장문효章文斅이고 자는 실재實齋, 호는 소암少嵒이다. 그는 절강성 회계 출신으로 유복하지 않은 독서인 집안에서 태어났다. 「절동학술」은 그가 세상을 떠나기 1년 전(1800년)에 집필한 것으로 그의 학문적 유언이라 할 수 있다.
270 奧崎裕司,『中国郷紳地主の研究』, 汲古書院, 1978, 62쪽.

의『문사통의』와 그 책 일부분인「절동학술」연원에 관해 살펴보도록 하자. 장학성은 자신의 역사서인『문사통의』내편의「절동학술」속에서 그 자신의 학문을 중국 학술사 속의 어느 한 부분에 위치시키려는 시도뿐 아니라, 절동 지역의 학술문화와 그 연원에 관하여 다음과 같이 길게 서술하고 있다.

절동의 학문은 무원婺源(강서 덕흥현德興縣, 주희의 탄생지]에서 나온 것이지만, 삼원三袁(명대 때의 원종도袁宗道, 원굉도袁宏道, 원중도袁中道)의 계통을 시작으로 하여 강우江右(강서江西)의 육씨(육구연)를 종宗으로 삼는 사람들이 많게 되었다. 하지만 절동의 학문은 경전에 통달하고 고대의 학설에 공감했으며[통경복고通經服古], 절대로 덕성德性[존덕성尊德性, 즉 육구연의 주장]을 공언하는 일도 없었다. 그 때문에 주자의 가르침과 모순되는 일이 없었다. 양명 왕자王子(왕수인)에 이르러 맹자의 양지를 내세우면서 다시 주자와 모순을 일으키게 되었다. 즙산 유씨劉氏(유종주)는 양지에 근거하여 신독을 발명하였고 주자의 뜻과는 맞지 않았으나 결코 주자를 비난하지 않았다. 이주梨洲 황씨黃氏(황종희)는 즙산 유씨의 문하에서 나왔으며, 만씨萬氏 형제(만사동과 만사대)의 경학과 사학을 열어주었다. 계속해서 전조망 등에 이르기까지 이들은 그 뜻(즙산의 뜻)을 보존하였다. 육씨를 종으로 삼으면서도 주자의 뜻에 배치되지 않았다. 다만 서하西河의 모씨毛氏(모기령)만이 양지의 학을 발명하여 제법 얻은 것이 있었지만, 그도 문호門戶의 견見(=

자기 학파의 견해)에 충실하여 주자학을 지나치게 공격하였다. 그 때문에 같은 절동 지역 출신이라 해도 모씨의 주장처럼 그렇게 심하지는 않았다. 요즘 세상에서는 고씨顧氏(고염무)를 가리켜 개국(청나라의 성립)의 유종儒宗(유학자 중의 으뜸)이라 하지만, 그는 절서의 학문이며 세상 사람들은 동시대에 황종희가 절동으로부터 나왔다는 사실을 잘 모른다. 일반적으로 황종희와 고염무가 서로 쌍벽을 이룬다고 할지라도 황씨의 쪽이 위로는 왕수인과 유종주를 종으로 삼고 아래로는 만사동과 만사대에게 길을 열어주었기 때문에 고씨와 비교해보면 그 근원이 심원하고 계통적 흐름이 길다. 고씨는 주씨(주희)를 종으로 삼았고 황씨는 육씨(육구연)를 종으로 삼았다. 대개 이 두 사람은 강학의 전문가도 아니었고 각자 문호(문파)의 견해를 가지고 있지도 않았다. 그러므로 그들은 서로를 존중하고 충심으로 믿었으며 서로 비난하는 일은 없었다. 학자에게 종주(宗主, 으뜸으로 삼는 존경하는 선학)가 없을 수는 없지만 반드시 문호(門戶)가 있어서는 안 된다. 때문에 절동이든 절서든 그들의 도는 동시에 존재할 수 있으며 배치되지 않는 것이다. 절동은 전가專家(전문가)를 소중하게 생각하고, 절서는 박아博雅(박식하고 우아함)의 교양인을 존숭하니 그들은 각자 그들의 관습에 따라 배운 것이다.[271]

---

271 (淸)章学誠實齋著,『文史通義』,「浙東学術」. "浙東之学, 雖出婺源, 然自三袁之流, 多宗江西陸氏, 而通経服古, 絶不空言徳性, 故不悖於朱子之教. 至陽明王子, 揭孟子之良知, 復与朱子牴牾. 蕺山劉氏, 本良知而発明慎独, 与朱子不合, 亦不相詆也. 梨洲黄氏, 出蕺山劉氏之門, 而開万氏弟兄経史学, 以至全祖望輩尚存其意, 宗陸而悖於朱者也. 惟西河毛氏, 発明良知之学, 頗有所得, 而門戶之見, 不免攻之太過, 雖浙東人亦不甚以為然也. 世推顧亭林氏為開国儒宗, 然自是浙西之学. 不知同時有黄梨洲氏出於浙東, 雖與顧氏並時, 而上宗王·劉, 下開二萬, 較之顧氏, 源遠而流長矣. 顧氏宗朱而黄氏宗陸, 蓋非講学專家各持門戶之見者, 故互相推服而不相非詆. 学者不可無宗主, 而必不可有門戶, 故浙東·浙西道並行而不悖也. 浙東貴專家, 浙西尚博雅, 各因其習而習也."

조금 긴 문장이지만, 우선 이 문장 속에서 장학성은 절동 지역의 학술 연원이 남송대 무원의 주희에게서 유래한다고 기술하고 있다. 더 나아가 장학성의 지적에 의하면 절동학술의 계보는 '주자… (육상산) …삼원三袁…왕수인王守仁—유종주—황종희—만씨 형제—전조망—장학성' 이라는 흐름이 될 것이다. 이러한 학문적 전승 관계의 구상에 의해 그가 자기 자신의 학문을 어디에 위치시키려 했는지는 분명하게 드러난 다고 볼 수 있다. 그런데 이 절동학파라는 말은 장학성의 문장에서 유래하는 것이고, 종래 중국 근세 유교사상사 연구 분야에서는 이 용어가 '절동'이라는 하나의 지역에서 출현한 학술 내지는 일련의 학자군을 총칭하는 것으로 사용되어 왔다. 주지하다시피 청대의 건륭·가경 연간은 고증학이 융성한 시기이다. 그 연호에서 착안하여 '건가乾嘉의 학'이라고도 불린다. 명말청초기의 유학자 고염무의 흐름을 잇는 절서학파가 그 주류이며 혜동惠棟(1697-1758)을 비롯하여 강소성 소주를 중심으로 한 오파吳派, 안휘 출신의 대진戴震 등의 영향을 받은 환파皖派가 있다. 그들은 음운학音韻学·문자학文字学·교감학校勘学이나 예학 등의 방면에서 뛰어났다. 특히 그 중에서도 이들은 후한의 훈고 학풍을 특징으로 하는 고문학에 근거해 있었고 한학漢學이라 불리기도 하였다.

반면 황종희의 흐름을 잇는 절동학파는 사학史學에 뛰어났고 그 대표인 장학성은 '육경개사설六經皆史說'을 주창하여 경서의 사학적 연구에 종사하였다. 그 뒤를 이어 조금 늦게 완원阮元을 비롯한 양주학파

揚州学派가 일어났고 건가乾嘉 한학을 발전시킨다. 장학성은 이와 같은 일련의 사상사적 조류 속에서 절동학술의 정통 계보를 쓰고 있는 것이다. 그렇지만 실제로는 절동학파의 실태에 관해서는 명확하지 않은 부분이 상당히 많다. 예를 들어 송대의 '절동浙東 육문陸門'과 사공파事功派 혹은 명대 초기의 송렴宋濂·방효유方孝孺를 중심으로 한 '절동浙東 사인士人 그룹' 등등 절동 지역에서 활약한 문인 그룹은 다양했다고 볼 수 있다.[272] 결국 장학성의 의도는 황종희의 『명유학안』과 마찬가지로 절동 지역을 양명학의 땅으로 인식하고, 양명학 정통의 학풍 연원을 재구축하려는 학술적 시도였다. 이어지는 「절동학술」 편에서 장학성은 절동 지역의 학술적 특징과 그 의의에 관하여 다음과 같이 말한다.

………(송대 이후 최근까지) 학자들은 경전에 관하여 이야기 할 때, 인사人事(사람으로서 해야 할 일) 외에 별도로 그 자신이 지키지 않으면 안 되는 의리가 있는 것처럼 말하고 있다. 이것에 대하여 性命(본성과 천명)을 말하려는 사람은 반드시 역사에 관하여 연구하지 않으면 안 된다고 하는 것이 절동 지역 학문의 주장이다. 바로 이것이 이 지역(절동 지역)의 학문이 상대적으로 탁월하다는 이유이다. ……(중략)……절동 지역의 학문은 주자학과 근원 내지는 흐름이 다르지 않으나 그 접촉

272 졸고, 「명대 말기 한 유학자의 사서 편찬과 기록정신」, 『東아시아古代學』 제21호, 東아시아古代學會, 2010, 123-125쪽.

(역사적 경험)이 같지 않았다. 그 때문에 절동 지역의 학문이 세상 속에 드러난 형태는 다음과 같다. 양명(왕수인)은 이것(절동 지역의 학문)을 얻어 사공事功(사회적이고 실제적인 사업)에 전력을 기울였고, 즙산(유종주)은 이것을 얻어 절의를 지켰으며, 이주(황종희)는 이것을 얻어 세상을 피해 은거하였다. 만씨 형제(만사동과 만사대)는 이것을 얻어 경학과 역사 연구에 집중하였다. 그들이 전수하고 또한 전수받은 것의 기원은 똑같지만, 드러난 형태가 완전히 다른 것은 그들 각자가 실제의 사업에 충실했기 때문이다. 실제의 사업에 충실하지 않으면서도 덕성德性을 공언空言하고(공허하게 인간의 덕과 본성이 옳은가 어떤가 라는 문제), 문학問學을 공언하고 있는 것은 마치 생김새가 서로 닮아있는 수초水草, 즉 띠[황모黃茅]나 갈대[백위白葦]를 나누는 것과 마찬가지의 일이다. 그들은 그 나름대로 독특한 입장들이 있기 때문에 학파를 나누지 않을 수 없다고 생각한다. 그러므로 오로지 누유陋儒(타락하고 견문이 좁은 유학자)만이 문호[학파]를 다투는 것이다.[273]

여기에서 서술된 장학성의 절동의 학술문화에 대한 평가는 이 지역의 학술 실상에 대해서가 아니라, 오로지 '양명학'의 정통 계보의 구축에 그 관심이 향해있다. 보다 정확하게 말하면 절동 지역의 학문적 특

---

273 (清)章学誠實齋著, 『文史通義』, 「浙東学術」. "……近儒談経, 似於人事之外別有所謂義理矣. 浙東之学, 言性命者必究於史, 此其所以卓也. ……(中略) ……浙東之学, 雖源流不異而所遇不同. 故其見於世者, 陽明得之為事功, 蕺山得之為節義, 梨洲得之為隱逸, 萬氏兄弟得之為経術史裁, 授受雖出於一, 而面目迥殊, 以其各有事事故也. 彼不事所事, 而但空言德性, 空言問学, 則黃茅白葦, 極面目雷同, 不得不殊門戶以為自見地耳. 故惟陋儒則争門戶也."

징을 모두 '양명학'의 범주 내부로 귀결시키고자 하는 의도가 감추어져 있다. 즉 '왕수인―유종주―황종희―만씨 형제'라고 하는 절동학술의 양명학적 계보를 정당화하려는 의도였던 것이다. 이렇게 되면 절동 지역은 양명학의 땅이 되지 않을 수 없고, 작금의 연구 성과를 보더라도 절동은 양명학의 땅으로 많은 사람들에게 인식되고 있는 것이다.

흥미로운 사실은 각 유학자의 특징에 대해서 왕수인은 사공事功, 유종주는 절의節義, 황종희는 은일隱逸, 만씨 형제는 경사經史(경학과 역사)로 표현하고 있다는 점이다. 만씨 형제를 제외한 세 명에 대해서 그들 각자의 삶의 태도와 실천·행동을 평가하고 있는 것이다. 여하튼 간에 이러한 장학성의 절동학술에 대한 평가는 후학들에게 커다란 영향을 끼쳤다는 것은 틀림이 없다. 또 '양명학'이라는 사조가 중국 근세기 절동 지역의 학술을 이해할 때에 하나의 키워드로 작용했다는 점도 주지하는바 그대로이다. 하지만 절동 지역의 학술과 문화는 장학성이 생각했던 것보다도 복잡하고 다양하였다. 즉 '양명학'의 계보와 흐름만으로는 이 지역의 학술문화를 설명할 수 없다는 얘기이다. 그러한 의미에서 장학성이 집필한 절동학술은 그 자신은 비록 문호[=학파]라는 용어를 배척했지만 어쩔 수 없이 문호의 견해를 피할 수 없었던 것이다. 하지만 '사상문화의 지역성'이라는 문제를 생각해 볼 때, 장학성의 절동학술 연원에 대한 탐구는 시사해주는 바가 크다. 또 왜 절강성, 특히 절동 지역에서 양명학이 탄생하고 융성하게 되었는지는 조금 더 검토가 필요할 것이다.

2) 절동의 진사와 유교 지식인

명대 초기에 최대의 인구와 장기간의 문화적 전통을 자랑했던 절강성(특히 절동 지역)이 드디어 학문적 성공이라는 측면에서는 강서를 따라잡는다. 이러한 경향은 15세기 후반이 되어 더욱 분명해지는데, 이 절강성이 중국 국내 그 밖의 여러 성을 누르고 수위의 자리를 확실히 차지하게 된 것은 16세기에 들어오고 나서부터이다. 16세기에 그 비약적인 학문적 성공은 어느 정도 직관적 지식 및 '지행합일'이라는 왕수인의 혁명적 학설의 영향에 의한 것이었는지 어떤지는 명확하게 입증할 수 없다. 하지만 양명학의 창시자 왕수인이 태어난 절강 여요현 및 소흥부 출신의 비천한 가정환경에서 다수의 진사가 배출되었다는 사실로부터 판단해 볼 경우, 사회이동에 공헌한 여러 개념이나 신화가 절강성 대부분의 지역에 널리 유포되어 있었을 것이라 유추해 보아도 좋을 것이다.

하여튼 간에 16세기에 절강 지역은 지적·문화적 중심지로서 확고하게 자리매김하면서 여타의 강남 지역에 대신하여 그 대표성과 상징성을 드러내고 있었으며, 명대 최후의 4, 5년간에 있어서도 학문적 성공이라는 시각으로 보았을 때, 이 성의 지도적 지위가 그보다 유복하고 자원이 풍부한 인접의 강소성보다도 우세했다는 것을 앞 소절의 두 개의 표와 아래의 표가 말해주고 있는 것이다.[274] 단지 주의해야 할 점은

---

274 何炳棣著, 寺田隆信·千種真一譯,『科挙と近世中国社会』, 平凡社, 1993, 228-229쪽.

여기에서의 학문적 성공이란 과거제도 시스템 안에서의 과거시험 합격 자수에 한정되었음을 잊어서는 안 된다.

표14) 명청대의 평균 인구당 진사수(성별省別)[275]

성省	명대明代		청대淸代	
	수數	순위	수數	순위
하북	283	3	117	3
산동	205	8	100	7
하남	258	5	81	13
산서	209	7	108	6
섬서 · 감숙	144	11	59	16
강소	243	6	93	10
절강	307	2	130	1
안휘	111	14	41	18
강서	260	4	99	8
복건	428	1	117	3
호북	164	10	64	14
호남	82	15	45	17
사천	172	9	38	19
광동	144	11	63	15
광서	40	18	90	12
운남	120	13	94	9
귀주	42	17	116	5
요녕	57	16	91	11
＊1기인旗人			130	1

275 ＊1: 청대에서 만滿·몽蒙·한군팔기인漢軍八旗人과 그들의 가족에 대해서는 정식으로 등록된 숫자가 없다. 여기에서는 임의적으로 청대에 관한 그들의 평균 총수를 천만 명으로 어림잡아 계산한 것이다. 이 표의 작성은 하병체何炳棣의 앞의 책, 226쪽의 도표를 참고해서 만들었다.

이 표에 의하면 평균 인구당 진사수에 있어서도 절강 지역은 명대에 2위를, 청대에 들어와서는 대망의 '1위'에 랭크되고 있다. 즉 명대가 되어 절강 지역은 진사수에 있어서 평균 인구당으로 배출한 진사가 307명이고, 이것은 명대에 한정하여 순위를 매기면 복건에 이어서 전국 랭킹 '제2위'가 되는 것이다. 청대에 들어오면 진사수에 있어서 평균 인구당으로 배출한 진사가 137명으로 약간 감소되지만, 전국 '제1위'에 올라선다. 명대보다도 더 좋은 성적을 올렸음을 알 수 있다. 그럼 좀 더 구체적으로 절강성 가운데 절동 지역에 속한 소흥에 관하여 개관해 보자. 절동 지역에 속하는 소흥이라는 곳은 명대에 어떠한 지역적 특성을 가지고 있었을까. 명대 말기 절강 온주溫州 출신인 왕사성王士性(1547-1598)은 『광지역廣志繹』이라는 지리서 속에서 그 자신의 향리와 인접했던 소흥·금화지역 사람들의 동향에 관하여 다음과 같이 기록하고 있다.

소흥·금화金華 두 지방 출신의 사람들 중에는 외지에서 떠도는 자가 많다. (소흥부 관하의) 산음·회계·여요의 인구가 많기 때문에 가옥과 토지는 그 절반밖에 미치지 못한다. 두뇌 회전이 매우 빠른 자는 상경하여 서리胥吏가 되었는데, 북경의 관청에서 '월인越人(=소흥 사람)'이 있지 않은 곳은 없다. 그 다음을 잇는 자는 상인이 되었다. 그래서 북경 성문의 서남쪽 귀퉁이 일대에는 3현(산음·회계·여요) 출신 사람들이 흘러넘칠 만큼 많다. (금화부 관하의) 동양東陽·의오義烏·영강永康·무의

武義는 산 속에 있다. 주민은 표독하고 날쌘 기질을 가졌기에 농업을 좋아하지 않는다. 도이島夷(섬에 사는 오랑캐)의 난이 발생한 후 이들 몇 현의 사람들은 서민에서 입신출세하여 군인이 된 자가 많았고, 그 뒤를 잇는 사람들도 상업으로 부를 축적하였다. 북방의 구변九邊이나 남쪽 오령五嶺의 어디를 가도 절강 출신의 병사가 있다.(권4)[276]

왕사성의 이러한 증언은 절강 지역 출신 사람들의 우수성과 영특함을 직접적으로 말하고 있는 것이다. 그 중에서도 소흥부 출신 사람들이 수도인 북경에 올라가 각 관청에서 활약하고 있는 양상을 서술하고 있는 부분은 흥미진진하다. 소흥부 관하의 산음과 회계는 말할 것도 없이 명대 말기 유학의 최대 유파였던 즙산학파의 유종주가 태어나고 자란 곳이며, 그 자신이 생애의 대부분을 보낸 지역이기도 하였다. 게다가 왕사성이 "영파와 소흥 사람들 중의 10분의 7은 모두 외지에 나가 있는데, 왜 이토록 인구가 많은지를 모르겠다"라고도 서술하고 있듯이 소흥부와 그 남쪽에 위치한 영파는 당시에 인구과밀 지역이었다. 격전에 격전을 거듭하여 치르는 과거시험에 합격하지 못한 사람들은 제2의 차선책으로 중앙이나 지방의 관청에서 하급관리가 되는 것이 당시 지식인 계층의 일상적 풍경이었다. 불완전하나마 그럭저럭 '인사사정人事査定'에 근거하여 이동이 행해지는 과거관료와는 달리 중앙과 지방의 실무직에는 지연과 혈연의 커넥션이 가능하였다. 17세기 초엽에 소

---

276 『廣志繹』 권4. 인용문은 中砂明德, 『江南─中国文雅の源流』, 講談社, 2002, 195-196쪽.

흥 출신은 수도 북경 소재의 관청에서 실무를 담당하면서 한편으로는 그 세계에서 인적 네트워크를 형성하고 있었던 것이다.[277] 이 점은 명대에 과거합격자수가 절강지역이 가장 많았다는 사실과 매우 연관성이 있다고 볼 수 있다. 그럼 다음의 표를 보자.

표15) 명대 이례적으로 학문적 성공을 거둔 성과 부[278]

소속된 성省	부府	진사 총수	성省의 진사 총수(순위)	순위
절강浙江	소흥紹興 영파寧波 가흥嘉興 항주杭州	977 598 528 520	2623(1)	2 8 9 11
강소江蘇	소주蘇州 상주常州 송강松江	970 661 466	2097(2)	3 5 12
강서江西	길안吉安 남창南昌	1,020 713	1733(4)	1 4
복건福建	복주福州 천주泉州 흥화興化	654 627 524	1805(3)	6 7 10
광동廣東	광주廣州	437	437(5)	13

277 中砂明德의 앞의 책, 195쪽.
278 자료:『吉安府志』(一八七六年版), 『紹興府志』(一七九二年版), 『蘇州府志』(一八六二年版), 『南昌府志』(一八七三年版), 『常州府志』(一七九四年版, 一八八七年版), 『福州府志』(一七五四年版), 『泉州府志』(一七六三年版), 『寧波府志』(一七三〇年版, 一七四一年改訂, 一八四六年版), 『嘉興府志』(一八七八年版), 『福建通志』(一九二二年版, 興化府에 관한 데이터는 이것에 의한다), 『杭州府志』(一八七九年부터 一九一九年 사이에 편찬, 一九二三年刊行), 『松江府志』(一八一九年版), 『広州府志』(一八七九年版). 위의 자료들 모두에는 명조의 진사에 관하여 특별히 권을 만들어두고 있다. 이 표는 하병체의 앞의 책에 실린 것을 참조·수정하여 작성한 것이다.

명대에 있어서 이례적으로 학문적 성공—여기에서의 학문적 성공이라 함은 과거합격자를 많이 배출한 것을 의미한다—을 거둔, 즉 과거합격자(진사)를 가장 많이 배출한 성省과 부府를 살펴보면, 절동 지역의 소흥부가 전국 제2위의 자리를 차지하고 있다는 것을 알 수 있다. 이 표의 통계에 의하면 명대에는 절강의 4부가 각각 500명 이상의 진사를 배출했는데, 이것은 청대에 들어와서도 여전히 필적할 만한 상대가 없는 기록이다. 항주만의 남쪽에 위치하여 절동 지역이기도 한 소흥과 그 인접의 영파 2부에서는 북부의 부유한 항주·가흥·호주 3부보다도 더 많은 진사가 배출되었다. 좀 더 상세히 살펴보면, 소흥부는 부 단위의 순위에서는 강서 길안부吉安府의 1020명에 이어서 977명으로 '제2위'의 성적을 올리고 있다. 다음으로 제3위는 강소의 소주부이며 총계 970명의 진사를 배출한다. 하지만 성별 진사 총수에서는 총 2623명으로 소흥부가 속한 절강성이 변함없이 부동의 전국 제1위에 랭크되어 있다. 이 이례적인 현상의 정확한 원인이 무엇인지는 확실치 않지만, 『소흥부지紹興府志』 1586년판은 귀중한 몇 개의 단서를 우리에게 제공해 준다.

우리 고장 학생의 수는 남송시대 이래 줄곧 증가해 왔다. (중략) 지금은 극히 가난한 자조차 자식에게 고전을 가르치지 않으면 창피하게 생각할 정도이다. 상인에서 지방정부의 잔심부름하는 사람까지 글자를 쓸 수 없고 책을 읽을 수 없는 사람은 극히 조금밖에 없다. (중략) 우리 고장 사람들은 대개 오만하고 관료와 서민의 구별이 그다지 분명하지 않다. 겨우 생활해 갈 만큼의 돈을 손에 넣으면 타인을 자신의 사회적 상위자로서 인정하고 싶어 하지 않는다. 유복하고 권세 있는 사람에게 기꺼이 경의를 표하는 일도 없다. (중략) 이 땅(=소흥지역)에는 갑부도 없는 대신에 빈곤자도 없다. (중략) 가까운 인접의 각 지역과 비교해보면 이 땅은 항상 문화에 중점을 두어왔다. 학생들이 문학에 숙달해 있거나 문학회를 설립하거나 하는 것은 매우 흔해빠진 일인 것이다. 최근 사름들은 왕양명(왕수인)의 영향을 받아 유학에도 흥미를 가지게 되었다. 문학 방면에서도 유학적인 의론 방면에서도 상당한 업적이 나왔다.[279]

이미 앞에서도 언급했듯이 이 문장은 최부의 『표해록』에서 증언하는 강남 지방의 문화적 우수성을 묘사한 문장과 매우 유사하다. 여기에서는 절동 지역에 속한 소흥이 경제적으로 안정되었으며, 문맹자가 없다는 점, 문화적 자부심이 강하다는 점, 문학은 물론이고 유교적 사상문화 방면도 상당한 수준에 도달해 있다는 점 등을 말하고 있는 것이다. 이 기술은 계속해서 왕수인이 태어난 여요현에서는 사람이 가난하면 할수록 오만함에 빠져버렸으며 학자와 관료는 대개 도의심道義心이 있는 사람들이었다고 하는 사실을 증언하고 있다. 땅(토지)의 관습·특성에 관한 이러한 기술은 소흥 지역이 왕수인 출현을 전후로 해서 인구 이동률이 높은 지역이었다고 하는 주지의 사실을 확증하고 있다. 결국 중국의 전근대에 소흥부는 학문적 성공이라는 측면에서 전

---

279 『紹興府志』(一五八六年版) 권12, 2-4쪽.

국 모든 지역 가운데 지도적 지위를 차지하고 있었던 것이다. 명대 때 절동 지역인 소흥과 영파는 성 북부의 부유한 2부 가흥·항주의 총계 1048명인 것에 대하여 그보다 더 많은 1575명의 진사를 배출하였다. 또 절강성 그 밖의 비교적 가난한 부도 진사의 배출에서는 결코 미미한 수치는 아니었다. 실제로 명대의 절강성은 청대의 강소성과 거의 비슷한 수준이었고, 어떤 몇 개의 부가 경이로울 정도의 기록을 낸 것에도 불구하고 학문적 성공이 현저하였고 또한 광범위한 확산이 그 특징이었다고 하는 사실을 알 수 있다.

이상에서 살펴본 바와 같이 경제적 안정과 문화적 자부심이 강했던 절동 지역, 더 넓게는 절강성은 학문적 성공이라는 측면에서 보면 명청시대에 가장 많은 진사를 배출한 지역이었고, 문화적으로도 다양한 인간군상이 집결한 선진지역이기도 하였다. 다른 한편 경제적으로 보면 절강 지역은 쌀 생산량이 가장 많은 지역이기도 하였다. 특히 절강에서 쌀 생산량이 가장 풍부했던 지역으로는 전당강 하류였으며 그것도 유종주의 땅 절동 지역의 소흥 일대를 비롯하여 항주, 가흥, 호주, 영파 등지였다. 더불어 이러한 문화·경제적 기반을 배경으로 하여 수많은 절동인은 당시 명대 말기의 중앙정부에서도 고급관료에서 하급관리에 이르기까지 각 부처에서 활동하고 있었고, 경제문화 중심지의 출신이라는 긍지와 자부심을 가슴속에 강하게 품고 있었다. 이는 오늘날까지 지속적으로 내려오는 절강인들의 문화적 자부심과도 깊이 연결되는 오래된 전통이자 현재진행형의 정체성 의식이라고 해야 될 것이다.

2

명말 사상계
− 주자학·양명학의 변화

1. 양명학 좌파와 동림파

1) 양명학 좌파의 유행

명대 전기의 사상계가 주자학 일색으로 점철되었다고 하는 지적은 황종희의 발언을 기다리지 않고도 쉽게 간파된다. 예를 들면 명대 전기의 대표적 사상가 설선薛瑄(1389−1464, 자는 덕온德溫, 호는 경헌敬軒)의 다음의 언설에서도 충분히 그와 같은 의미를 이해할 수 있다. 그는 주희의 『사서집주四書集注』와 『장구章句』 및 『혹문或問』에 관하여 다음과 같이 논평한다.

『사서집주』와 『장구』 및 『혹문』은 모두 주희가 제 현인의 언의言議를 모아 의리의 권형權衡(저울추, 균형)으로 절충하였다. (이것들은) 지극히 넓고 크며 지극히 정밀하게 옛 성현의 마음을 발휘했기 때문에 조금의 여운도 남기지 않았다. (중략) 정주(=이정과 주희)의 뒤에 태어난 자는 이미 『사서』가 만들어져 구비되어 있었고 대도大道(큰 진리)가 밝혀졌으니 그 어떤 행복이 이와 같겠는가.[280]

이와 같이 설선은 주희의 『사서』에 대한 주석서를 한 치의 빈틈도 없는 완벽한 주자학의 텍스트로서 찬양하고 있는 것이다. 주희의 텍스트에 대한 무조건적인 신봉의 자세가 엿보인다. 당시 이미 전통 체제 교학으로 변화된 주자학의 완결성과 수준에 감탄하면서 "주자(주희)의 출현에 의해 사도斯道(유교)가 이미 크게 밝혀졌기 때문에, 저술에 고심하고 염려할 필요가 없다. 지금은 단지 궁행하는 일뿐이다."(『명사』, 「유림儒林·1」)라는 설선의 발언으로부터도 전반적으로 명대 전기의 사상계가 기성 교학의 범위 내에 있었다는 것을 알 수 있다. 따라서 주자학이 저조한 의론의 반복을 시종일관 거듭하면서 독자적인 전개 양상을 보일 수 없었다고 결론내릴 수 있을 것이다. 사실 지식인층 사이에서 전 중국적인 확산을 보인 주자학은 원대부터 점차 그 확산의 양상을 보이고 명대 초기에 이르면 방효유方孝孺, 설선, 오여필, 진진성陳眞晟, 나윤羅倫, 장원정張元禎 등 중앙관계와 재야를 불문하고 많은 유학자들을 배출하였다. 다른 한편으로는 일찍이 원대의 오징吳澄

---

280 薛瑄, 『독서록讀書錄』 권1, 『독서속록讀書續錄』 권8. "四書集註·章句·或問, 皆朱子萃羣賢之言議, 而折衷以義理之權衡. 至廣至大, 至精至密, 發揮先聖賢之心, 殆無餘蘊."(中略) 生於程朱之後者, 何幸如之. 以四書有成說, 而大道明也."

(1249-1333)처럼 이기론·심성론 등에 관하여 주자학을 수정하고 주육
朱陸절충적인 경향을 보이는 유자도 등장한다. 또 태조 홍무제 정권에
출사하여 명대 예학 제도의 제정에 진력한 송렴宋濂(1310-1381) 등의
일군의 학자도 육학陸學(육구연의 학문)에 대해 매우 호의적인 태도를
보이고 있다.

이처럼 14세기 중엽부터 일찍이 유교사상계의 기저를 이루던 주자
학이 광범위하게 보급된 상태에서 수양론 등을 중심으로 한 육학의 침
투도 간헐적으로 병행하여 진행된다. 또 때마침 육학이 주자학을 보완
하는 역할을 담당하는 학문으로 인식되는 현상도 발생하였다. 후에 황
종희의 문인 전조망全祖望이 "명대 초엽에 이르러 주자학을 으뜸으로
삼은 자는 열 가운데 여덟이고, 육학을 으뜸으로 삼은 자는 열 가운데
둘이다."(『길기정집』 권28, 「육부정선생전陸桴亭先生傳」)고 말한 것은
이러한 대략적 유교사상계 내부의 상황에 입각한 전반적인 인상에 근
거해 있는 것이다.[281] 그 후 명대 중엽 이후의 유교사상사를 언급할 때
는 누가 뭐래도 이 시기가 양명학의 성행에 의해 특징지어진다는 것은
부정할 수 없다. 그 중에서도 특히 소위 '좌파'적인 전개와 그것에 대항
한 여러 신유학 학술 유파의 의론은 명대 말기 유교사상계의 대표적인
특징이다. 그런데 명대 중엽 이후의 사상사를 재검토할 때 우선 주의해
야 할 것은 중국사상사의 변화 자체 안에 존재한 '지역적 전개'라는 문

---

281 伊東貴之, 『思想としての中国近世』, 東京大学出版会, 2005, 84쪽. 小島毅, 『中国近世における
   礼の言説』, 東京大学出版会, 1996, 82쪽.

제이다. 다시 말해 앞에서도 기술한 바와 같이 종래의 '사상사' 연구가 과연 당시의 상황에 맞게 중국 전체의 사상적 배치구도를 충실하게 재현했는지에 관한 문제이다.

이 점에 관하여 고지마 쓰요시小島毅는『중국 근세에서의 예의 언설』의 종장 「명학의 재검토」에서 절동 지역의 양명학 유행 및 복건 지역에서의 주자학 옹호·양명학 비판에 주목하면서 '사상문화의 지역성'이라는 문제를 제기한다. 이 문제제기는 일반적으로 명대가 양명학의 시대라는 통론에 대하여 약간의 의문과 함께 반기를 들고 있는 것이다. 또 고지마는 별도 몇 편의 논고에서도 지역에서의 다양한 사상문화의 전개 과정을 지역성이라는 관점에서 고찰하고 있다. 그의 견해에 따르면 중국학 연구의 대가 시다마 겐지島田虔次를 필두로 하는 일련의 연구가 자주 의거한 서적이 황종희의『명유학안』이라는 점, 이 서적에서 표상한 명대 사상사는 자신 나름대로의 입장에 의한 일정의 당파적 관점[문호의 견]을 포함하고 있다는 점, 이 때문에 지역적으로도 매우 편향된 시각을 가지고 있었다는 점 등을 지적하고 있다.[282]

사카이 다다오酒井忠夫도 명대의 삼교합일三教合一 사상과 '민중문화의 지역성'이라는 점에 주목하여 유불겸수儒佛兼修의 입장에 섰던 거사居士의 수를 통하여 명대 말기 삼교사상의 의의를 설명하고 있다. 여기에서 그는 명대의 삼교합일적인 민간종교, 특히 유불겸수적 문화운동의 분포의 개략을 추측할 수 있다고 말하면서 강남 지역(특히 강

---

282 小島毅의 앞의 책, 183쪽과 伊東貴之의 앞의 책, 84쪽.

소성과 절강성)을 중심으로 한 민간 종교운동이 명대 말기에 왕성하게 전개되었다는 점을 강조하고 있다. 또 그는 이러한 지역적 내지는 시대적 특질을 가진 삼교합일·유불겸수의 풍조로부터 민중도덕적 계몽서라 할 수 있는 선서善書의 작성·유통이 행해졌다고 하는 점을 지적한다.[283] 황종희는 『명유학안』의 「태주학안泰州學案」 속에서 명말 양명학 좌파의 유행과 학풍에 관하여 다음과 같이 말한다.

양명 선생의 학문은 태주(왕간)·용계(왕기)가 나옴으로써 천하에 성행하였고, 또 태주·용계에 의해 점차로 잘못 전해지게 되었다. 태주·용계는 그 때 스승의 교설에 만족하지 않고 불교의 심오한 뜻을 밝혀 그것을 스승의 교설이라고 하였다. 이것은 양명을 선禪으로 꾸며내었다는 것이 된다. 하지만 용계의 뒤는 그 이상으로 역량이 있는 자가 나오지 않았으며, 또 강우江右가 그 폐해를 구해냈기 때문에 완전히 붕괴되기까지는 이르지 못했다. 태주의 뒤는 그 유파의 사람들이 아무것도 없는 맨 손을 가지고 용사龍蛇(용과 뱀, 비범하고 비상함)를 때리는 척 하는 자가 많아졌고, 안산농顏山農(안균顏鈞)·하심은(양여원梁汝元) 등의 일파에까지 전해지자 이윽고 명교名敎의 테두리 안에 연결될 수 있는 것이 아니게 되었다.[284]

---

283 酒井忠夫, 『중국 선서의 연구(中国善書の研究)』, 弘文堂, 1960, 302-304쪽.

284 『明儒学案』 卷三十二, 「泰州学案」. "陽明先生之學, 有泰州龍溪. 而風行天下. 亦因泰州龍溪而漸失其傳. 泰州龍溪. 時時不滿其師説. 盆啓瞿曇之祕, 而歸之師, 蓋躋陽明而為禪矣. 然龍溪之後, 力量無過於龍溪者, 又得江右為之救正. 故不至十分決裂. 泰州之後, 其人多能赤手以搏龍蛇, 傳至顏山農·何心隱一派. 遂復非名敎之所能羈絡矣."

이 문장에서 황종희는 자기 학설의 정당성 확보 때문인지 양명학 좌파에 대한 경멸과 멸시의 입장을 철저히 견지하고 있다. 「태주학안」은 왕문 각 학안의 최후에 배치되어 있고, 그 상태에서 안산농과 하심은은 「태주학안」의 「소서小序」 속에서만 짧은 약전이 서술되어 있을 뿐이다. 황종희는 이들에게 독립된 전傳도 만들어주지 않았던 것이다. 게다가 당시 이단으로 낙인찍힌 이탁오李卓吾(1527-1602)에 대해서는 「소서」에서조차 한 마디도 언급하지 않고 있다.[285] 부연할 필요도 없이 황종희가 중요시한 것은 '양명학 정통 계보'의 확립이었다. 그것을 위해서는 철저하게 양명학 좌파를 무시하지 않을 수 없었던 것이다. 황종희가 의도하고 있던 바는 바로 그것이며, 『명유학안』이란 그와 같은 편향적 '사상사'였다. 이것은 반대로 말하면 명대 중엽 이후의 사상계가 '양명학 좌파'의 유행을 둘러싸고 전개되었다고 할 수 있다.

명대 말기의 사상계는 '욕망'의 파악 방법 혹은 '무선무악無善無惡'의 가부를 둘러싸고 신유학 내부에서 격렬한 논쟁이 벌어진다. 더구나 그 논쟁은 '무선무악파'와 '안티 무선무악파'의 대립으로 치닫는다. 좀 과장해서 말하면 그것이 당시의 유교사상계 내부에서 천하를 의론할 정도의 쟁점이 되었다.[286] 앞에서 도석령에 관해 논의할 때 잠시 인용했지만, 황종희는 명대 말기 절동지방에서의 양명학 좌파(=왕학 좌파)의 사상적 계보를 다음과 같이 말하고 있다.

---

285 육왕학의 체계적 계보에 관해서는 山井湧, 「陸王学譜(下)」(宇野哲人外 『陽明学入門』(陽明学大系第一巻, 明德出版社, 1971) 참조.
286 溝口雄三, 『中国前近代思想の屈折と展開』, 東京大学出版会, 1980, 223쪽.

이 때 맞추어 절하동浙河東(=절동 지역)의 학문은 신건新建(=왕수인)이 일전一傳하여 왕용계王龍渓(왕기王畿)로 이어지고, 재전하여 주해문周海門(주여등周汝登)·도문간陶文簡(도망령)으로 이어졌다. 담연징(담연원징)의 선禪도 이곳으로 들어갔다. 다시 삼전三傳하여 도석량(도석령)에 이르자, 요강의 심국모·관종성·사효함이 그를 보좌하면서 밀운오密雲悟(밀운원오)의 선학이 다시 섞여 들어갔다. 회계會稽의 유생 중에 왕조식王朝式이라는 사람이 있었는데, 다시 패합술捭闔術(상대방을 자신의 편으로 끌어들이기 위한 일종의 유세술)로 사람들을 선동하여 그 교리를 전파했다. 증인회는 도석량이 선생(유종주)과 서로 자리를 나누어 강학하였는데, (도석량이) 후에 회합을 백마산으로 옮김으로써 잡다하게 인과因果가 편벽된 견해와 거짓된 교설을 행하였다. 이에 신건의 전傳은 땅을 쓸어 깨끗이 하듯이 자취도 없이 사라져 없어졌다.[287]

이처럼 황종희는 '왕수인―왕기―주여등, 도망령(석궤石簣)―도석령(석량石梁)'으로 이어지는 절동 지역 양명학 좌파의 흐름을 말하면서 양명학의 정통이 사라졌음을 통탄해 하고 있다. 사실 주여등·도망령은 이탁오 및 당시 불교 선종의 고승으로 유명한 감산덕청, 자백달관紫柏達觀(1543-1603), 담연원징湛然圓澄(1561-1626) 등과 폭넓고도 친밀한 교우

---

287 『全集』第五冊,「附録·子劉子行状」과 『全書』卷十九. "当是時, 浙河東之学, 新建一伝而為王龍渓(畿), 再伝而為周海門(汝登)·陶文簡, 則湛然澄之禪入之, 三伝而為陶石梁(奭齡), 輔之以姚江之沈国模·管宗聖·史孝咸, 而密雲悟之禪又入之. 会稽王朝式者, 又以捭闔之術鼓動以行其教. 證人之会, 石梁與先生分席而講, 而又為会於白馬山, 雑以因果僻経妄説, 而新建之伝掃地矣."

관계를 맺고 있었다. 또 유불儒佛혼합의 풍조가 만연했던 것도 명대 말기 사상계의 한 풍경이었다. 그런데 이 세 승려는 허적虛寂과 퇴영적인 풍조를 배척하였고, 깨달음의 운용을 인륜계에서 발휘하고자 힘써 사회 현실의 동태적 상황에 밀착하여 중생제도衆生濟度에 분투한 바에 그 공통점을 가지고 있었다. 도석령 이하 그 아래에 이르면 이 유불혼합의 풍조는 밀운원오密雲圓悟(1566-1642)를 필두로 점점 더 현저하게 된다.

따라서 황종희가 양명학 적통을 자부하는 입장에서 당시의 유불혼합의 풍조를 탐탁지 않게 생각한 것은 당연한 일이었을 터이다. 이는 스승 유종주도 마찬가지였다. 양명학 좌파와 불교 선종의 유행에 민감할 수밖에 없었다. 다만 불교 선에 대한 공격에서는 황종희만큼 격렬하지는 않았다. 유종주는 이와 같은 명말 사상계의 유불혼합 풍조 속에서 기본적으로는 유교와 불교에 관하여 "마음은 하나이다. 석씨(불교)의 마음이 또한 우리 유儒의 마음이다. (그러나) 마음은 하나이지만, 그 가르침에 있어서는 서로 다르다."[288]고 하면서 그 사상구조의 입론 방식이 달랐다고 하는 논지를 펼친다. 또 소위 각覺·공空·생사관 등에 관해서는 "우리 유儒의 마음을 말해보면 모두 그 천天의 자연에서 나온다. 그렇지만 석씨(불교)는 자칫하면 사람에서 나온 듯 보인다. 도道가 여기에 이르러 갈라졌다."[289]고 말하면서 기본적으로는 유불혼합

---

[288] 『全集』第三冊(下), 「文編十六·論釋氏」와 『全書』卷二十三. "心, 一也. 釋氏之心, 亦吾儒之心也. 心一也, 而教或異."

[289] 『全集』第三冊(下), 「文編十六·論釋氏」와 『全書』卷二十三. "吾儒之言覺也以心, 而釈務覺其心也. 吾儒之言空空也以心, 而釈務空其心也. 吾儒之言生死也, 原始反終, 未常不以心, 而釈乃謂心無生死也." 또 難波征男, 「劉念台思想の形成-王学現成派批判に即して-」(『九州中国学会報』第二十卷, 九州中国学会, 1975) 참조.

의 풍조에 반대하고 있다. 흥미로운 것은 유종주 자신이 사상적으로는 유불혼합에 강한 반발을 보임에도 불구하고 지역 사인士人의 입장에서는 양명학 좌파의 인사들이나 불교 승려들과 폭넓게 인맥관계를 맺으면서 지역 사회활동에 참가했다는 점이다. 이미 앞에서 서술한대로 유종주는 절동 지역 양명학 좌파의 대표 인물들인 주여등, 도망령, 도석령 등과는 깊은 인간관계를 맺고 있었다.

2) 동림파의 등장

명대 말기 사상계를 생각해 볼 때 언급하지 않을 수 없는 것은 정치·학술집단으로서의 동림당 혹은 동림파의 존재이다. 후술하겠지만 명대 말기에 이르면 사상적 조류의 하나로서 당시의 사상계와 정치계에 크나큰 족적을 남긴 일군의 학술집단이 등장한다. 통상 동림당 내지는 동림파라고 불리는 집단이다. 이들 학술집단은 강소 무석의 동림서원을 주요 활동의 근거지로 삼고 있었다.

명 신종(1573-1619) 만력 연간 북경의 조정에서는 환관 일파의 폐정이 극에 달하였고 이러한 정국의 상황 하에서 환관 일파는 시국을 걱정한 학자들에 의해 비판의 표적이 되었다. 만력제는 자신의 차자次子를 비호하여 장자를 제쳐두고 황위를 양보하려는 의지가 강했는데, 이 때문에 일군의 신하와 학자들은 장자 상속의 정당성을 주장하였고 환관파와 대립의 각을 세우고 있었다. 그 결과 많은 신하들이 관직에서 파면되었고, 그로 인해 그들은 재야에 묻혀 점점 더 조정의 정책에 대해 비판적 태도를 취하게 되었다. 당시 이부吏部의 관리였던 고헌성은 학식이 높고 강직한 성품을 가진 인물로 지역사회에서 널리 명성을 떨치고 있었는데, 그도 또한 다른 학자들과 마찬가지로 불안한 정국 상황 하에서 배척을 당하고 강소 무석으로 귀향하였다. 이곳에서 그는 동생 고윤성顧允成 등과 송대 양시가 건립한 동림서원이 일시적으로 폐쇄되어 있던 것을 재건하여 고반룡, 엽무재葉茂才 등과 함께 강학을 시작한다. 이것은 만력 32년(1604) 때의 일이다.

이 무렵 서원 건립에 맞춰 그들은 일절 관가의 원조를 바라지 않았고, 오로지 뜻이 있는 사람들의 헌금에 의탁하였다. 다시 말해 서원을 철저하게 사적인 소유물로 삼는다는 원칙에 의해 서원에서 행해지는 모든 의론이 공권력으로부터 자유로워지는 것을 추구한 것이다. 이로 인해 서원이 추구하는 목표는 현실 정치에 대한 자유로운 비판으로 이어졌다. 이 서원에서는 정문에 동림서원이라는 간판을 내걸고 문 앞에는 팻말을 세워 정면에는 '낙민중추洛閩中樞', 그 뒤쪽에 '관해동유觀海東遊'[290]라 적어놓았다. 정문을 들어서면 여택당麗澤堂이 있었고 안으로 더 들어가면 강학의 장소로서 강당이 있었는데, 이곳을 의용당依庸堂[291]이라 하였다. 후방의 문 안쪽을 '연거燕居'라 하였는데 그 가

---

290 낙민중추는 송대의 정호·정이 및 주희의 학문을 표방하는 중심 거점이라는 뜻이다. 즉 정주학의 거점이라는 것이다. 관해동유는 바다를 보면서 동쪽을 유람한다는 뜻으로 동림서원이 강소 무석에 위치해 있음을 의미한다.

291 참고로 지금의 동림서원 의용당 안에는 다음과 같은 주련柱聯이 양쪽 기둥에 걸려 있다. "바람소리, 빗소리, 책 읽는 소리, 소리 소리마다 귓가에 들려오네! 집안일, 나랏일, 천하일, 모든 일이 마음에 걸리는구나!"(风声, 雨声, 读书声, 声声入耳; 家事, 国事, 天下事, 事事关心). 명대

운데 당堂이 있었고 그곳을 '중화中和'라 하여 이곳에서 선사先師를 배

향하였다. 또 동쪽과 서쪽에 누각을 세워 제기祭器와 경전 및 서적을

보관했으며 별도로 '도남사道南祠'라는 사당을 서원의 동쪽에 세워 소

보邵寶(1460-1527)[292] 등 일곱 명을 배향하였다. 그 후 고헌성과 고윤

성 형제·전일본錢一本·설부교薛敷教·안희범安希范·유원진劉元珍 등

여섯 명을 더하였고, 고반룡·엽무재葉茂才·진유학陳幼学·허세경許世

卿·오계삼吳桂森·추기정鄒期槙·마세기馬世奇·화윤성華允誠 등도 추

가하여 배향하였다.[293] 이러한 것을 보면 동림서원도 비교적 형식이 정

돈된 서원이었다는 것을 알 수 있다. 여기에서는 송대 때 양시가 행한

전례에 따라서 이정二程을 중심으로 하여 제사지냈다고 한다. 그런

데 이 동림이라는 집단은 정치적 혹은 학술적 집단이라는 기능뿐만

아니라, 지역사회에서의 구제활동 결사結社라는 성격도 갖고 있었다.

동림당 혹은 동림파가 명대 말기 일종의 사회복지단체였던 동선회同

善會(진용정이 주관)와 밀접한 관계에 있었다는 사실은 기존의 연구

성과[294]에서 이미 명확히 밝히고 있다. 동림당의 강학을 시작한 고헌성

은 함께 더불어 선을 행한다는 동림서원 강회의 취지에 대해 「동림회

약」에서 다음과 같이 말한다.

말기 어지러운 세상에 귀 기울이는 동림파 지식인들의 흔적이 남아 있는 듯하다.

292 소보邵寶는 자가 국현国賢, 호는 천재泉斎, 별호는 이천二泉이다. 명대의 유명한 관료이자 유학자로 강소 무석 출신이다.

293 林友春, 『書院教育史』, 学芸図書株式会社, 1989, 223쪽.

294 선회善会 흥기의 시대인 명대 말기의 사조를 평가한 저서로 후마 스스무夫馬進의 『中国善会善堂史研究』(同朋舎出版, 1997)가 있다.

선善에는 한정이 없다. '사람들과 더불어 선을 행함'이라는 것도 한정되는 바가 없음을 바란 것이다. 지금 이 모임(=회會)은 가까운 곳에서는 무석현의 생원과 향신들이 모여 있고, 먼 곳에서는 사방의 유명한 사람 및 석학이 때맞춰 찾아왔다. 이들 중에는 흠모하여 찾아들어온 자가 있거니와 가령 초야에 묻혀있는 백성이든 혹은 댕기머리를 땋아 늘어뜨린 아동이든 간에 모두 옹기종기 모여 경청하였다.[295]

이 문장에서 『맹자』에 출전을 둔 '여인위선與人爲善(사람들과 더불어 선을 행함)'이란 단적으로 강학을 행하는 그 자체, 또는 강학에 참가하는 의미를 내포하고 있다. 동림당인이면서 동시에 동선회의 보급에 진력한 진용정도 동선회의 의의를 설명하고 있는 부분에서 동림 강회의 의미에 관해 다음과 같이 말한다. "이 모임(동림서원 강회)에는 매우 훌륭한 점이 있다. 비용이 적음에도 불구하고 효과는 크며, 사람을 구제하면서도 교화를 병행하고 있다. 서원에서만 강학한다는 명분은 없지만 여러 사람들과 더불어 선을 행한다고 하는 실효가 있다." 진용정의 이 발언에서도 역시 '여인위선'이라는 말은 강학의 취지를 대신할 수 있음을 내포한다.[296] 확실히 이러한 점으로부터도 명대 말기 '지역질서'구상의 한 단면으로서 동림파의 제 활동을 평가해 볼 수 있을 것이다.

---

295 『東林書院志』卷二, 「顧涇陽先生東林會約」, 「九益」. "善無方, 與人為善亦欲其無方. 今茲之會, 近則邑之衿紳集焉, 遠則四方之尊宿名碩時惠臨焉. 其有嚮慕而来者, 即草野之齊民, 総角之童子, 皆得環而聴教."
296 夫馬進의 앞의 책, 181쪽.

그런데 학술적으로는 당시 양명학 좌파의 '무선무악론'유행에 대한 극복이 동림 강학의 주요한 동기 혹은 목적이었다. 따라서 고헌성, 고반룡, 고윤성, 전일본 등 동림파 주역들의 사상은 모두 무선무악론 극복을 기저로 삼고 있었다. 이러한 점은 유종주의 사상적 견해와도 공통하던 문제의식이다. 한편 전일본이 "무선무악의 설은 최근 고숙시顧叔時(고헌성)·고계시顧季時(고윤성)·풍중호馮仲好(풍종오)가 분명히 논단하여 결론을 내렸기 때문에[명백도결明白挑決], 이제는 만연된 폐해(=무선무악론)를 없애는 일은 사라졌다"[297]고 칭송하는 풍종오가 이 동림 강학의 명부 또는 계열에 포함되지 않았다는 것은 사상사적으로 볼 때 매우 흥미롭다. 풍종오는 왜 동림파의 멤버에서 배제된 것일까.

　　황종희는『명유학안』의「동림학안」에서 "북경의 수선회는 주재자가 남고南皐(추원표)·소허少墟(풍종오)였는데, 동림서원과는 관계가 없었다"고 하면서 의도적인지 아닌지는 모르겠지만 스승 유종주와 동문이었던 풍종오를「동림학안」에서 배제한다. 이와 관련하여 미조구치 유조溝口雄三는 사상사적으로 무선무악 논쟁을 중시하는 입장에서 볼 때「동림학안」의 인물선택 방식에는 납득할 만한 점이 있다고 하면서 소위 동림파의 사상은 명대 말기 양명학 좌파의 창광자자猖狂自恣의 극복을 목표로 삼은 것이었다고 말한다. 이 양명학 좌파의 '창광자자'란 바로 무선무악에서 배태된 것이었고, 이 때문에 명대 말기의 사상 동향을 넓은 각도에서 파악하기 위해서는 고헌성과 나란히 하여 '안티

---

297 黃宗羲『明儒学案』「東林学案·顧憲成傳」.

무선무악'의 대표적 학자로서 당시 강남 이북지역에서 인정받고 있던 풍종오에게 주목해야 한다고 주장한다. 게다가 미조구치는 「동림학안」에서 언급된 17명의 학자들도 반드시 동림서원의 강학자였다고는 한정할 수 없다고 지적한다. 그는 직접적으로 동림 강학과 아무 관련도 없던 경귤耿橘(만력 29년 진사)이라는 인물의 예를 언급하면서 풍종오의 경우에 비쳐보면 그 취사 방식이 수미일관을 결여했다고 말한다. 다시 말해 「동림학안」에서 채택된 17명의 출신지를 보면 14명이 강소이고, 황존소(황종희의 부)·진용정 2명은 절강이며, 단 한 사람 경귤耿橘만이 하북河北이다. 그런데 경귤의 경우에는 일찍이 강소 상숙현常熟縣 지현知縣으로 재임하던 중 우산서원虞山書院을 재건한 경력이 있었다. 그 때문에 이 「동림학안」 속의 17명은 대략 강소·절강과 인연을 맺었던 인물에 한정되어 있었던 것이다.[298] 덧붙이면 풍종오는 지금의 섬서성 서안 사람으로 주요 활동 무대가 섬서 지역이었고, 정주학과 육왕학의 융합을 도모한 유자였다.

결국 「동림학안」은 강소와 절강이라는 좁은 지연 혹은 인맥을 기저로 하여 구성한 것이며, 황종희의 학파 분류법에는 자기 자신의 주관이나 사적인 인연이 깊이 개입되어 있었다. 단지 이 17명을 가지고 동림파 강학 혹은 동림파의 전체상을 파악한다는 것은 사상사적으로 볼 때 그다지 큰 의미는 없을 듯하다. 이상 살펴본 바와 같이 양명학 좌파

---

298 동림학파의 실상에 관한 뛰어난 논문으로서 미조구치 유조溝口雄三의 「いわゆる東林派人士の思想-前近代期における中国思想の展開(上)」(『東洋文化硏究所紀要』第七十五冊, 1978)이 있다.

의 유행이나 동림파의 등장은 명말 유교사상계를 이해하는 하나의 주요한 현상이다. 하지만 그 일면에는 삼교합일의 사조와 유종주 문인집단의 다양한 사상 전개 등이 존재하고 있었다는 것도 역사적 사실이다. 그 중에서도 특히 즙산학파로 통칭되는 유종주 문인집단의 다양한 인적 구성이나 지역사회에서의 제 활동은 명대 말기 사상계를 이해하고자 할 때 하나의 좋은 사례를 제공해 준다. 양명학 좌파 인사라고 하던 동림파 인사라고 하던지 간에 그들은 모두 유종주와 깊은 인맥관계를 맺고 있었고, '지역질서'의 확립에 학파 불문하고 공동의 대책을 모색하였다. 그것이 바로 명대 말기의 사상계 풍경이었다.

2. 명말 사상계와 유종주의 인식

1) 명말의 사상 동향과 사회 현실

그럼 유종주는 당시의 사상계를 어떻게 이해했으며 그 사상적 조류에 대해 어떻게 인식하고 있었던 것일까. 우선 송명사상사(송명유학사)의 전체적인 흐름에 주목해 보자. 일반적으로 송대 사상계의 주류가 주자학(도학道學의 한 분파)이었다는 사실에 대하여 명대의 그것은 양명학이라고 규정짓는 경우가 많다. 그와 같은 인식은 거의 정설로 굳어져 현대를 사는 동아시아 지식인층에게 무비판적으로 받아들여지고 있다. 양명학은 명대 중기 왕수인의 등장에 의해 그 명칭이 세상에 널리 퍼지게 되었고, 또 심학이라고도 불리는 바와 같이 인간의 마음

가짐의 문제를 중심 과제로 다루고 있다. 그 학설이 주자학에 대한 수정·비판으로부터 출발하였다는 점도 부인할 수 없다. 다만 주의해야 할 점은 주희(주자)의 교설, 왕수인의 교설은 둘 모두 철저하게 유교사상의 분파이며, 현대적 의미에서의 자유로운 사상의 전개는 아니었다고 하는 점이다. 따라서 그 학설은 유교의 경전, 즉 사서오경四書五經에 어느 정도의 근거를 가지고 있어야만 되었다. 시마다 겐지는 "송학 출현 이후의 사상사는 안[內]과 밖[外]의 대립·투쟁의 역사"라고 규정하면서 양명학의 확립을 그 연장선상에 있어서의 "'안[內]의 개가凱歌'"라고 평가하는데,[299] 이러한 관점으로부터 보면 오히려 양명학의 출현은 짓궂게도 극도로 주관화되어 버린 주자학을 다시금 현실의 인간이나 사회라고 하는 객관적 장소에 고정시키는 시도였다고 볼 수 있다.

원래 양명학은 주자학과 근본적으로 이질적인 가치관을 제시한 것은 아니며 주자학의 확산과 침투, 게다가 보다 한층 더 민중화[300]에 수반하여 그 연장선상에서 불가피적으로 등장한 사상적 현상이었다고 평가되어야 할 것이다.[301] 양명학의 출현 이후, 양명학의 발전은 그 분파가 가속화되고 명대 말기에 이르면 주자학과 양명학이라는 영역 내부에서 백가쟁명과 같은 각양각색의 이론 논쟁이 전개된다. 그와 같은 하나의 특징으로서 '양지현성파良知現成派'라고도 불리는 양명학 좌파

---

299 島田虔次, 『朱子學と陽明學』, 岩波新書, 1967, 126-127쪽.
300 여기에서의 민중화라는 말은 단지 그 사상을 수용하는 층의 저변 확대이든가 아니면 보다 광범한 침투를 의미하고 있으며 반드시 사상 내용적인 전환을 제일의적으로 의미하는 것은 아니다.
301 溝口雄三·伊東貴之·村田雄二郎共著, 『中国という視座』, 平凡社, 1995, 177쪽.

(왕기·왕간 등을 대표로 하는 학파)가 있다. 오카다 다케히코의 표현을 빌리면, 양명학 좌파의 사상이 풍미한 명대 말기의 사상계는 왕수인이 중시하는 마음[心]이 본래 도덕윤리의 원천이며 도덕에 근거한 경세의 근본이었다. 그런데 이러한 것을 잊어버리고 안이하고 쉬운 또한 천박한 정情에 이끌려 윤리도덕을 멸시·경시하는 유폐를 낳기에 이르렀다.[302] 그리고 그 반대쪽에서는 동림파와 유종주 등과 같은 학자들이 정주·육왕의 학술을 새롭게 이해하거나 혹은 고학古學으로 복귀하여 인간 생활의 기둥으로서 윤리도덕의 정숙한 마음, 성실한 마음 또는 독실한 일상생활의 실천에 의해 유지되어야만 한다는 점을 설파하여 양명학 좌파의 병폐를 극복하고자 하였다. 오카다는 명대 말기 사상계를 '양명학 좌파 대 동림파·유종주'의 대결로 본 것이다.

그런데 주자학적 견해에 따르면 신체적 인간을 지배하는 것은 마음이지만, 마음에는 본능적 경향을 가진 정情과 이지적 경향을 나타내는 성性의 두 가지 측면이 있다. 성인으로 향하는 길은 이理와 성性에 의해서만 가능하기 때문에 항상 정에 빠지는 상태를 피해야만 한다. 그 방법은 폭 넓게 고전을 읽고 지식의 충실함을 도모하는 데 있다. 이러한 주자학은 명대가 되어 관학으로 지정되었는데, 유교사상계와 사회의 현실적 움직임은 그것의 반성 내지는 비판으로 기울어져 간다. 즉 주자학의 형식주의 내지 이상주의의 약점은 이론의 붕괴로 이어진 것이다. 명대가 되면 복잡한 이론보다는 우선 사회적 실천이 중요시

302 岡田武彦, 『王陽明と明末の儒学』, 明德出版社, 1970, 22쪽.

되었다.[303] 그것은 무엇보다도 당시의 사회적 현실과 깊은 관련이 있다.

이제 명대 말기라는 정치사회의 시대상을 생각해보자. 중국사에서 '명대 말기'라는 시대를 한 마디로 표현하는 것은 상당히 어려운 일이다. 거대한 한족 왕조(명조)의 멸망, 그리고 새로운 이민족(=만주족) 왕조의 탄생이라는 시각으로부터 보면, 단순한 논리적 귀결에 이를 수 있다. 하지만 그러한 왕조 교체만으로 명대 말기라는 사회의 전체적 시대상을 설명하기에는 역부족일 밖에 없는 것도 사실이다. 정치 시스템이라는 각도에서 보면, 중세의 귀족제 사회에 대하여 송대 이후의 근세는 '황제독재제'사회였다고 일컬어진다. 그것은 모든 기능을 장악한 황제가 잘 정비된 관료 기구의 정점에 서서 절대적인 권력을 행사하던 시대이다. 황제는 과거시험으로 등용된 관료를 이용하여 광대한 중국의 민중을 지배한다. 황제의 의향이 그대로 정치에 직결된 바에 중국 근세의 특징이 있었다. 게다가 이 체제는 시대의 경과와 함께 더욱 강화되어 명대 초기 중서성中書省의 폐지로 인하여 명실상부하게 확립된다. 황제에게 대항할 수 있는 재상의 존재는 완전히 소멸하였고, 그 이후 황제는 전대미문의 권력을 휘두르면서 전근대 중국사회에 군림하였다.

그러나 이러한 독재정치의 뒷면을 들여다보면, 실은 그렇지 않았으며 거기에는 지방 사회의 여론도 있었고, 다양한 정치집단과 정치운동도 있었으며 반권력 투쟁의 양상도 존재하고 있었다. 다만 중국에서는 당연한 일이면서도 근대 서양사회에서의 그러한 움직임과는 완전히 다

303 三田村泰助, 『明と淸-世界の歷史一四』, 河出書房新社, 1990, 172-174쪽.

른 형태였다. 즉 전통 중국사회에서의 정치운동은 시대에 부응하여 그 형태가 변화·전개되었다. 그것은 그때그때마다의 사회정세에 대응한 것으로서 어찌 보면 당연한 귀결이다. 이것을 명대에 적용해보면, 명대 말기의 동림 운동이나 복사復社 운동은 무엇보다도 당시의 사회상태에 밀착되어 행해진 일종의 사회운동이었다.[304] 게다가 이 두 개의 정치운동에 있어서 중심적인 역할을 담당한 것은 '향신鄕紳'이라는 존재였다. 이들은 대개 송대 이후 사대부의 전형이라 할 수 있는 지방의 지적 엘리트이다.

그럼 이러한 향신들이 활약한 명대 말기란 어떠한 시대였을까. 사회경제사와 관련한 종래의 연구 성과를 간단하게 더듬어보자. 16~17세기는 정치사 방면에서 명청明淸 교체의 격동기였을 뿐만 아니라, 사회경제사 방면에서도 이 시기는 중국사 가운데 특수한 변동기로 간주되고 있다. 중국의 연구자들에 의해 '자본주의의 맹아'라고 지칭되어 온 이 시기는 상품 생산의 발전이나 매뉴팩처의 형성에 수반하여 명대 초기 이래의 향촌의 이갑제는 마침내 해체된다. 또 많은 농민들이 농촌을 버리고 도시로 유입됨과 동시에 민변民變·노변奴變 등의 하층민 주체의 폭동이 빈발했으며 구래의 상하적 사회 신분질서의 붕괴가 시작되는 등, 이 시기는 중국의 전통적 사회경제 구조가 최대의 위기에 직면한 시대였다고 할 수 있다.[305] 그리고 이와 같은 사회의 전반적 분위

---

304 宮崎市定,「張溥とその時代─明末における─郷紳の生涯─」,『アジア史研究』第五, 東洋史研究叢刊四─五, 同朋舎, 1978, 94쪽.
305 岸本美緒,『明清交替と江南社会─十七世紀中国の秩序問題─』, 東京大学出版会, 1999, 61-62쪽.

기 속에서 드디어 양명학이 사상사의 무대에 전면적으로 등장하고 명대 중기 이후 사상계의 주역이 되었던 것이다. 명대 말기에 살았던 지식인들(=향신·사대부 계층)은 그들이 주자학자이든 양명학자이든지 간에 공통으로 중요시 했던 것은 사회적 위기의 시대에 대처하는 방법이었다. 사회적 위기감을 느낀 그들에게 있어서는 사회질서의 회복이 가장 중요한 당면 과제였을 지도 모르겠다. 그러한 이유로 당시의 유교 지식인들은 종족 결성의 움직임, 향약보갑제의 시행, 강학 활동, 정치 집단의 형성 등등의 제 사회활동을 진행해 나가면서 유교 이념에 바탕을 둔 도덕적·사회적 책임감을 강하게 인식하고 있었다. 결국 명대 말기의 사상은 사회 현실이라는 눈앞의 문제에 부응하면서 변화되지 않을 수 없게 된 것이다.

2) 명말 사상계에 대한 인식

유종주도 그와 같이 명대 말기(명말)라는 위기의 시대를 살았던 지식인 그룹의 일원이었다. 그는 자신이 살고 있던 시대의 사상계, 즉 명대 말기 사상계에 대하여 어떻게 인식하고 있었던 것일까. 주지하다시피 그는 당시의 사상계에서 가장 커다란 폐해의 하나로서 양명학 좌파(양지 현성파라고도 불림)의 유행을 지적하고 그들이 내세운 '본체 중시'에 대하여 비판적 언설을 쏟아낸다. 동향의 문인 진홍우秦弘祐에게 보낸 54세 때의 집필인 서간문에서 그는 다음과 같이 당시의 '본체 중시'사조에 대해 비판적 시선을 보낸다.

동황정董黃庭(상세는 불명)은 본체의 깨달음을 설하여 선을 행하고 악을 제거하는 것[위선거악爲善去惡]은 공부에 머무르는 것이며, 따라서 그것이 본체의 유로流露(풀 위에 맺힌 이슬, 즉 유려하고 조금도 거침이 없음)로서 정당한지 어떤지는 의심스럽다고 말하였다. 그래서 도석량(도석령) 선생은 진실하게 본체의 깨달음에 관한 요체를 설하였고, 이 폐해를 구하고자 하여 "동황정의 몸은 원래 성인이다. 때문에 그것을 깨닫고 그것을 믿기만 하면 좋은 것이며, 조금이나마 선을 행하고 악을 제거하는 공부를 하려고 해도 미치지 못한다"고 말한 것이다. 이것은 바로 공부를 행하는 경우의 정문頂門의 일침一針이 된 것이며, 단지 본체를 설하기만 하면 좋다고 한 것은 아니다. 하지만 학문을 하는 자에게 있어서, 또한 이것에 의심을 품지 않으면 안 된다는 것은 왜일까. 본체는 무선無善이기 때문에 행해야 할 선은 없다고 하고, 본체는 무악無惡이기 때문에 제거해야 할 악은 없다고 한다면 선을 행하고 악을 제거하는 노력은 자연히 하지 않게 되어버린다. 이와 같이 추구해야 할 본체가 없다고 한다면, 물론 행해야 할 공부도 사라져 버린다. 이렇게 되면 천하의 사람들을 '창광자자猖狂自恣'의 상태로 빠뜨리게 될 것이다. 그 결과 학문하는 자는 또한 입문과 착수할 바를 잃어버리고, 때로는 불노佛老로 흘러들어가는 자도 나오게 된다. 이것은 중대한 일이다. 때문에 나는 양명이 말하는 바와 같이 "선도 알고 악도 아는 것은 양지良知이다"라는 일구를 내세워 이 문제를 해결하고자 한 것이다. 양지의 본체는 결코 허무虛無가 아니다. 양지의 공부에는 명근命根(=근원)이 있으며 결코 지리支

離한 것이 아니다. 양지의 경우는 아마도 본체를 주로 하고 공부를 주로 하는 두 가지 설의 장점을 취함으로써 단점을 버리는 입장일 것이다.[306]

이 문장에서 유종주는 양명학 좌파의 무선무악론과 본체 중시의 입장이 불교와 노장으로 빠질 위험이 있다고 지적하면서 비판의 입장을 견지한다. 따라서 그 해결책은 왕수인이 설한 정통의 양지설에 있고, 양지라는 것은 본체와 공부 둘 모두의 장점을 취하는 것이라고 해석한다. 더 상세히는 '공부 중시'에 대한 입장인 것이다. 이 서간문은 숭정 4년 11월에 집필한 문장이다. 서간문의 상대 진홍우는 유종주의 사위인데도 불구하고 그 학문적 경향은 도석령 계열의 양명학 좌파에 근접해 있었다. 또 증인회(유종주 중심)와 백마산방별회(도석령 중심) 양쪽의 강학에 모두 적극적으로 참가한 인물이다. 유종주는 이 무렵부터 양명학에 관심을 가지기 시작하는데, 문장의 도처에서 왕수인의 양지설을 자신의 논리 근거로 내세우고 있음을 알 수 있다.

여기에 서술된 그의 당시 사상계에 대한 인식은 양명학 좌파의 본체 위주에 대한 비판이었다. 그는 본체와 공부를 서로 대응시키면서도 도석령의 '본체 중시'에는 반대의 입장을 취하고 '공부 중시'의 입장을

---

306 『全集』第三冊(上), 「文編七·書(論学)」「答履思二」. "董黄庭言, 為善去惡, 未嘗不是工夫. 正恐非本體之流露正當處. 故陶先生切切以本體救之, 謂黄庭身上, 本是聖人. 何善可為, 何惡可去. 正為用工夫下一頂門針, 非專談本體也. 而學者猶不能無疑于此, 何也. 既無善可為, 則亦無所事於為善矣. 既無惡可去, 則亦無所事於去惡矣. 既無本體, 并無工夫. 將率天下為猖狂自恣. 即有志於学者, 亦苦於従入之無途, 或流而為佛·老者有之. 寧不重為之慮乎. 故僕於此只揭知善知惡是良知一語鮮紛. 就良知言本體, 則本體絶無虚無. 就良知言工夫, 則工夫絶無枝葉. 庶幾去短取長之意云爾."

강조한다. 결국 유종주의 본체, 공부, 창광자자 운운의 발언은 양명 후학(특히 양명학 좌파)을 정통 양명학에서 이탈·배치된 것으로 간주한 인식이며, 또 그 이탈·배치된 원인은 양명 후학의 '본체 중시'에 있었다고 하는 인식이다. 황종희의 경우도 『명유학안』에서 명대 말기 자신이 양명학 정통파로 규정한 강우 양명학의 학맥을 내세우고 양명학 좌파를 격렬하게 비판한다.

> 요강의 학(양명학)은 강우江右(지금의 강서성)만이 정통을 전하였다. 동곽東廓(추수익)·염암念庵(나홍선)·양봉兩峯(유문민劉文敏)·쌍강雙江(섭표聶豹) 등이 그 우수한 학자들이다. 재전하여 당남塘南(왕시괴王時槐)·사묵思·(만정언萬廷言)에 이르렀고, 모두 양명이 충분히 논의하지 못했던 취지를 근원에까지 거슬러 올라가 설파하였다. 이 때 월중越中(지금의 절강성. 그 지방 출신의 왕기 일파)에서는 여러 폐해가 속출하였고, 스승(왕양명)의 교설을 방패로 취하면서 학자들의 입을 틀어막았지만, 강우江右만이 그것을 잘 타파하여 양명의 도는 그 힘에 의해 타락함에 빠지지 않았다. 양명 일생의 정신은 모두 강우에 담겨져 있다.[307]

이미 몇 차례 지적했듯이 이와 같은 황종희의 인식에는 대략 스승 유종주의 학문적 영향을 인정하지 않을 수 없다. 즉 이 둘의 명말 유

---

307 黃宗羲, 『明儒學案』 卷十六, 「江右王門学案」. "姚江之學, 惟江右為得其傳. 東廓·念菴·兩峯·雙江, 其選也. 再傳而為塘南·思默, 皆能推原陽明未盡之旨. 是時, 越中流弊錯出. 挟師説以杜學者之口, 而江右獨能破之, 陽明之道賴以不墜. 蓋陽明一生, 精神俱在江右."

교사상계에 대한 인식의 공통점은 양명학 좌파에 대한 강한 부정과 비판에 있었다. 하지만 유종주의 당시 사상계에 대한 인식은 주로 왕기(왕용계) 일파의 양지현성과 본체 중시 등에 관한 비판에 초점이 맞추어져 있었던 것이고 황종희처럼 '양명학 정통' 운운의 발언은 결코 보이지 않는다. 따라서 황종희가 양명학 적통을 자임한 인물이었음을 생각해 보면, 절동 지역의 양명학 좌파를 비판하고 양명학 정통이 강우江右학파에 있었다고 하는 견해는 당연한 결론이었을 것이다. 반대로 명대 말기의 사상계 풍경을 주자학 진영의 시각에서 본다면 그것은 과연 어떠한 상황으로 인식되었던 것일까. 청대 초기의 주자학자 육롱기陸隴其(1630-1692)는 명대 말기의 사상계 상황과 관련하여 다음과 같이 말한다.

명대 말기에 학술이 혼란하여 각자가 종지를 수립했는데, 어떤 자는 명명덕明明德을 주요한 것으로 삼았고, 어떤 자는 성의誠意를 주요한 것으로 삼았으며, 또 어떤 자는 지지선止至善을 주요한 것으로 삼았고, 어떤 자는 수신修身을 주요한 것으로 삼았으며, 어떤 자는 치지致知를 주요한 것으로 삼았고, 어떤 자는 격물格物을 주요한 것으로 삼았으며, 어떤 자는 '천하에 명덕明德을 밝힘'을 주요한 것으로 삼았다. 이 때문에 삼강령三綱領 팔조목은 마치 진晉·초楚·제齊·진秦이 서로 주도권을 쟁탈하는 것과 비슷하였다. 이러한 교설은 똑같지는 않았지만, 결국 주자가 삼강령 팔조목을 분별해 놓고 있었음에도 불구하고, 제가諸家에 이르자 (삼강령과 팔조목을) 다시 합쳐서 하나로 통일하고자 하였다. 그러했음에 분별하는 것을 '지리支離'라 간주하였고, 합치는 것을 '쉽고 간편한'것이라 간주하였다. 그 결과 성인이 행한 입언의 주지가 파묻혀진지 오래되었다.[308]

이와 같이 주자학자임을 표방한 육롱기의 눈에는 명대 말기 유교 사상계의 상황이 종지宗旨 쟁탈로 인한 학술적 혼란, 성학聖學 쇠퇴에 의한 혼란 상태로밖에 비치질 않았다. 육롱기가 보기에 『대학』 팔조목에 관한 주희의 교설에 위배하여 주장된 종지의 하나로서 성의설이 있는데, 이것은 다름 아닌 유종주의 학술 종지이다. 육롱기는 별도의 문장에서 유종주의 학문을 높이 평가한 적도 있지만, 이 성의설에 대해서만큼은 명대 말기 학술계를 혼란으로 빠뜨린 원흉의 하나로서 힐난하고 있기도 하다.

다음은 만력 41년, 유종주의 나이 36세 때 그 자신과 동년의 진사인 육전陸田이라는 인물에게 보낸 편지의 내용이다. 여기에서 그는 융합 혹은 절충으로서의 학문적 태도와 유교사상계 내부에서 전개된 다양한 학파의 견해를 합일적인 관점으로부터 인식하고 있다.

　　도道는 형이상形而上의 것입니다. 형이상이라고 해도 형상(형태)을 벗어난 것은 아니며, 형이하形而下가 곧 형이상입니다. 때문에 『논어』에

---

308 『松陽講義』卷一, 「大学·大学之道章」. "自明季学術淆乱, 各立宗旨. 或以明明德為主, 或以止至善為主, 或主修身, 或主誠意, 或主致知, 或主格物, 或主明明德於天下. 三綱領八条目, 幾如晋楚斉秦之遞相雄長. 其説雖不同, 総之, 朱子欲分為三為八. 諸家欲合為一, 以分為支離, 以合為易簡, 而聖人立言之旨, 汨没久矣."

서도 '하학下學이면서 상달上達'[309]이라고 말한 것입니다. 하학이라 해도 집안에서 걸레질 하거나, 윗사람을 시중들거나 하는 것과 같은 작은 일뿐만 아니라, 형상形象에서 떠나지 않는 것은 모두 하학입니다. 형상이 있는 것 중에서 가장 악惡으로 빠지기 쉬운 것은 우리 내부의 마음입니다. 때문에 『서경』에서도 '인심人心은 위태롭고 도심道心은 은미隱微하다(욕망에 가려져 분명하지 않음)'고 말한 것입니다. 형이하가 곧 형이상이라는 것은 이것을 두고 한 말입니다. 그래서 군자는 형색形色, 즉 형체와 용색容色에 즉하여 천성天性을 추구하면서 또한 계신공구戒慎恐懼의 공부를 행하였습니다. 『서경』에서는 '정일精一'이라 했고, 『논어』에서는 '극기克己'라 했으며, 『역경』에서는 '세심洗心'이라 했고, 『대학』과 『중용』에서는 '신독'이라고 했습니다만, 모두 똑같은 것을 말한 것입니다.[310]

이처럼 유종주의 사상은 '형이하=형이상' 혹은 '하학=상달'이라는 일원론적 조화와 융합을 강조한 것이 특징이다. 즉 이 문장에서 유종주는 형이하를 떠나서 형이상은 존재하지 않으며, 하학을 떠나서 상달이 있을 수 없다는 일원론적 취지를 강조하고 있다. 물론 이것은 주자학·양명학을 불문하고 당시 유교사상계의 일반적 상황을 지적한 것으로 유교사상은 모두 하나로, 즉 통일적으로 귀결될 수 있다고 하는 시

---

309 하학상달下學上達이란, 아래로는 인간의 사리事理를 배우고 위로는 하늘의 도리에 통한다는 뜻으로 쉬운 것을 배워서 점차 깊은 학문의 경지에 도달하는 것을 의미한다.

310 『全集』第三冊(上), 「文編七·書(論学)」 「與陸以建二」. "道形而上者. 雖上而不離乎形. 形下即形上也. 故曰, 下学而上達. 下学非只在差灑掃応対小節, 即未離乎形者皆是. 乃形之最易溺処在方寸隠微中. 故曰, 人心惟危, 道心惟微. 即形上形下之説也. 是故君子即形色以求天性, 而致吾戒懼之功焉. 在虞書所謂精一, 在孔門所謂克己, 在易所謂洗心, 在大中所謂慎独一也."

점이다. 게다가 『전서』 권19에 수록된 「여육이건연우1(與陸以建年友一)」(『전집』은 제3책에 수록, 36세 때 집필)은 그 제하題下에 다음과 같이 기록하고 있다.

> 이건以建(육전)의 학문적 입장은 우선 주뇌主腦(=근본, 본체)를 제시하고자 했던 것이며, 공부工夫 등을 입으로 발설하는 것을 즐겨하지 않고 일단 성찰省察·극치克治에 미치면 반드시 그것을 '소제掃除'(=불식하고 배제함)하려고 하였다.[311]

이것은 육전의 '본체 중시'입장에 대한 비판을 목적으로 한 서간문이고, 여기에서 말하는 주뇌는 본체와 동일한 방향의 개념이다. 유종주는 친구 육전이 양명학 좌파의 입장을 취하는 것에 대해 매우 비판적이었다. 당시 유교사상계를 풍미한 양명학 좌파 계열에 속하는 육전의 이러한 학문적 입장에 대하여 유종주는 또 다음과 같은 고언을 한다.

> 지금 세상에서 말하는 바의 소제掃除란 스스로 모든 것에 대하여 완전무결하다고 굳게 믿는 것이지만, 그 실제는 자신의 '시청언동視聽言動'(보고 듣고 말하고 행동하는 것)에 대해 얼마만큼이나 그 뜻에 충족되지 않은 점이 있는가의 자각이 없는 것이다.[312]

---

311 『全集』第三冊(上), 「文編七·書(論学)」「與陸以建年友一」. "以建論学先提主腦, 不喜言工夫辺事, 一涉省察克治, 必掃除之."
312 同上書, 「與陸以建年友一」. "今世所云掃除者, 自謂処処円満, 不知視聴言動間, 有多少慊不意処."

이처럼 수양공부를 등한시하고 본체만을 중시하는 동년의 진사 육전의 학문적 태도에 대해 못마땅해 하고 있는 것이다. 이것은 다시 말하면 당시 유교사상계를 풍미한 양명학 좌파에 대한 부정적 인식이기도 하였다. 또 같은 해인, 즉 유종주의 나이 36세 때 육전에게 보낸 다른 서간문 속에서는 다음과 같은 발언도 보인다.

지금 세속의 병폐는 ……… 일체의 학문을 소제掃除시켜 버림으로써 '불립문자不立文字'를 표방하고, 바로 곧 지금 그 상태만을 자기의 본성·종지로 간주하는 것에 있다. 이러한 상태로는 이학異學(불교의 선)이 분분히 들어와 어지럽히는 것도 이상할 게 없다.[313]

이 문장에서는 본체만을 중시한 채 실천·공부를 방치하는 것과 같은 상태를 비판하고 있다. 또 소제掃除, 불립문자, 이학異學 운운의 표현에서도 알 수 있듯이 육전의 사상적 입장을 양명학 좌파의 본체 중시 및 불교의 선 등에 비유하여 논란을 펼친 것이다.[314] 확실히 여기에서 유종주가 말하는 소제, 불립문자, 이학 등등의 발언은 양명학 좌파를 표적으로 한 것이고, 당시의 유교사상계에 대한 그 자신의 불만을 우회적으로 표현했다고 볼 수 있다.

313 『全集』第三冊(上),「文編七·書(論学)」「與以建二」. "今世俗之弊, ……以掃除一切為学, 以不立文字, 当下即是性宗. 何怪異学之粉粉也."
314 中純夫,「劉宗周の陽明学観について―書牘を中心として」,『陽明学』第十四号, 二松学舎大学陽明学研究所, 2002, 130쪽.

이상 살펴본 바와 같이 명대 말기 유교사상계에 대한 유종주의 인식은 양명학 좌파의 본체론 비판에 그 초점이 맞추어져 있었다. 오로지 본체만을 담론하고 실천을 등한시하면서 공부를 쓸모없는 것으로 간주한 양명학 좌파의 학문적 태도에 대해 극히 비판적이었다는 것이다. 동년의 진사 육전의 그러한 폐해를 힐난하는 문맥에 있어서는 동종의 병폐에 빠진 것으로 간주하고, 양명학 좌파의 선적 경향에 대한 비판적 언급이 보인다. 유종주의 명대 말기 사상계에 대한 문제 제기는 바로 양명학 말류의 급진적인 사유 방식을 배척한 것이며, 그 비판 대상은 오로지 양명학 좌파에 향해져 있었던 것이다.

한편 장구한 중국사상사의 역사에서 볼 때, 명대 말기부터 청대 초기에 이르는 약 백 여 년 동안은 지식인층 혹은 사대부 계층이 인간 그리고 우주·세계에 대한 해석에서 주자학 및 양명학적 사유 방식에 근거하면서도 각자의 현실적 과제에 응하여 자신의 학설을 주장하였다. 이 책의 주인공 유종주도 그러한 인물이었다. 그 결과 당시의 유교사상을 중심으로 한 사상적·학문적 분위기는 '주자학 대 양명학'이라는 이항대립, 양명학 내부에서의 논쟁, 다른 학문·종교(예를 들면 불교와 도교)와의 융합·초극이라는 형태로 전개되었다. 이로 인해 각양각색의 학문 유파는 소위 주왕朱王 논쟁, 무선무악 논쟁, 본체공부 논쟁, 삼교일치 논쟁 등을 주요 논제로 삼으면서 명대 말기 유교사상계의 무대에 광풍처럼 등장한 것이다.

3

학파간의 논쟁−무선무악

　16세기와 17세기 중엽까지 중국 절동 지역 및 바로 위에 위치한 강소에서는 학술적 경향을 달리하는 대략 세 개의 학문 유파가 존재하였다. 물론 주자학 일존의 주자학파도 존재했지만, 이 지역에서만큼은 대략 양명학 좌파[315]와 즙산학파[316] 및 동림학파(동림파)[317]가 위력을 떨치고 있었다. 이들은 대체로 강남 지역(주로 강소와 절강)에서 명대 말기의 학술 전반을 주도하던 학문 유파였다. 따라서 이하에서는 이들 세

---

315 이 책에서 '양명학 좌파'라는 것은 주로 왕기를 필두로 하는 '절중왕문浙中王門'을 가리킨다.

316 즙산학파라는 명칭은 대만이나 중국 대륙에서 자주 애용되는 호칭으로, 명대 말기에 활약한 유종주와 그 문인들의 학인 네트워크 혹은 학술공동체를 일컫는 명칭이다. 이 책에서도 그에 따라 유종주 문하를 포함하여 관련성이 있는 일련의 학자군을 즙산학파라 명명한다.

317 이 책에서는 동림파와 동림학파를 같은 의미로 병용함. 동림학파에 대해서는 후대의 평가가 엇갈리고 있다. 일련의 학자들은 이들을 신新주자학파로 분류하기도 하고, 또 어떤 이들은 양명학 우파로 분류하기도 한다. 사실 이 동림학파는 주자학과 양명학의 절충과 조화를 시도했던 측면이 강했기 때문에 이런 이중적인 평가가 있다고 볼 수 있다. 물론 즙산학파의 경우도, 그 개조 유종주가 주자학과 양명학의 절충을 시도했기 때문에 동림학파에 대한 평가와 마찬가지로 다양한 평가가 존재해 왔다. 하지만 동림학파와 즙산학파의 학문적 경향은 학지學知의 측면에서 볼 때 쉽게 구별할 수 있다.

유파간의 학술 논쟁에 대한 전반적 검토를 시도해 보기로 한다. 이 학술 논쟁의 과정은 복잡한 인적 네트워크의 양상을 띠면서 전개되었고, 때로는 개인적 차원의 학문적 입장에 근거한 언설을 뛰어넘는 학파적 견해로서 나타나기도 하였다. 그만큼 명대 말기의 유교사상계는 양명학 내부 혹은 외부에서 치열한 의론과 학술 담론이 펼쳐지던 학술 공간이었다.

1. 절동 양명학 좌파의 계보와 평가

1) 절동 양명학 좌파의 계보

즙산학파의 개조 유종주가 본격적인 학술 활동을 시작할 무렵, 소위 양명학 좌파의 활동은 이미 명말(명대 말기) 사상계에서 상당한 세력을 구축하고 있었다. 다시 말해 명말 절동의 유교사상계를 들여다보면, '현성現成의 성인聖人'과 같은 관념의 주장이 성행하고 있었는데, 유종주는 당시의 시점에서 말하면 소수파였다. 그리고 세상에 과다하게 전파된 좌파의 양명학은 강남 지역의 절동에서 흥성하고 있었다. 그 중에서도 명말 절동의 사상계는 동림학파·즙산학파의 출현은 물론이고, 학술적으로 이 양자와 격렬하게 대립한 왕기·주여등 라인의 양명학 좌파가 존재하고 있었다. 그럼 절동 양명학 좌파의 계보는 어떠한 양상으로 전개되었을까.

주지하듯이 절강 승현嵊縣 출신으로 주여등의 문하생이며 유종주와도 개인적으로 친밀한 관계를 맺었던 도망령에 의하면, 절동 양명학파의 학적學的 계보는 '왕수인—왕기—주여등'이라는 일련의 흐름이 된다.

또 왕기와 주여등과의 관계는 "어린 시절 일찍이 도道를 왕용계(왕기) 문하에서 듣고, 만년에까지 이르렀다"고 하는 고백에도 잘 드러나 있는데, 이 일화에 관한 주여등 자신의 발언이 있다. 어떤 사람이 "선생님(주여등)은 용계 선생의 문하에 들어가 학문을 전수받았습니까"라는 질문에 대하여 "문하에 들어가 아직 업業(=학문)을 전수받지 못했을 뿐더러, 업을 전수하는 것도 그 문하에 미치지 못했다"라고 대답하고 있다.[318] 이 일에 관하여 주여등 자신은 상세히 다음과 같이 기술하고 있다.

융경隆慶(명 목종穆宗의 연호. 1567-1572) 4년 경오庚午(1570), 섬현剡縣(절강 승현의 서남부)의 읍령邑令이 왕기의 내강來講을 배청했을 때, 해문(주여등)도 제생과 함께 들어와 청강했는데, 충분히 이해할 수 없었기 때문에 문하에 직접 들어가 업(=학문)을 전수받을 수 없었다. 후에 임관하고 나서 (만력 5년 이후), 그 학문에 매료되어 배우자는 마음이 점차로 강해졌기 때문에 다시 한 번 선생(왕기)의 「회어會語」를 새롭게 읽게 되었던 바, 한 글자 한 구절 모두 마음속에 깊이 새겼다. 그래서 진실로 마음을 담아 용계 선생에게 귀의하는 바가 있었는데, 이 때 이미

---

318 今井宇三郎外二人著, 「解説·周海門」(「陽明門下·下」 所収, 陽明学大系第七巻, 錢德洪等著, 荒木見悟等編, 明德出版社, 1974년) 44쪽.

용계 선생은 세상을 떠난 뒤였다(만력 11년 사망). 이러한 사정이 있었음에 실은 내 자신이 용계 선생에게 업을 전수받았지만, 그 문하에는 이르지 못하였다.[319]

게다가 주여등의 학적 계보에 있어서는 또 다른 중요한 한 사람의 인물이 존재한다. 즉 나여방(근계近溪, 태주학파 안균의 제자)이다. 이 인물은 명말 사상계의 이단아로 지칭되는 이탁오(본명은 이지)가 진심으로 경모한 학자이기도 하였다. 나여방은 『명사』 「유림전儒林傳」의 기록에 의하면 학문을 주여등에게 전수했다고 쓰여 있는데, 확실히 나여방은 주여등이 존경해 마지않던 스승으로 추앙하던 인물이다. 그리고 황종희는 주여등이 처음으로 나여방과 만나 자극과 계발을 받았을 때의 일을 『명유학안』 속에서 다음과 같이 기록하고 있다.

해문海門(주여등)은 근계(나여방)를 만났는데, 7일 동안 아무것도 배운 것이 없었다. 그래서 해문이 질문하였다. "어찌하여 선善만을 택하여 고집하시는 것입니까". 근계가 말하기를 "선을 택하여 단지 그것만을 고집할 뿐이다"라고 하였다. 이로 인하여 (해문은) 깨닫는 바가 있었다. 또 일찍이 근계는 해문에게 『법원주림法苑珠林』을 보여주었는데, 해문이 한 두 페이지를 보고 무언가 말하려고 하자, 근계는 해문의 말문을 가로막고 계속해서 읽게 하였다. 그리하여 해문은 오싹하고 두려운 나머지

319 周汝登, 『東越証学録』 巻五, 「剡中會語」, 「取意」.

등짝을 두들겨 맞은 듯한 충격을 받았다. 해문은 이후부터 근계에게 사숙하였고, 근계의 초상을 항상 모셔놓고 절일이 되면 반드시 제사 지냄으로써 평생 동안 근계를 섬겼다.[320]

황종희가 묘사하고 있는 나여방과 주여등의 관계는 이처럼 주여등의 학적 계보상에 나여방을 스승으로 내세우고 있다. 후에 주여등이 불교, 그 중에서도 특히 선에 관심을 두고 선승들과 친밀한 교제를 맺은 것도 이러한 나여방의 불교의 선적 가르침을 받은 영향과도 큰 관련이 있다. 이와 같이 볼 때 주여등의 학적 계보는 '왕수인→왕기·나여방→주여등→도망령·도석령'이라는 일련의 흐름이 될 것이다.

그런데 흥미진진한 사실은 주여등과 유종주의 가문 유씨 일족과의 관계이다. 비록 주여등이 유종주와는 그 학문적 입장과 태도가 정반대의 위치에 있었지만, 주여등의 문하생들 가운데 유씨 일족의 유각劉塙·유의중劉意中이라는 인물이 있었다는 점이다. 유각과 주여등과의 관계에 관해서는 유종주가 쓴 『가전家傳』과 황종희의 『명유학안』이 그 기록을 전하고 있다. 유각은 자가 정주靜主이고 호는 충천沖倩이며 절강 회계會稽 사람으로, 황종희는 그를 「태주학안」에 집어넣고 있다.[321] 즉 유씨 일족 가운데 유각은 양명학 좌파로 분류된 것이다. 유종주는

---

320 黃宗羲『明儒学案』卷三十六,「泰州学案五」「尚寶周海門先生汝登」. "已見近溪, 七日無所啟. 請偶問, 如何是擇善固執. 近溪曰, 擇了這善而固執之者也. 從此便有悟, 近溪嘗以法苑珠林示, 先生覽一二葉, 欲有言. 近溪止之令, 且看去. 先生竦然若鞭背, 故先生供近溪像, 節日必祭事之終身."

321 黃宗羲,『明儒学案』卷三十六,「泰州学案五」,「太學劉沖倩先生塙」.

유씨 가문의 내력을 기록한 『가전』 속에서 "유씨 300여 년 동안 처음으로 이학理學을 담론한 것은 공公(유각)으로부터 시작되었다"고 말하고 있다.

주여등도 「사마대부종계왕공수언司馬大夫宗渓王公壽言」이라는 문장 속에서 유각을 "종맥宗脈(왕기 계열의 양명학)의 구명에 힘써 이성異姓의 후손(왕기와 성이 같지 않은 자손)이다"고 상찬하고 있다. 유의중이라는 인물은 『소흥부지』 속에 약간의 기록이 보이는데, 그 「인물지人物志」[322]에는 유의중이 유종주의 종제從弟이며, 유종주가 과거시험에 합격하기 전후인 바로 그 무렵에 금릉金陵에 가서 주여등과 허부원이 개최한 강학회에 참가한 적도 있다고 기록되어 있다.[323] 두말할 필요도 없이 유종주가 그 전 생애에 걸쳐서 사상적으로 가장 적개심을 불살랐던 대상은 양명학 좌파의 인물들 중에서도 왕기라는 인물이었다. 고향 절강 지역에서 양명학 좌파의 유행에 직접적으로 영향 받고 있던 유종주는 왕기의 무선무악설 주장에 대하여 강한 반감을 가지고 있었다. 주지하다시피 주여등이 가장 존경해 마지않던 왕기(1498-1583)는 왕수인 만년의 고제高弟 중 한 명이고, 소흥부 산음현 출신으로 유종주와는 동향이었다. 그는 선사 왕수인의 몰후, 각지의 서원 등에서 개최된 강학회에 분주히 뛰어다니며 동문의 여러 제자들과 학문을 절차탁마

---

322 『紹興府志』 巻五十, 「人物志·儒林」 「劉意中」. "劉意中, 字는 子庸, 紹興 山陰縣 사람이다."
323 증인회와 백마산방별회의 분화 과정과 그 무렵의 유종주 사상에 관해서는 孫中曾의 논문을 참조 「證人會, 白馬別會及劉宗周思想之發展」, 『劉蕺山学術思想論集』 鐘彩鈞主編, 台湾中央研究院, 1998.

하면서 양지 심학의 발전에 지대한 공헌을 했던 인물이다. 그가 전 생애에 걸쳐서 부지런히 강학 활동에 힘썼다는 것은 그의 실제적 족적이 남긴 그대로이지만, 그것은 또한 왕기 스스로 자주 술회하는 바에서도 더욱 분명히 드러난다.

가르침을 받은 이래 4, 50년이 지났다고는 하지만, 나아가 관직에 있던지 물러나 집에 있던지 간에 나는 항상 친구들과 모여 학문을 강론하는 일에 종사해 왔다. ………선천적으로 타고난 성질은 여행을 좋아하였는데, 그 족적은 거의 천하의 절반에 미쳤다.[324]

왕기는 강학에 관하여 "인생에 단지 이 일만 있을 뿐이다"고까지 말하고 있으며, 그에게 있어서 강학은 문자 그대로 인생 최대의 관심사였다. 그 때문에 왕기가 관여한 강회의 주요한 소재지는 주로 그의 고향 절강을 비롯하여 강서, 안휘, 강소의 네 성에 분포해 있다. 그 밖에 북경 및 복건성 복주부福州府에서의 강회가 문헌상에서 확인할 수 있는데, 후자는 일회성에 그친 단발 회합일 가능성도 있으며, 또 북경에서의 강회에 왕기가 참가했다는 사실은 그 자신이 과거의 최종 시험 단계인 전시에 응시하기 위해 입경한 가정 11년의 시기뿐이다. 따라서 왕기의 통상적인 강학 활동의 공간적 범위는 방금 위에서 말한 네 省에

---

324 『龍溪先生全集』 卷十五, 「自訟長語示児輩」 隆慶四年, 七十三歳. "聞教以来四五十年, 出処間忙, 未嘗不以聚友講学為事. ……素性好遊, 輒迹幾半天下."

서만 주로 이루어졌다고 볼 수 있다.

그 가운데 절강·강서 지역이라고 하면 절강은 자신의 선사 왕수인의 탄생지였고, 또 강서는 왕수인이 일찍이 여릉지현廬陵知縣(정덕 5년), 강서순무江西巡撫(정덕 14·15년)로서 부임했던 지역이다. 양명 문하의 주요한 고제들을 배출한 곳도 또한 이 두 省이다. 황종희가 쓴 『명유학안』가운데 「절중왕문浙中王門」 및 「강서왕문江右王門」에 할당된 권수의 대부분이 그것을 단적으로 이야기해 주고 있다. 왕기에 관해서 말해 보면, 그 자신의 고향이기도 한 절강 지역을 중심으로 하여 인접의 지리적으로도 한 발을 내딛으면 닿을 만한 곳에 위치한 강소·안휘·강서가 주요한 강학 활동의 장소가 되었던 것이다. 절강 지역에서 왕기가 관여한 강회를 살펴보면, 대략 다음과 같다.

'천진天眞의 회會'(항주부杭州府 전당현錢塘縣), '만송萬松의 회'(항주부 인화현仁和縣), '봉래蓬萊의 회'(소흥부 회계현会稽縣), '운문雲門의 회'(소흥부 회계현), '천주삼방天柱三房의 회'(소흥부 회계현), '용남산거龍南山居의 회'(소흥부 회계현), '자호정사慈湖精舍의 회'(영파부寧波府 자계현慈溪縣), '천심天心의 회'(가흥부嘉興府 평호현平湖縣), '동계삼방東溪三房의 회'(가흥부 수수현秀水縣) 등등이다.

확실히 이러한 강회가 지역의 동지를 결집하는 매개체로서의 역할을 담당했다는 것은 틀림없는 사실이다. 또 유종주의 고향 소흥부에서 왕기가 왕성하게 강학을 행했다는 역사적 사실을 생각해 보면, 유종주의 탄생을 전후로 하여 이 지역이 양명학 좌파의 영향 하에 놓여 있었다는 사실을 알 수 있다. 하지만 유념해야 할 것은 이 강회의 장에 있어서는 시사적 문제나 정치적 득실 문제 등과 같은 화제가 서로 교환되었다는 흔적이 보이지 않는다는 것이다.[325] 다시 말해 지금까지 남겨진 자료에 근거하여 살펴보는 한, 전혀 그러한 화제가 언급되어 있지 않다는 것이다.

이러한 점은 동림파 강학의 현실 정치에 대한 뜨거운 관심이나 적극적 참가라는 문제와는 완전히 그 특징을 달리하고 있다. 그 때문에 왕기의 강회에 대한 견해, 즉 학술적 혹은 비정치성의 강회를 지향했다는 것을 지적해 볼 수 있을 것이다. 특히 사상적으로 왕기는 양지의 '무선무악'적인 성격을 이론적으로 심화시킴과 동시에, 양지가 현재적 시점에서 원만하게 성취된다고 하는 일[=현성現成]을 전면에 내세움으로써 스승 왕수인의 '심즉리心卽理'사상의 의의를 더욱 더 분명히 자리매김 시켰다는 것이다.[326] 그 후 절동 지역에서의 왕기의 사상적 노선은 동향의 후학 주여등에게 전해지고, 그것은 다시 유종주와 동시기에 활약한 도망령·도석령 형제에게 전해져 갔던 것이다.

2) 좌파의 입장에 대한 평가

양명학 좌파에 시종일관 부정적 시선으로 바라보던 유종주는 당시

325 왕기의 강학 활동 전반에 관해서는 中純夫, 「王畿の講学活動」(『富山大学人文学部紀要』第二十六号, 富山大学人文学部, 1997) 참조.
326 柴田篤, 「良知靈字攷—王龍溪を中心にして—」, 『陽明学』第十二号, 二松学舎大学陽明学研究所, 2000, 2쪽.

의 사상계, 특히 절동 지역의 양명학 좌파의 유행과 그 방종한 상태에 관하여 다음과 같이 말하고 있다.

지금 천하에서는 서로 다투어 양지를 이야기하고 있다. 그 폐해로서 는 창광猖狂한 자는 정식情識을 혼입하면서 그것으로 모두 좋다고 하 고, 초결超潔한 자는 현묘하고 허황된 논리를 가지고 '탕蕩'이 되어, 좋 고 나쁜 것을 함께 뒤섞어 동일시하고 있다.[327]

동림학파의 고헌성은 '탕蕩'이라는 용어 표현을 가지고 양명학의 폐 해를 지적하고 있는데, 유종주의 경우에도 양명학 좌파의 담론에 대 하여 '정식情識'과 '탕蕩' 운운의 발언에 의해 그 심각한 폐해를 지적하 고 있다. 다시 말해 이것은 왕기를 비롯한 양명학 좌파(=양지현성파)의 사람들이 지극한 선(=지선至善)으로서의 마음의 본체가 만인의 마음 에 현재진행형으로 완전하게 존재하며, 또한 기능하고 있다고 보는 관 점으로부터 본체와 공부를 이분하여 파악하는 것을 전제로 한 것이다. 그것은 본체의 자연성을 깨닫고 들어가 그 자율적 운동에 몸을 맡기는 것을 지향한 것이며, 의식적이고 작위적인 공부를 부정하는 경향에 기 울어져 있었다는 것을 배경으로 삼고 있다. 그리고 또한 거기에는 마음 의 본체 부분과 표층 부분을 나누는 이분법이 전제가 되어 본체를 깨

---

327 『全書』卷六, 「解·二十五」. "今天下爭言良知矣. 及其弊也, 猖狂者參之以情識, 而一是皆良, 超 潔者蕩之以玄虛, 而夷良於賊."

닫기만 하면 자연스럽게 표층의 문제는 해결된다는 발상도 존재하고
있다.

그러한 입장에서는 한편으로 마음의 표층에 부동하는 '염려念慮'의
부분을 그대로 지선至善의 본체의 활동이라고 파악함으로써 방종한
염려·행동을 시인하는 결과가 된다는 점, 그리고 다른 한편으로는 마
음의 본체에 대한 초탈만을 전적으로 추구하는 일에 의해 그것을 현실
과의 관련성을 잃어버린 '무선무악'이라고 오해하여 눈앞의 현실에 놓
여 있는 선악의 구별을 유해무익한 존재로 파악하는 것을 비판한 것이
다.[328] 한편 왕수인 등장 이후인 명대 중기 이후의 유교사상계의 변화
에 관하여 왕기·유종주와 동향인 청초의 학자 육롱기陸隴其는 다음
과 같이 그 학술 정경을 묘사하고 있다.

왕양명이 양지의 설을 제창한 이래, 그 내실은 선禪이면서도 유儒
의 이름에 의탁하였고, 더군다나 『주자만년정론朱子晚年定論』 일서를
편찬하여 스스로의 학문이 주자의 학과 상이한 점이 없다는 것을 분명
히 하고자 하였다. 왕용계(왕기), 왕심재(왕간), 나여방, 주해문(주여등)
등의 후학들이 그것을 널리 퍼뜨림에 왕학이 천하에 만연하였고 다시금
성인이 출현한 듯이 생각되었다. 그런데도 옛 성현의 하학下學·상달上
達의 유법遺法은 그 흔적을 남기지 않을 정도로 괴멸되었고, 학술은 산

328 유종주에서 진확으로의 사상사적 계승·전환 문제에 관해서는 馬淵昌也,「劉宗周から陳確へ
ー宋明理学がら清代儒教への転換の一様相ー」(『日本中国学会報』第五十三集, 日本中国学会,
2001) 참조.

산이 흩어져 없어졌으며 그 뒤를 이어 풍속도 마비되었다. 그 폐해로서
는 예법이 문란해졌으며, 강상의 윤리를 멸시함에 천하의 사람들이 자
의적으로 방종한 행동에 이끌려 스스로 사회적인 규칙과 규범 안에 안
주하지 않게 되었다. 이에 수많은 병폐가 번갈아 발생하는 데까지 이르
렀다.[329]

육룡기의 이와 같은 주장은 거기에 윤리적인 일종의 '이완弛緩'을
재발견한 것이었으며, 특히 그 중에서도 수양론상의 구체적인 단계와
객관성을 경시하는 경향에 대하여 사회적인 기본 질서조차 흔들릴지도
모른다는 그 자신의 절박한 위기의식을 피력하고 있는 것이다. 그가 말
하고자 한 것은 양명학 좌파의 유행에 의해 명말의 사상계가 극히 문
란해졌고, 사회질서의 근간이 붕괴 직전에 놓여있었다는 것을 지적한
것이다.

결국 유종주와 육룡기의 시점에서 살펴보면, 당시에 유행한 양명학
좌파의 의론은 기존의 사회질서를 뒤엎고자 한 '방종한' 사조로서 그
들에게 비쳐졌던 것이다. 이토 다카유키伊藤貴之는 양명학 좌파의 유
행에 대항한 제 의론은 당시의 사상적·이데올로기적인 혼미 상태의 타
개와 수습, 게다가 정치적·사회적 혹은 사상적인 질서의 회복과 그 재
구축에 대한 의사의 표명에 다름 아니었다고 지적하고 있다. 또 양명학

---

329 陸隴其, 『三魚堂文集』 卷二, 「学術辨」. 역문은 伊東貴之, 『思想としての中国近世』(東京大学出
版会, 2005) 97쪽에 의한다.

좌파의 입장을 비판하는 유종주 등의 견해에서 보면, 양지의 현성태現成態(현재 곧바로 이루어지는 상태)로서의 '자연주의적인 인간'을 즉시적으로 긍정하는 듯한 그들의 방식은 유교 강상의 윤리를 무시한 것이며 각종의 질서를 혼란의 극치로 몰아넣은 원흉으로 보았을 것이다.[330] 결론적으로 말해 보면, 이러한 절동 양명학 좌파의 유행에 대하여 강하게 반대의 의견을 피력한 사상적 흐름은 강소 지역 동림학파의 사상가 등의 담론에서도 자주 보인다. 예를 들면 명대 말기에 유종주와 깊은 인맥을 맺고 있던 고헌성·고반룡과 같은 사람들은 대개 양명학 우파의 경향에 기울어져 있으면서도 한편으로는 주자학적인 입장에 의거하고 있었으며, 일본의 현대 양명학 연구자 대가인 오카다 다케히코岡田武彦는 그들의 학문을 '왕학王学을 통과한 신주자학新朱子学[331]이라고 규정짓고 있다.

그런데 유종주는 양명학 좌파를 비판·반대하는 이유의 하나로서 그들의 불교 '선禪'적인 학문 경향을 언급한다. 그는 다음의 서간문 속에서 유교 이외의 불교나 양명학의 아류에 대하여 비판적 태도를 취하고 있다.

귀형(왕홍대王弘臺)은 병의 치료를 위해 약을 복용하는 때와 같이 기묘한 도를 수양하고자 의도하여 마침내 다시 불교의 도를 빌려 그것

---

330 伊東貴之의 앞의 책, 98쪽.
331 岡田武彦,「第九章, 東林学と劉蕺山」,『王陽明と明末の儒学』, 明德出版社, 1970, 399-404쪽.

을 가지고 우리 유가의 종지를 밝히고자 하였습니다. 또 유가의 세속과 불교의 출세법을 합하여 하나로 통합했습니다. 때문에 진보적이고 두드러진 바가 있습니다. 왕양명 선생의 학문도 삼변三變하였는데(맨 처음은 시문에 빠졌고, 그 다음에는 불노佛老에 출입하였으며 그 후에 비로써 우리 유儒의 도道에 들어왔는데), 귀형의 입장은 여기에 가깝겠지요. 그렇지만 우리 유儒와 두 씨(불교와 노장)는 결국 도를 달리하고 있기 때문에 양명 선생은 일찍이 두 씨를 섭렵한 적은 있었지만, 그 후는 공공연히 이 둘을 비난하였습니다. 게다가 세간에서는 선禪이라고 비난받고 있던 육상산陸象山을 변호하여 그 학문은 선禪이 아니라고 말하였습니다. 그것은 선禪이 잘못되었다는 것을 은밀하게 깨달았기 때문입니다. 그런데 그 후인들은 유불노儒佛老의 삼교를 하나로 통합하여 그것으로 양지를 설했습니다만, 이것은 양명 선생의 본지가 아닙니다.[332]

여기에서 '후인後人'이란 왕기를 포함한 절동 지역의 양명학 좌파를 지적하고 있는 것이며, 유종주는 이 양명학 아류의 입장이 선사 왕수인의 본지가 아니라고 말하고 있다. 사실 왕기 이하 양명학 좌파의 입장에 '선禪'적 경향이 내재하고 있다는 주장은 유종주의 경우에만 한정되었던 것은 아니며, 유종주와 동시대에 활약한 동림파·주자학 진영의

---

332 『全書』卷十九, 『與王弘台年友』. "伏惟, 年台因病服藥, 発軔玄修, 逐復借途釈氏, 還証儒宗, 合世間出世間法而一之. 猛著進歩. 如陽明先生, 凡三変而後進於道. 庶幾近之矣. 然吾儒與二氏, 終異途徑, 即陽明先生未嘗不渉足二氏, 而其後亦公然詆之, 且援子静以為非禅, 則必有独覚禅之為謬者. 而後人輒欲範囲三教以談良知之学. 恐亦非先生之心矣."

학자들에게도 공통되는 경향이다.

정리하면 명대 말기 절동 지역에서는 왕기를 선두로 하여 다음으로 주여등, 도망령·도석령 형제 등에게로 이어지는 양명학 좌파가 일정의 세력을 가짐으로써 크게 유행하게 되었다. 그 반대편에는 유종주를 중심으로 한 소위 즙산학파의 존재가 있었고, 경위야 어떻든 간에 사상적으로는 양명학 좌파와 대립하는 형태가 된 것이다. 하지만 주의해야 할 점은 절동 지역의 양명학 좌파 인사는 거의 대부분이 유종주와 깊은 인맥을 형성하고 있었고, 다수의 인사가 유종주의 문인집단에도 이름을 올리고 있다는 것이다. 또 지역의 문제해결과 그 활동에 있어서는 공통의 이해를 가지고 상호 협력하고 있었다는 사실도 확인할 수 있었다. 다음 절에서는 명말 사상계에서 벌어진 무선무악 논쟁에 관하여 검토해 보기로 한다.

2. 무선무악 논쟁

1) 논쟁의 경과와 의의

한 세대에는 한 세대의 독특한 학풍이 존재하고, 또 당시를 풍미하는 '유행하는 말(=유행어)'이 당연히 있기 마련이다. 다시 말해 일종의 문화 코드와 같은 그러한 용어는 각 시대마다 존재했다는 것이다. 명대 말기에는 무선무악이 그러한 용어였다. 명대, 그 중에서도 특히 명말의 사상계가 무선무악 논쟁으로 상징되는 양명학 좌파의 유행 풍조였다는 사실은 누구라도 부정할 수 없을 듯하다. 그리고 그 시대에 당시의 양명학 좌파의 유행과는 학풍을 달리하면서 '반反무선무악'의 학풍을 지향하고 자신만의 독특한 신독·성의의 사상을 제창한 유학자로서 유종주가 존재한다.

주지하다시피 무선무악 논쟁은 왕수인의 사구교四句敎로부터 시작된다. 즉 "무선무악無善無惡(선도 없고 악도 없는 것)은 마음[心]의 본체[體]이고, 유선유악有善有惡(선도 있고 악도 있는 것)은 의意의 발동[動]이며, 지선지악知善知惡(선도 알고 악도 아는 것)은 양지良知이고, 위선거악爲善去惡(선을 행하고 악을 제거하는 것)은 격물格物이다."라고 하는 사구교를 둘러싸고 논의는 전개되었다.

말할 필요도 없이 『대학』 팔조목의 정심·성의·치지·격물에서 말하는 '심心·의意·지知·물物'에 대한 뜻풀이다. 이것은 가정 6년(1527) 9월, 왕수인이 농민반란군 토벌의 칙명을 받고 사전思田 원정에 출진하던 때에 맞추어, 소흥에 위치한 천천교天泉橋 위에서 스승의 출진을 기다리던 전덕홍錢德洪(1496-1574)과 왕기 두 사람 사이에서 행해진 소위 사구교사구교의 타당성을 둘러싸고 벌어진 의론에서 유래한다.

이 때 전덕홍이 수양·노력의 중요성을 역설하여 이 네 구절을 높이 평가한 것에 대하여 왕기는 본체를 중시하는 입장으로부터 뒤의 세 구절이 모두 '무선무악(선도 없고 악도 없는)'이라는 설을 개진하였다. 결국 '사무설四無說'을 주장한 왕기와 '사유설四有說'을 주장한 전덕홍과는 상호간에 결론을 보지 못하고 스승 왕수인에게 대답을 청하였다. 이에 왕수인은 왕기의 사무설은 상근上根의 사람(=선천적으로 뛰어난 사람)에 대한 교법으로서, 전덕홍의 사유설은 중근中根 이하의 사람(=일반인)에 대한 교법으로서 각각 유효하다고 하여 어느 쪽 한편으로 기울지 않게 양자의 입장을 조정하였다.[333] 이것이 그 유명한 '천천교문답天泉橋問答'이다. 양명학은 왕수인의 사후에 좌우 양파로 나뉘어져 가는데, 바로 이 문답에서 그 분열의 조짐이 보이고 있는 것이다. 통상적으로 근대 중국의 학자들이 명명한 것에 근거하여 전덕홍과 같은 입장을 왕학 우파(혹은 양명학 우파), 왕기와 같은 입장을 왕학 좌파(혹은 양명학 좌파)라고 부른다. 그 후 당연히 드러나야 할 현상으로서 왕기와 동시대 혹은 후세의 각양각색의 사상가 개개인의 사상과의 관계라는 문제가 있는데, 이것은 '천천교문답'과 '양지현성설良知現成説' 및 그 이후의 일련의 왕기의 주장에 의해 명대 후반기 사상계에서는 하나의 중요한 의론의 초점이 되었고 거대한 영향을 끼치게 된다.

통설로는 명대 말기에 욕망의 문제 혹은 무선무악의 테제에 있어서 가장 정면에서, 또한 양명학 좌파와는 정반대의 입장에서 문제를 제기한 것은 소위 동림파 인사들이다. 도덕질서의 재확립을 주장한 그들

---

333 무선무악을 둘러싼 왕기의 사상적 입장에 관해서는 이미 많은 우수한 연구 성과가 있다. 이 절의 논술에 있어서는 이하의 논고를 참고로 하였다. 馬淵昌也, 「戦後日本における王畿とその思想に関する研究の回顧と展望」(『陽明学』第十号, 二松学舍大学陽明学研究所, 1998). 中純夫, 「王畿の四無説について」(『富山大学人文学部紀要』第二十五号, 富山大学人文学部, 1996). 小島毅, 「無善無悪」(『宋学の形成と展開』所収, 創文社, 1999). 呉震, 「無善無悪論について―陽明学を中心に」(『中国思想史研究』第十五号, 京都大学中国哲学史研究会, 1992).

동림학파의 사상적 입장은 말할 것도 없이 '안티 무선무악'이었다. 다만 이 양자의 대립은 '반체제 대 체제' 혹은 '이단 대 정통'이라는 식으로 단순하게 도식화할 수 있는 것은 아니다. 그렇더라도 소위 동림학파야말로 가장 용감하게 중앙의 황제·환관파와 투쟁한 그룹이었으며, 또 그들 사상의 계승자 중에 일반적으로 '중국의 루소'라고 불리는 황종희를 낳았다는 점 등, 결국 그들은 명대 말기에 정치 이데올로기 변혁의 주요한 담당자였다는 것이다.[334] 확실히 명대사상사에서 명조의 정덕正德·가정嘉靖 이래는 왕수인이 주창한 학풍(양명학 혹은 심학)이 일세를 풍미하였고, 정주학은 그에 비하면 쇠퇴의 기미를 보였다고 해도 좋을 것이다.

명대 만력기萬曆期에 들어서면 양명학의 심성을 공담하는 폐해가 나날이 증가하는 추세로 나타났으며, 특히 일부 양명학 말류의 학자가 선사 왕수인의 사구교 가운데 맨 앞 구절인 '무선무악은 마음의 본체'라는 이론을 이용하여 공담을 일삼았으며 더 나아가서는 공공연히 삼교합일의 주장을 내세워 선풍禪風을 크게 불러일으켰다.[335] 이러한 사상계의 정경을 직접 눈으로 목격한 유종주는 당시의 학술사조를 회고하면서 일찍이 다음과 같이 말한 적이 있다. "문성(왕수인)으로부터 그 후 학자들은 왕성하게 현담玄談을 논하였고, (이러한 풍조가) 널리 퍼져 천하는 모두 선학禪學으로 가득하였다"(『유자전서』 연보). 이것이

---

334 溝口雄三, 『中国前近代思想の屈折と展開』, 東京大学出版会, 1980, 225-227쪽.
335 步近智, 「東林学派と明末淸初の実学思潮」, 『日中実学史研究』, 源了圓·末中哲夫共編, 思文閣出版, 1991, 350쪽.

유종주가 평소에 마음속에 품고 있던 '시대사조'에 대한 문제의식이었다고 할 수 있다.

또 "뜻은 세도世道에 있다"고 주장하는 동림파의 고헌성·고반룡 등은 이러한 국가·민생을 돌보지 않은 채 유교사상을 버리고 선禪에 몰입하여 심성을 공담하는 양명학 말류에 대하여 극히 비판적이었고, 유교사상의 근본 기조인 실학을 추구하지 않는—그렇다고 인식한— 그들의 태도에 대해서도 큰 불만을 가지고 있었다. 그들 동림파는 "힘을 다하여 성선性善의 요지를 환하게 밝히고 그것으로써 무선무악의 설을 물리쳤다"(호신胡慎, 『동림서원지서東林書院志序』), 또 "무無를 담론하고 허虛를 일상의 일로 삼음으로써 용사龍蛇(용과 뱀, 즉 성자와 일반인)가 얽히고 뒤섞여 광풍狂風이 제멋대로 휘몰아쳤다"(『고단문공연보顧端文公年譜』)고 하는 불량한 학풍에 대하여 온 힘을 다해 강하게 규탄하였다.

이러한 일로부터 이 시기의 무선무악을 둘러싼 사상 논쟁이 시작되었던 것이다. 다음은 명대 말기의 주요한 학술 논쟁과 정치 투쟁을 표(아래의 표 참조)로 나타낸 것이다. 이 표에 근거하여 동림파 인사와 유종주의 입장을 예로 하여 당시의 무선무악 논쟁의 양상을 검토해 보자. 그럼 당시 무선무악 사상의 유행은 어떠한 양상이었을까. 그 상황을 동림파 관련 인사의 눈을 통하여 살펴보면 또한 다음과 같이 될 것이다. 유종주 동문의 선배 풍종오는 무선무악의 유행에 관하여 다음과 같이 말한다.

당금當今의 학인學人으로 지리支離의 결함을 가진 자는 10분의 1인 것에 대하여 창광猖狂의 결함을 가진 자는 10분의 9인데, 모두 무선무악의 설로부터 나온 것이다.[336]

또 동림파의 지도자이며 유종주가 가장 존경해 마지않던 고헌성은 다음과 같이 말한다.

표16) 명대 말기의 주요한 학술 논쟁과 정치 투쟁

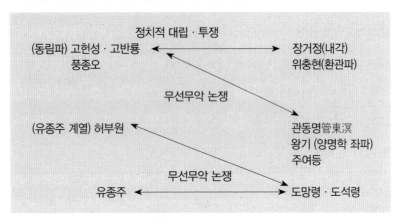

무선무악의 설이 행해지고 나서부터는 도덕까지도 뜬구름 없는 것이라 하여 경시하게 되었다.[337]

말할 것도 없이 동림파는 정치적으로는 장거정·환관파와 대립하였

---

336 馮從吾著,『馮少墟集』卷十五,「答楊原忠運長·又」. 역문은 미조구치溝口의 앞의 책에 의한다.
337 顧憲成著,『小心齋箚記』卷十. 역문은 앞의 책에 의한다.

고, 사상적으로는 양명학 좌파와 무선무악설을 둘러싸고 격렬한 논쟁을 벌인 학술 집단으로 유명하다. 그런데 동림학자들이 무선무악 비판을 이야기할 때 매우 흥미진진한 역사적 사실이 그 배경에 존재한다. 그것은 순수한 학술적 담론보다는 인맥과 학파 혹은 사승관계에 의해 그 비판과 의론이 행해졌다는 것이다. 나카 스미오中純夫도 언급한 바와 같이[338] 양명학 좌파의 왕기를 파면으로 이끈 설응기薛應旂 (1500-1575)에게는 후년이 된 뒤 젊은 날의 고헌성이 종학하였는데, 그 때 고헌성은 스승에게서 『고정연원록考亭淵源錄』에 관한 가르침을 받았다.[339]

양명학 좌파 측에서 볼 때 설응기는 당시의 수보 하언夏言(1482-1548)에게 아첨하여 왕기를 파면의 길로 몰아넣은 인물로서 통상은 부정적으로 언급되었다. 이것에 반하여 왕기의 학술에 대하여 비판적인 태도를 취했던 황종희는 설응기가 과감히 왕기를 탄핵한 일로 인해 학술을 올바른 방향으로 이끌고자 했다고 하여 그 입장을 변호하고 동림학의 연원을 개창한 공적을 설응기에게 귀속시키고 있다.[340] 고헌성이 왕기의 무선무악설을 비판한 것은 주지의 사실이지만, 동림당에 의한 왕학 좌파 비판의 사조를 상기해 볼 때 '설응기—고헌성'이라는 사승관계의 존재는 매우 시사적이다.

---

338 中純夫, 「王畿の講学活動」(『富山大学人文学部紀要』第二十六号, 富山大学人文学部, 1997, 476쪽.

339 『明史列傳』卷八十五「顧憲成」, 『明儒学案』卷五十八「顧憲成」, 『顧端文公年譜』隆慶四年, 二十一歳条(『顧端文公遺書』所収).

340 『明儒学案』, 卷二十五, 「薛応旂」.

이러한 사승 관계의 도식으로부터 보면, 유종주의 경우에도 딱 들어맞는 바가 있다. 즉 '허부원—유종주' 학적 라인과 '주여등—도망령·도석령' 학술 라인과의 무선무악을 둘러싼 논쟁이 그것이다. 유종주도 스승 허부원의 사상적 영향을 받았고, 또 동림파 인사와 교류한 일도 있어 무선무악설에 대해서는 엄격하고 비판적인 태도를 취하고 있다. 그는 무선무악의 설은 선과 악이 나란히 거론된다고 해도 그 실효는 무선無善의 한 쪽 만으로 기울어져 있다"[341]고 하면서 '무선'만을 강조하는 왕기 이하의 양명학 좌파를 강한 어조로 비판하였다.

2) 반무선무악의 입장

이미 상세히 서술했듯이 유종주의 스승 허부원은 다양한 각도에서 무선무악설을 비판한 인물로 유명하다. 허부원은 무선무악설을 비판할 때 「구체九諦」를 지었는데, 유종주·장영(유종주의 외조부)과도 깊은 인간관계를 맺고 있던 주여등은 이것에 반론하여 「구해九解」를 써서 답변했다고 한다. 양자의 논쟁은 모두 주여등의 『동월증학록東越証学録』 권1 「남도회어南都会語」(만력 20년)에 수록되어 있다.

이 때 허부원은 유선유악有善有惡(선도 있고 악도 있는)을 지지하는 입장으로부터 맹자의 성선설을 열거한 뒤에 무선무악설을 비판하고 있다. 물론 이것에 대하여 주여등도 사설師說(왕기의 무선무악설)을

---

341 『全集』第二冊, 「語類十五·會錄」과 『全書』卷十三, 「會錄」.

강하게 옹호했음은 두말할 필요도 없다.[342] 주여등은 세속의 도덕규범을 유지하기 위해 '선을 행하고 악을 제거하는[위선거악]' 일은 필요하지만, 무선무악이야말로 인간의 궁극적 깨달음의 경지라는 견지에서 사설을 지지하고 있다. 이 주여등은 양명학 좌파 중에서도 가장 심도 있게 스승 왕기가 주창한 무선무악론에 공명했던 인물이다. 또 그는 이것을 널리 선전함으로써 당시의 사상계에 크나큰 파란을 불러일으켰고, 허부원과 격렬한 논쟁을 벌이게 된다. 결국 이 양자의 대립은 당사자 본인들만의 논쟁에 그쳤던 것이 아니라, 그 학문의 계승자들인 도망령과 유종주에게 계승되었고 새로운 논쟁의 불씨를 제공해 주었다. 주지하다시피 명말 사상계에 있어서는 왕기의 무선무악설을 신봉하던 자가 많았으며, 당시 이 교설이 크게 유행하였는데, 그 반면에서는 현저한 폐해도 생겨났다는 것이 일반적 통설이다.[343] 스승 허부원과 마찬가지로 유종주도 그 일생의 전 시기를 통하여 일관되게 '반反무선무악'의 입장을 취하면서 무선무악설에 대해서는 매우 부정적이었다. 그러한 사상적 경향은 당시 동림학자 및 주자학 진영의 학자들이 갖고 있던 공통의 의식이기도 하였다. 다음의 인용문은 무선무악론에 대한 유종주의 솔직한 견해이다.

  왕양명 선생은 날마다 '지선至善(지극한 선)은 마음의 본체'라고 말

---

342 주여등의 무선무악설 옹호에 관해서는 今井宇三郎外二人著, 「(解説)周海門」(『陽明門下下』所収, 陽明学大系第七巻, 銭德洪等著, 荒木見悟等編, 明德出版社, 1974) 참조.
343 앞의 책, 51쪽.

하였고, '지선은 천리天理의 지극至極을 다한 것이며 조금도 인욕人欲의 사사로움이 없는 것'이라고 말하였다. 또 '양지가 곧 천리'라고도 말하였다. 『전습록傳習錄』 속에서는 재삼 천리를 말하고 있다. 때에 따라서 (선생은) 무선무악은 '이理의 정靜'이라는 말도 하였지만, 직접적으로 무선무악이 마음의 본체라고 말한 적은 없다. 만일 마음의 본체[心體]가 과연 무선무악이라고 한다면 어떻게 의意에 선악이 있고, 지知에 선악이 있을 수 있는가. 어떻게 선을 행하고 악을 제거하는 공부가 필요한 것인가. 의론에 맥락이 없고 논지 또한 일관되지 못한 것은 아닐까.[344]

이와 같은 문맥에서 보면 왕수인이야말로 유종주에게 있어서도 존경해야만 할 선달이었고, 그 때문에 오로지 왕기가 주창하던 무선무악설만이 부정되고 있다는 것을 알 수 있다. 유종주가 「천천증도기天泉證道記」 속에 있는 '사구종지四句宗旨'(=사구교)에 대하여 강하게 불만을 품고 있었다는 점은 '선도 없고 악도 없는 것이 마음의 본체'라는 제1구였다. 유종주의 견해에 의하면 이 구절은 제1구 이하와 단절되어 있으며, 그 의미조차 상통하지 않는다. 그는 이 문장에 이어서 본격적으로 왕기의 사무설에 대하여 논리적인 비판을 전개한다. 다음은 그 비판의 내용이 들어 있는 유종주의 문장이다.

---

344 『全集』第四冊, 「陽明傳信錄三·王畿記」. "先生每言, 至善是心之本體. 又曰, 至善只是盡乎天理之極, 而無一毫人欲之私. 又曰, 良知即天理. 錄中言天理二字, 不一而足. 有時説無善無惡者理之靜. 亦未嘗徑説無善無惡是心體. 若心体果是無善無惡, 則有善有惡之意, 又從何處来. 知善知惡之知, 又從何處来. 為善去惡之功, 又從何處来. 無乃語語絶流斷港."

(왕기가 주장한) 사무론은 확실히 괴이한 것이다.[345] 선생(왕양명)이 그러한 대답을 할 리가 없다. 그런데도 오히려 또한 상근上根(=선천적으로 뛰어난)의 사람과 하근下根(=일반인, 범인)의 사람에 대한 교법을 설하고, 상근의 사람은 심心[마음] 상에서 공부를 하고 하근의 사람은 의意 상에서 공부를 한다고 설하였는데, 이것만으로는 『대학』 팔조목의 일관된 주지를 잃어버리게 될 것이다. 또 말하기를 그 다음은 의념意念 상에서 공부를 가르쳐 착실하게 선을 행하고 악을 제거하는 공부를 시킨다고 하였다. 그것을 계속해서 행해 가면 이윽고 자연스럽게 밝은 지[명지明知]가 얻어지게 된다고 설하였는데, 나의 생각으로는 적어도 념念에 집착하면 그것은 더 이상 본체가 아니다. 사람이 만일 기멸起滅(일어나고 없어지는)이 있는 념念 상에서 공부를 한다면 한 평생이 걸려도 본체는 깨달아지지 않는다. 그렇게 되면 원래의 사물·뜻에 반하는 결과가 될 것이다. 선생(왕양명)의 『대학』 해석은 원래 의意에 대한 해석이 명쾌하지 않다. 따라서 격물·치지·성의·정심의 4조목의 해석에 있어서도 중복되는 바가 나타났던 것이다. 그런데 문하생들은 한두 번도 아니고 이것을 줄곧 모방했기 때문에 점점 더 본체의 주지를 잃어버렸다.[346]

---

345 '괴재怪哉'. 원문은 '쾌재快哉'라고 되어있는데, 아마도 '쾌快'는 '괴怪'자의 오기일 것이다. 그래서 여기에서는 '괴'로 바꾸었다.

346 『全集』第四冊,「陽明傳信錄三·王畿記」. "怪哉四無之論. 先生当於何處作答. 卻又有上根下根之説, 謂教上根人只在心上用工夫, 下根人只在意上用工夫. 又豈大學八目一貫之旨. 又曰, 其次且教在意念上著実, 用為善去惡工夫. 久之心体自明. 蒙謂, 笞著念時, 便非本体. 人若在念起念滅上用工夫, 一世合不上本体了. 正所謂南轅而北轍也. 先生解大學, 於意字原看不清楚. 所以四条目處, 未免架屋疊牀. 至此及門之士, 一再摸之, 盆失本色矣."

이 문장에서 유종주는 왕기의 무선무악설은 '괴이한 의론'에 지나지 않는다고 하여 폄하하고 있다. 그가 '반反무선무악'의 입장에 지나치리만큼 집착한 이유는 바로 여기에 있다. 즉 왕기가 주장하는 바와 같은 무선무악설은 실제로 선사 왕수인이 그와 같은 대답을 할 리가 없다고 말하면서 단호한 태도로 그것을 부정하고 있는 것이다. 이것은 왕수인의 사상을 긍정하면서도 그 후학, 특히 양명학 좌파라고 불리는 왕기의 사상에는 동조하지 않음을 여실히 보여주고 있는 증거이다. 이와 같이 왕기의 사무설에 관하여 비판의 언설을 가한 뒤에 그는 또 다음과 같은 자신만의 의견을 피력하고 있다.

선생(왕수인)은 어느 날 심의지물心意知物은 하나의 일에 지나지 않는다고 말하였는데, 이것이 정론이다. 일사一事(하나의 일)인 이상 각각은 모두 반드시 일사一事로서 존재하는 것이다. 그래서 나는 왕용계(왕기)가 말하는 사무론의 한 글자를 바꾸어 다음과 같이 말하고 싶다. "마음이 선이 있고 악이 없는 마음이라면 의意도 선이 있고 악이 없는 의意이며, 지知도 선이며 악이 없는 지知이고, 물物도 선이 있고 악이 없는 물物이다". 선생이 이 설을 수긍했는지 어떤지는 잘 모르겠다. 어떤 사람이 나에게 말했다. "어째서 이렇게 단호하게 선善이 있고 악惡이 없다고 말하는 것입니까". 그것에 대답하여 나는 말하였다. "『대학』에는 치지致知에 관해서만 설하고 있다. 어째서 선생(왕수인)이 치양지라고 하여 지知의 위에 쓸데없는 양良 자를 붙인 것인가". 그러자 그 사람

은 입을 다물어 버렸다. 학술에 관계가 있는 것은 입을 다물고 묵과할 수 없다.[347]

사구종지 가운데 제1구에 강한 불만을 갖고 있던 유종주는 왕기의 사무론 가운데 '무無'라는 한 글자를 '유有'자로 바꾸고 마음에 '선이 있고 악이 없다[유선무악有善無惡]'고 한다면 의意·지知·물物 모두 '유선무악'이라고 말하고 있다.

그런데 주지하다시피 중국 송명대 유교사상사 연구 분야에서는 양명 후학들 가운데 전덕홍과 왕기를 대비시켜 대립적으로 파악하는 경향이 있다. 예를 들면 왕기의 사상적 성격을 '좌파'라고 간주한 것이 그것이다. 이러한 대조적인 파악 방법 혹은 평가는 이미 왕수인이 소흥 천천교에서 어느 쪽 한 편으로 기울어서는 안 된다고 하여 양자의 입장을 조정한 일화에서 그 선례가 엿보인다. 유종주도 또한 이러한 대비적인 파악 방법을 인정한다. 그는 엄격한 시점에서 왕기의 무선무악을 비판하였는데, 전덕홍에 대해서는 "학자들이 그 학문의 실마리를 양명자陽明子의 가르침에서 구하고자 한다면 반드시 선생(전덕홍)으로부터 시작하라"[348]고 말하면서 전덕홍을 높이 평가하고 있다. 문인 황종희도

---

347 『全集』第四冊,「陽明傳信錄三·王畿記」. "先生他日有言曰, 心意知物只一事. 此是定論. 既是一事, 決不是一事皆無. 蒙因爲龍溪易一字曰, 心是有善無惡之心, 則意亦是有善無惡之意, 知亦是有善無惡之知, 物亦是有善無惡之物. 不知先生首肯否. 或曰, 如何定要說個有善無惡. 曰, 大學只說致知. 如何先生定要說個致良知多這良字. 其人默然. 學術所關, 不敢不辯."

348 『全集』第三冊(下),「文編十一·書序」「錢緖山先生要語序」. "學者欲求端於陽明子之敎者, 必自先生始."

이와 같은 스승의 설을 답습한다. 요컨대 전덕홍·왕기 양자를 양명 후학 가운데 대비적 존재로서 파악하고 있는 것이다.

하지만 흥미진진한 사실은 태주학파의 왕간王艮(1483-1541, 강소 태주 안풍현安豊場 출신)에 대한 평가를 둘러싸고서는 황종희와 스승 유종주의 견해가 일치하지 않는다. 왕간은 대대로 소금을 만들며 생계를 꾸려오던 제염업의 가정에서 태어났는데, 부친은 소금을 일구던 제염 노동자였다. 왕간은 38세 때 왕수인과 만나게 되고 그 제자로 들어가는데, 그 때 왕수인은 왕간에 대하여 '성실히 성인의 뜻을 배우는 자'라고 칭찬하였다. 다시 말해 왕간은 왕수인의 인정을 받던 인물이었던 것이다. 이에 반해 황종희의『명유학안』속에서는 왕기와 함께 사설(=왕수인의 학문)의 훼손자로서 등장하고 「태주학안」의 주인공이 되었던 인물이 바로 왕간이다. 왕간은 王守仁이 그토록 강조했던 양지를 주요한 요지로 삼으면서 학습을 중시하였고 더불어 실행을 중시하는 '지행론知行論'을 설파하였다. 또『대학』팔조목 가운데 격물에 대해 독특한 견해를 피력했는데, 그의 격물론格物論—통상 그의 격물론을 '회남격물설淮南格物説'이라 함—은 중국 송명대 유교사상사 연구 분야에서 유명하다.

황종희는『명유학안』의 「태주학안」에서 왕간·왕기 두 인물에 대해 평가하면서 이 둘은 왕학의 융성기를 이끌었지만, 모두 '사전師傳'을 망실하여 불교에 경도되었다고 논평한다. 덧붙여 말하면, 황종희는 양명학 좌파의 비판에 즈음하여 스승 유종주보다도 더욱 과격하였다. 특히

『명유학안』에서는 좌파의 왕간을 시작으로 하는 「태주학안」을 왕문王門 각 파의 최후에 배치하고 있다. 또 태주학파에 속하는 개별 학자들에 관해서도 유별날 정도로 도처에서 강한 비판을 가하고 있다. 황종희는 양명학 좌파의 중요 인물인 안산농顔山農·하심은何心隱에 대해서도 무관심과 외면으로 일관하였다. 그들에게 독립된 '전傳'조차 만들어주지 않은 채, 단지 태주학파의 총론 속에서만 이름을 언급하고 있을 뿐이다. 명말 유교사상계의 저명한 이단아로 꼽히는 이탁오에 대해서는 아예 언급도 하지 않은 채 이곳에서조차 무시해버리고 있다.[349] 결론적으로 황종희가 이들 양명학 좌파에게 반발하는 강한 의식은 스승 유종주보다도 더욱 강렬했다고 할 수 있다.

이에 반해 스승 유종주는 절동 양명학 좌파의 거두 왕기의 사상적 경향에 관하여 양지를 불성佛性과 동일시하는 관념론이라고 비판하면서도, 비슷한 양명학 좌파 계열인 태주학파의 왕간에 대해서는 '사문師門(=왕수인 문하)의 종지를 벗어나지 않았다'[350]고 긍정적으로 평가한다. 더불어 왕간의 격물설에 관해서는 '후유後儒의 격물格物에 관한 설은 바로 회남淮南(=왕간)의 설을 올바른 본보기로 삼았다'[351]고 격찬하고 있다.

유종주의 이와 같은 평가는 왕간의 주장(특히 그의 양지설)이 관념

349 山井湧, 「黃宗羲の学問-明学から清学への移行の一様相-」, 『東京支那学報』第三号, 東京支那学会, 1957, 48쪽.
350 『全集』第四冊, 「明儒学案師説」 「王龍溪畿」条. "師門宗旨不離, 至龍渓直把良知作佛性看."
351 『全集』第二冊, 「語類十四」 「学言下」. "後儒格物之説, 當以淮南為正."

론에 빠지지 않았을 뿐더러 착실한 수양실천을 추구하고 있으며, 왕기의 양지설의 성격과는 다르다는 것을 시사한다. 왕간이 '독행篤行(=독실한 행동)'의 면에서 뛰어났다고 하는 평가는 유종주뿐만 아니라, 동림학파의 일원인 추원표도 동일한 견해를 갖고 있었고, 또 동림학파의 지도자 고헌성도 긍정적 평가를 전하고 있다.[352] 이렇게 보면 명대 말기의 시점에서는 양자(왕간과 왕기)의 사상적 경향과 사상계 내부에서의 평가가 각기 달랐다고 할 수 있을 것이다.

이상의 고찰로부터 이하의 두 가지 문제를 생각해 볼 수 있다. 우선 첫 번째는 양명학 내부, 특히 왕수인과 왕간의 사상적 차이에 관해서이다. 격물을 기점으로 하는 왕간의『대학』팔조목의 수양공부론은 치양지를 염두에 두는 왕수인의 '혼일渾一'의 공부론과 매우 다르다는 것이다. 이는 수용하는 측의 사상적 체질을 적극적으로 문제 삼아야 함을 의미하고 있는 것은 아닐까. 두 번째는 왕기와 왕간의 '양지현성'의 구조와 내용에 관해서이다. 양자(왕기와 왕간)의 차이점을 인정한 유종주는 사구교의 제1구 '선도 없고 악도 없는 것은 마음의 본체'를 왕수인이 결코 설파하지 않았다고 말하면서, 양명학(=본래의 왕수인 사상)으로부터 '무선무악'의 배제를 의도하였다. 또 사구교는 단지 왕기가 제멋대로 입에 올린 것이라고까지 말하면서 왕기의 사무설에 강한 반감을 드러내었다. 왕간의 사상에 관해서는 똑같은 '양지현성론'이라고 하면서도, 왕간의 '양지현성'의 성격이 '사무'를 기저로 하는 왕기의 '양지현

---

352 荒木龍太郎,「王心齋新論—思想構造の観点から—」,『中国哲学論集』二十二, 九州大学中国哲学研究会, 1996, 21쪽.

성'과는 완전히 이질적이라고 하는 판단을 내리고 있는 것이다. 확실히 유종주의 비판 대상은 왕기라는 한 인물에 국한된 것이었다.

왕기에 대한 비판은 황종희에게도 이어진다. 황종희가 『명유학안』 속에서 왕기에 의한 양명학 보급의 공적을 인정하면서도 선과 노자에 빠져있다고 생각한 그 '양지현성론'을 비판한 것은 그 학문적 입장에서 보아도 당연한 일이었다. 그래서 황종희는 왕기 등의 영향으로 좌파가 강력한 위세를 떨쳤던 절동 지역에 비하여 우파의 근거지였던 강서 지역에 양명학의 정통이 전해졌다고 주장했던 것이다.[353] 한편 이상과 같이 유종주와 동림학파(특히 고헌성과 고반룡) 인사들이 공유하고 있던 인식은 우선 누구라도 할 것 없이 양명학 좌파의 무선무악에 대해서는 비판적이었던지 혹은 무선무악에 의문을 제기했다는 것이다.

유종주는 스승 허부원의 반무선무악의 입장을 견지하면서 명말 사상계를 풍미하고 있던 양명학 좌파의 의론을 준엄하게 규탄하였다. 다른 한편으로 그는 '주왕동지朱王同旨'(주자와 왕양명의 교설이 동일하다는 의미)에 근거하여 소위 '공맹―정주―양명'으로 연결되는 '도통道統'을 유교의 정통 계보로 구축하고자 하였다. 또 자기 스스로도 정통의 유교 교설을 충실히 계승하는 자로서 자임했던 것이다. 따라서 후대가 되어 유종주의 학문을 평가함에 있어서 신新주자학이니, 신新양명학이니, 양명학 우파니 하는 엇갈린 평가는 이와 같은 양명학 좌파에 대한 비판적 언설을 근거로 하여 이루어졌다고 볼 수 있다. 실제로 명대 말기의 사상계는 다양한 학문적 견해를 가진 유자들이 등장했던 시대였다.

353 小島毅, 「無善無惡」, 『宋学の形成と展開』, 創文社, 1999, 115쪽.

4

명말 동림파와 유종주

유교사상사에서 명대 말기의 사상적 활력과 다양성은 중국 선진시대 백가쟁명의 그것에 비견될 정도로 유명하다. 명대 말기는 유교, 불교, 도교의 융합과 교섭 양상이 적극적으로 나타날 정도로 철학적, 사상적 융합이 진행된 시대이기도 하다. 또 유교(혹은 유학) 내부에서는 주자학과 양명학의 이항대립적 구도가 지속되었지만, 이 두 학파의 융합을 시도하는 양상도 나타나기 시작하였다. 이 책의 주인공 유종주도 후대가 되어 제자 황종희의 『명유학안』에 의해 양명학파로 분류되었지만, 실상은 주자학적 경향과 양명학적 경향이 모두 엿보이는 유학자였다. 따라서 단순히 황종희의 주장에 근거하여 양명학자로 단정 짓기에는 부적절하다. 그것은 유종주가 주자학 계열의 동림파에 대한 인식과 태도에서 잘 드러난다. 그는 동림파에 대해 매우 긍정적인 인식과 태도를 취했으며, 심지어는 적극적으로 그들의 주장을 옹호하고 지지하는 당대의 명망 있는 유학자였다. 동림파는 후대의 학술적 용어이며 정치사적 측면에서는 동림당으로 불리듯이 강한 정치적 색채를 갖고 있었다. 송대 때 강소 무석에 건립된 동림서원이 기원이며, 명대 말기 고헌성·고윤성(顧允成) 형제 및 고반룡 등에 의해 개축되었다는 사실은 이미 앞에서 여러 번 언급하였다. 그로부터 이 서원을 중심으로 당시의 유교 지식인들이 모여들었고, 이곳에서는 유교적 학술 및 정치적 비판 담론이 활발히 이루어졌다. 이로 인해 조정에서는 이들을 위험한 시선으로 바라볼 수밖에 없었고, 마침내는 정치적 탄압이 시작되어 그 유명한 동림당 사건이 발발한다.

이 장에서는 정주학적(혹은 주자학적) 담론을 중심으로 지역의 여론과 정치적 의견을 과감히 피력한 동림파 인사 및 동림당 사건에 관하여 유종주의 그들에 대한 인식과 태도가 어떠한 양상이었는지를 살펴보기로 한다. 이를 위해 명대 말기 벌어진 정치적 사건으로서 동림당 사건, 더 구체적으로는 '이삼재李三才 사건'에 근거하여 고찰하고자 한다. 또 이 사건의 실상을 파악하면서 유종주가 보인 태도가 어떠했는지에 관해서도 그 자신의 언설에 근거하여 추적하고, 여타 동림파 인사와의 적극적 교유에 의한 결과 등에 대해서도 살펴볼 것이다. 이어서 또 다른 동림당 사건의 하나로 기록되고 있는 '강웅姜熊의 옥獄'과 관련하여 그 전개 양상 및 유종주의 인식과 태도 등에 대해서도 검토해 보기로 한다. 이를 통해 우리는 명대 말기의 유교사상계 양상과 정치사적 특징 및 지역사회 유교 지식인들의 실상이 어떠했는지를 이해하게 될 것이다.

1. 동림파 인식과 태도

유종주가 주자학 계열의 동림파 인물들에 대해 어떠한 인식과 태도를 취했는지에 관하여 검토하기 위해서는 동림파 인사와의 교유 양상이나 명대 말기 발생한 정치적 사건의 하나인 동림당 사건을 검토해야 한다. 더불어 비호와 옹호 발언까지도 포함하여 유종주의 동림파관觀 등을 살펴보지 않으면 안 된다. 사실 명대 중엽 이후가 되면 지방에는 부학府學, 현학縣學 이외에 사설 서원이 우후죽순 건립되면서 강학과 강회의 부흥이 일어난다. 만력 시대에는 강소 무진武進에 경정당經正堂, 금사金沙에 지구당志矩堂, 의흥宜興에 명도서원明道書院, 가흥嘉興에 인문서원仁文書院 등이 있었는데, 이들 서원에서는 모두 동림파의 거두 고헌성을 초빙하여 강학을 행하였고, 동림서원의 분교와 같은 역할을 담당하였다.[354] 이렇게 보면 당시 고헌성의 주자학적 계열의 유교사상이 얼마나 많은 강남 사인들의 지지를 받았는지를 알 수 있다. 유종주도 그와 같은 사인 중의 한 사람이었고, 이들 동림파 인사와 자연스럽게 교류하면서 인맥관계를 맺는다.

1) 이삼재 사건의 실상

명 만력 40년(1612)이라 하면 유종주의 개인사에서는 매우 슬프고 비통을 금치 못한 한 해였다. 그것은 평생의 동지였던 유영징이 37세라

---

354 『문집』, 22-23쪽.

는 젊은 나이로 세상을 떠났기 때문이다. 또 이 해에는 동림파의 지도자 고헌성도 사망하였고, 다음 해(만력 41년)는 아들 유작劉汋(1613-1664)이 태어났는데, 그의 나이 36세 때이다. 슬픔과 기쁨이 교차한 기간이 바로 만력 40년과 41년이었던 것이다. 그럼에도 불구하고 유종주는 명대 말기 정치적 혼란의 소용돌이 속에서도 분주히 움직인다. 그는 명대 말기의 유명한 정치적 사건인 동림당 사건과 관련하여 적극적으로 동림파 옹호의 상주문을 조정에 제출하는데, 이 사건에 의해 정치적으로 수난을 겪게 된다. 당시 '행인사행인'이라는 관직에 몸담고 있던 유종주는 이 해 겨울 10월에 '이삼재李三才 사건'을 둘러싸고 벌어진 논쟁의 중심에서 동림파 인사를 비호하기 위해 「수정학소修正學疏」라는 상주문을 조정에 올린다.[355] 이 상주문은 유종주의 동림파 인사에 대한 인식과 태도를 엿볼 수 있는 귀중한 자료이며, 동림파 인사에 대한 그의 적극적 옹호와 비호가 잘 드러나 있다. 이 사건의 소동과 내용은 대략 다음과 같다.

만력 말경이 되면 동림파와 비동림파의 사이에서 권력 투쟁과 알력이 발생하는데, 마침내 이 사건은 정국을 혼란의 구렁텅이로 빠뜨린다. 그 계기는 이삼재(1552-1623)의 추천 문제로부터 비롯되어 삼안三案 문제, 즉 정격挺擊, 홍환紅丸, 이궁移宮의 문제가 발생하는데, 마침내는 신료들 사이에서 의견의 대립이 격화되어 간다. 만력 38년 중앙 내각에

---

355 『전집』제5책, 「연보」만력 41년(1612)의 조. 이 상주문의 원제목은 「修正學以淑人心以培国家元氣疏」이다.

결원이 생기자 이 때 조정의 부정과 부패를 일소하자고 주장하면서 신종 만력제에게 상주문을 올리고 적극적으로 국정의 정상 회복에 진력을 기울이고 있던 이삼재를 내각의 후보에 추천하는 자가 있었다. 그리고 동림파 계열의 인물 이삼재가 그 후보 명단에 이름을 올린다.

그런데 이 후보 명단에 대해 반대파 쪽의 어떤 인물이 이삼재에 대해 "대간大奸(큰 간신배)은 겉으로 충실한 사람같이 보이고, 대사大詐(큰 사기꾼)는 진실한 사람같이 보인다."고 하면서 탐욕, 거짓, 부정, 전횡의 네 가지 죄를 열거하고 이삼재를 탄핵하였다. 이로 인해 이삼재를 둘러싸고 탄핵을 주도한 반대파와 비호하는 옹호파 간에 알력과 투쟁이 발생한다.[356] 이삼재를 비롯하여 고헌성 등을 공격한 자들은 대개 선당宣黨, 곤당崑黨 및 제齊, 초楚, 절浙 등 3당이었는데, 이러한 대립 투쟁이 '이삼재 사건'혹은 '이삼재 문제'이다. 이 이삼재는 만력 연간의 장거정 집정 시기, 특히 '탈정'문제가 일어났을 때 동림파 지도자 고헌성, 조남성 등과 함께 추원표를 지지하는 쪽에서 움직였던 인물이다. 그는 1577년 당시 추원표, 조남성을 중심으로 하는 '반反장거정 그룹'을 형성한 인물 가운데 한 사람이었다.

그리고 몇 개월 간 쌍방으로부터 논쟁의 상주문이 조정에 올라왔고 의론이 분분하여 결국은 일말의 결말도 이끌어 낼 수 없었다. 이 때 이삼재의 교우였던 고헌성이 이삼재를 구명하자는 여론전을 전개하고 변호함으로서 사건이 발생한다. 진작부터 동림파에게 불만을 품고 있

---

356 『문집』, 23쪽, 101-102쪽.

던 인물이 이 일을 트집 잡아 이삼재 배척의 창끝을 동림파(동림당) 전체로 향하기에 이르렀던 것이다.[357] 고헌성은 이와 같은 정국 혼란의 소용돌이 속에서 만력 40년 여름 5월 애석하게도 세상을 떠난다. 이 무렵 유종주는 만력 41년 겨울 10월이 되어 「수정학소」라는 상주문을 조정에 올리고 적극적으로 동림파를 변호한다. 다음에 인용하는 상주문이 바로 그것이다.

헌성憲成의 학문은 자신의 과실에 대해서는 엄격했으며, 마음을 존양存養하고 도심道心을 분명히 밝히는데 힘썼으며, 노장老莊이나 선禪을 배척하고 주자의 정전正傳을 계승하고 있습니다. 그는 또 기꺼이 군자와 소인을 명백히 구별하고, 스스로의 몸을 중요한 도덕의 교화에 자임自任케 하여 천하를 왕학 좌파[양명학 좌파]의 창광猖狂의 폐해로부터 구하고자 했습니다. (중략) 헌성의 사후에 그 주장을 계승하여 전하는 사람들이 있었습니다만, 그 모든 것이 헌성과 같은 역량을 발휘했다고는 할 수 없습니다. 이에 일반적으로 동림의 학풍은 더욱 쇠퇴해져 버렸습니다. 또 그 때문에 반대파는 더욱 더 이러한 분위기에 편승하여 학문을 어지럽히고 있습니다. 그 결과 세간에서는 동림에 대해 아는 사람이건 모르는 사람이건 간에 모두 동림을 공격하였고, 더구나 조정과 민간이 하나가 되어 '동림은 당파를 세운 자들'이라고 말하면서 그들을

---

357 앞의 책, 101쪽.

공격하고 있습니다. 아아! 동림에게 과연 무슨 죄가 있는 것입니까.[358]

이 상주문의 내용에서 보듯이 유종주는 고헌성의 학문이 주자학의 정전을 계승하고 있다는 점, 동림파는 원래 정학正學(유교사상의 정통으로서의 올바른 학문)에 근거하여 당시 세속의 폐해를 바로잡고자 한 사람들일 망정 결코 도당徒黨을 이루어 권세를 쟁탈하는 자들이 아니라는 점, 동림파에 속하는 인사 가운데는 절의와 절조를 지키는 사대부가 많았다는 점 등등을 지적하면서 적극적으로 동림파 인사들을 옹호하고 있다. 이 무렵의 황제는 신종 만력제이며 유종주도 7년 만에 고향(절강 소흥)에서의 일상생활을 접고 재차 수도인 북경에 돌아왔을 때이다. 또 이 무렵은 중앙의 하급관료로서 막 근무를 시작하던 때이기도 하다.

이는 유종주에게 있어서 두 번째 중앙 관직의 임용이었지만, 단지 행인사행인이라는 종8급의 하급관직에 지나지 않았다. 즉 이 무렵 유종주는 관료 경험이 미천한 신진급 관료에 불과했던 것이다. 하지만 유종주가 실제로 '행인사행인'으로서 북경에 올라온 것은 만력 41년(1613) 여름 4월 36세 때이다. 이렇게 신진관료였음에도 불구하고 중차대한 정치적 사건에 관하여 용감하게 발언했다는 사실을 볼 때, 유종주가 어

---

358 『全集』第三冊(上), 「文編·奏疏」 「修正学以淑人心以培国家元気疏」. 앞의 『文集』, 97~98쪽을 참조. "憲成之学, 不苟自恕, 扶危顯微, 屏玄黜頓, 得朱子之正傳, 亦喜別白君子小人, 身任名教之重, 挽天下於披靡. (中略) 憲成死而有申憲成之説者, 其人未必皆憲成. 於是東林之風概益微, 而言者益得以乗之. 天下無論識不識, 無不攻東林. 且合朝野而攻之以為門戶為門戶云. 嗟嗟, 東林果何罪哉."

떠한 정치관과 학문관을 가졌는지 쉽게 짐작할 수 있을 것이다.

유종주의 생각에 의하면 화합과 절충이야말로 옛 선인과 성인이 전하는 마음의 요법要法이며, 또 이것을 전한 것이 바로 정학이다. 따라서 '정학'을 높이 받들어 그것을 조정의 모든 신료들에게 제시하고, 그들로 하여금 동림파를 공격하지 못하게 막는 것이 올바른 행동이었다. 게다가 충신과 사악한 무리의 구별을 분명히 하여 현명한 신하를 기용하고 각각의 자리에 맞는 위치에 배치하는 일, 불초한 자들로 하여금 불결한 마음을 씻게 하는 일이 긴요하였다.

이렇게 함으로써 모두를 화합과 절충의 도리에 귀속시킨다면 국가는 안정과 태평을 구가하게 될 것이라는 논리인 것이다. 하지만 유종주가 전면적으로 동림파의 정치적 견해를 인정했던 것은 아니다. 위의 상주문을 보면 매우 '중립적'이라는 것을 알 수 있다. 다음의 문장에서는 동림파와 곤당·선당과의 당쟁에 관하여 중립의 입장과 태도를 취하면서 각각의 당파에 자기반성을 촉구하고 있다.

신은 이렇게 들었습니다. 세상이 평안해질 경우 군자는 서로 화합하지만, 혼란스럽고 어지러울 경우에는 소인배가 도리의 있고 없음에 관계없이 위정자와 부화뇌동附和雷同하게 마련입니다. 지금 천하에는 군자가 불협화음을 일으키는 병폐가 있는 것이 아니라, 소인배가 위정자와 부화뇌동하는 풍조가 견고하게 자리잡고 있습니다. 그 기운이 미치는 바, 군자를 아군으로 삼는 일도 없거니와 소인배를 동지의 무리에 집어

넣어 반대파 쪽의 사람들을 공격하지 않을 수 없게 되었습니다. 신은 조정에 있는 모든 신하들이 사람을 공격하는 행태를 제 스스로에게 향하게 하고 스스로를 책망하도록 권하는 바입니다. 만일 동림 일파도 먼저 곤·선 두 당을 공격하는 창을 거두고 시종일관 이러한 것을 취지로 삼아 서로가 함께 반성하고 함께 화평을 얻을 수 있다면 아마도 걱정거리는 저 만큼 멀어져 갈 수 있을 것입니다. 이러한 일을 잘 이해한다면 천하의 일은 모두 대동大同으로 나아가는 것입니다. 그렇게 되면 아무도 동림을 공격하지 않을 것입니다.[359]

이와 같이 서로 반성하고 함께 화합과 평안을 위해 노력하자고 요구하고 있는 것이다. 그런데 유종주는 동림에게도 약간의 '당동벌이黨同伐異'의 풍조가 없는 것이 아니며, 그 때문에 그들에게도 조정 내에서 살벌殺伐의 기운을 조성한 일련의 책임이 있다고 지적한다. 이 상주문을 조정에 올린 후, 동림파 옹호의 내용으로 인해 이번에는 남경산서도南京山西道 어사 손광유孫光裕(안휘 동성桐城 출신)가 유종주를 직접 지목하면서 동림파와 결탁한 자로 몰아붙이는 탄핵의 상주문을 조정에 제출한다. 이에 대해 유종주는 「계게」를 다시 올리고 자기의 진심어린 뜻을 피력하면서 강력하게 조정에 항의한다.

---

359 『全集』第三冊(上), 「文編·奏疏」「修正学以淑人心以培国家元気疏」. "臣聞之, 世之治也, 君子衷於和, 及其亂也, 小人尚同. 今天下非不和之患, 而黨同之患. 尚之念牢不可破, 勢不能強君子以苟同, 則不得不黨小人以伐異. 臣勧諸臣反其所以攻人者而自訟焉, 即為東林之徒者, 亦姑崀宣之戈而卒業於此. 交反而両得其平, 亦庶乎其買可以遠怨矣. 審如此, 將胥天下而游於大同, 又何以攻東林為哉, 又何以攻東林為哉."

하지만 유종주의 「수정학소」는 결국 비非동림파를 자극한 것으로 간주되었고, 강서순안江西巡按 한준韓俊이 또다시 상소를 올려 천하를 어지럽힘이 심하기 때문에 주살해야 마땅하다고 논박한다. 이어서 귀자고歸子顧(1559-1628), 유정원劉廷元 등 일군의 무리도 비판의 대열에 합류하여 유종주를 격렬하게 공격하였다.[360] 이에 유종주는 만력 42년(1614) 정월이 되어 이부吏部에 상주문을 올리고 휴가를 청한다. 결국 그 해 3월 다시금 북경의 도성을 나와 고향 절강으로 되돌아온다.

만력 42년 『연보』의 기록에 의하면 드디어 이 해 5월 고향집에 도착하는데, 그 뒤부터는 대문을 걸어 잠그고 문밖출입을 일체 삼가면서 독서에만 전념하였다. 이 무렵 그는 옛날 한유韓愈(당 말기의 유학자)가 지방 관직으로 좌천되었을 때 「진학해進學解」를 지어 스스로를 고무 격려하고 마침내 명유名儒의 반열에 올라선 일화, 북송대의 정이程頤가 사천四川 부주涪州로 유배되었을 때 『역易』을 궁구하여 이윽고 『역전易傳』을 저술했다는 일화 등등을 떠올리면서 그것으로 위안을 삼았다고 기록은 전한다. 또 기록에 의하면, 주희가 관직에서 파면된 후 한가로이 칩거하면서 학문에만 매진하고 자신의 주장과 이론을 만들어 온 천하에 널리 전파하는 데에 이르렀다는 일화를 상기하면서 자신을 반성하였다고 한다. 그는 이를 계기로 하여 드디어 자신이 지향하는 학문에 매진하여 고난과 역경이 오히려 한 사람을 대성시킨다는 점을 체득한다. 마침내는 수양과 덕성의 함양에 전력을 기울이기 시작했다고

---

360 『전집』 제5책, 「연보」, 만력 42년(1614)의 조.

한다.[361]

덧붙이면 저 유명한 정이의 「역전서易傳序」는 송 원부元符 2년 (1099) 부주로 귀양갔을 때의 작품이다. 즉 정이는 철종哲宗 소성紹聖 4년(1097)에 부주로 편관編管[362]되어 귀양을 가는데, 이 부주는 사천으로 들어오고 나가는 장강 루트에 접해있는 지역이었다. 원래 한족의 시각에서 보면 이 지역은 매우 위화감을 주는 이질적 문화를 가진 지역으로 지역적 특색이 강하다.

『송사宋史』 지리지地理志의 「천협사로川峽四路」에 "부주 사람들은 귀속鬼俗(괴이한 풍속)을 숭상하는 것을 당연히 여긴다."라는 기록에서도 그러한 특징이 보인다. 또 부주는 단사丹沙(적색 황화수은)의 산지이기도 하였다. 유배지 부주에서의 정이는 단지 불우한 자신의 처지를 원망하면서 무위의 나날들을 보내고 있었던 것만은 아니다. 부주에서의 귀양살이는 그에게 끊어진 유교 정통의 도道를 전해야 된다는 사명감을 더 한층 강화시켜 준다. 이 기간 동안 정이가 특히 전력을 기울인 것은 다름 아닌 『역경』이었다. 지위와 명예를 포함하여 모든 것이 박탈당한 채 오직 한 개인으로서 주변과 천지를 마주하고 있던 이 시기에 그와 같은 작업은 최고로 적합한 일이었을 터이다.[363] 이삼재 사건에 의해 면직처분을 당한 유종주도 당시에는 고향의 산천에 칩거하면서 정이와 같은 심경으로 독서와 수양에만 전념했던 것이다. 세상과 담을 쌓

---

361 『문집』, 27-28쪽.
362 송나라 형법의 하나. 죄명을 이마에 자자刺字하여 먼 지방으로 귀양 보내던 법.
363 土田健次郎, 『道学の形成』, 創文社, 2002, 410-411쪽.

은 채 옛 성현들의 글을 읽으면서 하루를 보내고, 또 어떤 날은 자기성찰을 위한 수양에만 집중하였다. 당연히 자신이 평소 존경해 마지않던 송대의 도학자들이 그의 머릿속에서 떠나지 않았음은 두말할 나위도 없다. 그럼 동림파 옹호, 구체적으로는 이삼재 사건과 관련한 상주문으로 인해 어쩔 수 없이 고향으로 쫓겨난 유종주는 그 후 동림파에 대해 어떻게 생각했을까.

2) 동림파와의 교유 그후

유종주의 동림파 옹호의 태도는 그 후에도 계속해서 이어진다. 물론 동림파와는 학문상 내지는 유교사상적으로 약간의 견해차가 있었다 해도 정치적 견해와 입장에 있어서는 서로가 공감하고 있었다. 그러한 예가 숭정 15년에 발생한 '강옹의 옥'이다. 뒤에서 후술하겠지만, 이 사건이 일어났을 때에도 유종주가 동림, 복사復社 계열의 강채姜埰와 웅개원熊開元(1599-1676)을 강력히 변호한다.[364] 많은 동림파 인사와 친교를 맺고 있던 그에게 있어서 이와 같은 정치적 사건에 연루되었을 때 동림파를 옹호하는 것은 당연한 일이었을 터이다. 게다가 다음의 일화를 살펴봐도 유종주의 동림파 인사에 대한 두터운 신뢰와 우정을 쉽게 엿볼 수 있다. 그 일화는 다음와 같다.

숭정 17년(1644) 5월부터 6월에 걸쳐 북경으로부터의 피난민이 속속

---

364 『전집』 제5책, 「연보」, 숭정 15년의 조.

강남지역으로 물밀듯이 내려온다. 이에 따라 이자성李自成 점령 하의 북경의 상황에 관한 대량의 정보가 강남지역에도 들려왔는데, 그와 같은 북경 정보 가운데 강남 지역 사람들이 가장 예의 주시하고 관심을 기울인 것은 당시 북경에 체재하던 명조의 관료들에 관한 동정이었다. '사난死難'(=순난殉難), '종역從逆'등의 범주 안에 수 백 명의 북경 재주 관료를 분류한 리스트가 작성되어 유포되었고, 혹은 방각坊刻의 출판물을 통하여 강남 지역에 광범위하게 유포되었다.[365] '종역' 등의 문제는 누가 이자성 군대에 투항했고, 누가 명조를 위해 끝까지 순사했는지에 관한 것이다. 이보다 앞서 이자성 군대는 숭정 17년 3월 18일 북경에 입성한다. 그 뒤 북경을 완전히 점령한 3월 20일(혹은 19일)이 되자 이자성은 명조의 문무 관료들에게 즉시 자신을 알현하도록 명하였다. 이에 절강 상우上虞 출신이자 유종주의 문인 예원로倪元璐(1593-1644) 등을 포함하여 20여 명 정도의 관료들이 이 소환에 불응한다. 끝내 이들은 19일부터 21일까지의 기간 동안 명조를 위해 순사를 택하고 세상의 삶을 자살이라는 방법으로 마감한다.

이자성 군대에 의한 북경 함락 소식이 점차 강남 지역에까지 퍼지자 4월 하순부터 10여 일 동안 소주부학蘇州府學 명륜당明倫堂에서 행해진 곡조哭弔의 의식에는 수많은 향신과 사민士民이 모여들어 '종역'관료에 대한 규탄이 마침내 '종역'관료의 저택 습격사건으로까지 발전한다. 또 이를 계기로 하여 강남 각지에서 '종역'관료에 대한 규탄의

---

365 岸本美緒,『明淸交替と江南社会―十七世紀中国の秩序問題―』, 東京大学出版会, 1999, 162쪽.

폭동이 일어난다. 유종주의 제자 동창董瑒이 기록한 「즙산제자적」에 이름을 올리고 있는 기표가祁彪佳(1602-1645)는 당시 강남순무江南巡撫로서 '종역' 문제[366]에 관한 대책에 고심하고 있었다.

바로 그 무렵 절강 가흥현嘉興縣에서는 한림서길사翰林庶吉士 위학렴魏學濂이 '종역'의 비난을 한 몸에 받게 된다. 위학렴의 부친은 동림파 인사 중에서도 강직한 성품과 청렴결백함으로 이름을 떨치던 위대중魏大中이었는데, 그는 유종주와 밀접한 친교를 맺고 있던 인물이었다. 즉 만력 40년(1612) 『연보』의 기록을 보면 유종주와 교유한 '평생토록 도의道義로 맺은 사대부중의 한 사람으로 주응중, 고반룡, 정원천, 유영징과 함께 위대중의 이름이 거론되고 있다.[367] 따라서 위대중은 유종주의 절친한 친구 중의 한 사람이었다. 사실 위대중이 환관파의 거두이자 당시 실권을 장악하고 있던 위충현에게 과감히 대항하여 학살당한 뒤 위씨 가문은 충효의 가풍을 지닌 가문으로서 누구라도 알아주는 명문가가 되었다. 그런데 그 자식인 위학렴이 이자성군에게 투항했다는 정보와 풍문은 위씨 가문에 몸담던 한 노비에 의해 신속히 강남 지역 전체로 퍼져나간 것이다. 그 때문에 위씨 가문에서는 위학렴의 아들 윤매允枚가 「변게辨揭」를 지어 올리고 부친의 '종역'문제에 정면으로 대응한다.

---

366 위학렴魏学濂의 '종역(從逆)'문제를 포함하여 명대 말기 강남 지역에서 발생한 '종역'문제에 관해서는 기시모토岸本의 앞의 책을 참조. 기시모토는 이 단행본에서 강남 지역의 몇몇 도시를 예로 들면서 '종역'문제의 전개 과정을 상세히 검토하고 있다.
367 『전집』 제5책, 「연보」, 만력 40년의 조.

그 「변게」의 내용에 의하면 부친 위학렴은 반드시 살아남아 복수를 도모하려고 계획했는데, 이자성이 즉위한 4월 29일 앞날의 희망을 포기한 채 북경에서 순국을 결심하고 스스로 목숨을 끊었다. 또 그 증거로 「절명사絶命詞」와 유언을 제시하고 공표하였다. 이에 대하여 가선현嘉善縣의 신사紳士들은 강한 의문을 품으면서 격렬한 반박을 행하여 위학렴의 '순난'은 완전히 날조된 정보로서 거짓이며, 실은 그(위학렴)가 은밀히 귀향하여 위윤매魏允枚의 배후에서 공론의 압살을 도모하고 있다고 주장하였다. 또 위학렴이 생존해 있음을 목격한 자도 있다는 등등의 반론을 제기하고 「변게」의 내용에 대해 조목조목 논박을 가하였다.[368] 결국 위학렴이 순사를 택하고 자살했는지의 진위 여부에 관해서는 청조 군대의 북경 입성 등의 혼란한 정국의 와중에서 결론을 짓지 못한 채 끝나버리고 만다.

이 무렵 동림파의 거두 고반룡에게 사사한 진용정陳龍正(1585-1645)은 위학렴의 죽음과 관련된 내용의 편지를 유종주에게 보낸다. 이를 받은 유종주는 이 편지의 내용에 대해 "편지를 접하고 병상에서 일어나 앉아 한바탕 통곡을 한 나머지 목이 메말라 잠겨버릴 정도였습니다.………저도 또한 죽음을 뒤로 한 몸이고 지금까지 구차하게 목숨을 연명한 채로 있기 때문에 자일子一(위학렴)에게 부끄러울 따름입니다.(接手教為之躍然起哭失声.………僕亦後死者, 而遷延矣此, 弥媿子一矣.)"운운이라고 하는 답장을 보내고, 거기에 더해 위학렴의 아들 윤

368 岸本의 앞의 책, 182-184쪽.

매에 대해서는 다음과 같이 말하고 있다.

> 항간의 소문을 듣자하니 부친께서는 살아있어도 죽은 것이고, 그 때문에 조부의 죽음도 단순한 죽음에 불과하다는 등의 말이 퍼지고 있습니다만, 요전에 개미開美, 즉 축연祝淵를 만나 의거義擧 계획의 일부를 쭉 들어보니 부친의 순난殉難의 고심을 상세히 알 수 있었습니다. 부친께서는 (명예롭게) 죽은 것에 의해 살아있는 것이며, (또한 그 때문에) 조부(위대중)께서도 죽어서도 살아있는 것이 되었다고 말할 수 있겠지요.……… 한 사람은 15년 전에 죽었고 또 한 사람은 15년 후에 죽은 것이지만, 죽음이라는 점에서 동일하며 그 이상 무엇을 바라겠습니까. 옛날을 생각하면 오로지 눈물만이 흐릅니다.[369]

이처럼 유종주는 위학렴의 '순난'을 믿어 의심치 않은 채, 그 순사의 의의를 위대중의 죽음과 동일시하는 내용의 편지를 보내고 있는 것이다. 유종주는 일찍이 친밀한 교유를 나누던 위대중이 옥사했을 때에도 서향西向 재배再拜하면서 통곡하고, 또 제문을 손수 지어 바치면서 친구의 죽음을 애도한 적이 있다. 이러한 일도 있어 유종주의 눈에 위씨 가문은 충효의 가풍을 잇는 충신의 가문으로 비쳐지고 있었던 것이다.

---

369 岸本美緒,『明淸交替と江南社会－十七世紀中国の秩序問題－』, 東京大学出版会, 1999, 162쪽. 원문은 "屢伝道路之口, 尊翁生而死, 令祖死而死矣. 頃晤開美談及建義本末, 具悉尊翁殉難苦心, 乃知尊翁死而生, 并太翁亦死而生矣.………一死于十五年之前, 一死于十五年之後, 均之一死矣, 抑又何求. 念言疇昔揮涙無已."

이상과 같이 유종주와 동림파 인사와의 교유 관계는 유영징의 소개와 유종주 자신이 만력 40년대의 이삼재 사건, 그리고 동림당과 선宣·곤崑·절浙 3당간의 항쟁에 즈음하여 철저하게 동림파를 옹호한 일로부터 파생되었다고 할 수 있을 것이다. 그 후 고헌성이 창건한 동림서원 및 추원표와 풍종오 등이 명조의 수도(=북경)에서 개설한 수선서원의 강학에 참가한 일로 인해 보다 더 친밀하게 동림파 인사와의 친교를 고양시킨 것이다. 유종주는 '강응의 옥'이 발생했을 때, 또 위학렴의 '종역' 문제가 일어났을 때에도 변함없이 동림파 인사를 옹호한다. 그만큼 유교 학술적 배경을 떠나 동림파 인사에 대한 인간적 신뢰와 믿음이 깊었다고 할 수 있겠다.

확실히 유종주와 동림파 인사, 이 양자에게는 명말 동란기에 주자학적 명교名敎 의식에 의한 한족의 문화적 자부심 유지와 양명학 좌파가 주장하는 무선무악설에 대한 비판이라는 점에 있어서 중요한 공통성이 엿보인다. 그렇지만 유종주는 동림파, 복사 계열의 정치적 언설과 행동에 전적으로 동의했던 것은 아니다.

예를 들면 유종주 자신이 명대 말기에 발생한 각종의 정치적 사건에 대해 언제나 동림파 인사를 옹호했다고 하더라도, 그들의 급진적인 정치적 태도에 대해서만큼은 매우 깊은 우려의 마음을 피력하고 있다는 것이다. 그러한 입장과 태도가 '이삼재 사건'이 발생했을 때 조정에 제출한 「수정학소」라는 상주문에 잘 드러나 있다는 점은 이미 앞에서 지적하였다. 그것은 아마도 유종주의 유교철학에 내재해 있는 중용中

庸의 사상 혹은 중립적 삶의 태도에 기인하는지도 모르겠다. 그렇기 때문에 유종주 문인집단의 명단에는 주자학파, 양명학파를 불문하고, 또 유교사상적인 측면에서의 크나큰 차이점이 있었다 하더라도 동림파 인사와 양명학 좌파의 인물들이 골고루 뒤섞여 그 이름을 올리고 있는 것이다. 학파를 초월한 유교사상적 입장이 유종주의 철학과 사상에는 내재되어 있었던 것이다.

2. 또 하나의 동림당 사건

1) 숭정 15년 전후의 행적

명대 말기의 유교사상계 상황을 보면 서원에서의 강학 활동을 통해 맺은 인맥관계는 중앙정치 무대에서도 그 기능을 십분 발휘한다. 유종주와 동림파, 복사 동인들과의 인간관계도 그러하였다. 그 일례를 앞에서 잠깐 살펴보았듯이 숭정 연간에 발생한 또 하나의 동림당 사건 '강웅姜熊의 옥獄'이라는 정치적 사건에서도 쉽게 찾아볼 수 있다. 『연보』의 기록 등을 살펴보면 유종주는 숭정 연간의 조정에서 동림파 인사와 함께 '강웅의 옥'을 둘러싸고 정치적 사건에 휘말리게 된다. 우선 이 사건과 관련한 유종주의 행적을 간략하게 살펴보면 그 경위는 이러하다. 『연보』의 숭정 15년 조에 따르면 유종주의 나이 65세 때, 즉 숭정 15년(1642) 8월 그는 정2품 고관인 도찰원좌도어사에 발탁되지만, 겨우 4개월 남짓의 관직 생활 끝에 면직 처분을 받고 고향으로 되돌아온다.

그것은 당시의 정치 상황을 신랄하게 비판한 산동 내양萊陽 출신 예과급사중禮科給事中 강채姜埰(1607-1677)와 당시의 내각수보 주연유를 탄핵한 호북 무한 출신 행인사사부行人司司副 웅개원熊開元 (1599-1676) 두 사람을 비호했기 때문이다. 이로 인해 숭정제의 노여움을 사게 되었고, 관료의 신분을 박탈당한 뒤 고향으로 쫓겨난다. 그 때 유종주를 구출하기 위해 작성된 구제 요청의 상주문이 수십 통에 이르렀고 이것들이 조정에 전부 제출되었다고 한다.[370] 이 무렵은 청나라 군대가 침략하기 바로 1년 전이었고, 명조 멸망까지 3년이 남은 시기였다. 그런데 당시에 취한 유종주의 행동을 이해하기 위해서는 우선 당시의 내각과 관련한 정국의 추이를 살펴볼 필요가 있다. 일찍이 주연유·온체인 합작 내각의 성립에 의해 동림당 세력은 큰 타격을 입는다. 그 이후 온체인 내각(숭정6년-10년)과 설국관薛國觀 내각(숭정 10-13년)의 시기에 있어서도 유종주를 포함하여 정삼준鄭三俊(생졸년 불상), 황도주黃道周(1585-1646)와 같은 동림파의 주요 인물이 조정에서 쫓겨나게 되자 내각에는 이렇다할만한 인물이 들어가지 못하였다. 하지만 정국의 혼란과 동반하여 우왕좌왕 하는 사이 숭정 14년 설국관(?-1641)의 퇴진에 결정적 역할을 담당한 절강 수수秀水 출신 오창시吳昌時(?-1644) 및 복사의 지도자 장부張溥 등의 후원으로 마침내 주연유의 내각이 들어서게 된다. 이에 주연유는 이전에 언사言事로 좌천되었다가 유배된 인사들의 복관을 주청하였다. 이 때 정삼준을 이부상서에 범경

---

370 『전집』 제5책, 「연보」 숭정 15년의 조.

문范景文(1587-1644)을 공부상서에 예원로를 병부시랑에 각각 폐적된 신분으로부터 재기용한다. 우연히도 이 세 사람은 후에 유종주의 죽음과 마찬가지로 명조의 멸망과 더불어 순사하는 운명을 선택한다.

그 밖에도 이방화李邦華, 장국유張國維, 서석기徐石麒, 장위張瑋(도찰원부도어사), 김광진金光辰(도찰원첨도어사) 등의 동림파 관련 인사를 대거 기용했으며, 문진맹文震孟, 요희맹姚希孟 등에게도 관직을 추증하는 등 온체인 내각과 설국관 내각에서 저질러졌던 폐해와 악정을 개혁하여 정국에 쇄신의 기풍을 진작시키고자 하였다.[371] 그런데 주지하다시피 이러한 위기에 구국의 사명을 띠고 등장했어야 할 주연유는 숭정제의 사혹思惑과는 관계없이 천하의 기대와 소망을 한 몸에 받으면서 정부의 기대에 부응하고 있던 것은 결코 아니었다. 그에게는 애당초부터 경륜의 포부조차 없었고 단호히 시행할 정책도 없었다는 것이다. 사실 정책의 실현에는 무엇보다도 정권의 탈취가 전제인데 이러한 도식은 현대의 정치계에서도 변함없이 통용된다. 그러나 기존의 연구성과[372]에서 지적하는 바와 같이, 주연유는 정권을 획득한 후 정권의 유지에만 관심을 나타냈을 뿐이며, 정책의 결정은 뒷전으로 미루고 있었다. 확실히 주연유는 정치적 밸런스와 감각에는 탁월했지만, 강렬한 정책 실현의 의지는 결여하고 있었다. 게다가 당면의 복잡한 이해利害

---

371 『明史』 권308, 「奸臣」 周延儒傳. 또한 曺永祿, 『明代政治史硏究─科道官의 言官的機能』(渡昌弘訳, 汲古書院, 2003) 305-306쪽과 동씨의 『中国近世政治史研究』, 지식산업사, 1989, 284쪽 참조.
372 오창와 주연유의 상세에 관해서는 다음의 책을 참조. 福本雅一, 『明末清初(二集)』, 同朋舎出版, 1993.

문제를 조정하고 심각한 모순을 적재적소에서 해결하는 능리能吏이기는 했지만 지도력을 갖춘 정치가가 아니었다는 점이다. 주연유에 대해 부연하면 그는 확실히 머리가 좋은 수재형의 관료였다. 그는 명대 말기 동림파의 땅 강소성 의흥 출신으로 만력 41년(1613)에 시행된 과거시험의 최종시험인 전시에서 장원으로 급제하여 진사가 된 인물이었다. 장원급제는 당시에도 아무나 할 수 있는 일은 아니었다. 또 만력 41년이라고 하면 유종주가 동림파 탄핵을 반대하는 상주문을 조정에 제출하고 아들 유작이 태어난 해이기도 하다. 바로 이 무렵 주연유 내각의 성립과 동시에 유종주도 중앙정부의 요직에 기용된다. 『연보』의 기록에 의하면 숭정 14년(1641) 그는 황제의 특명에 의해 정3품 벼슬인 이부좌시랑에 등용된다.

이것은 숭정 황제가 유종주의 청렴하고 정직한 언행과 직언을 두려워않는 자세에 감격하여 그에게 기대하는 바가 있었기 때문이다. 하지만 기용 소식을 들은 그는 자신은 죄를 받은 몸이기 때문에 고향인 시골에서 조용히 자숙하는 것이 도리라고 하면서 사직하였는데 조정에서는 결코 허가를 내리지 않았다. 또한 이 때 유종주는 평소의 과로로 인하여 방광염에 걸려있었다. 그래서 다음 해(숭정 15년)가 되어 다시금 사직을 청하지만, 이번에도 조정에서는 허락하지 않는다.[373] 결국 북경 조정으로부터 여러 차례의 재촉을 받고 드디어 숭정 15년 5월이 되어 방광염을 다 치료하지 못한 채로 아들 유작을 데리고 고향 소흥을

---

[373] 『全集』 제5책, 「연보」 숭정 14년, 15년의 조.

출발하여 상경한다.

이 무렵은 만주족 청군의 공세가 더욱 격렬해진 시기이기도 하였다. 그 때 유종주는 청군이 송행松杏, 영원寧遠, 금주錦州를 공략하고 이자성이 귀덕을 격파한 뒤 진격하여 개봉을 포위했다는 소식을 듣게 된다. 과히 바람 앞의 등불처럼 명조는 위기의 극으로 치달았고, 이 위난의 시기에 유종주는 다시 조정의 부름을 받은 것이었다. 당시 이미 북경에 도착하여 체재하고 있던 유종주는 숭정 15년 8월이 되어 도찰원 좌도어사로 승진한다. 원래 도찰원의 역할은 문무백관을 감찰, 규탄하고 무고와 누명의 죄를 판명하는 곳인데, 사신司臣의 신분으로 정치를 혼란시키고 관기를 어지럽힌 자 혹은 학술이 부정한 자 등을 탄핵하는 일이 주요한 임무였다. 또 형부의 대리시大理寺와 함께 국가적으로 중요한 형안刑案을 심의하는 감찰기관이었다.

여기에서 좌도어사左都御史라고 하면 이 도찰원의 장관 직급이다. 하지만 그는 이 관직에 취임할 생각이 없었고 조정에 들어가 숭정제를 알현한다. 문화전文華殿에서 황제와 대면한 그는 도찰원의 직무는 스스로를 올바르게 하고 문무백관을 올바른 길로 인도하는 데에 그 목적이 있기 때문에 자신은 그러한 임무에 적당하지 않다고 말하면서 재삼 사직의 뜻을 피력한다. 하지만 최종적으로는 황제의 허락을 받지 못하고 어쩔 수 없이 취임의 명령을 받아들일 수밖에 없었다. 그로 인해 유종주 자신도 도찰원 직책의 중요성과 중대함을 통감하고 풍기風紀와 숙정肅正 등의 육요六要에 관하여 상주문을 올린다.

그 육요란 "첫째, 도리에 따라 업무 처리를 한다. 둘째, 법도에 따라 진실하게 자식의 직무에 임한다. 셋째, 국체國體를 존숭한다. 넷째, 음복陰伏(남에게 몰래 잘 숨기는)의 간신을 제거한다. 다섯째, 관청과 관리의 사악邪惡을 징벌한다. 여섯째, 지방의 이치吏治를 바르게 한다."[374]고 하는 여섯 개의 조항이다. 그 가운데 유종주는 하루속히 수선서원을 복구하고, 또한 부·현·주에 명령을 내려 명조 초기에 시행된 사학社學의 옛 제도를 부흥시키자고 요청한다. 또 형옥刑獄은 사법관이 전적으로 책임을 지고 판정하며 그것을 금의위錦衣衛에 일임하지 말 것을 건의하였다.

그런데 이 무렵 숭정 14년에 이어 숭정 15년 북경에 다시 올라온 유종주는 또 다시 동림당 사건에 휘말린다.

우선 강채라는 인물에 주목하고 그와 관련된 사건의 추이를 대략적으로 살펴보자. 숭정 말기(구체적으로는 숭정 15년)가 되어 언사言事로 정국을 다시 한 번 떠들썩하게 만든 사건이 발생한다. 급사중 강채와 행인사사부 웅개원의 옥, 즉 일반적으로 '강웅의 옥'(웅강의 옥이라고도 함)이라고 불린다. 지금까지의 연구 성과에서 지적하는 바와 같이 이 사건을 통상 '강웅의 옥'이라고 하지만 실은 강채와 웅개원의 사건은

---

374 『전집』 제5책, 「연보」 숭정 15년 조의 440-441쪽 및 464-465쪽 참조. '풍기지요風紀之要'에 관한 원문은 다음과 같다. "先生敬脩職掌, 首疏風紀之要, 有六: 一曰建道揆, 一曰貞法守, 一曰崇国体, 一曰清伏奸, 一曰懲官邪, 一曰飭吏治."

별개의 사건이다.[375] 이 옥사가 명조 멸망의 2, 3년 전인 숭정 15년에 발생했다는 점에서 보면, 사건의 중대성과 그 영향력이 이전의 어느 사건보다도 컸음에는 틀림이 없다. 특히 숭정 15년(1642)이라고 하면 확실히 명조의 멸망이 목전에 닥치고 있던 시기이다.

이 해의 내외적 상황을 살펴보면, 2월 이자성이 양성襄城을 함락시키고 송산松山에서는 청군 침략의 방어를 담당하던 홍승주洪承疇(1593-1665)가 항복하였다. 3월, 조대수祖大壽도 금주錦州에서 청군에 항복한다. 4월, 장헌충張獻忠(1606-1647)이 안휘성을 유린하고 이윽고 여주廬州도 함락되었다. 7월 주선진朱仙鎮에 집결해 있던 관군이 전멸한다. 9월, 이자성이 개봉을 포위하고 물 공격을 감행한다. 10월, 손전정孫傳庭(1593-1643)이 하남성 남양南陽에서 대패하였다. 11월, 청군이 방어선을 뚫고 들어와 계주薊州에서 승리한 뒤 진정眞定과 하간河間으로 향하였다. 이 때문에 숭정제는 이러한 상황에 직면하여 조칙을 내린 뒤, 스스로의 잘못에 대해 스스로를 책망하고 신하들에게 직언을 요구하였다.[376] 그리고 12월 급사중 강채와 행인사사부 웅개원이 정장廷杖이라는 형벌에 처해졌는데, 이것이 바로 '강웅의 옥'이다. 이렇게 대략적으로 옥사가 발생할 무렵의 역사적, 정치적 변화에 대해 살펴보았는데, 다음 절에서 또 하나의 동림당 사건 강웅의 옥에 관하여 보다 더 구체적으로 검토해 보자.

---

375 福本雅一, 「熊姜の獄」, 『明清時代の政治と社会』(小野和子編), 京都大学人文科学研究所, 1983, 135쪽. 한편 '강웅의 옥'에 관해서는 국내의 우수한 연구로서 曹永祿의 『中国近世政治史研究』(지식산업사, 1989년)가 있다.
376 福本雅一의 앞의 논문, 135-136쪽.

2) 강응의 옥과 유종주

옥사가 발생하기 1년 전 숭정 14년(1641)이 되면 전겸익錢謙益, 장부, 오창시 등 동림·복사의 지도 그룹이 분주히 뛰어다니고, 그 결과로 인해 마침내 주연유 내각이 성립한다. 하지만 이 내각은 동림·복사와 내관파內官派와의 사이에서 소위 세력 균형의 형태로 성립된 내각이었다. 따라서 그 성격상 매우 타협적이었는데, 그 초기에는 동림·복사 측의 정책, 예를 들면 조옥詔獄의 폐지, 전량錢糧 감면, 동림당인의 등용 등등도 어느 정도 실현되었다. 근대적 정당과는 차이가 많은 당시 복사의 조직적 현황으로부터 보면, 이 내각이 지도 그룹만이 독주하는 형태가 아니라 반대파와의 소위 거래에 의해 행해졌다는 것은 어쩔 수 없는 일이었다. 게다가 이러한 형태로 성립한 주연유 내각은 이 시점에서 역시 일정의 진보적 역할을 담당했다고도 볼 수 있다.

그러나 이러한 평가에 관해서도 복사의 장부 등과 유종주, 황종희 등과의 사이에는 상당히 감정적 이견이 있었던 것은 아닐까 하는 의문이 남는다. 황종희의 『자유자행장』의 기술에 의하면, 이 당시 유종주는 도찰원좌도어사에 임명되었지만 주연유 내각에 대해서는 매우 불만을 품고 있었다고 한다. 즉 황종희는 주연유에 대한 비판적 태도를 잃지 않은 스승 유종주를 찬양하고 있다는 점이다. 그런데 숭정 초기의 4, 5년을 제외한 숭정기 10여 년간의 정치 상황은 모두 비非동림파 내각의 주도에 의해 행해지고 있었는데, 유일하게 동림과 복사의 후원으

로 성립한 주연유의 두 번째 집정기에 '강응의 옥'이 발생했다는 점도
사태의 미묘함을 시사해주고 있다.[377] 한편 동림당 연구의 권위자 오노
가즈코小野和子는 당시의 주연유 내각과 장부의 죽음과의 관계에 대
하여 "주연유는 장부에 의해 옹립되었기 때문에 동림파는 아니었다 하
더라도, 동림파의 정책을 어느 정도로는 실현하였다. 역사에 가정은 허
락되지 않지만 만일 장부가 살아있었다고 한다면, 혹은 동림이 그 때
조금만이라도 권력 관계상 우위에 서 있었다고 한다면, 동림·복사 측
의 정치적 주장, 환관 세력을 배제하기 위한 부분적인 제도의 개혁, 언
관(어사 즉 감찰관)의 언론 자유의 보증, 둔전제도屯田制度에 의한 군
사비의 삭감, 삼향三餉[378]의 폐지에 의한 농민 수탈의 정지, 상역商役과
상세商稅의 폐지 등등의 제 정책이 어쩌면 실현될 수 있었을 지도 모
르겠다.

그리고 가령 때가 이미 늦었더라도 어느 정도로는 국내외의 위기를
완화시킬 수 있었을 것이다."[379]라고 서술하면서 장부의 죽음을 애석하
게 생각하고 있다. 복사의 지도자 장부가 사망한 뒤 점차로 주연유에
대한 비판의 목소리가 동림·복사 측으로부터 나오기 시작했을 때, 그

---

377 曹永祿著, 渡昌弘譯, 『明代政治史研究―科道官の言官的機能』, 汲古書院, 2003, 305~306쪽.
378 만력 말기의 요향(遼餉은 북방 수비를 위한 군사비, 숭정 12년의 초향(剿餉)은 유적(流賊) 진
압을 위한 군사비, 숭정 12년의 연향(練餉)은 군사 훈련을 위한 군사비로서 이 세 가지를 가리
킨다. 그 재원은 주로 농민에 대한 묘(畝) 단위의 증세였다. 명대 말기 이 삼향은 농민의 궁핍
화를 더 한층 가속화시키는 결과를 낳았다.
379 小野和子, 「明末清初における知識人の政治行動―特に結社をめぐって―」, 『世界の歴史十一』, 筑
摩書房, 1961, 100쪽.

반대파에 의해 '24기설二十四氣說'[380]이라는 유언비어가 흘러나온다. 이것은 언관의 탄핵을 미연에 방지하고자 취한 조작이었다. 이 때 강채가 상주문을 조정에 제출한다. 강채는 자가 여농如農이고 산동 내양萊陽 출신으로 숭정 4년 과거에 합격하여 진사가 된 인물이다. 관력은 밀운密雲, 의진儀眞지현을 거쳐 예부주사, 동 15년에 예과급사중으로 보임된 이른바 신진 언관이었다. 당시 대내외적으로 절박한 상황에 처한 의종 숭정제는 조서를 내려 자신의 죄를 시인하고 직언을 구하면서도, 한편으로는 백관百官에 대하여 훈계하는 가운데 특히 언로言路에 대해서는 엄중하게 질책하였다. 이에 강채는 황제가 24기설에 현혹되어 눈과 귀가 흐리게 되었다고 판단하고 다음과 같은 항의의 상주문을 올린다.

폐하께서는 언관을 중시하시고 그 때문에 질책도 엄하게 하십니다. 성유聖諭에 "남을 대신하여 왕명을 규정하고, 남을 위하여 결缺(직위)을 출한다."고 하셨으나, 신은 감히 그러한 사실은 존재하지 않는다고 생각합니다. 그렇다면 폐하께서는 무엇을 보시고 그렇게 말씀하십니까. 아마도 24기氣라는 유언비어에는 반드시 대간大奸, 거대巨慝(악인)가 있고, 언자言者가 자기에게 불리하지 않을까 두려워하여 그 '欑己'에 맞추려고 생각한 것입니다. 이에 지존至尊의 노여움을 촉발하여 언관의 입

---

380 고대 중국의 역법에서 1태양년을 24등분하여 절기의 시각을 정하는 방법에는 평기법平氣法과 정기법定期法의 두 가지가 있다. 평기법은 1태양년의 일수를 똑같이 24등분하여 절기를 정하는 방법이고, 정기법은 황도를 24등분하여 태양이 황도 상에서 15도씩 운행하는 데 걸리는 일수에 따라 절기를 정하는 방법이다. 여기에서는 이와 같은 역법의 의미가 아니라, 정치적 공방전에서의 언사이다.

을 막아버리려 한 것입니다. 사람들이 모두 침묵해 버리면 누가 폐하와 함께 천하의 일을 말하겠습니까.[381]

이것은 언관의 언론이 자유로워야함을 기술한 것으로 이 상주문으로 인해 숭정제는 크게 격노한다. 강채가 항의한 성유의 "남을 위하여 결缺을 출한다[爲人出缺]."고 하는 것은 사실 당시 일반 조정의 신하들이 오랫동안 행해온 악습을 훈계한 것으로 어떤 특정한 일을 가리키고 있던 것은 아니었다. 그런데도 언관으로서 신분에 맞지 않게 문제를 제기했을 뿐 아니라, 24기설과 같은 유언비어를 거론하여 가뜩이나 어지러운 정국에 파문을 일으킨다고 여기고 대노한 숭정제는 즉각 그를 조옥詔獄에 처하였다. 국가의 위급한 때를 맞이하여 정확한 정보에 의해 유익한 건언建言을 제기해야 할 것임에도 불구하고, 언로의 중임을 맡은 과도관科道官이 허무맹랑한 언설로 "조지詔旨를 힐문하는"등, "강채의 죄정罪情이 특히 무겁다."[382]고 하는 것이었다.

한편 강채의 옥과 거의 비슷한 시기에 '웅개원의 옥'도 발생한다. 웅개원은 일찍이 복사의 성립에 공이 있던 인물이며 자는 어산魚山이고 호북 가어嘉魚 출신이다. 그는 천계 5년 과거에 합격하여 진사가 되었다. 관직은 숭명崇明지현에서 오강吳江지현으로 옮겼다가 숭정 4년 이과급사중에 제수된다. 하지만 고선考選에 차질이 생겨 오랜 기간 하급

381 『明史』, 卷二百五十八, 「姜埰傳」.
382 『明史』, 卷二百五十八, 「姜埰傳」. 曹永祿, 『中国近世政治史研究』, 지식산업사, 1989, 285쪽.

관료에 머물러 있었다. 숭정 13년 행인사사부로 관직을 옮기지만, 이 자리에 어려움을 느낀 나머지 주연유에게 그 고충을 털어놓는다. 그 때 광록시승光祿寺丞 관직에 결원이 생기자 수보 주연유에게 청탁하여 그 취임을 약속받지만, 결국 약속이 무시된 채 배제를 당한다. 이로 인해 웅개원은 복수를 다짐한다.

마침 그러던 때에 청나라 군대의 침입이 기내畿內(직예)에까지 미치게 되고, 계엄 상태에 놓인 조정에서는 급히 직언을 구하였다. 실은 이와 같이 절박한 상황에서의 구언求言은 모든 관민官民을 막론하고 건언할 자가 있으면 즉일 소대召對 형식으로 이루어진다. 이에 호기를 맞이했다고 생각한 웅개원은 소대의 기회를 빌려 주연유를 논란할 작정이었다. 하지만 황제를 보필하는 신하가 황제의 좌우를 떠나지 않고 주연유도 끝까지 동석하였다. 이 때문에 웅개원은 군사 문제 혹은 황제 보좌 신하들의 근무 태도 및 지방관 독무督撫의 적재적소 배치에 관한 막연한 논의만 반복한다. 또 소대를 청한 이유가 무엇인지조차 납득이 가지 아니하였기에 황제의 의혹만 초래하는 결과를 가져온다. 결국 그는 어쩔 수 없이 불충분한 부분을 다음 기회에 주독奏牘(상주문)으로 올리기로 하고 물러나온다.

당시 황제와의 문답 과정이 『명사』 권258의 「웅개원전」에 상세히 묘사되어 있다. 이 때 주연유는 웅개원의 보독補牘(보충·보완의 상주문)을 두려워하여 이를 저지하고자 한다. 또한 대리시경 손보孫普와 병부시랑 풍원표馮元飇도 웅개원의 경솔함을 공격하였다. 대리승大理丞 오

이중吳履中은 그의 발언이 너무나 당돌하다고 여겼고, 일찍이 웅개원의 문하생이던 예부낭중禮部郎中 오창시吳昌時도 서간을 보내 상주문 제출을 만류한다. 이에 한 사람의 원조도 기대할 수 없다고 여긴 웅개원도 마침내 단념하는데, 어쩔 수 없이 형식적인 주사奏辭만을 기술하고 주연유의 다른 일에 대해서는 전혀 논급하지 않았다. 결국 주독(상주문)으로 주연유의 죄장罪狀을 폭로하려던 계획도 주위의 만류로 포기한 채 허사虛辭만 늘어놓는데, 이 역시 황제의 노여움을 크게 사게 된다.[383] 확실히 거기에는 당시 숭정제의 주연유에 대한 절대적 신임이라는 요소가 가미되어 있었다. 주연유를 신임하고 있는 이상, 그리고 청나라 군대의 침입에 매우 근심하고 있었기 때문에 숭정제는 그 상주문을 보고 평지풍파를 일으킬 자라고 격노한다. 그리고 마침내 금의위에 그를 체포하여 조사하도록 명한다. 숭정제가 이러한 조치를 취한 것은 웅개원이 강채와 더불어 공모한 것이 아닌가라고 의심했기 때문이며, 당파를 만들고 정치를 혼란케 한 장본인이라 판단하여 옥중에서 폐사斃死시킬 것을 금의위수錦衣衛戍 낙양성駱養性(?-1649)에게 명한 것이다.

그런데 낙양성은 웅개원과 동향일 뿐 아니라, 그도 역시 주연유에 대하여 악감정을 품고 있었다. 그뿐만 아니라 천계 연간에 절차를 밟지 않고 간언하던 신하를 조옥詔獄으로 살해한 전이경田爾耕, 허현순許顯純의 악명이 아직도 생생하게 남아있는 터여서 낙양성은 감히 명을

---

383 『明史』, 卷二百五十八, 「熊開元傳」.

받들 수 없었다. 때마침 강채를 심문하던 진무鎭撫의 재신문再訊問 과정에서도 공술供述에 별다른 의심이 가지 않는다는 보고가 들어온다. 이에 황제로서도 더 이상 추급하지 않고 두 사람을 형부로 이관하여 죄의 유무를 정하도록 조치한다.[384] 이렇게 해서 사태는 일단 호전되는 듯 보였다. 그럼에도 그들에 대한 조정 신하들의 옹호가 오히려 황제의 의심을 자극하고 더욱 사태를 악화시킨다.

유종주는 이 무렵 도찰원좌도어사로서 평소 언로의 개방을 강조하고 있었는데, 그 역시 동림·복사의 인사들과 두터운 친교를 맺고 있었기 때문에 강채와 웅개원을 강력히 옹호하고자 하였다. 그는 강채와 웅개원이 하옥되자 구경九卿(9명의 고관)과 함께 어떻게 옹호할 것인지를 논의하는데, 이들을 사형의 죄에 처할 것이라는 소식을 듣고는 더욱 강력하게 항의한다. 즉 유종주는 국조國朝(명조)에서는 언관을 조옥詔獄으로 투옥한 사례가 없었다고 항변한다. 『명사』에서는 그가 감언으로 맞서는 광경을 묘사하여 다음과 같이 기술하고 있다.

이에 유종주가 상주하여 말하기를 "폐하께서는 바야흐로 조서詔書로서 현인을 구하면서도 강채, 웅개원 두 사람은 언言으로 인해 죄를 얻었습니다. 국조國朝(명조)에 언관을 조옥에 처한 예는 없는데, 있다고 하면 두 신하로부터 시작될 것입니다. ········조정에서 언관을 대접하는

---

384 『明史』, 卷二百五十八의 「姜埰傳」. 曹永祿, 『中国近世政治史研究』, 지식산업사, 1989, 285-286쪽.

데에는 법도가 있으니 언言을 가히 쓸 만하면 쓰고 불가하면 버리면 됩니다. 또한 죄로 다스려야 할 일이 있으면 마땅히 법사法司에 회부해야 합니다. 그런데도 급히 조옥의 명을 내리시니 이것은 국체에 손상을 끼치는 일입니다."이에 황제는 크게 격노하면서 "법사法司와 금의위는 모두 형관刑官이니 어느 것이 공公이고 어느 것이 사私이냐? 또 한 두 언관을 죄로 다스리면 국체에 손상이 있다니 무슨 말이냐?"……… 잠시 뒤 "웅개원의 이번 상소에는 틀림없이 주사主使하는 자가 있다. 종주宗周가 의심스럽다"고 말하였다. [385]

『명사』에 기록된 이 광경을 보면 유종주는 강채·웅개원 두 언관[386]의 경우를 예로 들면서 조정에서 언관의 언론을 문제 삼아 조옥으로 처벌하는 것은 부당한 일이라고 항변하고 있다. 이에 숭정제는 유종주를 사건의 배후로 지목하기도 한다. 결국 사건의 종말은 도찰원좌도어사 유종주가 이 일로 인하여 면직되고, 그들 언관을 가볍게 처벌한 형부상서 서석기徐石麒에 대해서도 "인정에 이끌려 법도를 어긴" 중죄로 파면조치가 내려진다. 더불어 강채와 웅개원에게도 정장 100대를 친

---

385 『明史』, 卷二百五十五, 「列傳第一百四三」, 「劉宗周傳」. "於是宗周出奏曰, 陛下方下詔求賢, 姜埰·熊開元二臣遽以言得罪. 國朝無言官下詔獄者, 有之自二臣始. ……朝廷待言官有體, 言可用用之, 不可置之. 即有應得之罪, 亦當付法司. 今遽下詔獄, 終於國体有傷. 帝怒甚, 曰, 法司錦衣皆刑官, 何公何私. 且罪一二言官, 何遽傷國體. ……有間曰, 開元此疏, 必有主使, 疑即宗周."
386 강웅의 옥은 통상적으로 언관에 대한 의옥疑獄 사건이라고 한다. 그런데 웅개원은 급사중을 지낸 적은 있지만 당시는 행인사사부로서 언론 담당의 과도관은 아니었다. 그런데도 강채와 웅개원을 함께 언관으로 보고 있는 것은 웅개원이 이전에 급사중이었다는 사실과 함께 언사言事로 죄를 받았다는 것에 역점을 두었기 때문이다.

뒤, 형부의 옥에 가두라는 혹형이 가해졌다. 숭정제에게 강채와 웅개원에 대한 단호하고 강력한 처벌을 주장한 수보 주연유가 마침내 실각한 뒤에도 계속해서 투옥되어 있던 그들 두 언관은 숭정 17년 2월 조정 신하들의 간청에 의해 비로소 유배의 조치를 받고 귀양지로 떠난다.[387]

이 사건은 북경이 이자성 군대에 의해 함락되고 숭정제가 매산煤山(북경 경산景山의 속칭)에서 목메어 자살하기 보름 전의 일이었으니 의종 숭정제는 나라가 멸망하기 직전까지 언관과의 대결을 계속한 셈이었다. 그럼에도 강웅의 옥은 기존의 연구에서 지적되는 바와 같이 애당초부터 시대적 추세를 좌우할 정도의 정치적 사건은 아니었다.[388] 혹여 이 사건이 일어나지 않았다 하더라도 명조가 멸망의 운명을 피해갈 수는 없었을 것이다. 게다가 그 멸망의 순간을 늦추게 할 수도 없었을 것이라는 것은 틀림이 없다. 하지만 당시의 민심 및 인심에 끼친 충격은 매우 심각하였다. 한편으로는 이 사건의 체험에 의해 유종주는 조정의 정사에 크게 실망하게 되는데, 그렇다고 해서 숭정제에 대한 일말의 기대와 희망까지 포기할 수 없는 노릇이었다. 노년이 되어 인생의 최후 순간을 맞이했을 때도 그는 결코 명조와 황제를 저버리는 일은 없었다. 이것은 유종주 만년의 행적이 잘 증명해준다. 그는 명조를 위해 순사하고 생의 마지막까지 명조의 부흥을 갈망하였다.

『연보』의 기록에 의하면 숭정 15년(1642) 12월 7일, 유종주는 북경

---

387 『明史』, 卷二百七十五 「徐石麒伝」, 卷二百五十八 「姜埰·熊開元傳」.
388 福本雅一, 「熊姜の獄」, 『明淸時代の政治と社会』(小野和子編, 京都大学人文科学研究所, 1983), 149쪽.

의 도문을 나오는데, 청군이 그때까지도 아직 퇴각하지 않았기 때문에 잠시 북경 교외의 사찰 접대사接待寺에 체재하면서 사태의 추위를 지켜보았다고 한다.[389] 그만큼 그는 명조의 안위를 걱정한 것이다. 그 후 접대사에서 대략 2개월 정도 체재한 뒤 숭정 16년(1643) 6월 13일이 되어서야 고향 소흥으로 돌아온다. 이것은 이자성에게 북경이 함락되기 1년 전의 일이었다.

결론적으로 볼 때, 유종주의 동림파에 대한 옹호와 항변은 표면적으로 언관의 언론을 문제 삼고 있지만, 그것은 그의 정치적 색채가 상당 부분 동림파의 입장에 동조하고 있었음을 보여주는 실례일 것이다. 그렇다고 해서 유종주가 동림파의 정치적 견해에 완전히 동의한 것은 결코 아니었다. 어디까지나 중도파의 입장에 서 있었다는 것은 그가 명대 말기의 정치적 혼란의 와중에서도, 또한 동림파에 대한 대숙청의 와중에서도 중앙정부의 탄압으로부터 배제되었다는 사실이 그것을 잘 입증해 준다.

위의 사항에 대해 숭정제는 한 두 언관을 처벌하는 일이 어떻게 국가의 체제를 손상시키는 일이 되느냐며 반문한다. 또한 유종주가 언관에 대한 황제의 사형私刑, 즉 조옥詔獄(공적인 것이 아니라 황제 마음대로의 사사로운 형벌)에 항의한 데 대하여 숭정제는 그들 언관의 배후에서 유종주가 주도적으로 조종하고 있는 것은 아닐까 라고 하며 의심의 말을 던진다. 사실 이렇게 숭정제가 의심한 것도 양자 사이에 메

---

389 『전집』 제5책, 「연보」 숭정 15년(1642)의 조.

울 수 없는 공사公私에 대한 인식의 차이가 있었기 때문이다. 숭정제는 비록 유종주의 견해에 동의하지 않았지만, 명조 멸망까지 유종주를 정치적으로 탄압하는 일은 결코 없었다. 유종주의 청렴결백함과 유학자로서의 곧은 인품에 대해서는 숭정제 또한 인정하고 있었던 것이다.

5

학문의 수용 양상과 교유

　중국 송대 이후의 유학, 즉 송명유학(혹은 송명이학)은 흔히 선진유학과 구분하여 신유학이라고 통칭되기도 한다. 그것은 다름 아닌 주자학(내지는 정주학)과 양명학(내지는 육왕학)이었다. 그리고 이 두 학문 유파는 송대와 명대의 유교사상사적 이미지를 묘사하는 주된 용어였다. 따라서 현대 동아시아에서 중국 송명유학사라 하면 주자학과 양명학이라는 용어가 자연스럽게 머리에 떠오른다. 이는 후대의 유학 연구자들에게 부지불식간에 절대적인 이분법적 구도를 요구하기도 하였다. 통설적이지만 그로 인해 동아시아 유학사에서 10세기 이후 활동한 수많은 유학자들을 이 구도 안에 가두어 버리는 속박 아닌 속박으로 기능한 것도 사실이다. 누구는 주자학자, 누구는 양명학자라고 하는 이분법적 구도는 마침내 역사 속에 존재하던 한 개인의 유학사상을 단순화시켜 도식화하는 오류를 범한다. 또 이를 통해 다양한 사상적 경향을 침잠시키는 결과를 초래하기도 하였다. 주자학과 양명학이라는 이분법적 구도는 정형화된 견고한 틀이 되었고, 때로는 완전히 이질적이고 대립적인 두 학문 유파로 자리매김한 것이다. 하지만 주자학 없이 양명학이 존재하다는 건 어불성설이고, 양명학자들이 양명학만을 추구한 것도 아니며, 주자학자들이 양명학을 일방적으로 배척한 것도 아니었다.

주자학과 양명학 사이를 넘나들며 자신만의 유학사상을 구축하고자 진력한 유학자들도 다수 존재하였다. 그 가운데 대표적인 인물로서 이 책에서 다루는 유종주가 그와 같은 유학자였다. 그럼 왜 유종주는 이처럼 주자학(혹은 정주학)과 양명학(혹은 육왕학)의 사이를 넘나들며 후대가 되어 다양한 평가를 받게 된 것일까. 아마도 그건 유종주의 학문이 주자학과 양명학을 종합적으로 아우르며 비판적으로 수용했기 때문일 것이다. 따라서 이 장에서는 유종주의 정주학과 양명학에 대한 수용 양상과 더불어 정주학자 및 양명학자들과의 교유 양상 등을 살펴보기로 한다.

1. 정주학의 비판적 수용

1) 정주학과의 접촉

한 개인의 완성된 사상 형성에는 단 하나의 요소에 의한 것이 아니라, 다양하고 복잡한 요소를 필요로 한다. 즉 그 형성의 배경은 다양한 인자에 의한다는 점이다. 때로는 선학의 사상을 긍정적으로 수용하고 때로는 비판적으로 수용하기도 한다. 또한 취사선택을 통해 자신의 사상을 완성해 나간다. 역사를 탐구하는 방법 가운데 형성사적 측면의 방법이 있다. 형성사形成史란 "일이나 사물 따위가 어떤 모양이나 상태를 이루어 온 역사"를 의미한다. 따라서 이 절에서는 이와 같은 '형성사적'고찰 방법을 채택하여 유종주의 정주학 수용 양태를 분석하기로 한다.

필자는 이미 기존의 연구에서 유종주의 사상변천을 그 주요한 학문 종지와 양명학관觀에 있어서 세 차례의 변천 과정이 있었다.[390]고 지적하였다. 그의 아들 유작은 『연보』에서 "선군자(유종주)는 성인의 성誠을 배운 사람이다. 처음에는 힘을 다하여 주경主敬에 치중하였고, 중엽에는 신독愼獨의 공부에 주력했으며, 만년에는 그 근본을 성의誠意로 귀숙시켰다"[391]고 술회한다. 부친의 사상 형성을 3단계로 설명하고 있는 것이다. 이 발언에 근거하여 유종주의 학문 종지를 정리해 보면 "주경(초기)→신독(중기)→성의(후기)"라는 변천 과정이 된다. 다시 말해 이 발언으로부터 보는 한, 그의 초기 사상과 학문의 중심축은 절강 덕청 출신의 스승 허부원許孚遠(1535-1604)과의 만남에 의해 비로소 눈을 뜬 정주학이라 할 수 있다. 그 가운데 허부원의 '극기론克己論'과 정주학의 핵심으로서 '경敬'을 전면에 내세우고 있다는 점에 주목

---

390 유종주의 사상변천에 관해서는 다음의 졸고를 참조. 「劉宗周의 思想變遷에 관한 考察」, 『陽明學』 제17호, 2006.

391 『全集』第五冊, 「劉宗周年譜·劉譜」, 홍광弘光 원년(1645)의 조. 『全書』는 권40, 「年譜」下, 順治五年十二月 「葬先生」 条. "先君子, 学聖人之誠者也. 始致力於主敬, 半操功於慎独, 而晩帰本於誠意."

할 필요가 있다.

스승 허부원은 담약수湛若水(1466-1560) 재전의 제자이며 담약수와 마찬가지로 일단은 '성性과 기氣'및 '성性과 심心'의 합일을 주장하였다. 그는 종종 "형해形骸(사람의 몸과 뼈 즉 육체)의 짐을 모두 벗어던지고 홀로 '성명性命'의 진실을 추구하였다."(『敬和堂集』五, 「答吳川楼丈」)고 말하면서 정주학적 학문 태도를 견지하고 있던 인물이다. 또 스승의 문인 풍종오(馮從吾, 1556-1627)가 허부원의 학문을 평하여 "즉각 못을 자르고 철을 재단하는 듯하다"(『馮少墟全集』二, 「疑思録」)고 말한 바와 같이 그는 주관적인 이기적 '의념欲念', 다시 말해 기질氣質의 장해를 배제하고 정주학적 실천수양으로서의 극기를 매우 중시하였다. 하지만 그는 정주학에서 주장하는 바와 같이 성性에 의리義理와 기질氣質이 있다고 하여 본성을 둘로 나누지는 않고, 성을 단지 하나의 본성으로만 파악하여 그것에 귀속하는 수양공부로서 극기를 더욱 강조한다. 유종주가 그 초기의 사상 형성에 있어서 이와 같은 스승 허부원의 정주학적 학문 태도에 큰 감화를 받았음은 분명하다. 더불어 유종주의 학문 형성은 이렇듯 정주학에서 출발하고 있는 것이다.

그 후 유종주는 유영징을 비롯한 동림학파 계열의 학자들과 친교를 심화시켜 나간다. 주지하다시피 동림학파는 양명학적 경향보다는 정주학적 경향의 학풍을 견지한 학술 유파이자 정치단체였다. 이 동림학파는 강소의 무석에 세운 동림서원에서 유래하는데, 이곳은 당시 지방에 거주하던 사인들의 지적 중심지였다. 서원의 구성원들은 학문에 대한 주희의 사상을 지지하였고, 양명학 좌파로 분류되는 태주학파의 주관주의에 적대적이었다. 또 환관이 주도하는 조정 정치에 비판적이었고, 정치와 사회의 변혁을 도모하였다.[392] 유종주는 바로 이 무렵부터 더욱 확고히 허부원을 비롯하여 동림학파 인사들과 교유하면서 정주학 및 정치적·사회적 식견에 대한 의견을 교환하기 시작한다. 자연스럽게 정주학과 접촉하게 되었던 것이다. 그런데 정주학에서 말하는 경과 극기 등의 핵심적 관념을 강조하는 스승 허부원의 가르침에 의해 유종주가 주경에 경도된 것은 26세 때부터이다.

게다가 만력 40년(1612) 35세 때, 정좌靜坐의 체인을 중시하는 동림학파의 고반룡과 만나서 그 학문 정신에 자극을 받고 정주학적 방법론을 심화시킴과 동시에 주경의 수양방법도 점차 개선시켜 나가게 된다.[393] 이렇듯 유종주의 학술 사상의 배경에는 초기의 '정주학적 환경'이 확고하게 자리 잡고 있었다. 그리고 그와 같은 청년기의 인문환경적 요소가 그 후 유종주의 사상적 편력과 궤적을 결정짓는 중요한 요소가 되었음은 말할 필요도 없을 것이다.

한편 유종주의 사상은 동시대를 살았던 동림학파의 여타 유학자들과 마찬가지로 중국 송명시대의 대표적인 유학자의 다양한 제설에 대한 일정의 선택적인 수용과 비판을 통하여 형성·전개되었다고 말해야 될 것이다. 특히 그의 경우는 스스로 후학자로서 앞서간 선배 학자들

---

392 피터 K. 볼 지음, 김영민 옮김, 『역사 속의 성리학』, 예문서원, 2011, 161-163쪽.
393 岡田武彦, 「劉念台と許敬菴」, 『劉念台文集』, 明德出版社, 2005, 290-291쪽.

과 동일한 '자득自得'을 스스로도 깨닫고자 하는, 다시 말해 자각하고자 하는 의지를 내적으로 표명하고 있었다. 이 때문에 그 자신이 수많은 선학 가운데 특히 누구를 어떻게 선택하고, 또한 스스로 선택한 선학의 교설을 실제로 어떻게 이해했는지가 그대로 그의 유교 교설의 입장과 내실을 방향 짓는 결정적 역할을 했던 것이다.

그럼 그 자신이 가장 존경해 마지않을 선학으로서 선택한 유학자는 누구였을까. 그의 언설 속에서 살펴보면 대체로 송대의 주돈이·이정 (특히 정이)·윤돈·주희, 그리고 명대의 왕수인 등이다. 그렇다고 하면 그가 스스로 선택한 선학, 즉 특히 주돈이와 정이의 교설에 대한 수용 및 그 비판의 요지를 조금이라도 검토하지 않으면 안 된다. 더불어 그가 앞선 시대 송대의 신유학자들인 이정과 주희의 학문, 즉 정주학을 어떻게 비판적으로 수용했는지에 관해서도 결코 무시할 수 없는 문제이다. 따라서 이 문제에 관해서도 약간의 기술을 해 둘 필요가 있을 것이다.

2) 정주학에 대한 평론

유종주가 송대 신유학 내지는 정주학의 선구자 주돈이의 학문을 흠모하고 그것에 기울어진 결정적 계기는 무엇이었을까. 단언컨대 그 관심의 결정적 계기는 주돈이 유학의 근본사상으로 간주되는 태극론太極論과 주정설主靜說, 거기에 지기설知幾説과 중설中説이었다고 할 수 있다. 그는 주돈이의 학문을 매우 존경했고 "공맹의 몰후, 성학性學을 논한 자는 단지 염계(주돈이) 한 명뿐이다."(『劉子全書』卷十三,

三十四丁)라고까지 말하고 있다. 우선 유종주는 「송유오자합각서宋儒 五子合刻序」에서 주돈이의 『태극도설』의 의의에 관하여 다음과 같이 서술한다.

> 주자周子(주돈이)의 『태극도설』은 대체로 『중용』에 근거해 있다. 그 안에서 주정主靜의 공부를 설하고 있는데, 이것은 『중용』에서 말하는 계신공구戒愼恐懼의 내용을 잘 전해준 것이다. 때문에 정자程子(여기에 서는 정이를 말함)의 문인 제자들은 주경主敬을 설했던 것이며, 장자張 子(장재)는 예禮를 아는 일과 성性(=본성)을 완전하게 성취하는 일 및 기질氣質을 변화시키는 일 등의 공부를 설했던 것이고 주자朱子는 정 자를 존경하고 믿어 격물치지를 설했던 것이다. 이것들은 모두 주자周子 의 설을 훌륭하게 해명한 것이다.[394]

여기에서 유종주는 주돈이에 대한 긍정적 평가와 함께 정주학의 정 통 계보에 관해 언급하고 있다. 『태극도설』은 바로 『중용』의 취지에 근 거해 있으며, 주정과 계신공구라는 수양법을 가장 훌륭하게 전한 서 적으로서 높이 평가하고 있는 것이다. 또 정이程頤로부터 주희까지 제 유의 학설은 모두 주돈이의 교설을 해석하고 설명한 것이었다고 말하 면서 송학宋學의 원류를 주돈이에게 귀속시키고 있다. 이 점은 주희의

---

394 『全集』 第三冊(下), 「文編十一·書序」 「宋儒五子合刻序」. 『全書』는 卷二十一에 수록. "周子図 説, 大抵本之中庸, 而主静二字, 直是戒慎恐懼真消息. 故程子遂有主敬之説, 張子有知禮, 成 性, 變化気質之説, 朱子尊信程子, 有格物致知之説, 合之凡以發明濂渓之説."

도통론과 유사하다. 신유학 혹은 정주학을 집대성한 주희의 경우도 『이락연원록伊洛淵源錄』에서 신유학의 첫 번째 세대에서 이른바 '북송 오자北宋五子'를 확정하는데, 여기에서 그는 창건자의 지위를 정호程 顥가 아닌 주돈이에게 부여하였다. 정씨 형제는 십대 초반에 주돈이로 부터 배운 바 있고 주희의 주장에 따르면 주돈이는 정씨 형제에게 태 극 개념을 통해 '이理의 통일성'이라는 중요한 우주론적 개념을 전수 하였다는 것이다.[395] 후에 유종주는 주돈이의 우주론적 개념인 태극과 주정이라는 개념에서 힌트를 얻어 인간의 도덕적 개념으로 방향 전환 시키고 「인극도人極圖」와 「인극도설人極圖說」을 손수 짓기도 한다. 다 시 말해 『인보人譜』(인간의 계보)라는 저작 속에 들어있는 「인극도」와 「인극도설」은 바로 주돈이의 「태극도」와 「태극도설」을 모방하여 저술 한 것이다.

유종주의 견해에 의하면 주정主靜은 '인간의 절대적 도덕 표준을 세우기[立人極]'위한 수양공부이며, 그러한 입장에서도 '입인극立人極' 은 가장 중요한 사상적 위치에 놓인다. 이른바 '인극人極'이란 인간이 마땅히 준거해야만 할 최고의 도덕 법칙으로 봐야 할 것이며, 그는 주 돈이의 주정설을 '주정입극主靜立極'의 설說'로서 이해했던 것이다. 즉 '입극立極' 혹은 '입인극'으로 분리하여 주정을 설명했던 것을 잘못된 것이라 하여 그 역점을 이 '입극'에 두는, 즉 '중화中和'라는 '천하의 달도 達道'의 확립에 두고 있다. 게다가 유종주는 성인의 근본 속성을 『중용』

---

395 피터 K. 볼 지음, 김영민 옮김, 『역사 속의 성리학』, 예문서원, 2011, 143-144쪽.

에서 말하는 소위 천도天道로서의 성誠으로 파악한다.

그에 의하면 『중용』은 이 '성誠'이라는 한 글자로 인해 의의를 가지며, 성性(=본성)의 '중中'을 내적으로 지시하는 것으로 이해한다. 이 때문에 '독체獨體'의 본질적 핵심을 '성誠'으로 보는 유종주는 성인을 태극의 전체로 파악하는 주희의 견해에 따라서 '성실히 하다'로서의 주어적인 '독체'와 태극을 동일화하고 있다. 이렇게 보면 그의 독특한 독체론은 『중용』의 '성誠'설에 의거하면서도 주돈이의 태극설에 대한 주희의 해석을 수용함으로써 형성되었다고 봐야 할 것이다.[396] 유종주는 이처럼 그 전 생애에 걸쳐서 사상적으로는 정주학의 선구자 주돈이를 지극히 존경하고 있었다. 또 그 자신의 독자적 학문과 사상을 구축할 때에도 주돈이의 사상적 영향은 지대하였고, 대체로 주돈이의 언설을 빌려 자신의 학설을 논증하고 있다. 다음 인용문의 '기幾(기미, 조짐)'와 '의意'에 관한 발언에서도 주돈이의 지기설知幾説에 적극적으로 동조하고 있는 유종주의 사상적 태도가 엿보인다.

염계濂渓(주돈이)는 "기幾(기미)에는 선악이 있다"(『通書』誠幾德第三)고 말했다. 그래서 양명도 "의意의 동動"이라고 한다. 그렇지만 이 두 현인의 말은 닮아 있는 듯 보이지만 실제로는 같지 않다. 생각하건대 선유先儒는 유무有無(있음과 없음)의 사이에 의해 기幾를 말하고 있고, 후유後儒는 유有로써 이미 형체를 이룬 것에 의해 기幾를 말한다. 주돈

---

396 山本命, 「劉蕺山の儒学」, 『明時代儒学の倫理学的研究』, 理想社, 1974, 668-682쪽.

이의 "선악이 있다"고 하는 것에는 '선으로부터 악으로'라는 어조가 있지만, 후유의 쪽은 선악을 등분으로 말한 것에 지나지 않는다. "의意는 기幾가 아니다"라고 하지만, 그것으로는 기幾가 도대체 어디에 머무른다는 것인가. 의意가 기幾가 아니라고 한다면 독獨은 기幾가 아닌 것인가.[397]

이 문장에서 선유先儒는 주돈이, 후유後儒는 왕수인를 가리킨다. 여기에서는 주돈이가 '기幾(조짐, 징조)'에 관하여 기술한 말과 왕수인이 의意에 관하여 말한 내용[有善有惡者意之動]을 비교·대조하면서 기幾와 의意의 자의를 확실히 밝히고자 한 유종주의 언설이 보인다. 그의 이러한 발언은 말할 필요도 없이 주돈이의 말이 옳다고 하고, 왕수인의 말은 틀렸다고 하는 입장을 취한 입론이다. 유무동정有無動靜에 관해 말하면 기幾란 움직이기 시작했지만 아직 구체적인 형태를 띄고 드러나 있지 않은 것, 즉 있다고도 할 수 없고 없다고도 할 수 없는 것[有無之間]이다. 선악에 관해 말하면 선인지 악인지 어느 한 방향으로 갈라지는 것이 아니라, 어디까지나 먼저 선으로 이동해 나가려고 하는 것이 기幾이다. 여기에서도 의意에 있어서의 선善에 대한 지향성과 기幾에 있어서의 선에 대한 방향성이 중첩되고 합쳐져 있다는 인상을 받는다.[398]

---

397 『全集』第二冊, 「語類十二·学言下」. 『全書』 「学言」下, 六十三条, 六十五歳. "濂渓曰, 幾善悪. 故陽明亦曰. 有善有悪. 濂渓曰. 動而未形, 有無之間者, 幾也. 陽明亦曰. 意之動. 然両賢之言相似而実不同. 蓋先儒以有無之間言幾, 後儒以有而已形言幾也. 曰善悪, 言有自善而之悪之勢, 後儒則平分善悪而已. 或曰. 意非幾也. 則幾又宿在何処. 意非幾也, 独非幾乎."
398 中純夫, 「劉宗周の「学言」について―慎独説から誠意説へ」, 『中国思想史研究』第二十五号, 京都大学中国哲学史研究会, 2002, 123쪽.

다른 한편 유종주는 선학의 주장을 높게 평가하면서도 자기 학문과 사상의 구축에 있어서는 비판적 수용의 태도를 취한다. 그는 다음의 문장에서 동시대 사대부들의 유교사상의 실천에 관하여 언급하고 맹자 이하의 제유(주돈이·이정·주희·왕수인 등)의 학설에 관하여 비판을 가하고 있다.

원래 학문은 하나의 공부만 있을 따름이다. 무릇 내외를 나누고 동정動靜을 나누고 유有와 무無를 설하고 두 개의 부분으로 나누는 것은 모두 지리支離에 속하는 것이다. 또 말하였다. 대저 도는 단지 하나의 것이며 나누어야 할 것이 아니다. 지知와 행行을 나누어 말하는 것은 자사子思로부터 시작되었고, 성誠과 명明을 나누어 말하는 것도 자사로부터 시작되었으며, 이발已發과 미발未發을 나누어 말하는 것도 또한 자사로부터 시작되었다. 인仁과 의義를 나누어 말하는 것은 맹자로부터 시작되었고, 심心과 성性을 나누어 말하는 것도 맹자로부터 시작되었다. 동動과 정靜, 유와 무를 나누어 말하는 것은 주자周子로부터 시작되었고, 기질氣質과 의리義理를 나누어 말하는 것은 정자程子로부터 시작되었으며 존심存心과 치지致知를 나누어 말하는 것은 주자朱子로부터 시작되었다. 또 문견聞見과 덕성德性을 나누어 말하는 것은 양명자陽明子로부터 시작되었고, 돈오頓悟와 점수漸修를 나누어 말하는 것도 양명자로부터 시작되었다. 이러한 일은 모두 우리 부자夫子(=공자)가 말하지 않았던 바이다. 아아! 내가 중니仲尼[공자] 이외에 누구에게 따를 수 있단 말인가(나에

게는 공자 이외에 마땅히 따라야할 만한 곳이 없다).[399]

결국 그 이전의 유학자들은 지·행을 비롯하여 이발·미발 이하 제 개념에 대해 두 개로 나누는 것을 전제로 하여 수양실천론을 전개한 다. 이에 반해 유종주는 그러한 수양론이 실제로는 모두가 폐해를 일 으키게 되었다고 지적하고 있다. 정주학과 양명학 둘 모두에 대한 비판 인 것이다. 그래서 이와 같은 이분법의 폐해를 극복할 수 있는 새로운 실천론은 분리하지 않는 통합적 수양론 뿐이며, 이것은 그야말로 애초 에 공자가 의도한 유교 정통의 교설일 것이라고 하는 언설이다.[400]

확실히 위의 문장을 상세히 읽어보면 유종주가 그 자신의 선유先 儒에 대한 입장을 간결하게 표명하면서 선진유학, 정주학, 양명학 등 의 제 학설에 관하여 명쾌하게 설명하고 있음을 알 수 있다. 위 문장의 "또 말하였다(又日)"이하 유종주의 말은 거의 그대로 66세 때의 저작인 「존의잡저存疑雜著」에도 보인다. 게다가 『연보』숭정 16년의 조를 살펴 보면 유종주와 선유(정주학자)의 의견의 차이를 간결하게 정리하여 단 문으로 나타내고 있는데, 그것을 표로 작성해 보면 다음과 같다.

399 『全集』第五冊,「劉宗周年譜」崇禎 16년의 조.『全書』는 권14에 수록. "従来学問只有一個工 夫. 凡分内分外, 分動分静, 説有説無, 劈成両下, 總屬支離. 又曰, 夫道, 一而已矣. 知行分言, 自子思子始, 誠明分言, 亦自子思子始, 已発未発分言, 亦自子思子始. 仁義分言, 自孟子始, 心 性分言, 亦自孟子始. 動静有無分言, 自周子始, 気質義理分言, 自程子始, 存心致知分言, 自朱 子始, 聞見徳性分言, 自陽明子始, 頓漸分言, 亦自陽明子始. 凡此皆吾夫子所不道也. 嗚呼, 吾 舎仲尼奚適乎."
400 馬淵昌也「劉宗周から陳確へ―宋明理学から清代儒教への転換の一様相―」,『日本中国学会報』 第五十三集, 日本中国学会, 2001, 196쪽.

표17 유종주와 선유先儒 간 의견의 차이[401]

선유先儒의 의견(정주학의 견해)	유종주의 의견
마음과 성이 대립한다. 「心」與「性」対	성이란 마음의 성이다. 性者心之性也
성과 정이 대립한다. 「性」與「情」対	정이란 성의 정이다. 情者性之情也
마음이 성과 정을 통괄한다. 「心」統「性」「情」	마음의 성정 心之性情
인욕이 인심이고, 천리는 도심이라고 나눈다. 分「人欲」為「人心」 「天理」為「道心」	마음은 단지 인심만이 있다 心只有人心. 인심은 사람의 마음이다. 人心, 人之心也. 도심은 마음의 도이다. 道心者, 心之道也, 인심이란 마음이 되는 까닭이다. 人心之所以為心也.
성을 기질지성과 의리지성으로 나눈다. 分「性」為 気質之性 義理之性	성은 단지 기질지성만이 있다. 性只有気質之性. 의리란 기질이 성이 되는 까닭이다. 義理者気質之所以為性也.
미발은 정, 이발은 동이라고 나눈다. 分「未発」為「静」 「已発」為「動」	존발은 단지 일기이다. 存発只是一機 동정은 단지 일리이다. 動静只是一理

이 표에 의해 유종주가 어떻게 선유의 주장(=정주학의 교설)을 이해하고 일원론적 합일성合一性을 중시했는지 쉽게 알 수 있다. 그는

401 『전집』 제5책, 「연보」, 숭정 16년의 조.

정주학의 방법론이라 할 수 있는 '이분법'(혹은 이원론)을 배제하고 일원론을 구축하고자 했던 것이다. 유종주가 정주학을 언급하는 경우는 그 수용의 측면보다도 그 비판의 측면이 좀 더 우세했다고 하는 인상을 지울 수 없다. 그렇다면 그 비판의 착안이 어디로 향해졌는지를 우선 확인해 볼 필요가 있다.

이 표에서 확인한 바와 같이 그것은 주로 다음의 몇 가지 점에 노력을 경주했음을 알 수 있다. 그것은 성性과 심心의 대립, 성과 정의 대립 및 천리天理와 인욕人欲의 구분이라고 하는 정주학의 이원론(혹은 이분법)적 견해에 대한 비판적 해석이다. 주지하다시피 주희는 '성'을 의리의 성(=본연의 성)과 기질의 성으로 나누고 이분법의 논리에 의해 맹자의 성선설性善說을 재구축하고자 하였다. 이에 대하여 유종주는 그와 같은 정주학의 이분법적 구조를 해체하고 통합적 일원론을 주장한다. 그는 또 다른 문장에서 다음과 같이 기술하고 있다.

성性은 단지 기질의 성밖에 없고, 의리라는 것은 그 본래적인 것에 지나지 않는다. 심(=마음)은 단지 인심밖에 없고, 도라는 것은 사람의 규범이며 마음을 마음이게 하는 근본이다. 인심이라 하고 도심이라 해도 요컨대 동일한 마음이며, 기질이라 하고 의리라 해도 요컨대 동일한 성이다. 마음도 성性도 하나라는 것을 알면 공부도 또한 하나일 수밖에 없다는 것을 알 수 있다. 따라서 정존靜存의 공부 외에 새로이 동찰動察의 공부가 없으며, 주경主敬의 공부 외에 또한 궁리窮理의 공부는 없다. 결국 공부와 본체도 하나인 것이다. 이것이 내가 말하는 신독의 설이다. 그런데도 후세 사람들의 해석은 때때로 그 진의를 잃어버리고 있다.[402]

이러한 유종주의 논리와 사상 구조에 따르면 '마음[心]'은 '인심=도심', '성'은 '기질의 성=의리의 성'이라는 통합성 혹은 동일성의 형태를 드러낸다. 여기에서 유종주는 이분법을 부정한 상태에서 그 나름대로의 독특한 신독설을 제기한 것이다. 또 위의 문장 속에서 "후세 사람들의 해석은 때때로 그 진의를 잃어버리고 있다"고 한 지적은 당시 왕기를 포함하여 크게 유행하던 양명학 좌파의 주장을 가리키고 있다. 다시 말해 그가 이와 같이 말하는 일원론은 양명학 좌파의 '본체 중시'론을 공격하기에 좋은 재료가 되기도 했던 것이다.

이상과 같이 유종주가 북송대의 주돈이를 비롯한 정주학의 교설에 관심을 가진 뒤, 거기에서 자기 자신의 교설·실천수양의 양식을 얻었다는 것은 확실하다. 그는 비판적 수용이라는 학문적 태도를 견지했다는 점에 의해 자기 나름대로 정주학을 이해하고 해석했으며, 그러한 전제에서 출발하여 자설(신독·성의설)을 전개해 나간 것이다. 특히 주희의 '심'과 '성'에 관한 이분법적 사유 방식에 대해서는 앞에서 말한 바와 같이 엄격할 정도로 비판적이었다. 이러한 비판적 수용 태도에는 스승 허부원과 고헌성 및 고반룡 등을 포함하여 그 자신과 깊이 교류했

---

402 『全書』卷八, 「中庸首章説」. "須知, 性只是気質之性, 而義理者気質之本然, 乃所以為性也. 心只是人心, 而道者人之所当然, 乃所以為心. 人心道心只是一心, 気質義理只是一性. 識得心一性一, 則工夫亦一. 静存之外更無動察, 主敬之外更無窮理.其究也, 工夫與本体亦一. 此慎独之説.而後解者, 往往失之."

던 많은 문인들에 의해 촉발되고 계발된 '정주학 이해'라는 측면도 크게 관련되어 있었다. 다음 절에서는 양명학 수용의 학문적 태도 및 그 문류(門流)의 학자들과의 관계에 관해 검토해 보기로 한다.

2. 양명학의 수용 양상과 교류

유종주는 소위 양명학에 대하여 어떻게 사상적으로 접근하고 그것을 어떻게 자기 학문과 사상 속으로 수용했던 것일까. 더불어 당시 명대 말기 사상계에서 일정의 세력을 가지고 있던 양명학 좌파의 인물들과 어떻게 교유하고 있었던 것일까.

1) 양명학의 비판적 수용

일반적으로 유종주의 사상에 대해 후대의 연구에 의하면 '주왕절충적朱王折衷'적이라고 평가하는 경우가 있다. 이 경우 단지 주왕(=주자학과 양명학)의 두 학문 유파를 절충했다는 것뿐으로 결론짓고 어디를 어떻게 절충했는지를 설명하지 않는다면 유종주 사상의 독자성은 분명하게 밝혀지지 않을 것이다. 덧붙이면 유종주는 원래부터 주자학(혹은 정주학)과 양명학이라는 그 학문적 성격을 약간 달리하는 바의, 요약해서 말하면 '도문학道問學'(학문에 의해 도를 궁구해 가는 일)과 '존덕성尊德性'(선천적인 덕성을 발휘하는 일)으로 확연히 구분되는 신유학적 수양법의 두 개의 유형을 감히 절충하고자 하여 그러한 조화와 절충을 시도했다고는 볼 수 없다. 하지만 유종주는 중국 명대 말기라는 시대의 특수한 상황을 배경으로 하여 유교 정통 성학聖學의 전승이라는 의미를 지진 계보학으로서의 '도통道統'을 스스로 확인하고 이것에 의거하여 자설을 전개한다.

그 때문에 무엇보다도 유종주는 선학들의 주장을 굳게 믿고 이것에 의거하여 자설을 구축한 뒤, 그 나름의 자설을 전개했다고 평가해야 할 것이다. 따라서 그가 중국 송명시대의 수많은 선유의 제설을 한편으로는 역사적으로 수용하는 경우에서도 그 제설을 언제나 반드시 성현의 전언前言에 대한 선유의 해석이나 체득의 방법과 관련시켜 스스로 체인적體認的으로 음미해 간 것이다. 이것은 이미 앞에서도 살펴본 주돈이 등의 정주학에 대한 그 자신의 수용 양태 내지는 비판적 태도에 의해 명료해졌다고 할 수 있다. 앞에서도 이미 지적했듯이 유종주의 초기 학문세계에서는 정주학적 주경이 학문의 핵심 요지였다. 또 이것만을 강조했기 때문에 양명학에 대한 관심을 가지고 있지 않던 초기에는 양명학이 선학禪學은 아닐까 하는 의심을 품고 있었다. 이것과 관련된 기술은 문인 요명달姚名達이 기록한 『연보』만력 31년(26세)의 조와 만력 41년(36세)의 조 및 동년의 진사 육전陸典에게 보낸 서간문에 잘 드러나 있다.

선생(=유종주)은 젊을 때 육(육구연)·왕(왕수인)의 학문을 좋아하지 않았다. 선생이 말하였다. 상산과 양명의 학문은 곧바로 자기의 본심을 믿는 것에 의해 성스러운 것을 증명하고자 하였다. (그들은) 극기의 공부에 관해 논하는 것을 즐거워하지 않았기 때문에 '박학博学'(널리 배움), '심문審問'(자세히 물음), '신사愼思'(신중히 생각함), '명변明辨'(밝게 분변함)—『중용장구』— 등에 전혀 몰두하려고 하지 않았다. ……… 그 설은 매우 높고 사람을 가까이 오지 못하게 하는 바가 있어 왕문 용계(왕기)의 사무설과 매우 닮아 있다. 가령 그 설을 배워 1대, 2대로 전해져 내려가면 마지막에는 반드시 폐해를 일으킬 것이다. 이러한 일은 육문陸門의 자호慈湖[양간]와 왕문의 용계를 보면 알 수 있다. 하물며 그 이후의 사람들은 말할 것도 없다.[403]

이 문장을 보면 초기의 유종주가 육왕학을 좋아하지 않았던 주요한 이유로서 그들이 정주학의 핵심인 극기의 수양공부를 중시하지 않았다는 점, 왕기의 사무설과 닮아 있다는 점, 더 나아가 이러한 주장이 전해지면 폐해가 있을 것이라는 점 등이 기술되어 있다. 그런데 이 문장의 '왈曰'이하 유종주의 언설은 거의 그대로 『유편』권4의 「여육이건이與陸以建二」(『전집』은 第二冊上의 「文編七」에 수록되어 있음)에도 보이는 것이다.[404] 그렇다면 유종주가 양명학에 관심을 가지기 시작한

---

403 『全集』第五冊, 「劉宗周年譜·姚譜」 만력 31년(26세) 8월과 만력 41년의 조. "先生早年不喜陸·王之学. 曰, 象山陽明之学, 直信本心以証聖, 不喜談克己工夫, 則更不用学問思辨之功矣.………其旨痛險絶人, 與龍渓四無之説相似. 苟執其説而一再傳, 終必弊矣.觀於慈湖龍渓可見. 何況後之人乎."
404 中純夫, 「劉宗周の陽明学観について一書牘を中心として」, 『陽明学』 第十四号, 二松学舎大学陽明学研究所, 2002, 127쪽.

시기의 『연보』의 기록을 살펴보자. 일반적으로 신독을 학문의 종지로 삼은 중기에 유종주는 양명학이 성학聖學이라는 것을 믿기에 이르렀다고 한다. 이것에 조응하는 『연보』의 기술로서는 그의 나이 50세 때로 기록된 「황명도통록성皇明道統録成」 조의 아래에 있는 다음의 일절을 언급할 수 있다.

선생(유종주)은 양명의 문집을 읽고 처음으로 그것을 믿어 의심치 않게 되었다. (선생이) 논단하여 말하였다. 양명 선생은 훈고·사장辭章의 학문이 유행하는 와중에 절학絶學(끊어진 학문)을 계승하여 마음에서 돌이켜 구하고자 하였고, 그 본래부터 생겨난 영각靈覺을 찾아내어 양지良知라고 이름 붙였다. 그래서 사람에 대해서도 단서를 찾아 실천할 때의 요체를 드러내어 치양지致良知라고 이름 붙였다. ········· 공맹 이래 이것만을 간절히 하여 명쾌하게 만든 사람은 여태껏 존재하지 않았다.[405]

이 문장은 아들 유작이 『연보』에서 기록한 것이며, 여기에 인용된 '왈曰'이하의 "선생이 절학을 계승하여[先生承絶学]" 운운의 유종주의 말은 그의 제자 황종희에 의해 『명유학안』 권두 「사설」의 「왕양명수인王陽明守仁」의 조에 재록되어 있다—아니 거의 일치한다—. 다시 말

---

405 『全集』第五冊, 「劉宗周年譜」 천계天啓 7년(50세)의 조. "先生読陽明文集, 始信之不疑. 為論次曰. 先生承絶學於辭章訓詁之後, 一反求諸心, 而得其所性之覺, 曰良知. 因示人以求端用力之要, 曰致良知. ········自孔孟以來, 未有若此之深切著明者也."

해 이 문장은 왕수인의 문집을 읽음으로써 처음으로 양명학 쪽에 긍정적으로 접근해 가게 되었다고 하는 증언을 하고 있는 셈이다. 하지만 그 후 유종주는 양명학 수용에 있어서도 정주학 수용 자세와 마찬가지로 변함없이 비판적 수용의 자세를 견지해 나간다. 그가 양명학에 관하여 언급하는 경우에 가장 힘을 쏟아 문제 삼은 테마는 왕수인의 지행합일설이 아니라 바로 그 치양지라고 해도 과언이 아닐 것이다. 그는 「양지설良知說」이라는 문장에서 왕수인의 양지 학설에 관하여 다음과 같이 논평하고 있다.

양명자가 양지를 말한 것은 후학에 대하여 가장 큰 공적이 있는 부분이지만, 그것은 맹자의 교법을 전한 것에 지나지 않으며 『대학』의 설과 합치하지 않는 바가 있다. (양명은) 「대학고본서大學古本序」에서 "대학의 도는 요컨대 성의에 있다. 성의의 공부는 요컨대 격물에 있고, 격물의 공부를 궁구하면 지선에 머무르는데, 지선에 머무르는 도는 치양지에 있다"고 서술하면서 이러쿵저러쿵 논하고 있는데, 이것은 심하게 기맥氣脈(상호 간의 관계)을 망가뜨리고 있음이다. 문인 왕용계(왕기)의 「천천증도기天泉證道記」에는 "무선무악(선도 없고 악도 없는 것)은 마음[心]의 본체[體]이고, 유선유악(선도 있고 악도 있는 것)은 의의 발동[動]이며, 지선지악(선도 알고 악도 아는 것)은 양지이고, 위선거악(선을 행하고 악을 제거하는 것)은 격물이다."라는 양명의 설을 전하고 있는데, 이 논지는 마침내 지리멸렬하게 되었다. 이것에 의하면 여기에서 말

하는 양지는 용계가 말하는 바와 같이 궁극적 의미를 가지고 있는 것이
아니게 된다.[406]

이 문장을 상세히 살펴보면 유종주가 그 전제로서 왕수인의 양지설
을 높이 평가하고 있으며, 그 점에서 볼 때 그가 후학에 대한 왕수인의
최대의 공적을 인정하고 있다는 것을 알 수 있다. 하지만 그는 왕수인
의 양지설은 단지 '맹자의 교법敎法'을 전한 것뿐이고, 그 설은『대학』
의 성의를 논한 장과 합치하지 않는다고 비판하기도 한다. 양지설은 인
정하지만, 신유학이 중시하는 사서四書의 하나인『대학』의 요지와 약
간은 어긋난다는 것이다.

유종주는 이렇게 하여 한편으로는 왕수인의 양지설을 그 유래인
맹자의 '양지良知=양능良能'의 설로 되돌아가 재검토한다. 그것과 함께
다른 한편으로는 그 양지설을『대학』의 성의설과 일치시키는 것에 의
해 스스로 새롭게 해석하여 체득하는 입장을 취한다. 취사선택의 비판
적 수용이다. 즉 여기에서 보면 유종주가 왕수인의 학설에 완전히 동의
하지 않았음을 알 수 있다. 또 여기에서 지적하고 싶은 바는 그가 왕수
인의 양지설을 소위 사구교四句敎와 관련시키고 있다는 점이다. 이러
한 것에 의해 그는 왕기를 중심으로 한 양명학 좌파에 대한 공격과 비

406『全集』第二冊,「語類十·説」「良知説」. "陽明子言良知, 最有功於後學, 然只是傳孟子教法, 於
大學之説, 終有分合. 古本序曰, 大學之道, 誠意而已矣. 誠意之功, 格物而已矣. 格物之極, 止
至善而已矣. 止至善之則, 致良知而已矣. 宛轉説來, 頗傷氣脉. 至龍溪所傳天泉問答, 則曰,
無善無惡者心之體, 有善有惡者意之動, 知善知惡是良知, 為善去惡是格物. 盆增割裂矣. 即
所云良知, 亦非究竟義也."

판에 있어서 매우 좋은 자료를 얻게 된 것이다.

한편 그는 양명학에 대한 비판적 이해를 심화시킨 상태에서 양명 후학, 특히 절동 양명학 좌파에 대한 비판 운동을 전개한다. 그 비판의 방법으로서 사용한 것은 말할 것도 없이 이분법이다. 그 자신이 정주학의 이분법을 부정했던 바와 같이 그는 양명학 좌파에 대해서도 '본체=공부'라는 일체론을 제기하여 본체만을 중시하는 그들의 폐해를 지적한다.

> 본체라고 해도 극히 사소한 것이며, 공부라고 해도 극히 사소한 것이다. 이렇게 극히 사소한 것이기 때문에 이것이 본체다 저것이 공부다라고 하여 나눌 수는 없다. 본체와 공부를 나눌 수 없는 이상, 이 사소한 것은 이것이다 라고 하여 지시할 수도 없다. (때문에 『시경』의 「대아大雅」에서도) "상천上天[하나님]이 이루는 일은 소리도 없고 냄새도 없는 것"이라고 하고, 천제天帝가 이루는 일은 인간의 지각知覺으로는 짐작할 수 없는 것이라고 하였는데, 이것은 지당한 말이다.[407]

본체와 공부의 관계에 의해 양명학 좌파를 비판하는 자세가 여기에도 드러나 있는데, 그는 '본체=공부'라는 인식에 의해 자설과 양명학 좌파와의 분기점을 발견해 낸 것이다. 또 그 자신의 어록인 「학언學言」

---

407 『全集』第二冊, 「語類十二·学言上」. "本体只是這些子. 工夫只是這些子. 并這些子, 仍不得分此為本体彼為工夫. 既無本体工夫可分, 則亦并無這些子可指. 故曰, 上天之載, 無声無臭. 至矣."

490

에서도 '본체=공부'라는 인식에 근거하여 학문에는 수양으로서의 '공부' 밖에 없다고 피력한다. 다시 말해 '본체=공부'라는 도식을 표명하고 있는 것인데, 그것은 공부 우선의 '본체=공부'인 것이다. 다음의 문장 속에서도 수양공부의 중요성이 기술되어 있다.

> 원래 학문은 하나의 공부밖에 없다. 그런데도 그것을 동정動靜·내외內外로 나누고 유무有無로 나누어 설한다면, 하나의 것이 갈라져 두 개의 것이 되어버린다. 이러한 학문은 모두 지리支離에 빠진 것이다.[408]

이와 같이 유종주는 공부(=수양) 중시의 '본체=공부' 일체화를 강조하여 양명학 좌파와의 차별화를 시도하고 있다. 즉 양명학 좌파가 본체를 설하고 공부를 경시한 폐해에 대해 일원론적 입장을 취하면서 강하게 비판하고 있는 것이다. 확실히 여기에는 유종주의 '이분법' 부정의 의도가 반영되어 있다고 볼 수 있다. 그는 결국 양명학의 양지설에 대해 학문적 공헌이라는 측면에서는 긍정하면서도 완전히는 동의하지 않았으며, 양명학 좌파에 대해서도 본체만을 중시하는 폐단을 극력으로 비판하고 있는 것이다.

---

408 『全集』第二冊, 「語類十四·学言下」. "従来学問只有一箇工夫. 凡分内分外, 分動分静, 説有説無, 劈成両下. 総属支離."

2) 양명학 좌파 인사와의 교류

유종주가 당시 강남 절동 지역의 사상계에서 일정의 세력을 가지고 있던 양명학 좌파의 인물들과 어떠한 인간관계를 맺고 교유하고 있었는지에 관해 약간의 검토를 진행해 보자. 다음은 유종주 학맥과 절동 양명학 좌파와의 관계에 대하여 표로 나타낸 것이다.

표18) 유종주와 절동 양명학 좌파와의 관계표

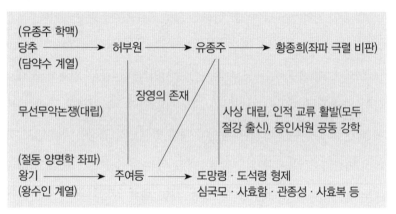

우선 왕기 계열의 절동 양명학 좌파의 면면을 훑어보면, 왕기는 절강 소흥 산음 출신으로 유종주와는 사실 동향 사람이며, 주여등의 경우는 스승 허부원과 남경에서 무선무악 논쟁을 펼쳤던 양명학 좌파 인물로 유명하다. 또 도망령도 일찍이 유종주의 외조부 장영의 문하에서 잠시 동안 그 가르침을 받은 적 있던 양명학 좌파 인물이다. 그리고 도석령을 비롯한 관종성·사효복 등 양명학 좌파로 분류되는 인물들 대부분이 유종주와 함께 절강성 소흥 지역에서 공동으로 강학을 행했던 인물들이며, 혹은 유종주 문인집단에 이름을 올리고 있다. 특히 도석 령의 경우에는 유종주와 함께 일시적으로 협력의 관계를 맺으면서 증 인사(혹은 증인서원)라는 사학社學의 경영에도 참가하였고, 후에는 유 종주와 학문적 의견을 달리함으로써 소흥 백마산방에 별도로 동지들 을 모으고 강학활동을 전개하한 인물이기도 하다.

그런데 주여등과 허부원과의 사이에서 벌어진 무선무악 논쟁 이후, 주여등 사상의 발양자로서 자타 공히 인정받고 있던 인물은 도석령과 그 의 형 도망령이다. 황종희는 『명유학안』에서 도망령에 대한 평가 및 당시 의 절동 양명학 좌파의 풍경에 관하여 다음과 같이 논평하고 있다.

선생(도망령)의 학문은 대개 해문(주여등)으로부터 얻었는데, 그것이 한층 더 세상 속에 범람하게 되었다. ……… 생각컨대 (도망령 선생은) 드디어 이치[理]에 가까운 것을 얻었다고 하지만, 새로이 유교와 불교와 의 문제에 대한 약간의 분별을 구명한 적은 없다. 그 때 선승 담연징(담 연원징), 밀운오(밀운원오)는 모두 선생이 이끌어 그 가르침을 펼치고 넓 힘으로써 마침내 종풍宗風이 흥기하여 동절東浙에서 성행하게 되었던 것 이다. 그 흐름의 폐해가 부귀를 중시하고 명절名節을 가벼이 여겼다고 하 는 일도 아직까지는 반드시 선생의 잘못이 아니라고는 단언할 수 없다.[409]

---

409 黃宗羲, 『明儒学案』 巻三十六, 「泰州学案五」 「文簡陶石簣先生望齡」. "先生之學, 多得之海 門, 而汎濫於方外.………蓋得其彌近理者, 而不究夫毫釐之辨也. 其時, 湛然澄·密雲悟, 皆先生 引而進之, 張皇其教, 逐使宗風盛於東浙. 其流之弊, 則重富貴而輕名節. 未必非先生之過也."

황종희의 이 발언에 의하면 도망령은 스승 주여등보다도 더 한층 불교에 대한 경도·침잠의 정도가 심했으며, 양명학 좌파의 풍조[宗風]를 절동 지역[東浙]에 널리 퍼뜨려 성행하도록 만들었다는 것이다. 또 이러한 풍조 자체는 그렇더라도, 명예와 절조[名節]를 경시하고 부귀를 중시하는 풍조조차 발생시켜 혼란을 일으키기에 이르렀다고 악평하고 있다. 스승 유종주의 견해와 비교해 볼 때 황종희는 양명학 좌파의 의론에 대해 극도로 부정적이었다는 것을 알 수 있다. 한편 유종주는 그 만년에 독자적인 성의설을 정립했을 무렵, 주여등의 『정문미지程門微旨』와 왕수인의 『주자만년정론』에 대해 논평하고 있는데, 그는 다음과 같이 말한다.

주여등은 (정호의) 미지微旨를 표방하면서도 경敬에 관해서는 상세히 논급하고 있지 않다. 왕양명은 (주희 만년의) 정론을 표방하면서도 오로지 양지의 주지主旨로써 (주희를) 개괄하고 있는데, 이것은 의심컨대 주희의 전복全副(완전하고 합당한) 정신이 아니다.[410]

정주학의 주경을 중시하여 "경이라는 한 글자는 원래 천성상전千聖相傳의 심법心法이다"[411]라고 생각한 유종주는 『정문미지』가 '경敬'을 논급하지 않은 것에 대해서는 물론이고, 『주자만년정론』이 양지 심학

---

410 『全集』第三冊(下), 「文編十一·書序」「宋儒五子合刻序」. 『全書』는 권21에 수록. "海門標微旨, 不詳及敬處. 陽明標定論, 直以良知之意槪之, 疑非朱子全副精神."
411 『全書』卷四, 「聖学喫緊三関」.

을 기준으로 주희의 사상을 총괄했음에 원래의 본령을 잃어버렸다고
하는 점에 대해서도 강한 불만을 제기한다. 결국 그의 이와 같은 양명
학 자체와 양명학 좌파의 학술에 대한 인식과 의식은 시종일관했다고
볼 수 있다.

예를 들면 현대의 어떤 양명학 연구자는 다음과 같이 지적한다. 유
종주의 주요 저작 가운데 하나인 『성학종요聖學宗要』를 보면, 유종주
가 왕수인 부분을 증보할 때 왕수인을 "정주와 더불어 서로 발명發明
한 자"로 평가하고 있는데, 이 발언에서도 단적으로 보이는 바와 같이
유종주는 오히려 왕수인을 정주와 조화시키는 것을 주지로 삼고 있었
다.[412] 그런데 주여등의 『동월증학록東越證學錄』(권4)에 의하면 유종주
의 나이 22세 때인 만력 27년(1599) 가을, 도망령이 동지 수십 명과 함
께 양명 사당에서 제사하여 고하고 월회月會의 약정(즉 회기)을 정했
다는 기록이 있다. 또 만력 29년 중추절 밤에는 동지 50여 명이 양명의
연고지인 벽하지碧霞池의 천천교天泉橋 위에서 연회를 베풀었다고 한
다. 흥미롭게도 이들 동지가 만든 결사가 바로 증수사證修社이다.[413] 도
망령이 직접 쓴 「증수사회발어證修社會跋語)」(『헐암집歇菴集』 卷十四)
에는 그 유래에 관하여 다음과 같이 서술되어 있다.

월越(지금의 절강성)은 두 왕자王子의 고향이다. 왕용계(왕기)가 세
상을 떠난 후 강회가 없어졌다. 전군錢君, 유군劉君 등 동지 몇 명을 시

412 吉田公平, 「王陽明」, 『陸象山と王陽明』, 研文出版, 1990, 253쪽.
413 荒木見悟, 「周海門の思想」, 『明代思想研究』, 創文社, 1972, 251쪽.

작으로 연대하여 사社를 결성하고 증수證修라고 명명하였다. 그리고 해
문자海門子(주여등)를 초빙하여 선생을 주강主講으로 맞이하였다. 지금
나의 교분을 해문에게 부끄러워하면서 한 마디를 책의 뒤에 적는다.[414]

여기에서 두 왕자王子는 당연히 왕수인과 왕기를 가리킨다. 이 문
장을 살펴보면 이 결사가 주여등과 도망령을 지도자로 삼고 있었음
을 알 수 있는 것이다. 그럼 증수證修라는 사명社名은 무엇을 의미하
고 있는 것일까. 또 유종주의 증인사證人社와는 어떠한 관계가 있었을
까. 도망령의 설명에 의하면 그것은 '증(증명)'과 '수(수양)'의 병존을 목
표로 한 것이 아니라, 실은 무수無修의 '수'와 무증無證의 '증'으로서의
'수증 일치'를 내세워 실천하고자 한 것이었다. 주여등은 오수겸병론悟
修兼併論을 비판하여 "그러면 오悟(깨달음)의 바깥에 수修(수양)가 있
고, 수修의 바깥에 오悟가 있게 되는 것이 아닌가. 수修 바깥의 오悟
는 현치懸馳(동떨어져 방자해짐)가 되고, 오悟 바깥의 수修는 이착履
錯(섞여 어지러워짐)이 된다. 진실한 깨달음은 반드시 수양을 말하지
않으며, 또 진실한 수양은 반드시 깨달음을 말하지 않는 것이다"(『東
越証学録』卷七, 十五丁, 祁生壁語序)라고 서술하고 있다.[415] 바로 이와
같은 '수오 일체관'이 증수사의 지도 이념을 이루고 있었던 것이다. 이
에 대하여 유종주의 증인이라는 말은 역으로 유수有修의 '수'이고 유증

---

414 陶望齡,「證修社会跋語」,『歇菴集』卷十四.
415 荒木見悟의 앞의 책, 252-254쪽.

有證의 '증'이라고 할 수 있다. 그것은 증(=증명)과 사람(=성인으로서의 인간)의 상관·병존을 목표로 했던 것이며, 그 병존의 수단으로서 수양이 강조되고 있다. 이러한 점으로부터 보면 그들 사이에서의 학문적 거리를 감지할 수 있을 것이다.

유종주와 주여등·도망령 계열과의 사상사관의 현저한 차이점에 관하여 한 가지 예를 들어보면 그것은 왕문王門에 대한 평가일 것이다. 주여등·도망령이 왕문 가운데 왕기를 가장 높이 평가하는 것에 대하여 유종주는 왕기를 '사설師說의 왜곡자'로서 규정하고 철저하게 비난하고 있으며, 기를 쓰고 왕수인과 왕기 두 사람 사이의, 즉 사제 간의 사상적 연속성을 부정하고 있다. "정주와 나란히 세상 속에서 밝게 빛나는"왕수인이야말로 유교 정통 성학聖學의 완성자라고 평가하는 유종주에게 있어서 왕기는 어떻게 해도 인정하기 어려운 존재였던 것이다.[416] 이 때문이라도 왕기의 사상을 계승하고 있는 주여등과 도망령 이하의 절동 양명학 좌파에 대한 대항 의식이 마음속에서 싹텄다고 해도 좋을 것이다.

그러나 도망령·도석령 형제와 유종주와의 복잡한 인맥관계를 생각해 보면 흥미진진한 한 가지 사실이 있다. 학술적 혹은 학파적으로는 양측이 격렬하게 대립했다고는 하나, 인적 교류의 측면에서 보면 우정이 흘러넘치는 인간관계를 맺고 있었음을 확인할 수 있다. 『연보』의 기록에 의하면 도망령은 유종주의 외조부 장영에게 배운 인물이며, 유

---

416 吉田公平의 앞의 책 253쪽의 「朱子晚年定論」절을 참조.

종주의 어머니가 세상을 떠났을 때 복상까지 했던 사람이다. 바로 그
때 조문하러 온 도망령이 유종주의 진실한 자세와 성실한 복상 태도에
크게 감동했다는 일화는 이미 앞에서 소개한 바 있다. 그만큼 양쪽 가
문은 사적으로도 매우 친밀한 관계였다는 것이다. 게다가 유종주는 도
망령의 동생 도석령과는 깊은 친교를 맺고 친우로서 함께 증인서원(증
인사)에서 강학 활동을 펼치기도 한다. 즉 숭정 4년(1631) 3월 3일 이백
여 명의 동지와 함께 두 사람은 도망령의 사당(=석궤서원)에 집결하여
공동 주사主事로서 강학을 전개했다고 하는 일이다. 유종주는 도석령
에게 보낸 서간문 속에서 다음과 같이 말하고 있다.

생각하건대 천하에서 신건新建(양명)의 학문을 담론하는 자들은 아
직도 길을 총령葱嶺에게서 빌리지 않은 것이 없다. 즉 그날 일종의 교법
인 소위 천천문답天泉問答 등의 말은 요즘에는 다시 생각하지 않고 있
으며, 고명한 도사의 성종性宗을 담론하여 이륜彝倫을 소홀히 하고, 비
암卑暗의 사士의 창광猖狂을 즐기면서 명검名檢(전문적인 검증)을 싫어
하는 것은 오로지 이것에 의한 것이다.[417]

여기에서 총령葱嶺은 불교를 뜻하고 이륜彝倫은 사람으로서 지켜
야 할 불변의 도덕·윤리를 의미한다. 이 서간문의 내용을 자세히 읽어

---

417 『全集』第三冊(上), 「文編八·書(時事出處)」「與石梁二」. "顧今天下談新建之学者, 未有不借路
葱嶺, 即当日一種教法所謂天泉問答等語, 近日亦不復拈起. 高明之士談性宗而忽彝倫, 卑暗
之士楽倡狂而悪名検, 職此之繇."

보면 양자(도석령과 유종주) 대립의 요점이 유교와 불교를 일체화하여 이해하고 있는지 아닌지 라는 것에 달려있었음을 알 수 있다. 다시 말해 유종주의 이 견해는 도석령과 같은 양명 후학의 문제점이 불교의 논리에 서 있으며 유교의 도덕·윤리를 거부하는 데 있었다고 하는 지적이다. 하지만 이 두 사람은 학문상 내지는 사상적 견해의 차이가 존재했음에도 불구하고 지역의 대표 유교 지식인으로서 또한 고향 친구로서의 친교는 일생 동안 변함이 없었다. 한편 절동 지역에서는 왕수인의 사후, 그 양명학 사조는 좌파적 경향의 왕기를 비롯한 제자들, 즉 주여등·도씨 형제 등의 열광적인 강학 활동을 통하여 그 세력을 점점 확장해 나감으로써 일세를 풍미하게 된다. 이 무렵 유종주는 그들과 양명학 종지에 대한 견해를 달리하면서 자설의 확립에 전력을 기울인다. 그 주요한 계기는 양명학에 대한 비판적 수용 태도와 좌파 인사들과의 활발한 교류 활동 등에 의한 것이었다.

그런데 잘 알려져 있다시피 중국 명대 말기 사회적 상황을 묘사하는 특징적 사회공동체의 결합 양태는 사社, 회會, 맹盟 등으로 불리는 지역 동지들에 의한 수평적 결합이다. 각기 사상적 견해의 차이는 있었다 하더라도 확실히 그것은 유종주라고 하던 절동 양명학 좌파의 인물들이라고 하던지 간에 지역질서 안정과 회복의 문제에 있어서는 동일한 의식을 공유하고 있었다는 점이다. 그러한 점에서 보면 지역 사인士人들 간의 동지적 결합이 매우 중시되었다는 것은 말할 것도 없다. 그 결실의 증거가 바로 유종주와 도석령이 공동으로 주관한 증인사라는 강학 그룹이었던 것이다.

나오는 말

이 책은 전체의 구성을 총 3부로 나누었다. 대략적으로 이를 다시 정리하면 다음과 같다. 제1부는 유종주 사상 형성의 배경으로서 인물과 가족사에 관하여 의론하였다. 여기에서는 유종주의 출생과 성장과정 및 부계·모계의 환경 등을 사상문화사적·사회사적인 시각으로부터 검토하고, 그의 학문세계에 지대한 영향을 끼친 스승 허부원에 대해 당시의 유교사상계 및 사회상황을 통해 살펴보았다. 다음으로 유종주의 과거수험 과정과 관료생활의 양상을 고찰하였다. 따라서 제1부의 주요한 요지는 유종주의 가족·사우관계 및 관력을 통하여 그의 시대인식과 학문세계가 어떻게 형성되었는지를 파악하기 위한 전제 작업이라는 의미를 갖는다.

제2부는 제1부가 유종주의 가족관계와 사우師友관계 등을 논하는 것이라면 여기에서는 유종주와 그 주변 인물들과의 관계에 관하여 세

밀히 검토하였다. 이는 강학 시기의 유종주와 바로 그 시기에 형성된 문인집단의 구성원들을 분석하는 작업이다. 특히 유종주와 도석령을 중간 매개로 하여 지역의 강학 네트워크가 형성되는 과정을 살펴보았다. 또 유종주와 그 문인들이 절강지역에서 적극적으로 실천한 여러 형태의 사회활동에 초점을 맞추고, 그 서원 강학활동과의 연계 형태 및 분파分派 과정에 관하여 다각적으로 검토하였다. 다음으로 유종주와 후학과의 관계 및 몇 개의 유종주상像을 고찰하였다.

제3부는 유종주와 지역 및 명대 말기 유교사상계의 양상에 관하여 서술하였다. 여기에서는 그의 활동무대인 강남지역(특히 절강지역)에 논의의 초점을 맞추고 그 강남지역과 명말 유교사상계의 양상에 관하여 논의하였다. 우선 여기에서는 학술문화 중심지로서의 절동 지역을 고찰하고 당시 이 지역에서 활발하게 전개된 양명학을 포함하여 명대 말기 사상계의 양상을 유종주와의 관계성이라는 시각에서 검토하였다. 주지하는 바와 같이 중국 유교사상사에서 명대 말기라는 시대상은 학파간의 논쟁이 격렬하게 전개되었던 시기이다. 이 시기에 전개된 논쟁 중, 특히 무선무악에 관한 논쟁은 그 대표적인 사례라고 할 수 있다. 따라서 여기에서는 이러한 무선무악론에 관한 유종주와 동림파의 입장을 살펴보았다. 또 동림파의 사상을 고헌성·고반룡 두 사람의 사상을 중심으로 하여 고찰하고 그들과 유종주와의 교유관계를 검토하

였다. 다음으로는 학술 교유와 비판적 수용이라는 시각에서 유종주의 정주학·양명학의 비판적 수용과 인적 교류의 양상에 관하여 검토하였다.

이상이 이 책의 전체 구성과 전반적 내용이다. 이 책에서는 다루지 않았지만, 유종주 유교철학의 핵심적 내용과 송명유학과의 관계성은 차후의 과제로 남기기로 한다.

참고문헌

<기본자료>

『劉宗周全集』(全六卷), 戴璉璋·吳光主編, 台湾中央研究院, 1997.

『劉子全書及遺編』(全二冊), 中文出版社(京都), 1981.

『劉宗周年譜』, 姚名達著, 上海商務印書館, 1934.

『劉子文編』(影印本), 台北環球書局, 1966.

『劉蕺山集』(四庫全書珍本·影印本), 台湾商務印書館.

『劉蕺山文抄』, 岡田武彦·荒木見悟主編, 京都中文出版社, 1975.

『劉念台文集』, 岡田武彦著, 明徳出版社, 1990.

『明史』(全二十八冊), (淸)張廷玉等撰, 中華書局, 1974.

『明儒学案』(上·下)二冊, 黃宗羲著·沈芝盈點校, 北京中華書局, 1985.

『文史通義』(淸)章学誠實齋著, 粵雅堂叢書, 台北藝文館, 1965.

『文史通義新編』(淸)章学誠著·倉修良編, 上海古籍出版社, 1993.

『黃宗羲全集』(淸)黃宗羲撰, 杭州浙江古籍出版社, 1985.

『鮚埼亭集』(近代中國史料叢刊), 全祖望撰, 台北文海出版社, 1988.

『東越證學錄』(明)周海門著, 台湾偉文図書公司, 1976.

『邵念魯年譜』, 姚名達著, 台北商務印書館, 1972.

『大学』, 宇野哲人(訳注), 講談社学術文庫, 1995.

『中庸』, 宇野哲人(訳注), 講談社学術文庫, 2001.

『四書章句集注』(宋)朱熹注, 上海書店出版社, 1987.

『哲学事典』, 平凡社刊行, 1989.

「明儒劉子蕺山先生傳」, 『思復堂文集』, 邵廷采著, 浙江古籍出版社, 1987.

<저서류>
(중국어)

東方朔, 『劉宗周評傳』, 南京大学出版社, 1998.

李振綱, 『証人之境—劉宗周哲学的宗旨』, 人民出版社, 2000.

侯外廬等主編,『宋明理学史(下)』, 人民出版社, 1997.

謝国楨,『明清之際党社運動考』, 遼寧教育出版社, 1998.

謝国楨,『明末清初的学風』, 上海書店出版社, 2004.

鍾彩鈞主編,『劉蕺山学術思想論集』, 台湾中央研究院, 1998.

牟宗三,『從陸象山到劉蕺山』, 上海古籍出版社, 2001.

衷爾鉅,『蕺山学派哲学思想』, 山東教育出版社, 1993.

何宗美,『明末清初文人結社研究』, 南開大学出版社, 2003.

朱義祿,『黃宗羲與中国文化』, 貴州人民出版社, 2001.

步近智·張安奇『顧憲成高攀龍評傳』, 南京大学出版社, 2001.

王永健,『全祖望評傳』, 南京大学出版社, 1996.

方祖猷,『萬斯同評傳』, 南京大学出版社, 1996.

俞鹿年編,『中国官制大辞典』(上·下巻), 黒龍江人民出版社,1998.

孔令紀等主編,『中国歴代官制』, 斉魯書社, 2003.

李國鈞主編,『中國書院史』, 湖南教育出版社, 1998.

趙所生·薛正興主編,『中國歴代書院志』(全十六冊), 江蘇教育出版社, 1995.

山井湧,『黄宗羲』(人類の知的遺産三十三), 講談社, 1983.

何炳松,『浙東学派溯源』, 中華書局, 1989.

(일본어)

山下龍二著,『大学·中庸』(全釋漢文大系三), 集英社, 1974.

岡田武彦,『王陽明と明末の儒学』, 明徳出版社, 1970.

岡田武彦,『劉念台文集』(岡田武彦全集十三), 明徳出版社. 2005.

荒木見悟等編,『陽明門下(下)』, 陽明学大系第七巻, 明徳出版社, 1974.

荒木見悟,『明代思想研究』, 創文社, 1972.

金谷治編,『中国における人間性の探究』, 創文社, 1983.

志賀一朗,『湛甘泉の学説』, 風間書房, 1983.

細谷恵志著,『讀書録』, 明徳出版社, 1995.

奥崎裕司,『中国郷紳地主の研究』, 汲古書院, 1978.

宇野哲人外,『陽明学入門』(陽明学大系第一巻), 明徳出版社, 1971.

吉田公平,『陸象山と王陽明』, 研文出版, 1990.

平田茂樹,『科挙と官僚制』, 山川出版社, 1997.

宮崎市定,『科挙―中国の試験地獄』(中公文庫), 中央公論新社, 2003.

何炳棣著, 寺田隆信·千種真一訳,『科挙と近世中国社会』, 平凡社, 1993.

林友春,『書院教育史』, 学芸図書株式会社, 1989.

山本命,『明時代儒学の倫理学的研究』, 理想社, 1974.

大久保英子,『明清時代書院の研究』, 国書刊行会, 1976.

山下龍二,『陽明学の研究』, 現代情報社, 1971.

溝口雄三,『中国前近代思想の屈折と展開』, 東京大学出版会, 1980.

溝口雄三·伊東貴之·村田雄二郎共著,『中国という視座』, 平凡社, 1995.

酒井忠夫,『中国善書の研究』, 弘文堂, 1960.

黄仁宇著, 稲畑耕一郎等譯,『万暦十五年, 一五八七「文明」の悲劇』, 東方書店, 1990.

三木聰,『明清福建農村社会の研究』, 北海道大学図書刊行会, 2002.

小島毅,『中国近世における礼の言説』, 東京大学出版会, 1996.

小島毅,『宋学の形成と展開』, 創文社, 1999.

小島毅,『朱子学と陽明学』, 放送大学教育振興会, 2004.

土田健次郎,『道学の形成』, 創文社, 2002.

森紀子,『転換期における中国儒教運動』, 京都大学学術出版会, 2005.

曹永祿著·渡昌弘譯,『明代政治史研究—科道官の言官的機能』, 汲古書院, 2003.

梁啓超著·小野和子訳注,『清代学術概論—中国のルネッサンス』, 平凡社, 1974.

福本雅一,『明末清初(二集)』, 同朋舎出版, 1973.

山口久和,『章学誠の知識論』, 創文社, 1998.

中砂明徳,『江南—中国文雅の源流』, 講談社, 2002.

夫馬進,『中国善会善堂史研究』, 同朋舎出版, 1997.

歴史教育者協議会編,『東アジア世界と日本』, 青木書店, 2004.

佐久間重男,『日明関係史の研究』, 吉川弘文館, 1992.

岸本美緒,『東アジアの「近世」』, 山川出版社, 1998.

岸本美緒,『明清交替と江南社会—十七世紀中国の秩序問題—』, 東京大学出版会, 1999.

井上進,『顧炎武』, 白帝社, 1994.

小野和子編,『明清時代の政治と社会』, 京都大学人文科学研究所, 1983.

市来津由彦,『朱熹門人集團形成の研究』, 創文社, 2002.

山井湧,『黄宗羲』(人類の知的遺産三十三), 講談社, 1983.

山井湧,『明清思想史の研究』, 東京大学出版会, 1980.

濱口富士雄,『清代考拠学の思想史的研究』, 国書刊行会, 1994.

伊東貴之,『思想としての中国近世』, 東京大学出版会, 2005.

日原利国編,『中国思想史(下)』, ぺりかん社, 1987.

島田虔次,『朱子學と陽明學』, 岩波新書, 1967.

三田村泰助,『明と清 - 世界の歴史一四』, 河出書房新社, 1990.

源了圓·末中哲夫共編,『日中実学史研究』, 思文閣出版, 1991.

〈논문류〉

(중국어)

陳剩勇,「補天之石 - 劉宗周≪中興金鑑録≫研究」,『劉蕺山学術思想論集』, 臺灣中央研究院, 1998.

鄧洪波,「明代書院講會研究」, (中國)湖南大學博士學位論文, 2007.

李紀祥,「清初浙東劉門的分化及劉学的解釈権之争」,『第二届国際華学研究会議論文集』, 中国文化大学文学院主編, 台北中国文化大学出版部, 1992.

孫中曾,「證人會、白馬別會及劉宗周思想之發展」,『劉蕺山学術思想論集』, 臺灣中央研究院, 1998.

(일본어)

久保天隨,「劉蕺山」,『陽明学』第六号, 日本陽明学会, 1909.

秋月胤継,「劉宗周の心意説に就きて」,『斯文』第十五巻·第二期, 1933.

溝口雄三,「いわゆる東林派人士の思想—前近代期における中国思想の展開(上)」,『東洋文化研究所紀要』第七十五冊, 1978.

宮崎市定,「張溥とその時代—明末における一郷紳の生涯—」,『アジア史研究』第五, 同明舎, 1978.

小野和子,「明末の結社に関する一考察(上)—とくに復社について—」,『史林』第四十五巻第二号, 京都大学文学部内史学研究会, 1962.

小野和子,「明末清初における知識人の政治行動—特に結社をめぐって—」,『世界の歴史十一』, 筑摩書房, 1961.

井上進,「復社の学」,『東洋史研究』第四十四巻第二号, 1985.

松代尚江,「劉宗周の慎独説」,『東方宗教』第七十四号, 日本道教學會, 1989.

難波征男,「劉宗周の慎独改過説」,『陽明学』第十一号, 二松学舎大学陽明学研究所, 1999.

難波征男,「明末の新陽明学者—劉念台について」,『陽明学の世界』, 岡田武彦編著, 明徳出版社, 1986.

難波征男,「劉念台思想の形成—王学現成派批判に即して」,『九州中国学会報』第二十巻, 九州中国学会, 1965.

中純夫,「劉宗周の陽明学観について−書牘を中心として」,『陽明学』第十四号,二松学舎大学陽明学研究所, 2002.

中純夫,「王畿の講学活動」(『富山大学人文学部紀要』第二十六号, 富山大学人文学部, 1997.

中純夫,「王畿の四無説について」,『富山大学人文学部紀要』第二十五号, 富山大学人文学部, 1996.

福田殖,「『明儒学案』成立に関する一考察」,『中国哲学論集』二十一, 九州大学中国哲学研究会, 1995.

岡田武彦,「劉念台の誠意説について」,『哲学年報』第十四期, 1953.

馬淵昌也,「劉宗周から陳確へ−宋明理学から清代儒教への転換の一様相」,『日本中国学会報』第五十三集, 日本中国学会, 2001.

馬淵昌也,「戦後日本における王畿とその思想に関する研究の回顧と展望」,『陽明学』第十号, 二松学舎大学陽明学研究所, 1998.

藪敏也,「劉宗周−忠孝の人」,『中国思想史(下)』, 日原利国編, ぺりかん社, 1987.

柴田篤,「良知霊字攷−王龍渓を中心にして−」,『陽明学』第十二号, 二松学舎大学陽明学研究所, 2000.

福本雅一,「熊姜の獄」,『明清時代の政治と社会』, 小野和子編, 京都大学人文科学研究所, 1983.

夫馬進,「善会, 善堂の出発」,『明清時代の政治と社会』, 小野和子編, 京都大学人文科学研究所, 1983.

馮錦栄,「明末清初における黄百家の生涯と著作」,『中国思想史研究』第二十号, 京都大学中国哲学史研究会, 1997.

森宏之,「陳白沙と明初の思想界」,『中国哲学論集』二十七, 九州大学中国哲学研究会, 2001.

山井湧,「陸王学譜(下)」,『陽明学入門』, 宇野哲人外, 明徳出版社, 1971.

三浦秀一,「湯斌と陸隴其−清初士大夫の人間理解と経世意識」,『文化』第四十八巻第一·二号, 東北大学文学会, 1984.

河田悌一,「清代学術の一側面−朱筠, 邵晋涵, 洪亮吉そして章学誠」,『東方学』第五十七輯, 東方学会, 1979.

歩近智,「東林学派と明末清初の実学思潮」,『日中実学史研究』, 源了圓·末中哲夫共編, 思文閣出版, 1991.

荒木龍太郎,「王心斎新論−思想構造の観点から−」,『中国哲学論集』二十二, 九州大学中国哲学研究会, 1996.

(한국어)

宋正洙,『中國近世鄕村社會史研究—明淸時代鄕約.保甲制의 形成과 展開—』, 도서출판혜안, 1997.

고지마 쓰요시 지음, 신현승 옮김,『송학의형성과전개』, 논형, 2004.

고지마 쓰요시 지음, 신현승 옮김,『사대부의시대』, 동아시아 ,2004.

일본역사교육자협의회편, 송완범 외 옮김,『동아시아역사와일본』, 동아시아, 2005.

후자오량 지음, 김태성 옮김『중국의문화지리를읽는다』, 휴머니스트, 2005.

吳金成·曺永祿等,『明末·淸初社会의照明』, 한울아카데미, 1990.

曺永祿,『中国近世知性의 理念과 運動』, 지식산업사, 2002.

曺永祿,『中国近世政治史研究』, 지식산업사, 1989.

유명종,『淸代哲学史』, 以文出版社, 1995.

벤저민 엘먼 지음, 양휘웅 옮김『성리학에서 고증학으로』, 예문서원, 2004.

쉬딩바오 지음, 양휘웅 옮김,『황종희 평전』, 돌베개, 2009.

이찬수 편,『아시아평화공동체』, 모시는사람들, 2017.

丁淳睦,『中國書院制度』, 文音社, 1990.

이주행 지음,『무위유학—왕기의 양명학』, 소나무, 2005.

朴元熇 譯,『崔溥 漂海錄 譯註』, 고려대학교출판부, 2006.

피터 K. 볼 지음, 김영민 옮김,『역사 속의 성리학』, 예문서원, 2011.

오오키 야스시 지음, 노경희 옮김,『명말 강남의 출판문화』, 소명출판, 2007.

나카스나 아키노리 지음, 강길중 외 옮김,『우아함의 탄생』, 민음사, 2009.

鄭錫元,「明末 東林學派의 經世事狀」,『民族과 文化』, 제3집, 1995.

박종배,「명청시기 서원 강회의 발전 과정에 관한 일 고찰」,『한국교육사학』35-3, 한국교육사학회, 2013.

박종배,「중국서원학규집성中國書院學規集成의 주요 학규 및 강규」,『한국교육사학』34-4, 한국교육사학회, 2012.

박종배,「회규를 통해서 본 명대의 서원 강회 제도」,『교육사학연구』21-2, 교육사학회, 2011.

임홍태,「陶奭齡과 劉宗周의 4차 有無論爭」,『溫知論叢』35, 溫知學會, 2013.

졸고,「劉宗周의 思想變遷에 관한 考察」,『陽明學』제17호, 한국양명학회, 2006.

졸고,「명대 말기 한 유학자의 사서 편찬과 기록정신」,『東아시아古代學』제21호, 東아시아古代學會, 2010.

찾아보기